Veit Michael Bader, Heiner Ganßmann und Jost v. d. Knesebeck sind wissenschaftliche Mitarbeiter am Institut für Soziologie der FU Berlin.

Johannes Berger ist Professor an der soziologischen Fakultät der Universität Bielefeld.

Veröffentlichungen: V. Bader/H. Ganßmann/J. Berger u. a., Krise und Kapitalismus bei Marx, 2 Bde. (1975)

campus
Studium: Kritische Sozialwissenschaft

Wissenschaftlicher Beirat: Franz Dröge, Bremen; Klaus Holzkamp, Berlin; Klaus Horn, Frankfurt/M.; Urs Jaeggi, Berlin; Ekkehart Krippendorff, Bologna; Hans Joachim Krüger, Gießen; Wolf-Dieter Narr, Berlin; Frieder Naschold, Berlin; Claus Offe, Bielefeld; Jürgen Ritsert, Frankfurt/M.; Erich Wulff, Hannover Lektorat: Adalbert Hepp/Stefan Müller-Doohm

Bader/Berger/Ganßmann/v. d. Knesebeck

Einführung in die Gesellschaftstheorie 2
Gesellschaft, Wirtschaft und Staat bei Marx und Weber

Campus Verlag
Frankfurt/New York

CIP-Kurztitelaufnahme der Deutschen Bibliothek

<u>Einführung in die Gesellschaftstheorie</u> : Gesell=
schaft, Wirtschaft u. Staat bei Marx u. Weber /
Bader ... - Frankfurt/Main, New York : Campus
Verlag.
NE: Bader , Veit-Michael [Mitarb.]
2. - 1. Aufl. - 1976
  (Campus : Studium ; 526 : krit. Sozialwiss.)
  ISBN 3-593-32526-8

ISBN 3-593-32526-8
Alle Rechte vorbehalten
Copyright © 1976 bei Campus Verlag GmbH, Frankfurt/Main
Gestaltung und Produktion: Buchteam Frankfurt
Gesamtherstellung: Friedrich Pustet, Regensburg
Printed in Germany

Inhalt Band 2

Teil D **Max Weber: Soziologische Grundbegriffe des Wirtschaftens (Fortsetzung)**

III. Abschnitt: Der moderne Kapitalismus 261
  26. Kapitel: Haushalten und Erwerben 261
  27. Kapitel: Kapitalrechnungsmäßiges Erwerben und moderner Kapitalismus 271
  28. Kapitel: Moderner Kapitalismus und der Widerstreit von formaler und materialer Rationalität 285
  29. Kapitel: Zur Rationalität des modernen Sozialismus 294

Vergleichende Diskussion II: Wirtschaftliches Handeln und gesellschaftliche Arbeit 308

Teil E **Marx' Analyse der politischen Struktur der bürgerlichen Gesellschaft**

I. Abschnitt: Methodische Einleitung 321
  30. Kapitel: Begriffliche Entwicklung der Struktur des bürgerlichen Staats und ihre Voraussetzungen 321

II. Abschnitt: Einfache Zirkulation – Modernes Recht – Bürgerlicher Staat als Rechtsstaat 327
  31. Kapitel: Trennung von bürgerlicher Gesellschaft und Staat (Vorverständigung) 328
  32. Kapitel: Austauschprozeß – Rechtsverhältnisse 337
  33. Kapitel: Bürgerlicher Staat als Rechtsstaat 347
  34. Kapitel: Grundrechte, Warenzirkulation und Demokratie . . . 358

III. Abschnitt: Bürgerlicher Rechtsstaat als Klassenstaat 368
  35. Kapitel: Bürgerlicher Staat als Klassenstaat 368

IV. Abschnitt: Politische Formen der Klassenherrschaft der Bourgeoisie und politische Form der sozialen Emanzipation des Proletariats 379
  36. Kapitel: Bürgerliche Demokratie. Widerspruch zwischen demokratischer Form der Herrschaft und Klassenherrschaft der Bourgeoisie 379

37. Kapitel: Verselbständigung des Staatsapparats und personale Formen der Klassenherrschaft der Bourgeoisie 390
38. Kapitel: Proletarische Revolution und politische Form der Emanzipation 397
39. Kapitel: ›Absterben‹ von Staat und Recht 406

Teil F   Max Webers soziologische Theorie der politischen Herrschaft 418

Einleitung 418
40. Kapitel: Grundbegriffe 421
41. Kapitel: Die Legitimitätsgründe der Herrschaft 436
42. Kapitel: Die bürokratische Form der politischen Herrschaft 448
43. Kapitel: Bürokratische Herrschaft und demokratische Regierungsform 462
44. Kapitel: Bürokratische Herrschaft und kapitalistische Produktionsweise 470

Vergleichende Diskussion III: ›Gehäuse der Hörigkeit‹ oder sozialistische Demokratie . . . 483

Literaturverzeichnis 496
Register 509

Inhalt Band 1

Vorwort 9
Einleitung 11

Teil A   **Marx: Basis und Überbau**

1. Kapitel: Die Soziologie und das Ideologieproblem 19
2. Kapitel: Die Hauptsätze der materialistischen Geschichtsauffassung 26
3. Kapitel: Die Wendung zur Ideologiekritik 32
4. Kapitel: Gesellschaftliches Sein und Bewußtsein 40
5. Kapitel: Die Verselbständigung der gesellschaftlichen Verhältnisse 46
6. Kapitel: Konsequenzen der Ideologie und die Bedingungen ihrer Aufhebung 55

Teil B   **Max Weber: Grundbegriffe der verstehenden Soziologie**

Einleitung 65
7. Kapitel: Handlung und Sinn 66
8. Kapitel: Erklären und Verstehen 83

Vergleichende Diskussion I: Die Grenzen des handlungstheoretischen Paradigmas 99

Teil C   **Marx: Kritik der politischen Ökonomie**

Einleitung 114

I. Abschnitt: Die Warenform der Arbeitsprodukte 119
9. Kapitel: Gebrauchswert und Wert als Faktoren der Ware . . . 119
10. Kapitel: Der Doppelcharakter der in den Waren dargestellten Arbeit 128
11. Kapitel: Die Wertformen 134
12. Kapitel: Der Fetischcharakter der Ware 143

II. Abschnitt: **Der Austausch und das Geld** 147
  13. Kapitel: Der Austauschprozeß 147
  14. Kapitel: Das Geld oder die Warenzirkulation 151

III. Abschnitt: **Das Kapital und sein Produktionsprozeß** 160
  15. Kapitel: Die Verwandlung von Geld in Kapital 161
  16. Kapitel: Die Produktion des Mehrwerts 167
  17. Kapitel: Absoluter und relativer Mehrwert 173

IV. Abschnitt: **Reproduktion und Klassenstruktur** 179
  18. Kapitel: Der Produktionsprozeß als Reproduktionsprozeß . . 179
  19. Kapitel: Klassen, Klassenbewußtsein und Ideologie 186

Teil D   **Max Weber: Soziologische Grundbegriffe des Wirtschaftens**

Einleitung 193
I. Abschnitt: **Wirtschaften** 195
  20. Kapitel: Wirtschaftliches Handeln 195
  21. Kapitel: Wirtschaftliches Handeln und die Theorie vom subjektiven Wert 203
  22. Kapitel: Tausch als Form der Vergesellschaftung 211

II. Abschnitt: **Geld und die sozialen Konsequenzen des Geldgebrauchs** 219
  23. Kapitel: Geld 219
  24. Kapitel: Konsequenzen des Geldgebrauchs und Markt 229
  25. Kapitel: Formale Rationalität der Geldrechnung 240

Teil D: Max Weber: Soziologische Grundbegriffe des Wirtschaftens (Fortsetzung)

III. Abschnitt: Der moderne Kapitalismus

Lernziele

Thema dieses Abschnitts sind Grundzüge einer Theorie des modernen Kapitalismus bei Weber.

Es gilt zunächst (im 26. Kap.) den Handlungstypus des kapitalrechnungsmäßigen Erwerbens kennenzulernen und ihn von dem des Haushaltens abzugrenzen. Es sollen Schwierigkeiten dieser Abgrenzung diskutiert werden. Hier und im 27. Kap. wollen wir danach fragen, inwieweit in Webers Analyse des modernen Kapitalismus Strukturmerkmale eingehen, die selbst nicht mehr zureichend aus sinnhaftem Handeln erklärt werden können, und inwieweit damit ein – wenn auch vager – Begriff von »Kapitalismus als System« seiner Untersuchung des modernen Kapitalismus zugrundeliegt.

Wir haben uns (im 28. Kap.) deutlich zu machen, was die zum Höchstmaß gesteigerte formale Rationalität des modernen Kapitalismus bedeutet, und warum sich auch der Widerstreit von formaler und materialer Rationalität in modernen Kapitalismus zuspitzt.

Schließlich wollen wir (im 29. Kap.) die Begründung von Webers These diskutieren, daß im Gegensatz zur formalen Rationalität im modernen Kapitalismus eine mögliche sozialistische Wirtschaftsordnung notwendig mit einer Herabminderung der formalen Rationalität verbunden sei.

26. Kapitel: Haushalten und Erwerben

Textgrundlage
WG, I. Teil, 2. Kap., §§ 10, 11

§ 1. Für Weber wie für Marx bedeutet der Kapitalismus, diese spezifische, in der Neuzeit sich herausbildende Wirtschaftsorganisation, eine tiefgreifende, alle Lebensbereiche erfassende Veränderung und insofern einen besonderen Abschnitt innerhalb der Menschheitsgeschichte. Auch von Webers Standpunkt ist es gerechtfertigt, von einer besonderen, der »kapitalistischen Epoche« (WL 395) zu sprechen. Aber während Marx formulieren kann: »Das Kapital kündigt ... von vornherein eine Epoche des gesellschaftlichen Produktionsprozesses an« (MEW 23/184), geht Weber von einem allgemeinen, historisch unspezifischen Kapitalbegriff aus – nach seinem Begriff »hat es ›Kapitalismus‹ und ›kapitalistische‹ Unternehmungen ... in *allen* Kulturländern der Erde gegeben, soweit die ökonomischen Dokumente zurückreichen« (RS 6) –, um diesen dann so weiter zu präzisieren, daß dieser auch zur analytischen Erfassung des »modernen okzidentalen Kapitalismus« brauchbar ist.

Eine handlungstheoretische Analyse des »modernen okzidentalen Kapitalismus«, bzw. kürzer: des »modernen Kapitalismus«, hat auf bestimmte Handlungen zurückzugreifen. Offenbar gibt es aber nach Weber keine besondere Art des Handelns, die ausschließlich für den modernen Kapitalismus charakteristisch wäre. Verschiedene Arten des wirtschaftlichen Handelns bilden nicht unmittelbar verschiedene historische Wirtschaftsformen. Gleichwohl sucht Weber den Zugang zum Verständnis des modernen Kapitalismus in dem Typ wirtschaftlichen Handelns zu finden, der in der modernen Erwerbswirtschaft die zentrale Rolle spielt: dem Erwerben.

Weber gewinnt den Begriff des Erwerbens in Abgrenzung zum Begriff des Haushaltens. Der Gegensatz von Haushalten und Erwerben oder, bezogen auf die den Handlungstypen korrelierenden Wirtschaftstypen, von Bedarfsdeckungs- und Erwerbswirtschaft, besitzt für den Aufbau der »Soziologischen Grundkategorien des Wirtschaftens« entscheidende Bedeutung. Dieser Gegensatz bildet das oberste Klassifikationsprinzip, nach dem Weber wirtschaftliche Erscheinungen ordnet. Bei allen »menschlichen Leistungen wirtschaftlicher Art«, schreibt Weber (WG 62f.), muß gefragt werden: »handelt es sich um haushaltsmäßige oder um erwerbsmäßige Verwendung?« Die grundlegende Unterscheidung zwischen Haushalten und Erwerben, bzw. zwischen Bedarfsdeckungs- und Erwerbswirtschaft, trifft Weber schon auf der Grundlage der allgemeinen Definition des Wirtschaftens. Man könne immer »unter zwei verschiedenen Gesichtspunkten wirtschaften. Einmal zur Deckung eines gegebenen eigenen Bedarfs. ... Gegenüber der Wirtschaft zur Deckung des eigenen Bedarfs ist die zweite Art des Wirtschaftens Wirtschaft zum Erwerb: die Ausnutzung des spezifisch ökonomischen Sachverhalts: Knappheit begehrter Güter, zur Erzielung eigenen Gewinns an Verfügung über diese Güter.« (WG 199f.)

In den »Grundkategorien des Wirtschaftens« definiert Weber detaillierter: »Die kontinuierliche Verwendung und Beschaffung (sei es durch Produktion oder Tausch) von Gütern zum Zweck 1. der eignen Versorgung oder 2. zur Erzielung von selbst verwendeten anderen Gütern heißt *Haushalt*.« (WG 46) Alle Maßnahmen, die an konkreten eigenen Bedarfsdeckungszwecken orientierte Tätigkeiten der Verwendung und Beschaffung von Gütern darstellen, fallen für Weber unter die Sinnbestimmung »Haushalten«. Demgegenüber gibt Weber für die dazu alternative Art des Wirtschaftens, das Erwerben, keine präzis-allgemeine und eindeutige Sinnbestimmung. Er definiert: »*Erwerben* soll ein an den Chancen der (einmaligen oder regelmäßig wiederkehrenden: kontinuierlichen) Gewinnung von neuer Verfügungsgewalt über Güter orientiertes Verhalten ... heißen.« (WG 48) Mit der Wendung »Gewinnung von neuer Verfügungsgewalt über Güter« wird die Bedeutung von Tauschbeziehungen für das Erwerben angesprochen, die Weber auch schon im § 1 hervorhebt (vgl. WG 33). Neben der Bedeutung von Tauschbeziehungen für das Erwerben ist mit diesem für die Definition zentralen Ausdruck, »Gewinnung von neuer Verfügungsgewalt über Güter«, in keiner möglichen Lesart eine dem Erwerben spezifische Sinnbestimmung benannt, die eine eindeutige Unterscheidung von »Erwerbstausch« und »haushaltsmäßigem Tausch« (WG 48) gestattet. Liest man die Webersche Formulierung als Gewinnung von Verfügungsgewalt über qualitativ neue Güter (vgl. z. B. WG 53, Punkt 4), so ist sofort deutlich, daß sie für jeden Tausch, also auch für den haushaltsmäßigen Tausch gelten muß, denn jeder Tausch schließt mit einer Verfügungsgewalt über qualitativ neue Güter ab. Liest man dagegen die Formulierung als Gewinnung von quantitativ neuer, d. h. zusätzlicher Verfügungsgewalt über Güter, dann ist daraus ebenfalls kein Kriterium der Unterscheidung von Erwerbstausch und haushaltsmäßigem Tausch zu gewinnen, denn die rein quantitative Bestimmtheit kann sich bei Weber nur auf die subjektiven Nutzenschätzungen von Gütern beziehen, und ein wechselseitiger Nutzenzuwachs ist für Weber konstitutives Moment jedes ökonomischen Tausches, der nicht unter einer »Zwangslage« (WG 37) erfolgt. Also schließt auch der sogenannte haushaltsmäßige Tausch quantitativ neue bzw. zusätzliche Verfügungsgewalt, in der allein möglichen Bestimmtheit von zusätzlichem Nutzen, nicht aus. Die Schwierigkeit der Bestimmung eines auf Gewinn abzielenden Erwerbens ergibt sich für Weber offenbar daraus, daß er nicht vor dem Hintergrund einer Theorie der objektiven Äquivalenz von Werten operieren kann: erst dadurch würde eine präzise Unterscheidung zwischen einfachem Tausch (haushaltsmäßigem Tausch) und Gewinn (Erwerben) möglich.

Angesichts dieser Schwierigkeit macht Weber die Unterscheidung zwischen Haushalten und Erwerben an der je spezifischen Zirkulationsform, oder wie er formuliert, an deren »Schlußakt« fest: »Haushalten und Erwerben können im Handeln des Einzelnen derart ineinandergreifen (...), daß nur der Schlußakt (Absatz hier, Verzehr dort) den Ausschlag für den Sinn des Vorgangs gibt« (WG 47). Erst im Kontext der Zirkulationsform, die als Schlußakt entweder Absatz oder Verzehr aufweist, kann der einzelne Tauschakt als haushaltsmäßiger oder erwerbsmäßiger identifiziert werden. Dabei ist hervorzuheben, daß diese Unterscheidung erst mit dem Geldgebrauch möglich ist, denn »Absatz« heißt Tausch von Gütern gegen Geld. Die Schwierigkeit der Unterscheidung von Haushalten und Erwerben verlagert sich damit dahin, jenen »Schlußakt« als solchen zu identifizieren. Insoweit Geld zirkuliert, Güter gegen Geld und »erworbenes« Geld wieder gegen Güter getauscht werden, kann jener »Schlußakt« nur dann eindeutig als solcher identifiziert werden, wenn entweder von der Handlungskette, Verkaufen und Kaufen, abgesehen und nur noch der Einzelakt betrachtet, oder dieser Handlungskette ein bestimmter Sinn unterlegt wird: statt »verkaufen, um zu kaufen« (Haushalt) gilt für das Erwerben die Intention

»kaufen, um zu verkaufen«. Obwohl Weber der letztere Ausweg aus seiner Schwierigkeit durchaus offenstünde (von seinem Ansatz her), wählt er offenbar zunächst den ersteren. Anders wäre nämlich die Doppelbedeutung von Webers Begriff des Erwerbens, der nicht nur das auf »Gewinn« abzielende kapitalrechnungsmäßige Erwerben umfaßt, sondern auch den sogenannten Arbeitserwerb, d. h. den Tausch eigener Arbeitsleistungen gegen Geld, nicht zu erklären. Das Gemeinsame dieser an sich so verschiedenen Handlungen, die in ihrem letzten Sinn, in den ihnen zugrunde liegenden Motiven, gänzlich auseinanderfallen können, besteht eben darin, daß sie jeweils »Absatz« von Gütern oder Leistungen gegen Geld einschließen.

Von den beiden unter den allgemeinen Begriff des Erwerbens subsumierbaren Arten des Handelns, Arbeitserwerb und kapitalrechnungsmäßiger Erwerb, kommt der letzteren, dem kapitalrechnungsmäßigen Erwerben, die zentrale Bedeutung für die Analyse kapitalistischer Wirtschaftsorganisation zu. Weber spitzt deshalb auch die Unterscheidung von Haushalten und Erwerben auf den Gegensatz von Haushalten und kapitalrechnungsmäßigem Erwerben zu und konzentriert sich auf die begriffliche Analyse des kapitalrechnungsmäßigen Erwerbens, das er unter dem institutionellen, gleichwohl den Handlungsbezug noch sichtbar machenden Begriff »Unternehmen« faßt. »Der Gegensatz zu ›Unternehmen‹: einer Art der *wirtschaftlichen* Orientierung (am Gewinn) ist dagegen: ›Haushalt‹ (Orientierung an Bedarfsdeckung). Aber der Gegensatz von ›Unternehmen‹ und ›Haushalt‹ ist nicht erschöpfend. Denn es gibt *Erwerbs*handlungen, welche nicht unter die Kategorie des ›Unternehmens‹ fallen: aller nackte *Arbeits*erwerb, der Schriftsteller-, Künstler-, Beamten-Erwerb sind weder das eine, noch das andre.« (WG 63f.)

§ 2. Kapitalrechnungsmäßiges Erwerben ist orientiert am Gewinn. Dem »rationalen wirtschaftlichen Erwerben« (WG 48) unterlegt Weber eine Zirkulationsform, in der Geldschätzungssummen bzw. unmittelbar Geld den Anfangs- und den Schlußpunkt bilden. Nur in dieser Zirkulationsform, als Ausdruck der Bewegung des Kaufens, um zu verkaufen, können die Begriffe »Kapital«, »Kapitalrechnung«, »Gewinn« und »Rentabilität« einen Sinn haben, denn jeweils sind Extreme dieser Zirkulationsform in den Bestimmungen als »Beginn« und »Abschluß« (bei Kapitalrechnung), als »Anfangs-« und »Abschlußbilanz« (bei Kapitalrechnung und Gewinn) bzw. als »Vor-« und »Nachkalkulation« (bei Rentabilität) angesprochen.

»*Kapital* heißt die zum Zwecke der Bilanzierung bei Kapitalrechnung festgestellte Geldschätzungssumme der für die Zwecke des Unternehmens verfügbaren Erwerbsmittel« (WG 48). »Der Kapitalbegriff«, so hebt Weber hervor, »ist hier streng privatwirtschaftlich und ›buchmäßig‹ gefaßt« (WG 50). Als Kapital gilt Weber die bei privaten Erwerbswirtschaften feststellbare Geldschätzungssumme von Gütern, Leistungen, Chancen sowie unmittelbar Geld, die dem Erwerbszweck zur Verfügung stehen. »*Kapitalrechnung* ist die Schätzung und Kontrolle von Erwerbschancen und -erfolgen durch Vergleichung des Geldschätzungsbetrages einerseits der sämtlichen Erwerbsgüter (in Natur oder Geld) bei Beginn und andererseits der (noch vorhandenen und neu beschafften) Erwerbsgüter bei Abschluß des einzelnen Erwerbsunternehmens oder, im Fall eines kontinuierlichen Erwerbsbetriebes: einer Rechnungsperiode, durch Anfangs- bzw. Abschluß-*Bilanz*.« (WG 48) Kapitalrechnung ist eine besondere Form der Geldrechnung, ohne die der Erwerbszweck, Gewinn bzw. Rentabilität, weder rational erstrebt noch das Ausmaß seiner Erfüllung kontrolliert werden kann. Ganz allgemein weist Weber auf die »außerordentliche Bedeutung optimaler *Berechenbarkeit* als Grundlage optimaler Kapitalrechnung« (WG 48f.) hin und führt im einzelnen aus: »Kapitalrechnung setzt bei *Markterwerb* voraus: 1. daß für die Güter, welche der Erwerbsbetrieb beschafft, hinlänglich breite und gesicherte, durch Kalkulation abschätzbare, Absatzchancen bestehen, also (normalerweise): Marktgängigkeit, 2. daß ebenso die Erwerbsmittel: sachliche Beschaffungsmittel und Arbeitsleistungen, hinlänglich sicher und mit durch Kalkulation errechenbaren ›Kosten‹ auf dem Markt zu erwerben sind, endlich: 3. daß auch die technischen und rechtlichen Bedingungen der mit den Beschaffungsmitteln bis zur Absatzreife vorzunehmenden Maßregeln (Transport, Umformung, Lagerung usw.) prinzipiell berechenbare (Geld-) Kosten entstehen lassen.« (WG 48)

»*Gewinn* bzw. *Verlust* (ist) der durch die Abschlußbilanz ermittelte Mehr- bzw. Minderbetrag der Schätzungssumme gegenüber derjenigen der Anfangsbilanz« (ebd.). Weber legt fest: »Von ›Gewinn‹ und ›Verlust‹ soll ... nur in Kapitalrechnungs-Unternehmungen die Rede sein.« (WG 51) Charakteristischer als die Gewinn-Orientierung ist für das rationale kapitalrechnungsmäßige Erwerben die Rentabilitäts-Orientierung, weil in ihr der Grad – der auch auf Dauer – angezielten Kapitalverwertung zum Ausdruck kommt: »*Rentabilität* bedeutet (im Rationalitätsfall) 1. den, als möglich und durch die Maßregeln des Untenehmers zu erstrebend, durch Vorkalkulation errechneten –, 2. den laut Nachkalkulation tatsächlich erzielten und ohne Schädigung künftiger Rentabilitätschancen für den *Haushalt* des (oder der) Unternehmers verfügbaren Gewinn einer Periode, ausgedrückt üblicherweise im Quotienten- (heute: Prozent-) Verhältnis zum bilanzmäßigen Anfangskapital.« (WG 48) Orientierung an Rentabilität ist die charakteristische, erst auf Grundlage der besonderen Zirkulationsform mögliche Orientierung des kapitalrechnungsmäßigen Wirtschaftens: »Die Kapitalrechnung und Kalkulation des Marktunternehmers kennt, im Gegensatz zur Haushaltsrechnung, keine Orientierung am ›Grenznutzen‹, sondern an der *Rentabilität*.« (WG 49)

§ 3. Über die instrumentale Bestimmung des Gewinns hinaus (als Saldo von Anfangs- und Schlußbilanz) spricht Weber die für das kapitalrechnungsmäßige Erwerben wichtige Frage, wie Gewinn, also Rentabilität möglich ist, nur indirekt bei der »Bestimmung des Kapitalzins-Begriffs« (WG 51) an. Über die Klärung der einen Frage, wie Gewinn möglich ist, wollen wir versuchen, die andere Frage, wie Haushalten und Erwerben auseinanderzuhalten sind, weiter zu klären.

Eingangs dieses Kapitels hatten wir Weber Unterscheidung von Haushalten und Erwerben mittels der verschiedenen Zirkulationsformen bzw. über den je spezifischen Schlußakt (»Absatz hier, Verzehr dort«) zu identifizieren versucht. Es zeigt sich nun, daß auch diese Unterscheidung unzureichend ist, wenn – wie bei der Bestimmung von Zins und Kapitalzins – das Darleihen von Geld gegen einen Zuschlag bei der späterenRückzahlung für Weber sowohl ein Vorgang des Haushaltens bzw. der Vermögensverwaltung als auch ein Vorgang des Erwerbens bzw. der Kapitalrechnung sein kann. Nach dem bisher erzielten Ergebnis der Bestimmung des Erwerbens über den Schlußakt könnte man annehmen, daß ein Handeln mit dem Resultat des »Zinsgewinns« ebenso zum Erwerben zu rechnen ist wie Handlungen, die mit dem Resultat: Gewinn oder z. B. Lohn (weil auch Lohnarbeit Erwerben ist) abschließen. Dagegen hebt Weber hervor, daß es sich beim Darleihen von Geld oder Gütern unter der Vereinbarung vermehrter Rückerstattung durchaus »noch um Kategorien des Haushaltens und der Vermögensverwaltung, nicht aber um solche der Kapitalrechnung« (WG 51) handeln kann. Weber nennt als Beispiel: »Auch wer von einem ›Geldjuden‹ sich ein Notdarlehen für Eigenbedarfszwecke geben läßt, ›zahlt‹ im Sinn dieser Terminologie keinen ›Kapitalzins‹ *und der Darleihende empfängt keinen* (Her. d. Verf.), – sondern: Darlehnsentgelt. Der betriebsmäßig Darleihende rechnet *sich* von seinem *Geschäfts*kapital (bei rationaler Wirtschaft) ›Zins‹ an und hat mit ›Verlust‹ gewirtschaftet, wenn durch Ausfälle von Darlehens-Rückzahlungen dieser Rentabilitätsgrad nicht erreicht wird. *Dieser* Zins ist uns ›Kapitalzins‹, jener andre einfach: ›Zins‹. Kapitalzins im Sinn dieser Terminologie ist also stets Zins *vom* Kapital, nicht Zins *für* Kapital« (WG 51 f.). Nicht überall, wo Zins anfällt, handelt es sich demnach für Weber um Kapitalerwerb und um anfallenden Kapitalzins (z. B. Sparzinsen sind keine Kapitalzinsen). Nun soll hier die Sinnfälligkeit der Unterscheidung von Kapitalzins und Zins keinesfalls bestritten werden. Es geht nur darum, deutlich zu machen, welche Schwierigkeiten im handlungstheoretischen Konzept Webers dieser Unterscheidung entgegenstehen. Mit der Differenzierung von Kapitalzins und Zins ist »Kapital« nicht mehr nur einfach ein Geldbetrag bzw. ein geldwerter Einsatz, der in der Absicht vorgestreckt wird, daß ein vermehrter Betrag zurückfließen werde, denn dies gilt auch für den Haushalt, der ein Darlehen gewährt.

Die Zirkulationsform mit charakteristischem »Schlußakt« gibt kein Kriterium für die Unterscheidung beider ab. Wenn Weber dagegen dem »betriebsmäßig« (WG 51) Darleihenden die Erwirtschaftung von Kapitalzins zuerkennt, so kann sich das einmal auf das Merkmal der Kontinuität in der Erwirtschaftung von Zins beziehen, aber dem steht entgegen, daß es auch einmalige Erwerbsakte gibt (vgl. WG 48), die als einzelne Erwerbsakte auch identifizierbar sein müssen. Oder das »betriebsmäßige« Darleihen bezieht sich auf eine spezifische Orientierung im Handeln. Aber auch die mögliche Rentabilitätsorientierung gegenüber der Grenznutzenschätzung kann nicht den Ausschlag geben, denn grenznutzenorientiert wird nur die Entscheidung sein, welcher Teil des Vermögens eines Haushalts für den aktuellen Verzehr und welcher Teil für die Anlage bestimmt sein soll, während die Anlage selbst, also die Entscheidung über die Verwendung dieses Vermögensteils, rentabilitätsorientiert erfolgt, also danach, wo der höchste Zinssatz erwartet werden kann.

In der sinnhaften Perspektive von Handelnden sieht Weber zwar einen eindeutigen Zusammenhang zwischen Kapitalrechnung und Rentabilitätsorientierung, der aber an äußerlichen Merkmalen, wie dem des Kapitals als vorgeschossener Geldbetrag oder wie dem der Kontinuität bei der Erwirtschaftung von Zins, nicht eindeutig ablesbar ist. Durch »Kapital« wird aber ein besonderer Handlungszusammenhang ausgedrückt, der in der von Weber getroffenen Unterscheidung »Zins *vom* Kapital«, also Kapitalzins, gegenüber »Zins *für* Kapital«, also einfach: Zins, angesprochen ist. Die Besonderheit des kapitalrechnungsmäßigen Handelns gründet in der Möglichkeit der Erwirtschaftung von Kapitalzins und Gewinn. Die entscheidende Frage, deren Beantwortung auch eine eindeutige Unterscheidung von Vermögensanlage und kapitalrechnungsmäßigem Erwerben ergeben müßte, ist also die nach der Herkunft des Kapitalzinses bzw. des Gewinns.

Weber stellt sich das Problem wie folgt: »Die Erklärung jenes Grundphänomens kapitalistischer Wirtschaft ...: daß für ›Leih*kapitalien*‹ – also *von* Unternehmern – dauernd Entgelt gezahlt *wird*, kann nur durch Beantwortung der Frage gelöst werden: warum die Unternehmer durchschnittlich dauernd hoffen dürfen, bei Zahlung dieses Entgelts an die Darleihenden dennoch Rentabilität zu erzielen, bzw. unter welchen allgemeinen Bedingungen es eben durchschnittlich zutrifft: daß der Eintausch von gegenwärtigen 100 gegen künftige 100 + x rational ist.« (WG 52). Und Weber antwortet auf dieses Problem: »Die ökonomische Theorie wird darauf mit der Grenznutzrelation künftiger im Verhältnis zu gegenwärtigen Gütern antworten wollen. Gut! Den Soziologen würde dann interessieren: in welchem *Handeln* von Menschen diese angebliche Relation derart zum Ausdruck kommt: daß sie die Konsequenzen dieser Differenzialschätzung in der Form eines ›Zinses‹ ihren Operationen zugrunde legen können. Denn wann und wo dies der Fall ist, das wäre nichts weniger als selbstverständlich. Tatsächlich geschieht es bekanntlich in den *Erwerbs*wirtschaften. Dafür aber ist primär die ökonomische *Machtlage* maßgebend zwischen einerseits den Erwerbsunternehmen und andrerseits den Haushaltungen, sowohl den die dargebotenen Güter konsumierenden, wie den gewisse Beschaffungsmittel (Arbeit vor allem) darbietenden. Nur dann werden Unternehmungen begründet und *dauernd* (kapitalistisch) betrieben, *wenn* das Minimum des ›Kapitalzins‹ erhofft wird. Die ökonomische *Theorie* – die höchst verschieden aussehen könnte – würde dann wohl sagen: daß jene Ausnutzung der Machtlage – eine Folge des Privateigentums an den Beschaffungsmitteln und Produkten – nur *dieser* Kategorie von Wirtschaftssubjekten ermögliche: so zu sagen ›zinsgemäß‹ zu wirtschaften.« (ebd.) Es wird deutlich, daß Weber die Zeitpräferenz, d. h. die »Grenznutzrelation künftiger im Verhältnis zu gegenwärtigen Gütern«, zur Erklärung des Gewinns nicht für ausreichend erachtet. Genau genommen argumentiert Weber, daß diese Grenznutzenrelation zur Erklärung der Möglichkeit des Gewinns nichts beiträgt, denn »diese angebliche Relation« verdeutlicht allenfalls, warum für den Gläubiger gegenwärtige 100 gleich viel wert sind wie zukünftige 100 + x, nicht aber warum dem Unternehmer als Schuldner gegenwärtige 100 mehr wert sein können als zukünftige 100 + x. Das gegenwärtige Ausleihen von 100 gegen künftige Rückzahlung von 100 + x weist zwar darauf hin, daß die Unternehmer Gewinn (über x hinaus) zwischenzeitlich erwirtschaften können und insofern gegenwärtige 100 höher bewerten als zukünftige 100 + x. Dies bedeutet aber in keiner Weise eine Erklärung für die Verwandlung von 100 in 100 + x + Gewinn. Deshalb verweist Weber auf die ökonomische Machtlage, auf einen Machtvorteil der Erwerbsunternehmen gegenüber den Haushalten, bedingt durch deren »Privateigentum an den Beschaffungsmitteln und Produkten«. Und zwar besteht Weber zufolge diese Machtunterlegenheit der Haushalte sowohl in ihrer Tauschbeziehung als Konsumenten wie auch in der als Darbietende von Beschaffungsmitteln (»Arbeit vor allem«). Aber auch die bloße Angabe von »ökonomischer Macht« (vgl. WG 123) bedeutet keine ausreichende Erklärung, solange nicht gezeigt ist, wie »Macht« sich im frei paktierten Tausch durchsetzt, daß durchschnittlich dauernd die eine Seite »gewinnt«.

Selbst wenn man jedoch die Erklärung durch Macht akzeptieren will, bleibt darin das Problem ungelöst, mit dem wir die Frage nach der Möglichkeit des Gewinns eingeleitet haben. Wir erwarteten durch die Erklärung des Gewinns eine eindeutige Abgrenzung des Zins' vom Kapitalzins und damit von vermögensanlegendem Haushalten und kapitalrechnungsmäßigem Erwerben. Nun ist aber Macht bedingt durch Privateigentum kein Spezifikum der Art von Handeln, bei dem Kapitalzins und Gewinn anfallen. Betrachtet man die auf dem Kapitalmarkt anlegenden Haushalte, so ist der Zins für Kapital, den die Unternehmer zahlen müssen, und der den darleihenden Haushalten zufließt, ebenso eine Folge der durch ihr Privateigentum bedingten Machtlage. Nur ihre Machtlage durch Privateigentum an Beschaffungsmitteln sichert den darleihenden Haushalten den Teil des Mehrbetrages, der ihnen als Zins zufließt. Die Machtlage ist mithin nicht die differentia specifica von Kapitalzins und Zins und demgemäß auch kein brauchbares Mittel zur Erklärung des Unterschieds zwischen kapitalrechnungsmäßigem Erwerben und Vermögensanlage.

Weber ist sich der Problematik dieser Abgrenzung und Erklärung durchaus bewußt. Deshalb verbindet er mit dem Versuch einer Antwort auf die Frage: *wie* Kapitalzins bzw. Gewinn entsteht, die Antwort auf eine andere Frage: *wo* Kapitalzins bzw. Gewinn entsteht. Denn »wo dies der Fall ist, das wäre nichts weniger als selbstverständlich. Tatsächlich geschieht es bekanntlich in den *Erwerbs*wirtschaften« (WG 52), die im folgenden Satz von Weber auch als »Erwerbsunternehmen« bezeichnet werden und die er von den »Haushaltungen« institutionell getrennt weiß. Im anschließenden Punkt des gleichen Paragraphen nimmt Weber das Abgrenzungsproblem wieder auf, aber nun schon im Blick auf den Erwerbsbetrieb als den Ort, wo Kapitalzins bzw. Gewinn anfällt: »Vermögensverwaltung und Erwerbsbetrieb können sich einander äußerlich bis zur Identität zu nähern scheinen. Die erstere ist in der Tat nur durch den konkreten letzten *Sinn* des Wirtschaftens von dem letzteren geschieden: Erhöhung und Nachhaltigkeit der Rentabilität und der Marktmachtstellung des Betriebes auf der einen Seite, – Sicherung und Erhöhung des Vermögens und Einkommens auf der anderen Seite.« (WG 52)

Die spezifische Sinnbestimmung der Abgrenzung zeigt aber hier nun deutlich ein neues Moment: die Bezugnahme auf den *Betrieb*. Was durch die Angabe der Zielbestimmung: Kapitalrentabilität, (bezüglich der Abgrenzung zwischen kapitalrechnungsmäßigem Erwerben und vermögensanlegendem Haushalten) nicht erreicht werden konnte, das wird nun präzisiert durch die Zielbestimmung: Rentabilität des Betriebes. Diese präzisierte Sinnbestimmung setzt eine tatsächliche institutionelle »Scheidung von Haushalt und Betrieb« (ebd.) schon voraus. Wenn sich Webers Sinnbestimmung des kapitalrechnungsmäßigen Erwerbens gegenüber dem vermögensanlegenden Haushalten auf die institutionalisierte Trennung des Erwerbsbetriebs vom Haushalt bezieht, wenn also das kapitalrechnungsmäßige Erwerben nur durch eine institutionelle Ortsangabe, den Betrieb, eindeutig festzumachen ist, dann dokumentiert sich daran zum wiederholten Mal, daß die handlungstheoretische Konzeptualisierung der sozialen Wirklichkeit auf Probleme stößt, die einen Wechsel der Sprachebene erzwingen, so daß in Sinnbestimmungen von Handlungen Ausdrücke eingehen, die nicht mehr auf der Ebene von Handlungen liegen, sondern auf der von sozialen Institutionen. Letztere können nicht mehr restlos in rein handlungstheoretische Ausdrücke transformiert werden.

Die an dieser Stelle zutage tretende Schranke der methodischen Reduktion (von Begriffen von Institutionen auf solche von Handeln)[1] weist über den abstrakt theoretischen Aspekt, daß die handlungstheoretische Redeweise hier nicht durchgehalten werden konnte, hinaus auf inhaltliche Aspekte des Erwerbens, die mit jenem theoretischen Mangel in Zusammenhang stehen. Die in die Bestimmung des Erwerbens eingehende Bezugnahme auf den institutionellen Ort, den Betrieb, trifft, ganz abgesehen davon, wie das Erwerbsbetriebshandeln funktioniert, insofern etwas richtiges, als das Erwerben mindestens in der modernen Loslösung des Betriebs vom Haushalt sehr weitgehend von Zusammenhängen bestimmt wird, die mit der Existenz des Erwerbsbetriebs für den in dessen Rahmen Handelnden sachlich gesetzt sind. Dieser Gedanke wird von Weber selbst zum Ausdruck gebracht, wenn er die moderne rationale Betriebsführung als von »*sachlichen* Interessen« bestimmt sieht, die »mit den *persönlichen* Interessen des oder der Inhaber der Verfügungsgewalt keineswegs identisch, oft entgegengesetzt« (WG 53) sind.

Wir haben inzwischen schon mehrfach Webers analytische Trennung von epochenübergreifendem Begriff des Erwerbens und spezifisch modernen Aspekten des Erwerbens (z. B. mit der Trennung von Haushalt und Betrieb) durchbrochen. Das ist infolge der Verschränkung unterschiedlicher Bezugnahmen bei Weber kaum zu vermeiden, vor allem deshalb, weil einerseits seinem allgemeinen bzw. idealtypischen Begriff des Erwerbens das moderne Erwerben am nächsten kommt, andererseits aber dem modernen Erwerben auch wieder Besonderheiten zugeschrieben werden, die es vom Erwerben in früheren Wirtschaftsperioden unterscheiden.

Erläuterungen und Zusätze

1. Zum Problem der Reduzierbarkeit von Begriffen von Institutionen auf solche von Handeln vgl. MANDELBAUM (1975), der die »Irreduzibilität gesellschaftlicher Begriffe« (S. 199) behauptet. Vgl. dazu auch DANTO (1974, insbes. S. 445 ff.) und oben: Vergleichende Diskussion I.

Fragen zur Diskussion

1. Wie unterscheidet Weber zwischen den Handlungstypen Haushalten und Erwerben?
2. Warum faßt Weber den »Arbeitserwerb« als einen besonderen Typus des Erwerbens und nicht des Haushaltens?
3. Was heißt: kapitalrechnungsmäßiges Erwerben ist orientiert am Gewinn?
4. Wie ist Gewinn bzw. Rentabilität für das Erwerben dauernd möglich?
5. Inwiefern kann Weber die handlungstheoretische Redeweise nicht durchhalten,

so daß in seine Bestimmung des kapitalrechnungsmäßigen Erwerbens Begriffe von Institutionen eingehen, die sich nicht restlos in Begriffe von Handlungen auflösen lassen?

27. Kapitel: Kapitalrechnungsmäßiges Erwerben und moderner Kapitalismus

Textgrundlage
WG, I. Teil, 2. Kap., §§ 11–25, 22, 23, 30
RS, S. 1–16 (»Vorbemerkung«)
RS, S. 17–206 (»Die protestantische Ethik und der Geist des Kapitalismus«)

§ 1. Das kapitalrechnungsmäßige Erwerben gilt Weber einerseits als eine weitgehend historisch universelle Form des Wirtschaftens, als eine Form, die es in »*allen* Kulturländern der Erde« (RS 6) gegeben hat, andererseits ist das kapitalrechnungsmäßige Erwerben eine Kategorie, die fürs Verständnis des modernen okzidentalen Kapitalismus grundlegend ist. Für Weber ist das kapitalrechnungsmäßige Erwerben im modernen Kapitalismus durch eine nur ihm eigentümliche Verkehrung bestimmt, in der das Gewinnstreben nicht mehr Mittel zum Zweck der Bedarfsdeckung, sondern reiner »Selbstzweck« (RS 35) ist. Diese Verkehrung ist jedoch nach Weber weder notwendige Folge noch Moment des kapitalrechnungsmäßigen Erwerbens unabhängig von der Gesellschaftsform, in der es auftritt. Ein ganz unspezifisches Gewinnstreben muß noch keinen Gegensatz zum Motiv der Bedarfsdeckung bedeuten, vielmehr ließe sich der Gewinn als Einkommen eines »Unternehmers« (den es für Weber zu allen Zeiten gegeben hat) interpretieren, so wie der Lohn als Einkommen des Arbeitserwerbstätigen aufzufassen ist, wobei dann beide, Gewinn- und Lohneinkommen, der Bedarfsdeckung dienen. Soweit wäre auch der Gewinn nur Mittel zum Zweck der Bedarfsdeckung. Wenn aber der Gewinn im modernen Kapitalismus nicht mehr Mittel zum Zweck der Bedarfsdeckung ist, wenn vielmehr das »nackte Geldgewinnstreben« (WG 31) ein von aller Bedarfsdeckung unabhängiger Zweck geworden ist, dann muß diese Besonderheit des modernen Kapitalismus erklärt werden.[1]

Auch wenn Weber das kapitalrechnungsmäßige Erwerben als in verschiedenen Wirtschaftsepochen existenten Handlungstypus begreift, so weiß er doch und bringt es mit aller Deutlichkeit zum Ausdruck, daß der moderne okzidentale Kapitalismus ein historisch spezifisches »Wirtschaftssystem« (PE II 28) darstellt, das er durch besondere Strukturmerkmale gekennzeichnet sieht. Der moderne Kapitalismus als besonderes

Wirtschaftssystem wird bei Weber nicht mehr allein über Handlungssinn, sondern auch über seine, durch Strukturmerkmale ausgewiesene Wirtschaftsform bestimmt. Demgemäß darf das kapitalrechnungsmäßige Erwerben nicht mehr nur als epochenübergreifender Handlungstypus, sondern muß in seiner Eingebundenheit in das Wirtschaftssystem des modernen Kapitalismus betrachtet und analysiert werden. Diese Sichtweise brächte möglicherweise zum Ausdruck, daß die dem modernen Kapitalismus spezifische Verkehrung in dessen spezifischer Formbestimmtheit selbst begründet ist.

Dieser möglichen »Divergenz« von Handlungsanalyse und Systemanalyse wollen wir uns im folgenden zuwenden, indem wir uns zunächst kurz mit Webers Aufsatz »Die protestantische Ethik und der Geist des Kapitalismus« beschäftigen.

Der Protestantismusaufsatz ist immer wieder in der Richtung mißverstanden worden, als habe Weber damit eine »antimaterialistische« Analyse der Entstehung des modernen Kapitalismus geliefert, als habe er die Entstehung des modernen Kapitalismus als Wirtschaftsform allein aus religiös bedingten Sinnvorstellungen, aus einer religiös bedingten Geisteshaltung der Handelnden erklären wollen. Dagegen gewinnt die »Protestantische Ethik . . .« für uns gerade deshalb Bedeutung, weil hier die kapitalistische Wirtschaftsform bzw. das kapitalistische Wirtschaftssystem als ein – allerdings nicht analysierter – relativ selbständiger Faktor unterstellt ist. Unser Interesse richtet sich gerade auf die Charakterisierung des modernen Kapitalismus als Wirtschaftssystem. Diese eingeschränkte Perspektive, den modernen Kapitalismus als Wirtschaftssystem mit ihm eigenen Strukturmerkmalen zu analysieren, widerspricht dem Ansatz des Protestantismusaufsatzes nicht, der die Rolle religiös bedingter sinnhafter Einstellungen der Handelnden für die Herausbildung des modernen Kapitalismus analysiert.

§ 2. Bedingung der Entstehung des modernen Kapitalismus ist für Weber die Auflösung des »ökonomischen Traditionalismus«, den er folgendermaßen beschreibt: »der Mensch will ›von Natur‹ nicht Geld und mehr Geld verdienen, sondern einfach leben, so leben wie er zu leben gewohnt ist und soviel erwerben, wie dazu erforderlich ist.« (RS 44) Die Frage nach den Bedingungen der Auflösung des ökonomischen Traditionalismus weist schon in die Richtung, in der Weber gemäß seinem Forschungsinteresse Gründe der Entstehung des modernen Kapitalismus sucht und findet: in der Entstehung einer besonderen Wirtschaftsethik bzw. Wirtschaftsgesinnung. Dabei gilt für ihn: »Eine Wirtschaftsethik ist keine einfache ›Funktion‹ wirtschaftlicher Organisationsformen, ebensowenig wie umgekehrt diese eindeutig aus sich heraus prägt.« (RS 238) Und: »Zu den Determinanten der Wirtschaftsethik gehört als eine – wohlgemerkt: nur *eine* – auch die religiöse Bestimmtheit der Lebensführung.« (ebd.) Nur diese Determinante der Wirtschaftsethik, die religiöse Bestimmtheit der Lebensführung, untersucht Weber im Protestantismusaufsatz.

Dieses bewußt eingegrenzte Erkenntnisziel bestimmt seine Arbeit: er will zeigen, daß die moderne Wirtschaftsethik, also der »›Geist‹ des Kapitalismus«[2], nicht nur als ein »reines Anpassungsprodukt« (RS 55) an wirtschaftliche Organisationsformen entstanden ist, sondern daß dieser »›Geist‹ des Kapitalismus« seine Entstehung und sein Gepräge sehr wesentlich den religiösen Vorstellungen, wie sie vor allem vom asketischen Protestantismus hervorgebracht wurden, verdankt. Die Begrenzung dieses Erkenntnisziels ist immer wieder mißverstanden bzw. mehr oder weniger außer acht gelassen worden (vgl. FISCHOFF, 1972, S. 346 ff.), so daß Weber in Erwiderung auf seine Kritiker sich mehrfach genötigt sieht, den begrenzten Anspruch seiner Untersuchung gegen weitergehende Interpretationen (seien diese nun kritisch oder zustimmend) abzugrenzen. So schreibt er, daß er »nachdrücklich die Möglichkeit der ›törichten‹ These ablehne, daß die Reformation *allein* den kapitalistischen Geist ›oder wohl gar‹ den Kapitalismus selbst (als Wirtschafts*system*) geschaffen habe, da ja wichtige *Formen* kapitalistischen Geschäftsbetriebes erheblich älter als sie seien« (PE II 28, vgl. auch RS 83). Mit dem Protestantismusaufsatz ist weder eine erschöpfende Ableitung der Wirtschaftsgesinnung des modernen Kapitalismus beansprucht noch überhaupt eine »Ableitung von Wirtschafts*formen* aus religiösen Motiven« (PE II 31). Weber betont, »daß es der Geist ›methodischer‹ *Lebensführung* ist, welcher aus der ›Askese‹ in ihrer protestantischen Umbildung ›abgeleitet‹ werden sollte und welcher zu den Wirtschaftsformen nur in einem allerdings kulturgeschichtlich m. E. sehr wichtigen ›Adäquanz‹-Verhältnis steht.« (ebd.)

Wir wollen auf die Hauptargumente des Protestantismusaufsatzes nicht näher eingehen, und zwar weniger deshalb, weil er im Gegensatz zu den »Grundkategorien des Wirtschaftens« schon so vielseitige Würdigung und Kritik erfahren hat[3], als vielmehr deshalb, weil in ihm eben nur die Analyse »der Bedingtheit der Entstehung einer ›Wirtschaftsgesinnung‹: des ›Ethos‹ einer Wirtschaftsform, durch bestimmte religiöse Glaubensinhalte« (RS 12) erfolgt, nicht aber die mögliche umgekehrte Bedingtheit der Wirtschaftsgesinnung durch diese Form selbst untersucht wird. Erst eine derartige Untersuchung vermöchte die Bedeutung des religiösen Einflusses zu klären, und zwar gerade dann, wenn der Einfluß von ökonomischer Form und religiösen Vorstellungen nicht konkurrierend, sondern ineinandergreifend vorgestellt wird.

Die Bedingtheit der Wirtschaftsgesinnung durch die kapitalistische Wirtschaftsform selbst kommt aber im Protestantismusaufsatz gar nicht in den Blick, weil dort der Kapitalismus nicht ausdrücklich als Wirtschaftsform behandelt wird, so daß Formunterschiede des modernen Kapitalismus gegenüber dem Kapitalismus, wie er von jeher bestanden hat, zunächst kaum sichtbar werden. Dadurch entsteht der Eindruck, Weber hege die Überzeugung, daß die durch religiöse Einstellungen mitbedingte Veränderung der Wirtschaftsgesinnung das schlechthin bedeutende besondere Merkmal des modernen Kapitalismus sei.

Weber arbeitet Strukturmerkmale des modernen Kapitalismus im wesentlichen erst in den späteren Schriften heraus, in »Wirtschaft und Gesellschaft« und auch in der »Vorbemerkung«. Vergleicht man nun »Die protestantische Ethik . . .« mit diesen späteren Äußerungen zum Thema moderner Kapitalismus, so könnte man glauben, daß Weber zwei verschiedene oder gar gegensätzliche Bestimmungsweisen der Spezifik des modernen okzidentalen Kapitalismus anführt: eine Bestimmung des »Geistes« des modernen Kapitalismus und eine der »Form« des modernen Kapitalismus. Beide Bestimmungen lassen sich durch prägnante Formulierungen aus den entsprechenden Schriften illustrieren. So heißt es im Protestantismusaufsatz: »›Kapitalismus‹ hat es in China, Indien, Babylon, in der Antike und im Mittelalter gegeben. *Aber eben jenes eigentümliche Ethos fehlte ihm, wie wir sehen werden.*« (RS 34) In der später entstandenen »Vorbemerkung« heißt es: »Die kapitalistische Unternehmung und auch der kapitalistische Unternehmer . . . sind uralt und waren höchst universell verbreitet. Nun hat aber der Okzident ein Maß von Bedeutung und, was dafür den Grund abgibt: Arten, Formen und Richtungen von Kapitalismus hervorgebracht, die anderwärts niemals bestanden haben.« (RS 6) An grundlegenden Formbesonderheiten nennt Weber dann im einzelnen: »die rational-kapitalitalistische Organisation von (formell) *freier Arbeit*« (RS 7), »*die Trennung von Haushalt und Betrieb*« (RS 8) und »die rationale *Buchführung*« (ebd.). Diese Besonderheiten sind aber keineswegs einfache Funktionen der besonderen modernen kapitalistischen Wirtschaftsgesinnung, sondern haben den Charakter von Strukturmerkmalen. Beide Bestimmungen sind zwar nicht einander ausschließende oder gegensätzliche, aber sie werden von Weber auch nicht ausdrücklich in ein Verhältnis gesetzt, und insofern kann er die Bedeutung des religiösen Einflusses auf die Wirtschaftsgesinnung und damit auf die Entwicklung zum modernen Kapitalismus schwerlich angeben.

Dabei ist das Problem des Zusammenhanges von kapitalistischer »Form« und kapitalistischem »Geist« schon im Protestantismusaufsatz an einer Stelle sehr deutlich und in bemerkenswerter Weise thematisiert: »Die ›kapitalistische‹ Form einer Wirtschaft und der Geist, in dem sie geführt wird, stehen zwar generell im Verhältnis ›adäquater‹ Beziehung, nicht aber in dem einer ›gesetzlichen‹ Abhängigkeit voneinander. Und wenn wir trotzdem für diejenige Gesinnung, welche *berufsmäßig* systematisch und rational legitimen Gewinn . . . erstrebt, hier provisorisch den Ausdruck ›Geist des (modernen) *Kapitalismus*« gebrauchen, so geschieht dies aus dem historischen Grunde, weil jene Gesinnung in der *modernen* (Herv. d. Verf.) kapitalistischen Unternehmung ihre adäquateste Form, die kapitalistische Unternehmung andererseits in ihr die adäquateste geistige Triebkraft gefunden hat.« (RS 49) Weber hält offenbar selbst die Form gerade »der *modernen* kapitalistischen Unternehmung« für ein unverzichtbares Korrelat der Wirksamkeit der religiösen Einflußnahme auf die Wirtschaftsgesinnung, d. h. die protestantische Ethik hat sich auf die Wirtschaftsgesinnung nur deshalb so nachhaltig auswirken können, weil in der modernen kapitalistischen Unternehmung schon die adäquate Form dieser Gesinnung bereitstand. Bekräftigt wird die Bedeutung der modernen Form der kapitalistischen Unternehmung noch durch die Anmerkung, die Weber dem Ausdruck »Geist des (modernen) Kapitalismus« hinzufügt: »Natürlich des dem Okzident spezifischen *modernen* rationalen *Betriebs*, nicht des seit 3 Jahrtausenden in der Welt, von China, Indien, Babylon, Hellas, Rom, Florenz bis in die Gegenwart verbreiteten Kapitalismus der Wucherer, Kriegslieferanten, Amts- und Steuerpächter, großen Handelsunternehmer und Finanzmagnaten.« (ebd.)

Außerdem zeigt sich die Bedeutung der spezifischen Formbestimmtheit des modernen Kapitalismus auch in einem anderen Zusammenhang: Im zweiten Abschnitt des Protestantismusaufsatzes (RS 30 ff.) umreißt Weber den historischen Begriff bzw. das »historische Individuum«: »Geist des Kapitalismus«. Diesen »Geist« charakterisiert wesentlich die Verkehrung von Mittel und Zweck beim Erwerben, die Weber mit folgenden Worten beschreibt: »Der Mensch ist auf das Erwerben als Zweck seines Lebens, nicht mehr das Erwerben auf den Menschen als Mittel zum Zweck der Befriedigung seiner materiellen Lebensbedürfnisse bezogen. Diese für das unbefangene Empfinden schlechthin sinnlose Umkehrung des, wie wir sagen würden, ›natürlichen‹ Sachverhalts ist nun ganz offenbar ebenso unbedingt ein Leitmotiv des Kapitalismus, wie sie dem von seinem Hauche nicht berührten Menschen fremd ist.« (RS 35 f.) Weber vermag dann in seiner Untersuchung zu zeigen, wie diese »schlechthin sinnlose Umkehrung« in der vom asketischen Protestantismus bestimmten Lebensführung eine religiöse Gratifikation erfährt. Webers Argument ist nun im wesentlichen nur, daß die praktisch wirksam gewordene Ethik des asketischen Protestantismus den modernen Kapitalismus mit auf den Weg gebracht hat, aber nur im Sinne einer Förderung, wie Weber einschränkend formuliert: »aus ihrem eigenen religiösen Leben, aus ihrer religiös bedingten Familientradition, aus dem religiös beeinflußten Lebensstil ihrer Umwelt heraus erwuchs hier in den Menschen ein Habitus, der sie in ganz spezifischer Weise geeignet machte, den spezifischen Anforderungen des modernen Frühkapitalismus zu entsprechen.« (PE II 318) Das Maß der kausalen Wirksamkeit dieses

»Habitus«, der »methodischen Lebensführung«, für die Entwicklung des modernen Kapitalismus bleibt selbst unklar. Obwohl nur die vom asketischen Protestantismus bestimmte Lebensführung der Verkehrung, wie sie Weber beschreibt, einen Sinn gibt, kann er nicht behaupten, daß diese Verkehrung *allein* von dieser Ethik getragen werden könne. Andernfalls bliebe es unverständlich, warum diese Verkehrung fortlebt, obwohl die sie tragende Ethik geschwunden ist. »Der siegreiche Kapitalismus jedenfalls bedarf, seit er auf mechanischer Grundlage ruht, dieser Stütze nicht mehr.« (RS 204; vgl. auch S. 36 f. u. S. 55 f.) Der siegreiche Kapitalismus offenbart, so muß man folgern, daß er in seiner spezifischen Form selbst Träger dieser Verkehrung ist. Er selbst zeigt sich als ein »stahlhartes Gehäuse« (RS 203), der den »Geist«, der ihm einst einen Sinn gab, durchaus entbehren kann. Die spezifische Form des Kapitalismus erweist sich als selbständig und verselbständigt, wenn sie als sinnlose Form weiterexistiert und »heute den Lebensstil aller einzelnen, die in dieses Triebwerk hineingeboren werden – *nicht* nur der direkt ökonomisch Erwerbstätigen –, mit überwältigendem Zwange bestimmt und vielleicht bestimmen wird, bis der letzte Zentner fossilen Brennstoffs verglüht ist.« (ebd.)

Es ist deutlich, daß Weber auch in seiner ausdrücklich auf den »sinnhaften« Zusammenhang von protestantischer Ethik und »Geist« des Kapitalismus beschränkten Untersuchung nicht ohne die Heranziehung von Strukturmerkmalen – der spezifischen Formbestimmtheit des modernen Kapitalismus – auskommt, die – jedenfalls in diesem Zusammenhang – nicht als Resultate sinnhaften Handelns eingeführt werden. Um zu klären, inwieweit die Weber zufolge spezifischen Strukturmerkmale des modernen Kapitalismus einer handlungstheoretischen Analyse zugänglich sind, müssen wir sie (über den Zusammenhang des Protestantismusaufsatzes hinaus) zunächst zusammenstellen: Es handelt sich nun nicht mehr um einen epochenübergreifenden Handlungstyp des Erwerbens, sondern um die historische Einmaligkeit eines Wirtschaftssystems: der modernen kapitalistischen Erwerbswirtschaft.

§ 3. In »Wirtschaft und Gesellschaft« führt Weber zunächst das spezifisch moderne kapitalrechnungsmäßige Erwerben lediglich als »Rationalitätsfall«[4] einer von jeher bestehenden Handlungsart ein. Die Besonderheit des modernen kapitalrechnungsmäßigen Erwerbens wäre soweit sozusagen nur quantitativ zu bestimmen: gegenüber früheren Formen wäre ein durchschnittlich höherer »Grad der *Rationalität* des kapitalistischen Erwerbs« (RS 6) festzustellen. Wir wollen versuchen nachzuweisen, daß diese nur quantitative Differenz zur Charakterisierung des modernen kapitalrechnungsmäßigen Erwerbens nicht ausreicht, und behaupten, daß auch bei Weber eine qualitative Differenz unterstellt wird, zumindest aber sich als Problem in seinen Analysen geltend macht. Hierzu verweisen wir auf die bei Weber angelegte Unterscheidung zwischen »Kapitalismus als Einzelhandlung« und »Kapitalismus als System« und behaupten, daß Weber mit Hilfe dieser Unterscheidung den modernen Kapitalismus von allen früheren oder anderen Arten von Kapitalismus abgrenzt. »Kapitalismus in Einzelhandlungen« hat es von jeher gegeben: »die kapitalistische Unternehmung und auch der kapitalistische Unternehmer ... sind uralt und waren höchst universell verbreitet.« (RS 6) »Kapitalismus als System« dagegen existiert in ausgebildeter Gestalt nur als der moderne okzidentale Kapitalismus. Weber bedient sich zwar dieser Unterscheidung nicht explizit als Grundlage seiner Analyse des modernen Kapitalismus, aber dennoch beinhaltet sie tatsächlich das allgemein gefaßte grundlegende Merkmal, das seine Analyse des modernenKapitalismus prägt. Dort nämlich, wo spezifisch moderne Phänomene angesprochen werden, wird die Handlungsanalyse zunehmend um Strukturbestimmungen erweitert. Daß Weber selbst die Unterscheidung von Kapitalismus als Einzelhandlung und als System nicht fremd ist, zeigt sich, wenn er mit aller Vorsicht formuliert, man könne »die Entwicklung zur zunehmenden Herrschaft des Kapitalismus über das gesamte Wirtschaftsleben in gewissem Sinne und cum grano salis annähernd gleichsetzen der *Entwicklung vom ökonomischen Gelegenheitsprofit zu einem ökonomischen System*« (PE II 322f.).

Welche möglichen Implikationen hat nun diese Unterscheidung für den handlungstheoretischen Ansatz? Zumindest *eine* mögliche Implikation wäre: In dem Maße, in dem sich der Kapitalismus zum System entwickelt, gewinnen zunehmend Strukturmerkmale des Systems für das Handeln selbst und für dessen verstehende Analyse Bedeutung, die aber nicht mehr in der sinnhaften Perspektive der Handelnden rekonstruiert werden können. Weber ist damit zunehmend genötigt, Strukturmerkmale des modernen Kapitalismus in seine handlungstheoretischen Begriffe einzubeziehen. Er wechselt aber nicht direkt in den Bezugrahmen einer Struktur- bzw. Systemanalyse, sondern bezieht Strukturmerkmale lediglich im Hinblick auf ihre Bedeutung für das Handeln in seine Darstellung ein. Aus der »Vorbemerkung« kennen wir schon die für Weber grundlegenden Merkmale des modernen Kapitalismus: rationale Buchführung, Trennung von Haushalt und Betrieb, freie Arbeit.[5]

1. Die *rationale Buchführung* ist der sichtbare Ausdruck und die Form der Kapital- bzw. Rentabilitätsrechnung. Sie ist erst dann möglich, wenn effektive Preise für Güter und Leistungen, auch Arbeitsleistungen (und insoweit ist freie Arbeit mit eine Bedingung der rationalen Buchführung) bestehen, und dadurch eine Rechnung mit Marktpreisen und eine Orientierung an Preischancen erfolgen kann. Mit der rationalen Buchführung ist ein besonderes Merkmal moderner kapitalistischer Verhältnisse auf der Ebene der Einzelbetriebe angesprochen, das aber über diese Ebene hinausweist,

weil eine allseitige umfassende Marktentwicklung vorausgesetzt ist.

2. Die *Trennung von Haushalt und Betrieb* bezieht Weber vor allem auf die Trennung des Erwerbsbetriebs vom Unternehmerhaushalt. »Aber nicht etwa die *räumliche* Sonderung des Haushalts von der Werkstatt und dem Laden ist hier das entscheidende Entwicklungsmoment.... Sondern die ›buchmäßige‹ und *recht*liche Scheidung von ›Haus‹ und ›Betrieb‹ und die Entwicklung eines auf diese Trennung zugeschnittenen Rechts« (WG 229). Erst damit scheiden sich eindeutig Kapitalrechnung und Haushaltsrechnung und sind dann als »Erwerbsbetriebsrechnung und Haushaltsrechnung ebenso grundverschieden, wie Bedarfsdeckung und Erwerb, denen sie dienen« (WG 49).

Weber führt zur Erläuterung der Entstehung der Trennung von Haushalt und Betrieb an: »Der Kompagnon ist nicht mehr notwendig (oder doch nicht normalerweise) Hausgenosse. Damit mußte man zwangsläufig das Geschäftsvermögen vom Privatbesitz des einzelnen Teilhabers trennen.« (WG 229) Aber weder diese Erläuterung noch die Beschreibung des modernen Erwerbsbetriebs als vom Haushalt getrennter Institution gibt eine zureichende Bestimmung der Stellung des modernen Erwerbsbetriebs, denn der Heraussetzung des Betriebes aus dem Haushalt korrespondiert die Einbeziehung des Betriebes in das anonyme System des Marktes. Nur vor diesem Bezugswechsel – das Erwerbshandeln ist im modernen Erwerbsbetrieb auch nicht durch den letzten Sinn auf den Haushalt bezogen, sondern auf den Markt, von dem her bestimmt ist, was als Rentabilität und »Marktmachtstellung des Betriebes« (WG 52) gelten soll – kann Weber formulieren: »Diese Tendenz zur Scheidung von Haushalt und Betrieb ist nicht zufällig. Sie folgt eben daraus: daß das *Vermögen* und seine Schicksale vom Standpunkt des *Betriebs* aus und die jeweiligen Einkommensinteressen der Besitzer vom Standpunkt der Rentabilität aus *irrational* sind.« (WG 52) Nicht einfach die Trennung des Betriebes vom Unternehmerhaushalt ergibt einen eigenen »Standpunkt des Betriebs«, sondern der Bezug im System des Marktes prägt dem Betrieb einen von Vermögens- und Einkommensinteressen unterschiedenen »Standpunkt« auf.

3. Die *freie Arbeit,* »d. h. daß Personen vorhanden sind, die nicht nur rechtlich in der Lage, sondern auch wirtschaftlich genötigt sind, ihre Arbeitskraft frei auf dem Markt zu verkaufen« (WGesch 240), hält Weber für das zentrale Merkmal des modernen Kapitalismus. Nach der Aufzählung der Besonderheiten des modernen Kapitalismus in der »Vorbemerkung« schreibt er: »Ihre heutige Bedeutung aber haben alle diese Besonderheiten des abendländischen Kapitalismus letztlich erst durch den Zuammenhang mit der kapitalistischen Arbeitsorganisation erhalten. Auch das, was man die ›Kommerzialisierung‹ zu nennen pflegt: die Wertpapierentwicklung und die Rationalisierung der Spekulation: die Börse, steht damit im Zusam-

menhang. Denn ohne kapitalitisch-rationale Arbeitsorganisation wäre dies alles, auch die Entwicklung zur ›Kommerzialisierung‹, soweit überhaupt möglich, nicht entfernt von der gleichen Tragweite. Vor allem für die soziale Struktur und alle mit ihr zusammenhängenden spezifisch modern-okzidentalen Probleme. Eine exakte Kalkulation: – die Grundlage alles andern, – ist eben nur auf dem Boden freier Arbeit möglich. Und wie – und weil – keine rationale Arbeitsorganisation, so – und deshalb – hat die Welt außerhalb des modernen Okzidents auch keinen rationalen *Sozialismus* gekannt.« (RS 8f.)

Die freie Arbeit als allgemeines Merkmal kennzeichnet den modernen Kapitalismus schon als ein wirtschaftliches System, in dem auch die »Dekkung der *Alltagsbedürfnisse* auf kapitalistischem Wege« (WGesch 239) erfolgt; erst auf Basis der freien Arbeit läßt sich die Gesamtwirtschaftsstruktur als Polarität von Haushalten und Erwerbsbetrieben kennzeichnen: eine Polarität von einerseits den Erwerbsbetrieben mit »*Appropriation aller sachlichen Beschaffungsmittel* (Grund und Boden, Apparate, Maschinen, Werkzeuge u. s. w.) *als freies Eigentum*« (WGesch 239) und andererseits den Haushalten, »sowohl den die dargebotenen Güter konsumierenden, wie den gewisse Beschaffungsmittel (Arbeit vor allem) darbietenden« (WG 52). Weber weiß sehr wohl, daß der moderne Kapitalismus als Wirtschaftssystem nur auf Basis freier Arbeit möglich ist, aber sein Interesse richtet sich nicht auf eine Systemanalyse des modernen Kapitalismus, sondern primär darauf, welche Implikationen die Tatsache der Existenz freier Arbeit für die einzelnen Erwerbsbetriebe bzw. für das Handeln der einzelnen Wirtschaftssubjekte hat: Für die aller sachlichen Beschaffungsmittel ledigen Arbeiter bedeutet sie Zwang zum Verkauf der Arbeitskraft, d. h. Zwang, »sich *Anweisungen* zu fügen, um überhaupt Entgelt für die von ihnen angebotenen Nutzleistungen zu erhalten: seien es Anweisungen eines vermögenden Hausherrn, seien es die an einer Kapitalrechnung orientierten Anweisungen von Kapitalgüter-Besitzenden (. . .). Dies ist in der rein kapitalistischen Betriebswirtschaft das Schicksal der gesamten Arbeiterschaft. Entscheidender Antrieb für alles Wirtschaftshandeln ist unter verkehrswirtschaftlichen Bedingungen normalerweise . . . für die Nichtbesitzenden: a) der Zwang des Risikos völliger Unversorgheit für sich selbst *und* für diejenigen persönlichen ›Angehörigen‹ (. . .) deren Versorgung der Einzelne typisch übernimmt, b) – in verschiedenem Maß – auch innere Eingestelltheit auf die wirtschaftliche Erwerbsarbeit als Lebensform« (WG 59f.).

Für die einzelnen Erwerbsbetriebe, besonders für die Beschaffungsbetriebe, bedeutet die Tatsache des »völligen Fehlens der Appropriation sowohl von Arbeitsstellen und Erwerbschancen an Arbeiter wie umgekehrt der Arbeiter an Besitzer (freie Arbeit, Arbeitsmarktfreiheit und Freiheit des Arbeiter*auslese*)« (WG 94) eine entscheidende Voraussetzung, um »das

Höchstmaß von *formaler Rationalität* der Kapitalrechnung« (ebd.) zu erreichen. Weber bietet in diesem Zusammenhang einen vorzüglichen Katalog all der Gründe, die die Anwendung der freien gegenüber der unfreien Arbeit in bezug auf die formale Rationalität auszeichnen (vgl. WG 94 f.). Auf diesen Punkt, das Ausmaß der formalen Rationalität, kommt es Weber hier, wie auch sonst immer wieder, entscheidend an. Deshalb beschreibt er das Merkmal der »freien Arbeit« auch als »die *rational-kapitalistische Organisation* (Herv. d. Verf.) von (formell) *freier Arbeit*« (RS 7), was gerade auf die Anwendung der freien Arbeit und ihrer Konsequenzen in der Fabrik abzielt. Dabei macht die Einschränkung auf *formell* freie Arbeit deutlich, daß 1. die Arbeiter sich zwar »formal freiwillig, tatsächlich durch die Hungerpeitsche gezwungen, anbieten« (WGesch 240) und daß 2. das Arbeitsverhältnis für den Arbeiter eine Unterordnung unter ein Herrschaftsverhältnis bedeutet. »Daß das Höchstmaß von *formaler* Rationalität der *Kapitalrechnung* nur bei Unterwerfung der Arbeiter unter die Herrschaft von Unternehmern möglich ist, ist eine weitere spezifische *materiale* Irrationalität der Wirtschaftsordnung.« (WG 78)

§ 4. Die Nachzeichnung der Besonderheiten des modernen Kapitalismus im Weberschen Sinne sollte deutlich machen, daß es sich bei diesen Besonderheiten um »Strukturmerkmale« eines Systems insofern handelt, als sie nicht mehr aus den sinnhaften Handlungsintentionen Einzelner erklärt werden können. Die rationale Buchführung verweist auf die Existenz effektiver Marktpreise; die Trennung von Haushalt und Betrieb erschöpft sich nicht in der Auseinanderlegung von Vermögen und Kapital, sondern bedeutet auch die Eingliederung des Erwerbsbetriebs in das System des Markts; die freie Arbeit ist dort, wo sie zu einer allgemeinen Erscheinung geworden ist, Ausdruck einer Systemstruktur, die durch die Polarität von Haushalten und Erwerbsbetrieben gekennzeichnet ist, die aber in ihrem Gehalt nicht in den ihr zugeordneten Handlungsarten, Haushalten und Erwerben, aufgeht.

Daß die Bedeutung dieser Strukturmerkmale nicht als in Handlungssinn aufgehend gedacht werden kann, heißt natürlich nicht, daß sie nicht in die Situationsbedeutungen, die Handlungen zugrunde liegen, eingehen. Die Handelnden orientieren sich an diesen Strukturmerkmalen, und insofern gehen sie in den Handlungssinn mit ein. Das Zustandekommen dieser Strukturen kann jedoch aus der Perspektive der Handelnden nicht gedeutet werden, vielmehr ist das Verstehen der Handlungen, die sinnhaft an den Strukturen orientiert sind, abhängig von einer Einbeziehung dieser Strukturen in die Handlungsanalyse. Es bleibt daher festzuhalten: in dem Maße, in dem sich der Kapitalismus zum System entwickelt, stößt die verstehende Analyse von Handlungen zunehmend auf Strukturen, die über den vermeinten Sinn der Handelnden hinausweisen. Da es sich bei diesen Strukturen durchaus um soziale Phänomene handelt, zeigt sich hier ein unterschiedlich weitreichender Zugriff der Weberschen Handlungstheorie auf soziale Phänomene: soweit ihr Gehalt im Handlungssinn von Handelnden aufgeht, sind sie auch aus Handlungssinn erklärbar, soweit soziale Phänomene nicht auf Handlungssinn rückführbar sind, können sie nur als Strukturen beschrieben werden, an denen sich die Handelnden orientieren.

Damit fallen aber nicht nur bestimmte soziale Phänomene jenseits der Erklärungsreichweite der Handlungstheorie, sondern auch die Interdependenz von Systemstruktur und Handeln wird nur noch in einer bestimmten Präformation wahrgenommen, die in der Fokussierung auf das sinnhafte Handeln angelegt ist: systemstrukturelle Phänomene erscheinen einfach als gegebene Daten für das Handeln, als Daten, die dem Handelnden gleichsam »gegenüber«stehen; das Handeln erscheint zwar als autonome Instanz, aber bestimmte Daten der Handlungssituation müssen als »äußere« Fakten hingenommen werden. In diesem Sinne formuliert auch Weber: »Streng rationales Handeln, – so kann man es auch ausdrücken, – wäre glatte und restlose ›Anpassung‹ an die gegebene ›Situation‹.« (WL 227) Zwar ist »Anpassung« ein Merkmal des Handelns, das mehr oder weniger mindestens für jedes äußere, mit Objekten der Außenwelt umgehende, Handeln zu konstatieren ist, aber es fragt sich, ob in dieser vom handlungstheoretischen Ansatz vorgegebenen allgemeinen Perspektive der Anpassung das besondere Problem des Verhältnisses von Handeln und *sozialen* Strukturen zureichend begriffen werden kann.

Wollte man mit den handlungstheoretischen Grundlagen der Weberschen Soziologie danach fragen, welche gesellschaftlichen Entwicklungen ihr zufolge möglich sind, um dadurch Handlungsspielräume und ihre Konsequenzen sichtbar zu machen, so zeichnet sich eine Grenze in ihrer Konzeptualisierung gesellschaftlichen Wandels ab. Soziale Strukturen lassen sich, soweit sie gewollte Folge von Handlungen sind, auch durch Handlungen ändern. Soweit es sich um nicht-intendierte Folgen handelt, die außerhalb der Verfügung des Zusammenhandelns von Individuen liegen, lassen sich soziale Strukturen noch in Handlungsbegriffen beschreiben (als »Objekte« eines sinnhaften Verhaltens), aber auf dem Boden einer auf die Sichtweise von Handelnden bezogenen Begriffsbildung läßt sich keine erklärende Theorie für das Zustandekommen des »Bruchs« zwischen Handlungen und sich verfestigenden Sozialstrukturen entwickeln. Damit wäre ein wichtiger Hinweis dafür gewonnen, warum Webers Analysen moderner gesellschaftlicher Verhältnisse, besonders seine Analyse des modernen Kapitalismus, im resignativen Gestus der »Unentrinnbarkeit« münden. Der moderne Kapitalismus ist nach Weber eine »Schicksalsmacht« geworden, mit der man sich – ob man es will oder nicht – abfinden muß. Der in Webers Analysen zutage tretende Zug des Unabänderlichen, der sich mit seiner Charakteristik des modernen Kapitalismus verbindet, hinge nach unserer These mit der besonderen Sichtweise der Handlungstheorie zusammen, die das Verhältnis von Handeln und Systemstruktur im modernen Kapitalismus nicht zureichend zu analysieren erlaubt.

Es muß darüber hinaus bezweifelt werden, daß die sozialstrukturellen Daten, die ja von Menschen selbst, wenn auch nicht bewußt, gemacht werden, den gleichen Status, die gleiche Bedeutung für das Handeln haben wie irgendwelche Naturdaten. Betrachtet man mit Weber das kapitalrechnungsmäßige Erwerben als historisch übergreifenden Typus eines sinnhaften Handelns, läßt sich fragen: welche Rolle spielen systemstrukturelle Bedingungen wie z. B. entwickelter Markt, Polarität von Haushalten und Erwerbsbetrieben oder auch Geld für dieses Handeln? Versucht man diese Frage zu beantworten, so wird sofort deutlich, daß sie so nicht gestellt werden kann, weil soziale Strukturen im Gegensatz zu Naturdaten unabhängig von jedwedem Handeln gar nicht begriffen werden können. Nehmen wir die den modernen Kapitalismus charakterisierende sozialstrukturelle Polarität von Haushalten und Erwerbsbetrieben, bei der Markt und Geld schon mitgedacht werden müssen, so ist sofort deutlich, daß sie unabhängig vom Handeln, d. h. unabhängig vom Haushalten und Erwerben gar nicht thematisiert werden kann. Damit wird umgekehrt deutlich, daß Systemstrukturen weiter in das Handeln »hineinreichen«, als dies mit der Vorstellung der Anpassung des Handelns an Daten sichtbar wird. Soziale Daten sind nicht wie Naturdaten »neutral« gegenüber dem Handeln, sondern sie sind, als von Handeln produzierte Daten von vornherein auch wieder kompatibel mit bestimmtem Handeln. Der gedankliche Schritt vom »Kapitalismus als Einzelhandeln« zum »Kapitalismus als System« wäre nicht einfach als Zunahme »äußerer« Daten zu begreifen, an die sich das Handeln anzupassen hat, sondern als Herausbildung selbst durch das Handeln produzierter Strukturen, die das Einzelhandeln tendenziell in sich einbinden, dadurch daß es von den Strukturdaten her sachlich bestimmt wird.

Vor diesem Hintergrund gewinnt nun auch das kapitalrechnungsmäßige Erwerben eine neue Bedeutung, weil es zunehmend mit der Entwicklung zum modernen Kapitalismus durch solche Strukturdaten sachlich bestimmt wird. Unter der Hand wandeln sich dementsprechend auch bei Weber die Bedeutungen von »kapitalrechnungsmäßigem Erwerben« oder auch von »Kapital«. Es liegen nun tatsächlich Systemvorstellungen des modernen Kapitalismus zugrunde, wie sich z. B. an Webers Begründung der Entstehung von Kapitalzins bzw. Gewinn zeigt: im Ergebnis wird die Entstehung von Kapitalzins bzw. Gewinn institutionell, an den Erwerbsbetrieben, festgemacht, die den Haushalten gegenüberstehen. Die polare Struktur von Erwerbsbetrieben und Haushalten geht in die Bestimmungen von kapitalrechnungsmäßigem Erwerben, Gewinn, Kapitalzins und Kapital im modernen Kapitalismus ein. Weder ist jeder Einsatz von Geld oder geldwerten Gütern in der rentabilitätsorientierten Absicht: daß ein vermehrter Betrag zurückfließen werde, nun für Weber kapitalrechnungsmäßiges Erwerben, noch der Einsatz notwendig Kapital, noch der vermehrte Rückfluß notwendig Kapitalzins bzw. Gewinn. Erst vor dem als Datum eingehenden Systemhintergrund der Trennung von Erwerbsbetrieben und Haushalten erfolgt die Abgrenzung: nur bei den Erwerbsbetrieben kann von kapitalrechnungsmäßigem Erwerben, von einem Einsatz von Kapital und von einem Anfallen von Kapitalzins bzw. Gewinn gesprochen werden.

Die von Systemstrukturen erzwungene Anpassung des Handelns faßt Weber als dessen Versachlichung auf. Im Begriff der formalen Rationalität des Wirtschaftens wird dieser Aspekt der Versachlichung hervorgehoben, die ihren Gipfelpunkt im modernen kapitalrechnungsmäßigen Erwerben erreicht. Die zunächst analytische Trennung von formaler und materialer Rationalität erweist sich in Webers Betrachtung des modernen Kapitalismus als reales Auseinanderfallen von formaler und materialer Rationalität, dessen Konstatierung wiederum einen unreflektierten Systembezug voraussetzt: formale Rationalität ist zwar zunächst ein Prädikat von Einzelhandlungen, spiegelt aber schließlich strukturelle Merkmale des »Kapitalismus als System« wieder.

Erläuterungen und Zusätze

1. Die im nackten Geldgewinnstreben zu konstatierende Verkehrung von Mittel und Zweck zu erklären, wird dort überflüssig, wo diese Spezifik des modernen Kapitalismus in einem zeitlos gültigen Erwerbsprinzip dem Bedarfsdeckungsprinzip entgegengestellt wird. So z. B. bei SOMBART (1921), für den es dann auch konsequent ist, wenn er formuliert: »Die Geschichte des modernen Kapitalismus schreiben heißt: nachzeichnen wie sich im Laufe der Jahrhunderte die Idee des kapitalistischen Wirtschaftssystems in Tatsächlichkeit verwandelt.« (S. 330) Für Weber dagegen stellt sich der moderne Kapitalismus nicht als Verwirklichung der Erwerbs*idee* dar; bei ihm sind »Haushalten« und »Erwerben« nicht von vornherein so definiert, daß der im modernen Kapitalismus zu konstatierende Gegensatz von Bedarfsdeckung und nacktem Geldgewinnstreben nur eine Konsequenz dieser Definitionsinhalte ist. Dementsprechend muß es Weber darauf ankommen zu zeigen, wodurch die dem modernen Kapitalismus spezifische Zweck-Mittel-Verkehrung begründet ist.
2. Der »›Geist‹ des Kapitalismus« ist durch schrankenloses Gewinnstreben allein nicht zu kennzeichnen, denn: »Den rücksichtslosen, an keine Norm innerlich sich bindenden Erwerb hat es zu allen Zeiten der Geschichte gegeben, wo und wie immer er tatsächlich überhaupt möglich war.« (RS 42 f.) »In der verschieden starken Entwicklung irgendeines ›Triebes‹ nach dem Gelde also liegt der Unterschied nicht. Die auri sacra fames ist so alt wie die uns bekannte Geschichte der Menschheit; wir werden aber sehen, daß diejenigen, die ihr als *Trieb* sich vorbehaltlos hingaben ... *keineswegs* die Vertreter derjenigen Gesinnung waren, aus welcher der

spezifisch moderne kapitalistische ›Geist‹ als *Massenerscheinung* – und darauf kommt es an – hervorbrach.« (RS 42) Der schrankenlose Erwerb nicht mehr als Einzelerscheinung, sondern als Massenerscheinung ist ein Moment, das auf bestimmte Einstellungsveränderungen hinweist, die Weber unter dem Begriff »›Geist‹ des Kapitalismus« faßt: Wo dieser »Geist« von Weber konstatiert wird, gibt es nicht mehr die Divergenz von »Binnenmoral« und »Außenmoral« (vgl. RS 43), desgleichen auch nicht mehr eine ethische Indifferenz gegenüber dem auf Gewinn und schrankenlosem Gewinn abzielenden Erwerben, wie es Weber für die präkapitalistischen Epochen beschreibt: »Die absolute und bewußte Rücksichtslosigkeit des Gewinnstrebens stand oft ganz hart gerade neben strengster Traditionsgebundenheit. Und mit dem Zerbröckeln der Tradition und dem mehr oder minder durchgreifenden Eindringen des freien Erwerbes auch in das Innere der sozialen Verbände pflegte nicht eine ethische Bejahung und Prägung dieses Neuen zu erfolgen, sondern es pflegte nur faktisch *toleriert*, entweder als ethisch indifferent oder als zwar unfreundlich, aber leider unvermeidlich, behandelt zu werden. Dies war nicht nur die normale Stellungnahme aller ethischen Lehre, sondern – worauf es wesentlich mehr ankommt – auch des praktischen Verhaltens der Durchschnittsmenschen der präkapitalistischen Epoche« (ebd.). Der »›Geist‹ des Kapitalismus« bezeichnet eine Lebenshaltung, die weder dem Gewinnstreben mehr oder weniger indifferent gegenübersteht, noch eine, die es einfach als töricht ansieht, mögliche Erwerbschancen nicht auszunützen, sozusagen als einen Mangel an »Geschäftsklugheit« (RS 33), sondern der »›Geist‹ des Kapitalismus« bedeutet eine Lebenseinstellung, die das Erwerben bzw. die Berufserfüllung zu einer ethischen Pflicht macht; sie hat »den Charakter einer *ethisch* gefärbten Maxime der Lebensführung« (ebd.). Und daraus ergibt sich das *»Irrationale* dieser Lebensführung, bei welcher der Mensch für sein Geschäft da ist, nicht umgekehrt« (RS 54).

3. Wir verweisen hier nur auf zwei Sammelbände: WINCKELMANN (1972) und SEYFARTH, SPRONDEL (1973). Der erstgenannte Band enthält vorwiegend ältere Beiträge nebst den Repliken von Weber; der zweite vorwiegend neuere Aufsätze; beide Bände enthalten ausführliche Literaturhinweise.

4. Schon bei den grundlegenden Bestimmungen des Erwerbens bei Weber im § 11 wird mehrfach vom Rationalitätsfall ausgegangen z. B.: »Dem rationalen wirtschaftlichen Erwerben ist zugehörig eine besondere Form der Geldrechnung ...« (WG 48); »Rentabilität bedeutet (im Rationalitätsfall) ...« (ebd.); »Alle Einzelmaßnahmen rationaler Unternehmen werden durch Kalkulation ... orientiert.« (ebd.)

5. Eine abweichende Aufzählung der »Voraussetzungen« des neuzeitlichen Kapitalismus gibt Weber z. B. in der Wirtschaftsgeschichte. Aufgeführt ist dort z. B. noch: »*Marktfreiheit,* d. h. Freiheit des Marktes von irrationalen Schranken des Verkehrs« (WGesch 239); »*Rationale,* d. h. im Höchstmaß berechenbare und daher mechanisierte *Technik*« (ebd.); »*Rationales,* d. h. berechenbares *Recht*« (WGesch 240). Auf die Bedeutung der Rechtsentwicklung für die Entstehung wie für das Funktionieren des modernen Kapitalismus können wir hier ebensowenig eingehen, wie auf andere Entstehungsfaktoren, die Weber für wichtig hält, z. B. die spezifisch abendländische Stadtentwicklung.

Fragen zur Diskussion

1. Inwieweit ist die Behauptung berechtigt, daß Webers Analyse des modernen Kapitalismus eine nicht explizierte Systemvorstellung zugrundeliegt?
2. Ist Webers Analyse »der Bedingtheit der Entstehung einer ›Wirtschaftsgesinnung‹ ... durch bestimmte religiöse Glaubensinhalte« (RS 12) unvereinbar mit einer »materialistischen« Analyse der Entstehung des modernen Kapitalismus?
3. Unterstellt Weber in seiner Untersuchung im Protestantismusaufsatz schon Strukturmerkmale des modernen Kapitalismus?
4. Sind mit den von Weber aufgeführten spezifischen Merkmalen des modernen Kapitalismus (rationale Buchführung, Trennung von Haushalt und Betrieb, freie Arbeit) Strukturen eines Systems angesprochen, die sich nicht mehr aus dem sinnhaften Handeln Einzelner erklären lassen?
5. Geht das moderne kapitalrechnungsmäßige Erwerben als Rationalitätsfall in einem historisch übergreifenden Handlungstypus des Erwerbens auf?
6. Inwieweit erscheint Ihnen die Kategorie der »Anpassung« geeignet, das Verhältnis des Handelns zu sozialen Strukturen zu charakterisieren?
7. Impliziert der handlungstheoretische Ansatz eine spezifische Sichtweise sozialer Wirklichkeit, die mit Webers Diagnose der »Unentrinnbarkeit« des Kapitalismus in Verbindung gebracht werden kann?

28. Kapitel: Moderner Kapitalismus und der Widerstreit von formaler und materialer Rationalität

Textgrundlage
WG, I. Teil, 2. Kap. §§ 9–13 und 30

§ 1. Weber behauptet: »Das Höchstmaß von Rationalität als rechnerisches Orientierungsmittel des Wirtschaftens erlangt die Geldrechnung in der *Form* der Kapitalrechnung« (WG 58). Die Fragen: wieso ist Kapitalrechnung eine besondere Form der Geldrechnung und wieso wird sie durch ein Höchstmaß an formaler Rationalität charakterisiert, werden wir zu beantworten haben. Wir knüpfen an unsere Diskussion der formalen Rationalität der Geldrechnung (im 25. Kap.) an. Wir waren dort von dem Problem ausgegangen, daß im Begriff der formalen Rationalität die Rechenhaftigkeit als ein bloßes Mittel des Wirtschaftens behandelt wird. Wir hatten dieses Problem nur durch Verweis auf die Geldrechnung klären können. Im Begriff der formalen Rationalität der Geldrechnung kam die selbständige – weil nicht sinnhaft intendierte – Bedeutung des Geldes zum Ausdruck. Das Geld als Mittel des Wirtschaftens schlechthin kann im Begriff der formalen Rationalität als spezifisches Orientierungsmittel gefaßt werden, ohne daß die Zwecke, für die es Mittel ist, überhaupt angesprochen werden. Allerdings war bisher in der Betrachtung der Geldrechnung und der sie auszeichnenden formalen Rationalität unterstellt, daß hinter der einheitlichen Orientierung am Geld eine Vielheit von Zwecken in Abhängigkeit von den jeweiligen Bedürfnissen steht. Anders nun bei der Kapitalrechnung: hier besteht nicht eine Vielheit von Zwecken, sondern ein homogenes Ziel: Rentabilität. Das Ziel kapitalistischer Erwerbsbetriebe ist also nicht nur in Geld ausdrückbar, sondern *ist* Geld und seine Vermehrung. Beim kapitalistischen Erwerben besteht zwischen dem Orientierungs*mittel*, der Kapitalrechnung, und der *Zweck*bestimmung, der Rentabilität, kein Unterschied hinsichtlich der Form. Damit zeigt sich im Gegensatz zu einem an der Geldrechnung orientierten aber auf Bedarfsdeckungszwecke gerichteten Wirtschaften beim kapitalrechnungsmäßigen Erwerben eine Homogenität von Mittel und Zweck. Die Kapitalrechnung ist nicht mehr Orientierungsmittel zur notwendigen Auswahl zwischen individuell gewollten Zwecken und damit nicht mehr neutral gegen Zwecke, sondern sie dient nur dem einen Zweck: Rentabilität. Kapitalrechnung ist nichts anderes als Rentabilitätsrechnung (vgl. Webers Definitionen dazu, WG 48); die Rechnung mit dem Orientierungsmittel Geld ist in der Form der Kapitalrechnung schon ein Rechnen mit dem Zweck.

Wenn Weber – woran noch einmal zu erinnern wäre – »als *formale* Rationalität eines Wirtschaftens . . . das Maß der ihm technisch möglichen und von ihm wirklich angewendeten *Rechnung* bezeichnet« (WG 44), dann wird nun deutlich, daß das kapitalrechnungsmäßige Erwerben das formal rationale Handeln par excellence ist, denn das kapitalrechnungsmäßige Erwerben vollzieht sich strikt in der Form von Rechnungen, d. h. alle konkreten Erwerbsakte und Erwerbsmittel werden im Rationalitätsfall genau kalkuliert und stellen sich »buchmäßig« in der Form von Rechnungen dar. Die ursprünglich von uns konstatierte Abstraktheit des Begriffs der formalen Rationalität fand dort ihre erste reale Entsprechung, wo ein wirtschaftliches »Gut« ins Spiel kam, das selbst so abstrakt ist, daß mit ihm ohne Bezugnahme auf Zwecke gerechnet werden kann (Geld, Geldrechnung), aber diese Abstraktheit des Geldes ist soweit noch nicht ausschließlich bestimmend für ein Handeln. Im kapitalrechnungsmäßigen Erwerben dagegen finden wir ein Handeln, das der Abstraktheit des Begriffs der formalen Rationalität entspricht. Der Begriff der formalen Rationalität verliert hier endgültig den Charakter einer gedanklichen Abstraktion; er wird, wie man mit Marx sagen könnte, »praktisch wahr« (GR 25). Nicht mehr der Begriff der formalen Rationalität in seiner Abstraktion ist hier problematisch und erklärungsbedürftig, sondern die abstrakten Verhältnisse selbst, die er bezeichnet, – Verhältnisse, in denen konkretes Handeln an die Form von Rechnungen gebunden ist und sich erst in Rechnungen rein darstellt.

Diese Tendenz zu einer sehr weitgehenden Annäherung der Wirklichkeit an derart abstrakte Begriffe bringt Weber selbst zum Ausdruck: »die historische Eigenart der kapitalistischen Epoche, und damit auch die Bedeutung der Grenznutzlehre (wie jeder ökonomischen Werttheorie) für das Verständnis dieser Epoche, beruht darauf, daß – während man nicht mit Unrecht die Wirtschaftsgeschichte mancher Epoche der Vergangenheit als ›Geschichte der *Un*wirtschaftlichkeit‹ bezeichnet hat – unter den heutigen Lebensbedingungen jene Annäherung der Wirklichkeit an die theoretischen Sätze eine *stetig zunehmende*, das Schicksal immer breiterer Schichten der Menschheit in sich verstrickende, gewesen ist und, soweit abzusehen, noch immer weiter sein wird.« (WL 395) Wenn auch in diesem Sinne das wirtschaftliche Handeln in immer rationaleren Bahnen verläuft, also eine »Annäherung der Wirklichkeit an die theoretischen Sätze« erfolgt, und dadurch die »Deutbarkeit« und »Berechenbarkeit« von Einzelhandlungen spezifisch gesteigert ist, so entzieht sich doch der Sachverhalt dieser allgemein konstatierten Annäherung selbst dieser – wie Weber hervorhebt – »*kulturhistorischen* Tatsache« (ebd.) der verstehenden Analyse individuellen Handelns.

Es ergibt sich die scheinbar paradoxe Konsequenz, daß gerade in dem Maße, in dem Handlungen immer rationaler, ihre Deutungen spezifisch evidenter, ihre Abläufe immer berechenbarer werden, die verstehende Analyse von Handlungen zur theoretischen Rekonstruktion der sozialen Wirklichkeit innerhalb der Wirtschaft nicht mehr ausreicht. Die formale Rationalität weist (wie wir schon im 25. Kap. gesehen haben) über das Handeln, für das sie Prädikat ist, hinaus; sie bezeichnet die durch Rechnen mit objektiven Größen bedingte Versachlichung des wirtschaftlichen Handelns, seine sachliche Bestimmtheit in einem Systemzusammenhang. In diesem Sinne verweist das an Handlungen konstatierte Prädikat auf einen unanalysierten Systemzusammenhang.

Dies kommt in der Darstellung bei Weber selbst zum Ausdruck, indem er das moderne kapitalrechnungsmäßige Erwerben wie einen »subjektlosen« Handlungstypus beschreibt, bei dem eigene Interessen bzw. eigene Zwecke der Handelnden wie irrationale Störfaktoren wirken, die die sachliche Bestimmtheit negieren, d. h. die formale Rationalität gefährden. So wenn – wie wir schon gesehen haben – Weber die »Tendenz zur Scheidung von Haushalt und Betrieb« daraus begründet, »daß das *Vermögen* und seine Schicksale vom Standpunkt des *Betriebs* aus und die jeweiligen Einkommensinteressen der Besitzer vom Standpunkt der Rentabilität aus *irrational* sind. So wenig wie die Rentabilitätsrechnung eines Betriebs etwas Eindeutiges über die Versorgungschancen der als Arbeiter oder als Verbraucher interessierten Menschen aussagt, ebensowenig liegen die Vermögens- und Einkommensinteressen eines mit der Verfügungsgewalt über den Betrieb ausgestatteten Einzelnen oder Verbandes notwendig in der Richtung des *nachhaltigen* Betriebsrentabilitätsoptimums und der Marktmachtlage.

(...) Die *sachlichen* Interessen einer modernen rationalen Betriebsführung sind mit den *persönlichen* Interessen des oder der Inhaber der Verfügungsgewalt keineswegs identisch, oft entgegengesetzt« (WG 52f.). Die Redeweise von »sachlichen Interessen« setzt »sachliche« oder »objektive Zwecke« voraus, die in subjektiven Intentionen nicht mehr aufgehen. Vielmehr sind die Handelnden im kapitalistischen Betrieb in einen objektiven Zusammenhang eingespannt, der ihre eigenen unmittelbaren Interessen als »›betriebsfremde(n)‹ Interessen« (WG 79) erscheinen läßt. »Betriebsfremd« sind auch die Interessen derjenigen, die die Verfügungsgewalt über den Erwerbsbetrieb haben. Ihre Vermögens-, Einkommens- und Renteninteressen können den Betriebszweck: »Dauer-Rentabilität« (ebd.) gefährden.

Mit dem Höchstmaß der formalen Rationalität beim modernen kapitalrechnungsmäßigen Erwerben ist auf der Ebene von Handeln ein sozialer Zusammenhang angesprochen, der zwar aus je sinnhaft strukturiertem individuellen Handeln vieler Einzelner oder Einzelbetriebe resultiert, aber nicht als dieser Systemzusammenhang intendiert ist und daher auch nicht aus der Perspektive sinnhaften Handelns erklärt werden kann. Das kapitalrechnungsmäßige Erwerben wird ganz durch die »Geldrechnung in der Form der Kapitalrechnung« geleitet, und diese Form selbst setzt den Zweck, Rentabilität, als sachliche Bestimmung für das Handeln voraus. Ein wichtiges subjektives Moment im Handlungskonzept, die Zwecksetzung, ist objektiviert, weil sie mit dieser Form selbst gegeben, von ihr selbst gesetzt ist. Das Handeln ist Betätigung dieser Form, die Handelnden sind ihre »rechnenden Agenten«. Das Orientierungsmittel, Kapitalrechnung, orientiert nicht mehr darüber, in welchem Ausmaß verschiedene, individuell gewollte Zwecke bei gegebenen Mitteln realisiert werden können (so die Geldrechnung), sondern nur über die Möglichkeit der Rentabilität und auf den Rentabilitäts-Zweck hin. Das kapitalrechnungsmäßige Erwerben ist in seiner modernen Form rein sachlich bestimmt und dadurch das Handeln mit dem Höchstmaß an formaler Rationalität.[1]

§ 2. In der Behandlung der Bedeutung materialer Rationalität insbesondere in ihrem Verhältnis zur formalen Rationalität knüpfen wir wiederum an unsere Diskussion im 25. Kapitel an. Der dort angesprochene, in seiner Funktionsweise nicht aus Intentionen erklärbare Marktmechanismus ist Bedingung und Konsequenz des rationalen kapitalrechnungsmäßigen Erwerbens. Das spezifische Verhältnis von formaler und materialer Rationalität, das sich uns am Marktmechanismus zeigte, bleibt nun auch bestimmend für den Widerstreit von formaler und materialer Rationalität im modernen Kapitalismus.

Webers Darstellung des kapitalrechnungsmäßigen Erwerbens unterstellt auf gesamtgesellschaftlicher Ebene eine weitgehende Polarität von Haushaltungen und Erwerbsbetrieben. Die Erwerbsbetriebe treten untereinander sowie zu den Haushalten über den Markt in Beziehung. Welche Instanz bestimmt hierbei nun die Richtung der Versorgung, d. h. wovon ist das Ergebnis der Versorgung von Menschengruppen abhängig, das unter Gesichtspunkten materialer Rationalität beurteilt wird? Erwerbsbetriebe und Haushalte sind in doppelter Weise aufeinander bezogen: 1. Die Erwerbsbetriebe sind in der Entscheidung der Richtung der Produktion darauf angewiesen, daß sich ihre »Aufwendungen in Geld durch Absatz der Güter *bezahlt* machen« (WG 33) und insofern erscheint der Konsument als »Lenker« der Produktion. 2. Die Haushalte sind in ihrer Versorgung abhängig von Einkommen, die sie für die Darbietung von Beschaffungsmitteln von den Erwerbsbetrieben erhalten.

ad 1. Weber schränkt in mehrfacher Hinsicht die Bedeutung von tatsächlichem Bedarf bzw. Begehr für die Richtungsbestimmung der Produktion ein. »Nicht ›Begehr‹ an sich, sondern: *kaufkräftiger* Begehr nach Nutzleistungen regelt durch Vermittlung der Kapitalrechnung *material* die erwerbsmäßige Güterbeschaffung. Es ist also die Grenznutzen-Konstellation bei der letzten jeweils nach der Art der Besitzverteilung noch für eine bestimmte Nutzleistung typisch kaufkräftigen und kaufgeneigten Einkommensschicht maßgebend für die Richtung der Güterbeschaffung. In Verbindung mit der – im Fall voller Marktfreiheit – absoluten Indifferenz gerade der formal vollkommensten Rationalität der Kapitalrechnung gegen alle, wie immer gearteten, *materialen* Postulate begründen diese im Wesen der Geldrechnung liegenden Umstände die prinzipielle *Schranke* ihrer Rationalität.« (WG 59, vgl. auch WG 50) Es wird deutlich, daß eine bestimmte Versorgung nicht Ziel eines Erwerbsbetriebs oder gar der Erwerbsbetriebe in ihrer Gesamtheit ist, sondern in der Produktion absatzfähiger Güter eine tatsächliche Versorgung zustandekommt, die allein unter der formal rationalen Maßgabe der Rentabilität für die einzelnen Erwerbsbetriebe und somit für diese unabhängig von jedem möglichen Maßstab materialer Rationalität erfolgt. Aber auch soweit der Konsument mit hinlänglicher Kaufkraft auf dem Markt erscheinen kann, sieht Weber seinen Einfluß auf die Richtungsbestimmung der Produktion weitgehend eingeschränkt: »Für die ökonomische Theorie ist der Grenz*konsument* der Lenker der Richtung der Produktion. Tatsächlich, nach der Machtlage, ist dies für die Gegenwart nur bedingt richtig, da weitgehend der ›Unternehmer‹ die Bedürfnisse des Konsumenten ›weckt‹ und ›dirigiert‹, – wenn dieser kaufen *kann*.« (WG 49)

ad 2. Die tatsächliche Versorgungslage der Konsumenten ist – so hebt Weber hervor – erst definitiv zu bestimmen, wenn die Einkommensverteilung mit in Rechnung gestellt wird. »Aber unter allen Umständen gilt: daß die formale Rationalität erst in Verbindung mit der Art der *Einkommens-*

verteilung etwas über die Art der materiellen Versorgung besagt.« (WG 59) Ohne daß Weber explizit auf die Art der Einkommensverteilung eingeht, ist doch deutlich, daß sie in der modernen kapitalistischen Verkehrswirtschaft nicht beliebig unter materialen Versorgungsgesichtspunkten geplant werden und so das Auseinanderfallen von formaler und materialer Rationalität (eben durch die Gestaltung der Einkommensverteilung) geheilt werden könnte. Denn die Einkommensverteilung ist auch für Weber eine Funktion der gesamtgesellschaftlichen Trennung und damit verbunden: der ökonomischen »Machtlage« zwischen einerseits den Erwerbsbetrieben und andererseits den Haushalten. Greifen wir unter den Einkommensarten, die die Haushalte für die Darbietung verschiedener Beschaffungsmittel erhalten, nur das Arbeitserwerbseinkommen heraus, das für das Beschaffungsmittel »Arbeit« gezahlt wird, dann ist nicht einzusehen, wie dieses Einkommen durch Umverteilung zu verändern ist. Denn das Beschaffungsmittel »Arbeit« bekommt ebenso seinen relativ festen Preis vom Markt zugerechnet, wie andere Beschaffungsmittel und Güter auch, so daß einer wirtschaftspolitischen Lenkung der Einkommensverteilung enge Grenzen gezogen sind, wenn nicht der Marktmechanismus selbst preisgegeben werden soll. Ebensowenig wie die Versorgungslage der Arbeiter-Haushalte in ihrer Rolle als Konsumenten unter Gesichtspunkten materialer Rationalität prinzipiell planend zu verändern ist, ebensowenig kann eine derartige Veränderung über ihre Rolle als Anbieter von Arbeit beliebig erfolgen. In beiden Fällen regelt sich der Preis (von Konsumgütern oder von Arbeit) durch Kampf und Kompromiß auf dem Markt. Die formale Rationalität der Erwerbsbetriebe ist überhaupt nur garantiert, sofern auch das Beschaffungsmittel »Arbeit« zu einem fest kalkulierbaren Preis auf dem Markt vorfindlich ist. Und das von Weber konstatierte Machtgefälle »zwischen einerseits den Erwerbsunternehmen und andererseits den Haushaltungen« (WG 52), das im Marktmachtkampf Bedeutung hat, ist nicht davon abhängig, ob die Haushalte als Konsumenten oder als Anbieter von Arbeit auftreten, denn der entscheidende Grund des Machtvorteils, die »Appropriation aller sachlichen Beschaffungsmittel« auf der Seite der Erwerbsunternehmen, ist in beiden Fällen gegeben.[2]

Formale und materiale Rationalität fallen eben »unter allen Umständen« (WG 59) bei Geld- und Kapitalrechnung auseinander, und dies trifft bei »freier Arbeit« gerade auch für die Versorgung der Arbeiter zu, die von Seiten der Erwerbsunternehmer nicht nach materialen Kriterien entlohnt werden.

Eine Unterscheidung von materialer und formaler Rationalität ist ursprünglich an einem Handeln, das unmittelbar tauschlose Eigenwirtschaft ist, kaum festzumachen. Aber auch für ein Wirtschaften mit Naturalrechnung und Naturaltausch hat die Differenz von formaler und materialer Rationalität noch keine entscheidende Bedeutung. Gewicht gewinnt die Unterscheidung von formaler und materialer Rationalität erst, wenn Wirtschaften an der Geldrechnung orientiert ist. Aber auch bei Geldrechnung bleiben formale und materiale Rationalität zwar verschiedene aber vereinbare Aspekte *eines* Handelns. Mit der Kapitalrechnung stellt sich nun die Differenz von formaler und materialer Rationalität äußerlich dar: Auf der einen Seite die Erwerbsbetriebe, deren Wirtschaften, abgekoppelt von der Inanspruchnahme des Rechnens für Bedarfsdeckungszwecke, rein formal rationalen Maßstäben folgt, während Gesichtspunkte materialer Rationalität nur noch von einer anderen Seite, von den Haushalten, an das Wirtschaften angelegt werden. Mit der Verallgemeinerung des modernen kapitalrechnungsmäßigen Erwerbens, das nur noch formal rational ausgerichtet ist, erreicht die Differenzierung von formaler und materialer Rationalität eine neue Stufe.

Die Differenzierung von formaler und materialer Rationalität ist nicht mehr nur eine analytische Unterscheidung, sondern sie ist eine Differenz, die die Wirklichkeit selbst durchherrscht.[3] Einerseits wird im kapitalrechnungsmäßigen Erwerben die formal rationale Rentabilitätsrechnung zum eigenen und alleinigen Maßstab des Handelns, andererseits erheben die dieser Vereinseitigung Unterworfenen materiale Rationalitätsansprüche. Für Weber ist somit das Auseinanderfallen von formaler und materialer Rationalität, »diese grundlegende und letztlich unentrinnbare Irrationalität der Wirtschaft ... eine der Quellen aller ›sozialen‹ Problematik« (WG 60). Wenn sich diese »soziale Problematik« in nicht zu vereinbarenden materialen Rationalitätsansprüchen von Menschengruppen darstellt, dann werden diese Ansprüche nicht einfach gegenüber den je einzelnen Erwerbsbetrieben erhoben, sondern gegen die Verteilungsstrukturen eines Systems, in dem eben die je einzelnen Erwerbsbetriebe unter einem Höchstmaß von formaler Rationalität wirtschaften. Einerseits läßt Weber die unter Gesichtspunkten materialer Rationalität erfolgende »Kritik des Wirtschafts*ergebnisses*« (WG 45) nicht mehr nur auf einzelne Handlungen bezogen sein, andererseits stellt er dieser Systemkritik die formale Rationalität gegenüber, wodurch letztere ebenfalls aufs System und nicht mehr nur auf Handlungen bezogen ist. Diese ausgeweitete Bedeutung der formalen Rationalität ist z. B. unterstellt, wenn Weber formuliert: »Vom Standpunkt der Beschaffung eines gewissen materiellen Versorgungs-*Minimums* einer Maximal-*Zahl* von Menschen als Rationalitätsmaßstab treffen allerdings, nach der Erfahrung der *letzten* Jahrzehnte, formale und materiale Rationalität in relativ hohem Maße zusammen« (WG 59). Die Übertragung der Bestimmung der formalen Rationalität von der Ebene der Einzelbetriebe auf die Ebene des ganzen verkehrswirtschaftlichen Systems ist darin angelegt – aber damit nicht begründet –, daß das verkehrswirtschaftliche Gesamtergebnis tatsächlich eine Funktion der Tätigkeit aller Erwerbsbetriebe im System des Markts ist. Da auf der Ebene des Systems bzw. des Markts keine sinnhaften Träger der Gesamtbewegung auszumachen sind, wird die formale Rationalität nicht mehr nur auf die einzelbetriebliche Rechenhaftigkeit bezogen, die den Betrieben durch die »Rechnung« des Marktmechanismus möglich bzw. aufgezwungen ist, sondern auch auf das Zustandekommen des wirtschaftlichen Gesamtergebnisses, das durch den Marktmechanismus herbeigeführt wird. Die ausgeweitete Bedeutung ist von vornherein im Begriff der formalen Rationalität angelegt, indem die an Handeln auszumachende formale Rationalität über dieses hinaus auf einen Systemzusammenhang verwies, für den jetzt auch insgesamt das Prädikat »formaler Rationalität« gelten soll. Daß die Bedeutung der formalen Rationalität sich auf das System der kapitalistischen Wirtschaft insgesamt bezieht, gewinnt besonderes Gewicht für Webers Auseinandersetzung mit dem Sozialismus.

Erläuterungen und Zusätze

1. Besonders Herbert Marcuse kommt das Verdienst zu, die Bedeutung des Begriffs der *formalen* Rationalität für Webers Analyse des modernen Kapitalismus herausgestellt zu haben. (Vgl. MARCUSE, 1965, S. 161–180) Bei allen Verschiedenheiten, sowohl in methodischer wie inhaltlicher Hinsicht, die seine Analyse von der unsrigen trennen, zeigen sich doch auch mehrfache Übereinstimmungen. So sieht er z. B. die formale Rationalität als spezifisch kapitalistische Rationalität und analysiert als deren Grundmuster »die *Abstraktion*, die, theoretisch und praktisch ineins, Werk der wissenschaftlichen *und* der gesellschaftlichen Organisation, die Periode des Kapitalismus bestimmt: die *Reduktion von Qualität auf Quantität*« (S. 164). Auch er sieht, daß Weber über die Differenzierung von formaler und materialer Rationalität die zunehmende Versachlichung und Verdinglichung im modernen Kapitalismus zum Ausdruck bringt; er untersucht dann primär welche Herrschaftsverhältnisse die Rationalität bedingt und voraussetzt; Herrschaftsverhältnisse, von denen er meint, daß die formale Rationalität ihnen letztlich untergeordnet sei, die aber zugleich die Legitimation für diese Herrschaftsverhältnisse ausmache. (Vgl. dazu HABERMAS, 1968, S. 48–103).

Marcuse diagnostiziert bei Weber eine »Idee der Vernunft« (S. 163) ohne anzugeben, was diese »Vernunft« in ihrem Kern ausmache, und behauptet, daß diese Vernunft »an entscheidender Stelle abdankt« (ebd.) bzw. schließlich doch ihrem »Ursprung verhaftet bleibe: die ›Vernunft‹ bliebt *bürgerliche* Vernunft – und sogar nur ein Teil von ihr, nämlich *kapitalistische* Vernunft« (S. 166). Solange eine derartige Ideologiekritik nicht hinreichend klar machen kann, worin denn der Gehalt eines emphatischen Vernunftbegriffs bei Weber liegt, und in welchem Verhältnis er zur Rationalisierung als einer empirischen Erscheinung steht, bleibt sie wenig aussagekräftig. Sie bleibt es vor allem auch deshalb, weil sich Marcuse weniger von der Diagnose der modernen gesellschaftlichen Verhältnisse von Weber unter-

scheidet als in der Stellung zu dieser Diagnose. Die pessimistische Kulturkritik Webers wird bei Marcuse zu einer »hoffenden«, die eine andere Vernunft als die formale und technische für möglich hält.
2. Unabhängig davon, daß eine Veränderung der Versorgung der Arbeiterhaushalte weder über ihre Rolle als Konsumenten noch über ihre Entlohnung nach material rationalen Gesichtspunkten direkt herbeigeführt werden könnte, macht es für Weber dennoch einen Unterschied, ob die Haushalte als Konsumenten oder als Anbieter von Arbeit auftreten: »Denn die Konsumenten als solche sind nach aller Erfahrung nur sehr beschränkt organisationsfähig. Leute, die ein bestimmtes Erwerbsinteresse haben, sind sehr leicht zusammenzuschließen« (SP 504). Die Organisationsfähigkeit der Arbeitserwerbstätigen egalisiert aber nur Bedingungen der Machtausübung gegenüber den Erwerbsunternehmen im Marktkampf; sie egalisiert das Machtgefälle nicht selbst.
3. Die Umwendung der Bedeutung der Dualität formaler und materialer Rationalität von einer abstrakten Unterscheidung, die an die Wirklichkeit angelegt wird, zu einer Differenz, die die Wirklichkeit selbst durchherrscht, dieser Wandel des empirischen Gehalts von Begriffen, kennzeichnet Webers Werk generell. Insbesonders seine These von der zunehmenden Rationalisierung der modernen Welt, die sich ja weder nur auf die wirtschaftliche Seite, auf den Kapitalismus, bezieht noch von der wirtschaftlichen Entwicklung allein bedingt sein soll, läßt sich u. E. vor diesem Hintergrund aufhellen. Dabei ist gerade die These von der zunehmenden Rationalisierung immer wieder kontrovers diskutiert worden. Die Arbeiten von LÖWITH (1960), der eine tendentiell geschichts-philosophische Interpretation vorträgt, und die von BENDIX (1972) bezeichnen nur die Spannweite dieser Kontroverse. Lediglich D. Henrich hat, bezogen auf die Methodologie, auf den sich wandelnden Gehalt von Grundbegriffen bei Weber hingewiesen. Er behauptet: »für mehrere ... methodologische Grundbegriffe Webers läßt sich diese Umwendung ihres Sinnes von einer logischen zu einer ontischen Bedeutung nachweisen. Sie bedeutet jeweils eine Einschränkung des subjektivistischen Ausgangspunktes der Methodologie.« (HENRICH, 1965, S. 84)

Fragen zur Diskussion

1. Wieso erreicht die Geldrechnung in der Form der Kapitalrechnung ein Höchstmaß an formaler Rationalität?
2. Inwiefern kann man behaupten, daß mit der Abfolge: Naturalrechnung, Geldrechnung, Kapitalrechnung der Begriff der formalen Rationalität an empirischem Gehalt gewinnt?
3. Warum kann das kapitalrechnungsmäßige Erwerben als ein »subjektloser« Handlungstypus bezeichnet werden?
4. Inwieweit gilt für Weber der Konsument in der kapitalistischen Wirtschaft als Lenker der Produktion?
5. Inwiefern erreicht das schon für die Geldrechnung konstatierte Auseinanderfallen von formaler und materialer Rationalität mit der Kapitalrechnung eine neue Stufe?

29. Kapitel: Zur Rationalität des modernen Sozialismus

Textgrundlage
WG, I. Teil, 2. Kap., §§ 10, 12, 14
SP, S. 492–518 (»Der Sozialismus«)

Wir wollen die Begründung der These Webers, daß bei der Einführung einer modernen, vollsozialistischen Wirtschaftsordnung notwendigerweise mit einer Herabminderung der formalen Rationalität zu rechnen sei, diskutieren. Dazu ist es nötig, sich zunächst des Maßstabs der Weberschen Kritik zu versichern und seinen Begriff einer vollsozialistischen Wirtschaftsordnung zu präzisieren (§ 1). Wir werden dann die beiden wesentlichen sachlichen Argumente jener Begründung: die Überlegenheit der Geldrechnung gegenüber der Naturalrechnung und die Überlegenheit der marktwirtschaftlichen gegenüber der planwirtschaftlichen Allokation der Ressourcen einer ausführlichen Kritik unterziehen (§ 2). Schließlich werden wir kurz den Zusammenhang zwischen ökonomisch orientierten und herrschaftssoziologisch formulierten Einwänden gegen den Sozialismus als Gesellschaftsformation thematisieren (§ 3).

§ 1. Webers Annahme eines Gipfelpunkts der formalen Rationalität des Wirtschaftens im kapitalrechnungsmäßigen Erwerben entspricht nun notwendig die These, daß »eine an Bedarfsdeckung orientierte Planwirtschaft . . ., im Fall radikaler Durchführung, die Herabminderung der formalen, *rechnungsmäßigen* Rationalität in Kauf nehmen (muß – d. Verf.), wie sie . . . der Fortfall der Geld- und Kapitalrechnung unvermeidlich bedingt« (WG 60).[1] Diese These ist nicht nur vom Standpunkt eines wissenschaftlich unverbildeten Beobachters erstaunlich, sondern auch und gerade vom Standpunkt handlungstheoretisch orientierter Soziologie und Ökonomie aus, da doch zunächst ein Rationalitätsvorsprung der *Plan*wirtschaft zu vermuten wäre. Bevor wir daher in eine genaue Diskussion ihrer Begründung und möglicher Einwände eintreten, müssen wir sie in zweierlei Hinsicht präzisieren:

1. Inwiefern läßt sich nach Weber formulieren, ein Wirtschaften sei rationaler als ein anderes, oder eine Wirtschaftsordnung sei rationaler als eine andere? Zunächst wissen wir bereits, daß sich wertfreie, d. h. wissenschaftliche Aussagen nur über die formale Rationalität eines Handelns oder einer Ordnung, nicht jedoch über ihre materiale Rationalität machen lassen (vgl. WG 61, 44 f., vgl. oben: 25. Kap. und Mises, 1920/21, S. 120 f.). Sodann bezog sich formale Rationalität nur auf wirtschaftliches Handeln, und zwar auf »das Maß der ihm (dem Wirtschaften – d. Ver.) technisch möglichen und von ihm wirklich angewendeten *Rechnung*« (WG 44). Nun ist jedoch offensichtlich, daß im behaupteten Rationalitätsdefizit des Sozialismus

nicht mehr vom Handeln Einzelner oder einzelner Betriebe allein die Rede sein kann, daß vielmehr auch und wesentlich das gesamte ökonomische System oder die formale Rationalität einer Wirtschaftsordnung angesprochen ist. Wie schon oben anläßlich unserer Diskussion von Markt, Geldrechnung, Kapitalrechnung gezeigt wurde, daß formal rationales Wirtschaften »Orientierung« an Systemstrukturen voraussetzt und um so rationaler sich vollzieht, je mehr die Handelnden sich dem objektiven Zwang dieser Strukturen anpassen, so muß sich auch die »Besprechung der elementarsten technischen Problematik« (WG 61) des Sozialismus auf einen Zusammenhang zwischen formal rationalem Wirtschaften Einzelner oder einzelner Betriebe und formaler Rationalität der Planwirtschaft als Ganzer beziehen. Bei dem von Weber angezielten Systemvergleich muß sich demnach der angelegte »Rationalitätsmaßstab« (WG 59) sowohl auf »genaue rechnerische Feststellung des Optimums des Nutzens der Verwendung von Bedarfsdeckungsmitteln unter Vergleichung sehr heterogener möglicher Verwendungsarten« (WG 46) einzelner Betriebe wie der gesamten Gesellschaft beziehen. Da zwar sicher ein Zusammenhang zwischen dem Maß von Rechenhaftigkeit, die in einer Wirtschaftsordnung angewandt wird, und dem »Wirtschaftsergebnis« besteht, jedoch keineswegs notwendig ein linearer, geht es letztlich um die »optimale Nutzung gegebener Güterbeschaffungsmittel für einen Güter*bedarf*« (WG 57), um die »technisch optimale Verwertung von Produktionsmitteln« (ebd.) und die rationalste »Aufteilung von Arbeit und Beschaffungsmitteln« (ebd.) in der gesamten gesellschaftlichen Produktion. Wir vergleichen demnach – obwohl Weber diesbezüglich keineswegs zufällig gänzlich unklar bleibt – die formale Rationalität von Wirtschaftsordnungen unter folgenden Gesichtspunkten: a) der optimalen Allokation gegebener Ressourcen, und b) der Rate des technischen Fortschritts und der angewandten technisch optimalen Verbindung von Beschaffungsmitteln und Arbeit; oder zusammengefaßt: der Minimierung der gesellschaftlichen »Kosten« bei gegebenem Gesamtnutzen respektive der Maximierung des Gesamtnutzens bei gegebenen »Kosten«.[2]

2. Da sich bei Weber eine Vielzahl von Sozialismus-Begriffen findet (vgl. z. B. § 26 et pass.), müssen wir präzisieren, auf welche sozialistische Wirtschaftsordnung sich das behauptete Rationalitätsdefizit bezieht. Weber geht beim Versuch einer Klassifikation von Wirtschaftsordnungen von den beiden wesentlichen Vergesellschaftungsformen im Bereich der Wirtschaft, Verbandsbildung und Tausch, aus (vgl.: WG 36; oben: 22. Kap., § 1). Nach dem Modell dieser beiden Handlungstypen unterscheidet er zwischen verkehrswirtschaftlicher und planwirtschaftlicher Bedarfsdeckung: »›*Verkehrswirtschaftliche*‹ Bedarfsdeckung soll alle, rein durch *Interessenlage* ermöglichte, an Tauschchancen orientierte und nur durch Tausch verge-

sellschaftete wirtschaftliche Bedarfsdeckung heißen. ›*Planwirtschaftliche*‹ Bedarfsdeckung soll alle an *gesatzten*, paktierten oder oktoyierten, materialen Ordnungen systematisch orientierte Bedarfsdeckung innerhalb eines *Verbandes* heißen« (WG 59). Verkehrswirtschaftliche Bedarfsdeckung setzt im Rationalitätsfall Geldrechnung voraus, planwirtschaftliche Bedarfsdeckung ist »auf Naturalrechnung als letzte Grundlage der materialen Orientierung der Wirtschaft ... angewiesen« (ebd.). Da jedoch planwirtschaftliche Bedarfsdeckung innerhalb der »Verkehrswirtschaft« und auch – wenn auch in engen Grenzen – verkehrswirtschaftliche Bedarfsdeckung innerhalb von »Planwirtschaft« möglich ist, muß Weber zur vollständigen Charakterisierung beider Wirtschaftsformationen auf die Differenzierung von »Wirtschaftsverband« und »Ordnungsverband« auf gesellschaftlicher Ebene rekurrieren. »In der Verkehrswirtschaft orientiert sich das Handeln der autokephalen Einzelwirtschaften (oder Wirtschaftsverbände – d. Verf.) autonom (d. h. genau gesprochen: formal-rechtlich heteronom, formal-wirtschaftlich autonom – d. Verf.): beim Haushalten am Grenznutzen ... beim Gelegenheitserwerben an den Marktchancen, in den Erwerbs*betrieben* an der Kapitalrechnung. In der Planwirtschaft wird alles wirtschaftliche Handeln – *soweit* sie durchgeführt ist – streng *haushaltsmäßig* und heteronom (sc. formal-rechtlich wie formal-wirtschaftlich – d. Verf.) ... orientiert« (WG 59). Verkehrswirtschaft ist also für Weber eine durch den Staat als Ordnungsverband regulierte Wirtschaftsordnung, innerhalb deren die formal-rechtlich heteronomen, aber formal-wirtschaftlich autonomen, autokephalen Einzelwirtschaften oder Wirtschaftsverbände rein an durch Interessenlage ermöglichte, an Grenznutzen oder Tauschchancen orientierte und nur durch Tausch vergesellschaftete wirtschaftliche Bedarfsdeckung – unter Voraussetzung der Geldrechnung – betreiben. Sie wäre Oberbegriff der *kapitalistischen* Verkehrswirtschaft. Planwirtschaft als idealtypische Wirtschaftsordnung wäre ein autokephaler Wirtschaftsverband auf gesellschaftlicher Ebene, innerhalb dessen die (formal-)rechtlich wie formal-wirtschaftlich heteronomen Einzelwirtschaften oder heterokephalen Wirtschaftsverbände auf der Basis der Naturalrechnung an planvoller Organisation der Bedarfsdeckung material orientiert wirtschaften. Über die materiale wirtschaftliche Autonomie oder Heteronomie der Wirtschaftenden in beiden Wirtschaftsordnungen ist noch zu handeln (vgl. § 3).

Webers Einwände beziehen sich nun auf eine moderne, d. h. auf entwikkelter Arbeitsteilung und maschineller Produktion beruhende vollsozialistische Planwirtschaft ohne Geldgebrauch und ohne Markt, d. h. ohne effektive Preise, in der Raum wäre nur »für a) eine Verteilung von Naturalgütern nach einem rationierten Bedarfs*plan*, – b) eine Herstellung dieser Naturalgüter nach einem Produktions*plan*« (WG 120). Wir wollen

Webers Einwände gegen diese idealtypische Wirtschaftsordnung diskutieren, zunächst ganz unabhängig davon, ob und wie sie irgendeine der wirklich vertretenen theoretischen Ordnungsvorstellungen oder gar einen existierenden Sozialismus treffen.

§ 2. Die beiden Argumentationsketten, mit deren Hilfe Weber seine These des Rationalitätsdefizits des Sozialismus begründen will, sind: die »Rationalitätsgrenze« (WG 55) der Naturalrechnung (bei Sozialismus als »Wirtschaft ohne Geldgebrauch«) und der Wegfall der Steuerung der Allokation der Ressourcen durch den Markt bei Planwirtschaft. Da beides zusammenhängt, werden wir zunächst jene Argumente in ihrem Zusammenhang darstellen, um erst dann zu zeigen, wie charakteristische Lücken und Widersprüche in Webers Auffassung des Kapitalismus die Erkenntnis der Möglichkeit formal rationalen Wirtschaftens im Sozialismus (und eigentlich auf gesellschaftlicher Ebene nur in diesem) verhindern.

Im Unterschied etwa zu Mises bestreitet Weber weder generell die Möglichkeit und in gewissen Grenzen sogar die Notwendigkeit von Naturalrechnung, noch auch die Möglichkeit ihrer »Rationalisierung« (WG 57). Er betont vielmehr, daß 1. bezogen auf Produktivitätsmessungen a) »ziffernmäßig der *technische* Erfolg eines bestimmten Produktionsprozesses ermittelt und mit technischen Prozessen anderer Art verglichen werden« (WG 54) kann, und b) die Abstimmung der zur Produktion bestimmten Güter erforderlichen Quanta Beschaffungsmittel und Arbeit innerhalb jedes Betriebs »naturalrechnungsmäßig festgestellt« (WG 55) wird und werden muß. Er betont weiterhin 2., daß innerhalb gewisser Grenzen auf Basis von Naturalgrößen »verfügbare naturale Beschaffungsmittel und Arbeit planvoll zur Güterherstellung oder Güterherbeischaffung verwendet werden aufgrund einer Rechnung, in welcher der so zu erzielende Zustand der Bedarfsdeckung mit dem ohne diese oder bei einer andern Art der Verwendung bestehenden verglichen und als haushaltsmäßig vorteilhafter geschätzt« (WG 54) werden kann. Diese »Abschätzung des Optimums der möglichen Bedarfsdeckung« erfolgt auf der Basis der »Dringlichkeitsskala der Bedürfnisse« (WG 46 f.) mittels Grenznutzenschätzungen.

Die Schwierigkeiten und Grenzen exakter Rechnung – nicht »sehr grober Schätzungen« (WG 46, vgl. 55, 57) – beginnen bei der Berechnung der Produktivität (Fälle 1. a) und b)) »sobald Produktionsmittel verschiedener Art und mehrfacher Verwendbarkeit oder qualitativ verschiedene Endprodukte in Betracht kommen« (WG 54 und vgl. 55), ferner bei der Frage, »welche Bestandteile des naturalen Aufwandes (kapitalrechnerisch: der ›Kosten‹) zweckmäßigerweise *erspart* oder, und vor allem: anderweit rationaler verwendet werden könnten?« (WG 55) Weil daher auf der Basis der Naturalrechnung keine exakte Messung der Produktivität möglich sei, habe der Vollsozialismus bezogen auf die Entwicklung der Produktivkräfte oder die Rate des technischen Fortschritts notwendigerweise gegenüber dem Kapitalismus, dem die Geldrechnung jene Schranken überwinden helfe, enge Grenzen (vgl. WG 55 f. und MISES, 1920/21, S. 102–104). Die Abschaffung der Geldrechnung (Fall 2) verhindere darüber hinaus eine objektive »Berücksichtigung der ›gesellschaftlichen Nützlichkeit‹, d. h. des (jetzigen *und künftigen) Konsumbedarfs*« (WG 55, vgl. 56), denn bei Nutzenberechnungen qualitativ verschiedener Güter kann »eine *ziffern*mäßige Vergleichung *eindeutig* und ohne ganz subjektive Bewertung« (WG 54, vgl. 46 f.) nicht durchgeführt werden.

Der gemeinsame Nenner der differenziert vorgetragenen Einwände Webers gegen die formale Rationalität der Naturalrechnung besteht darin, daß sich verschiedene Gebrauchswerte oder verschiedene konkret nützliche Arbeiten auf ihrer Basis nicht »objektiv«, »ohne ganz subjektive Bewertung« vergleichen lassen, was für formal rationale »Dauerbewirtschaftung« (WG 55) unabdingbar sei: »Rechnen kann man nur mit Einheiten. Eine Einheit des subjektiven Gebrauchswerts der Güter kann es aber nicht geben« (MISES, 1920/21, S. 93). Bevor wir uns der Frage zuwenden, ob nicht neben Geld als Recheneinheit, welches jene für die Naturalrechnung schwierigen, »objektiv« nicht zu erledigenden Probleme« (WG 55) offenbar nach Ansicht von Weber und Mises lösen kann, noch andere Einheiten existieren (etwa: »Verwendbarkeit der Arbeit für die Wertrechnung«, MISES, 1920/21, S. 106), wollen wir – kurz rekapitulierend – diskutieren, ob jene der Geldrechnung zugeschriebenen Leistungen auf der Basis subjektiv gerichteter Ökonomie oder Soziologie zureichend begriffen werden können. Wir haben gesehen, daß die Preisgebote der Wirtschaftssubjekte zunächst nur die Verlängerung der gänzlich heterogenen und subjektiv willkürlichen Nutzenschätzungen, wie sie beim geldlosen Tausch zu konstatieren sind, darstellen. Für die geforderte formale Rationalität der Geldrechnung jedoch waren vorausgesetzt: relativ feste, effektive Preise der Güter und eine relativ stabile materiale Geltung des Geldes. Wie aber kommt man über den subjektiven Wert als »Erklärungswerkzeug« (BÖHM-BAWERK, 1921, S. 161) oder »universelles Zwischenmotiv« oder »Kompaß« unserer »Wirtschaftshandlungen« (S. 205 f.) zum objektiven Tauschwert als dem anerkannten »Erklärungsziel« (S. 161), oder: was »macht den Wert rechenbar?« (MISES, 1920/21, S. 97). Es läßt sich vermuten, daß die subjektiv gerichtete Theorie dabei in eine doppelte Schwierigkeit gerät: entweder – beim Versuch dieser Erklärung – in der Erklärung der Preise der Güter eine gegebene materiale Geltung des Geldes einfach unterstellen oder bei der Erklärung der materialen Geltung des Geldes einen bereits gegebenen Preis der Güter voraussetzen zu müssen (vgl. WIESER, 1927, S. 696 u. ö.); oder aber aufs Erklären überhaupt Verzicht zu leisten und Geld einfach als universell brauchbares Mittel zur Reduktion der

Komplexität, der chaotischen Mannigfaltigkeit der subjektiven Wertschätzungen, zu unterstellen. (Vgl. oben: 23. Kap. und 24. Kap., vgl. MISES 1920/21, S. 97 f. über die »Schwäche« des menschlichen Geistes.). Nicht die Handelnden machen damit den Wert »rechenbar«, sondern: der Markt. Für die subjektiv gerichtete Theorie also – aber im Gegensatz zum eigenen theoretischen Erklärungsanspruch – erweist sich die Transformation der subjektiven Nutzenschätzungen in effektive Preise als ein intentional nicht erklärbarer, hinterm Rücken der Handelnden ablaufender und in diesem Sinne »objektiver«, »quasi-natürlicher« Prozeß.[3]

Wir haben gesehen, wie jene unterstellte formale Rationalität des Systems die Voraussetzung der formalen Rationalität des Wirtschaftens Einzelner oder einzelner Betriebe war (vgl. oben 25. und 28. Kap.): Geld ist jene optimale Recheneinheit nur unter der Voraussetzung effektiver Preise, die Rationalität der Geldrechnung ist eigentlich die »Rationalität des Markts«, an dem sich die Wirtschaftenden orientieren, ohne ihn beeinflussen zu können.[4] Der Kern der – kapitalistischen Erwerbswirtschaft unterstellten – formalen Rationalität besteht also (vgl. oben: 28. Kap.) gar nicht im formal rationalen, d. h. rechenhaften Wirtschaften, nicht in der Kalkulation der Wirtschaftssubjekte, sondern in der »Kalkulation des Marktmechanismus«, jenes »Als-ob-Gebildes«, das jedem Gut seinen »objektiven«, von der willkürlichen Bewertung der einzelnen Wirtschaftenden unabhängigen Preis zuteilt. Daß also im Sozialismus »goods could not be valued«, hat nicht nur (und eigentlich: nicht wesentlich) die Bedeutung, daß mit der Abschaffung des Geldes keine Recheneinheit mehr zur Verfügung stehe, die als einheitlicher Ausdruck natural verschiedener Güter oder Nutzleistungen fungieren kann. Vielmehr wären auch zu Rechnungszwecken den Geldpreisen analog zu bildende »Wert-Indices« (WG 55) eben deshalb subjektiv und willkürlich, weil ihnen nach Beseitigung des Markts die Weihe jener eigentümlichen »Objektivität« abgeht, die in der Abhängigkeit der Wirtschaftssubjekte von den Resultaten ihres eigenen Tuns zu sehen ist.[5]

Zu der Frage nach dem Funktionieren jenes Systems absolut freier Marktwirtschaft oder kapitalistischer Erwerbswirtschaft kennen wir bereits Webers Feststellung, daß es »*nicht* auf kollektivem Wege zweckvoll geschaffen« (WL 29, vgl. auch WL 452f. und oben: 23. und 24. Kap.) sei und dennoch zweckvoll funktionieren soll. Darüberhinaus hatten wir mit Weber bereits gesehen, daß in diesem »subjektlosen System« der »*kaufkräftige* Begehr nach Nutzleistungen ... maßgebend für die Richtung der Güterbeschaffung« (WG 59) ist und daß Rationalitätsorientierung oder der »Profit als Wegweiser der Produktion« (SP 504) dient. Warum jedoch dadurch eine optimale Befriedigung des jetzigen und künftigen Konsumbedarfs und eine optimale Nutzung natürlicher und gesellschaftlicher Ressourcen garantiert sein soll, ist damit noch nicht beantwortet. Bei der Frage nach der formalen Rationalität eines Wirtschaftssystems können wir uns auch nicht mit den bisherigen Antworten zufrieden geben, daß in der kapitalistischen Erwerbswirtschaft alle einzelnen Handelnden von diesem System gezwungen werden, formal rational zu wirtschaften, denn es ist ja immerhin möglich (vgl. LUHMANN, 1971b, S. 91), daß aus dem – isoliert betrachtet – formal rationalen Wirtschaften der Privaten als Ergebnis eben dieser Art ihres Zusammenhandelns die formale Irrationalität des Ganzen oder des Wirtschaftssystems folgte.

Wir haben nun oben (Teil C) mit der Marxschen Kritik der Politischen Ökonomie eine Theorie kennengelernt, die genau dies behauptet; die jenen in der subjektiv gerichteten Ökonomie und Soziologie – trotz aller Versuche – erklärungsbedürftig gebliebenen Systemzusammenhang thematisiert und damit jene »Lücke« im Theorieaufbau schließt. Die Kritik der Politischen Ökonomie bietet nun nicht nur eine im Ansatz konsistente Erklärung der Möglichkeit der Geldrechnung, sondern zugleich auch ihrer »Grenzen« oder »Kosten« und als Folge jener Kapitalismusanalyse zugleich die Erkenntnis der Möglichkeit (und historisch: der Notwendigkeit) formal rationaler sozialistischer Planwirtschaft.

Wir haben gesehen (Teil C), daß auf die Frage nach dem »gemeinsamen Dritten« zweier qualitativ verschiedener Waren überhaupt nur zwei Antworten möglich sind: sie sind entweder auf der Basis subjektiver Nutzenschätzungen, oder aber durch Reduktion auf vergegenständlichte, gesellschaftlich-notwendige, *abstrakte* Arbeit vergleichbar. Subjektive und objektive Wertlehre stellen vom Ansatz hier zugleich exklusive und erschöpfende Alternativen dar (vgl. MISES, 1920/21, S. 109). Obwohl nun Weber »keinerlei ›Wirtschaftstheorie‹« (WG 31) betreiben will, so kann man doch davon ausgehen, daß seine Behauptungen eines Rationalitätsdefizits des Sozialismus die von Seiten der subjektiven Wertlehre gegen die von ihr sogenannte »Arbeitswerttheorie« vorgebrachten Einwände teilen würde: Jede objektive Werttheorie sei aus zwei prinzipiellen Gründen unhaltbar: 1. lasse sie »den Verbrauch an sachlichen Produktionsfaktoren ganz außer acht« (MISES, 1920/21, S. 106, vgl. auch MAYER, 1928, S. 1210); »irrig« sei daher »die Reduktion aller ›Mittel‹ auf ›letztlich Arbeitsmühe‹« (WG 33). Einmal von der sich selbst entlarvenden Mises'schen »Kritikmethode«[6] abgesehen, stellt sich das Problem der Bewertung der Produktionsmittel verschärft für jede konsequente subjektive Wertlehre bei Lösungsversuchen des Werts komplementärer Güter oder »der ›Güter‹ entfernterer Ordnungen« (BÖHM-BAWERK, 1921, S. 214). Nicht nur ist mit Weber die Praktikabilität jener Zurechnungskonstruktionen zu bezweifeln, sondern auch die theoretische Zulässigkeit jenes Vorgangs der »Wertableitung« (BÖHM-BAWERK, 1921, S. 222) auf der Basis subjektiver Nutzenschätzungen. 2. »Der zweite Mangel der Arbeitsrechnung ist die Nichtberücksichtigung der verschiedenen Qualität der Arbeit« (MISES, 1920/21, S. 107, vgl. 99, 100, 108). Von der unterstellten, angeblichen Nichtberücksichtigung der Notwendigkeit der Reduktion verschieden komplizierter Arbeiten abgesehen (vgl. 10. Kap.) stellt sich auch dieses Problem der Einheitlichkeit des Maßstabs verschärft gerade für jede konsistente subjektive Wertlehre: wie ist der Nutzenzuwachs für jeweils verschiedene »Wirte« oder für dieselben »Wirte« unter verschiedenen Umständen oder verschiedenen Zeiten quantifizierbar?

Wenn man sich nicht damit begnügen kann, entweder jene im Wert vollzogene Reduktion einfach unanalysiert hinzunehmen oder aber sie sogar im Widerspruch zu den eigenen theoretischen Voraussetzungen einzuführen, so bietet die objektive Werttheorie nicht nur eine zureichendere Erklärung der Möglichkeit des Geldes als »Recheneinheit« im Kapitalismus, sondern die Kritik der Politischen Ökonomie bietet zugleich mit der Angabe von Zeiteinheiten homogener Arbeit eine adäquate Grundlage formal rationaler Rechnung und Planung im Sozialismus auch und gerade nach Abschaffung des Geldes. Solange also das »Mittel zur rein rationalen Aufstellung eines ›Planes‹« (WG 56) der »alles entscheidende Punkt« sein soll, erweisen sich die Einwände Webers gegen die formale Rationalität des Sozialismus nicht nur als gegenstandslos, sondern geradezu als Bumerang, denn dort wird (cum grano salis) überhaupt zum ersten Mal auf gesellschaftlicher Stufenleiter formal rational gerechnet werden können.

Wir wissen jedoch bereits, daß der Kern der Überlegenheit der Geldrechnung in der »Marktrechnung« liegen soll. Gerade darin, daß Marx die Funktionsweise des Marktes nicht unanalysiert läßt, liegt nun die eigentliche Überlegenheit der Kritik der Politischen Ökonomie gegenüber der Weberschen Wirtschaftssoziologie: sie zeigt die »Kosten« der Marktrechnung.

Wir wir gesehen haben, stellt »Wert« als Regulator der gesellschaftlichen Produktion im Kapitalismus *vergegenständlichte*, abstrakte, *gesellschaftlich-notwendige* Arbeit dar. Dadurch war ein Doppeltes ausgedrückt: Arbeit wird nicht unmittelbar gesellschaftlich, sondern von isolierten Privaten verausgabt; sie bildet Wert jedoch nur in dem Maß, in dem sie gesellschaftlich notwendig ist sowohl im technologisch durchschnittlichen Quantum, als auch bezogen auf die Gesamtsumme der zahlungsfähigen Nachfrage der von ihr als je konkret-nützlicher in bestimmter Gebrauchsform produzierten Warenmasse. Anders ausgedrückt: Wert ist einerseits keine individuelle, sondern eine gesellschaftliche Größe, andrerseits nicht ausschließlich eine Bestimmung der Produktion, sondern ebensosehr der Realisation; beides jedoch keineswegs unmittelbar, sondern als ein sich hinter dem Rücken der Wirtschaftenden vollziehender Prozeß. Dies bedeutet, daß einerseits *für jeden einzelnen kapitalistischen Produzenten* der Wert *realiter gleichgültig* gegenüber dem Gebrauchswert ist, d. h. daß es gleichgültig ist, welche konkret-nützliche Arbeit zur Produktion welcher Ware verausgabt wird, da die Gebrauchswerte nur als Träger von Wert interessieren (dies wird von Weber durch Ausschließlichkeit der Rentabilitätsorientierung zum Ausdruck gebracht); dies bedeutet aber andrerseits, daß auf *gesellschaftlicher Ebene* der Wert ins Maß gesetzt werden muß und ex post »objektiv« ins Maß gesetzt wird zum Gebrauchswert. Marx zeigt, daß auf der Ebene des gesellschaftlichen Reproduktionsprozesses die reale Gleichgültigkeit des Wertes gegenüber dem Gebrauchswert *nachträglich kritisiert* wird, daß neben die Betrachtung des Wertersatzes die des Stoffersatzes treten muß. Es zeigt sich somit, daß jene von Weber diskutierten naturalen Planungsprobleme zwar für den Einzelbetrieb im Kapitalismus durch Geldrechnung zunächst und vorläufig »gelöst« werden, jedoch um den Preis ihrer unkontrollierbaren gesellschaftlichen Wiederkehr über die »Marktlage« (z. B. Krise) und die »effektiven Preise«, an denen die Einzelnen ihr Handeln orientieren müssen.[7]

Die »Marktrechnung« vollzieht jene notwendige Anpassung von Wert und Gebrauchswert, oder jene Verteilung der gesellschaftlichen Arbeit auf die einzelnen Produktionszweige, aber sie vollzieht sie gerade nicht »planend«, sondern nach der Art eines von den Handelnden nicht beeinflußbaren und doch durch sie erzeugten »objektiven«, quasi-natürlichen Vorgangs, nach der Wirkungsweise eines Naturgesetzes, »das auf der Bewußtlosigkeit der Beteiligten beruht« (MEW 23/89). Die Kosten dieser »Herrschaft der Dinge über den Menschen« (SP 502) sind in der Marxschen Kritik der Politischen Ökonomie ausführlich thematisiert: unterm Gesichtspunkt der formalen Rationalität der kapitalistischen Produktionsweise zum einen Überproduktionskrisen (oder Vergeudung gesellschaftlicher Arbeit in ungeheurem Ausmaß), zum andern auch und gerade in der »Nachhaltigkeitswirtschaft des Friedens« (WG 57) kaum wiedergutzumachender Raubbau an natürlichen und gesellschaftlichen Ressourcen.[8] Die planvolle Verteilung der gesellschaftlichen Arbeit auf die einzelnen Produktionszweige entsprechend den auf demokratischem Wege ermittelten gesellschaftlichen Bedürfnissen bewirkt, daß der gesellschaftliche Charakter der Arbeit sich nicht mehr ex post, vermittelt über die abstrakte Arbeit oder den Wert der ausgetauschten Waren erweist, sondern daß die »Naturalform der Arbeit ... hier ihre unmittelbar gesellschaftliche Form« (MEW 23/91, vgl. 93 und MEW 32/552 f.) ist. Die Bedeutung der abstrakten Arbeit reduziert sich auf eine gesamtgesellschaftliche Planungsgröße, denn im Sozialismus bleibt »die Wertbestimmung vorherrschend *in dem Sinn* (Herv. d. Verf.), daß die Regelung der Arbeitszeit und die Verteilung der gesellschaftlichen Arbeit unter die verschiednen Produktionsgruppen, endlich die Buchführung hierüber, wesentlicher denn je wird« (MEW 25/859).

Wir haben nun nicht nur die ökonomischen Einwände Webers gegen die Möglichkeit formaler Rationalität des Sozialismus als Wirtschaftsform widerlegt, sondern zugleich durch Demonstration der »Kosten« der kapitalistischen Produktionsweise zumindest die *Möglichkeit* der Steigerung der formalen Rationalität des Wirtschaftens im Sozialismus nachgewiesen, was »die Frage nach den *sachlichen* Voraussetzungen der formalen Rationalität in der preislosen Kollektivwirtschaft« (MAYER, 1925, S. 1112) anlangt.[9]

§ 3. Wir haben im § 2 Webers Einwände hinsichtlich der »sachlichen« oder »elementarsten technischen« Voraussetzungen formaler Rationalität des Wirtschaftens im modernen Sozialismus kritisiert. Abschließend wollen wir den – Weber zufolge – charakteristischen Zusammenhang zwischen formaler Rationalität des Wirtschaftens und faktischer Reduktion individueller Handlungsfreiheit auf Anpassung an nicht planbare, soziale Systembedingungen zusammenfassen und Webers herrschaftssoziologische Einwände gegen den Sozialismus andeuten, die ihn dazu führen, einem auf den Zwang des Markts gegründeten System höhere formale Rationalität zuzusprechen.

Im Blick auf den Zusammenhang zwischen formaler und materialer Autonomie oder Heteronomie der einzelnen Handelnden läßt sich Webers Analyse der kapitalistischen Erwerbswirtschaft so resümieren: Zunächst scheint es, daß in ihr »alles *menschliche* Handeln inhaltlich autonom verläuft und nur an formalen Ordnungsbestimmungen (des bürgerlichen Rechtsstaats – d. Verf.) orientiert ist« (WG 38). Der durch diese Rechtsordnung garantierten formalen oder rechtlichen Autonomie des Einzelnen scheint generell deren materiale oder inhaltliche Autonomie, speziell deren wirtschaftliche Autonomie zu entsprechen. In der Diskussion zeigte sich jedoch, daß jene »Marktfreiheit« (WG 61 u. ö.) sich auf bloß formale Autonomie der Handelnden beschränkt. Sie beinhaltet, daß diese rechtlich frei über ihre Nutzleistungen, Beschaffungsmittel und Arbeit verfügen können. Dies zeigte Weber zunächst mit hinreichender Deutlichkeit für die von allen »sachlichen Beschaffungsmitteln« (WG 58) getrennten, »freien« Arbeiter: Die Vermögens-, insbesondere die Kapitalgüterbesitzdifferenzierung zwingt sie, »sich *Anweisungen* zu fügen, um überhaupt Entgelt für die von ihnen angebotenen Nutzleistungen zu erhalten« (WG 59, vgl. WG 60 u. ö., vgl. Kapitel 27); sie mündet in der »Unterwerfung der Arbeiter unter die Herrschaft von Unternehmern« (WG 78): in materialer Heteronomie. Wenn es nun zunächst noch so scheinen könnte, als seien wenigstens diese Unternehmer in ihrem Handeln inhaltlich autonom, so zeigte Webers weitere Untersuchung, daß auch deren Handeln im – hier allein interessierenden, die freie Konkurrenz voraussetzenden – vollen Rationalitätsfalle bei

Strafe des ökonomischen Untergangs in glatter und restloser Anpassung an die jeweils gegebene Marktlage besteht, also »inhaltlich« oder material fremdbestimmt, heteronom ist. Die Marktfreiheit erweist sich damit auch für Weber inhaltlich als »Zwang« der Konkurrenz (vgl. SP 501 f.). Dieser Zwang des Markts ist einerseits nicht identisch mit Zwang, der von Personen ausgeht und damit unmittelbares oder direktes Herrschaftsverhältnis wäre (vgl. WG 58 u. ö.), andererseits passen die Handelnden sich nicht einfach an »»blinde Naturgewalten«« (WL 226), sondern an »blinde gesellschaftliche Gewalten« an, da der Marktzwang aus dem Zusammenprallen des formal autonomen Wirtschaftens der Einzelnen resultiert. Das Ergebnis von Webers Analyse war, daß nicht nur jeder »wissenschaftlich geschulte Sozialist«, sondern er selbst eigentlich zu sagen gezwungen wäre: »das liegt an dem System, an der Zwangslage, in die alle Beteiligten, der Unternehmer wie der Arbeiter, sich gestellt finden« (SP 502, vgl. 27. und 28. Kap.). In der modernen kapitalistischen Verkehrswirtschaft wird also im Falle optimaler formaler Rationalität die materiale Autonomie des Wirtschaftens erheblich herabgemindert. Weber könnte so – in bemerkenswerter Übereinstimmung mit Marx – die kapitalitische Wirtschaft als »auf sachlicher Abhängigkeit« gegründetes System »persönlicher Unabhängigkeit« (GR 75) bezeichnen. Jedenfalls ist er diesbezüglich von aller liberalen Apologetik des Kapitalismus weit entfernt.

Ebenso bemerkenswert ist jedoch, daß Weber den Sozialismus ökonomisch gar nicht in der Perspektive einer möglichen Herrschaft der Wirtschaftenden über ihre selbsterzeugten sozialen Verhältnisse thematisiert; oder anders: daß er kapitalistische und sozialistische Wirtschaftsordnung gar nicht dahingehend vergleicht, ob sie materiale oder inhaltliche Autonomie, wenn schon nicht der jeweils einzelnen Handelnden, so doch ihrer gesellschaftlichen Organisationen erlauben. Daß ihm damit mögliche *gesellschaftliche* Freiheit als Herrschaft der Menschen nicht nur über die natürlichen, sondern auch über die sozialen Bedingungen ihrer Existenz, aus dem Blick gerät, hat im wesentlichen die beiden folgenden Gründe:

1. Abgesehen davon, daß Weber von Arbeitszeiteinheiten als möglicher Grundlage exakter ökonomischer »Rechnung« abstrahiert (womit tatsächlich nur die Wahl zwischen Naturalrechnung und Geldrechnung bestünde), scheint ihm die für formal rationale wirtschaftliche Planung unabdingbare Objektivität der ökonomischen Rechengrößen nur hervorgehen zu können aus dem Kampf des Menschen mit dem Menschen auf dem Markt. Zumindest aber glaubt er, daß jene eigentümliche, aus dem Zusammenstoß der vielen Einzelnen resultierende Objektivität der Daten, die der Markt setzt (und die daraus entsteht, daß sich im Kampf aller gegen alle die jeweils subjektiven Wertschätzungen und Interessen aneinander abschleifen) jeder möglichen gesellschaftlichen Objektivität, die aus intersubjektiven Kom-

munikations- oder Planungsprozessen hervorgeht, überlegen sei. Dies hängt wohl damit zusammen, daß er

2. glaubt, man hätte nur die Wahl zwischen sachlichem Zwang des Markts und persönlichem Zwang oder persönlicher Abhängigkeit von jener »Diktatur des Beamten« (SP 508) und deren diktatorischer, subjektiver Willkür, die er bei einer Ersetzung der Leistungen des Markts durch Planung für unvermeidbar hält. Weil die monokratisch-bürokratische Organisation der Verwaltung gegenüber allen anderen Verwaltungsformen die »formal-technisch rationalste« (WG 128) sei, sei sie »für die Bedürfnisse der *Massen*verwaltung (personalen oder sachlichen) heute schlechthin unentrinnbar« (ebd.), und gerade der Sozialismus würde ihre Bedeutung nur ungeheuer steigern. Wenn eine demokratische Ermittlung der Planziele um den Preis einer ungeheuren Herabminderung der formalen Rationalität oder Effizienz in »Fabrik« wie »Staat« erkauft werden müßte (und sie daher unter diesem Gesichtspunkt für die Bedürfnisse der »Massenverwaltung« nicht in Frage kämen), wäre dies ein nicht unwesentliches Argument dafür, jenem bürokratischen Gehäuse sozialistischer Hörigkeit die dem Kapitalismus spezifische, auf sachliche Abhängigkeit gegründete persönliche Unabhängigkeit oder formale Autonomie der Handelnden vorzuziehen. Daß Weber über der Frage: »*wer* soll . . . kommandieren?« (SP 511) die gesellschaftstheoretische wie praktische Bedeutung der Möglichkeit einer Beherrschung der von den Handelnden selbst erzeugten gesellschaftlichen Verhältnisse durch dieselben, respektive ihre verantwortlichen Organe, verkennt, wäre dann sachlich legitimiert, wenn tatsächlich optimale formale Rationalität der Verwaltung gebunden wäre an Herrschaft der Bürokratie. Gelänge eine Kritik an dieser Annahme, so wäre damit Webers politische Soziologie und Sozialismuskritik im Kern getroffen. (Vgl. Teil F und Vergleichende Diskussion III).

Erläuterungen und Zusätze

1. Vgl. MAYER (1925, S. 1112): »Aber in der preislosen geschlossenen Wirtschaft fehlt eben mit dem Preise jenes Instrument der ›formalen Rationalisierung‹ der Produktion«. Während jedoch Mayer wie Weber nur von Minderung der formalen Rationalität im Sozialismus sprechen, ist für MISES (1920/21, S. 104) der Sozialismus mit »Aufhebung der Rationalität des Wirtschaftens« überhaupt identisch. Wir werden trotz teilweise erheblicher Differenzen zwischen den genannten Autoren deren Arbeiten zur Verdeutlichung und aus Gründen der Repräsentanz der behandelten Einwände heranziehen, da sie bezüglich der wesentlichen Argumente übereinstimmen.
2. Vgl. MAYER (1925, S. 1113): »Es handelt sich nun praktisch darum, aus der Unmasse von Teilkombinationen, welche nach dem Stande der technischen Erkenntnis, oft durch zahlreiche Umwandlungsprozesse (Zwischenprodukte) hindurch, für die Gewinnung der Endprodukte offen stehen . . . diejenige Gesamtkombina-

tion zu finden, welche aus den gegebenen Produktionsmittelmengen (worunter Mayer auch die Arbeitskraft rechnet – d. Verf.) den höchsterreichbaren Gesamtnutzen erzielt«. – Zur Verdeutlichung des angelegten Rationalitätsmaßstabs: gemeint sind nicht die Wachstums- oder Akkumulationsraten einer Wirtschaftsordnung, da das Ausmaß und die Art des Wachstums im Verhältnis zu Ausmaß und Art der Befriedigung von Bedürfnissen unter materialen Rationalitätsgesichtspunkten getroffene Entscheidungen voraussetzt (also, mit Weber, nicht Gegenstand der »Wirtschaftswissenschaft«, sondern der »Wirtschaftspolitik« wäre), selbst im Falle des Kapitalismus, wenn darüber gar nicht und von niemandem entschieden werden kann infolge von über Konkurrenz vermitteltem Zwang zur Akkumulation. Wenn daher Weber dem Kapitalismus »vom Standpunkt der Beschaffung eines gewissen materiellen Versorgungs-*Minimums* einer Maximal-*Zahl* von Menschen« (WG 59) konzediert, daß formale und materiale Rationalität in relativ hohem Maße zusammenfielen, so ist dieser Standpunkt nicht identisch mit dem von uns angelegten »Rationalitätsmaßstab«, weil ja gerade nicht die aufgewendeten Mittel (z. B. ungeheurer Raubbau an Arbeitskräften und Rohstoffen etc.) ins Verhältnis gesetzt werden zu einem bestimmten Wirtschaftsergebnis.
3. Webers Kritik an Naturalrechung und die darin implizierte, teils offene Kritik an der Grenznutzenlehre (vgl. WG 46f., 55, 57, u. ö.) ist zugleich Kritik der doch methodisch von ihm zu fordernden Wirtschaftstheorie auf handlungstheoretischer Basis (vgl. WL 395 ff.).
4. Vgl. WG 45, 49, 53, 58; WL 227; vgl. LANGE (1936/37, S. 58): »The prices are regarded by the individuals as constants independent of their behavior«.
5. Vgl. MISES (1920/21, S. 105): »Wo der freie Marktverkehr fehlt, gibt es keine Preisbildung; ohne Preisbildung gibt es keine Wirtschaftsrechnung«; vgl. MAYER (1925, S. 1112): ». . . die Preise . . . geben jedem Unternehmen die ziffernmäßigen Daten«; vgl. LANGE (1936/37, S. 63): »But if there is no market . . . for capital goods . . . can their prices be determined objectively« und nicht nur »quite arbitrary«? Langes »Lösung« einer Preisbildung im Sozialismus »as if« es sich dabei um Marktpreise handele (vgl. S. 63–67, 123, 138, 142) ist die Folge jenes problematischen Versuchs einer Konstruktion sozialistischer Planwirtschaft auf der Basis entwickelter Grenznutzenanalyse.
6. Mises unterschlägt in seiner Kritik an Marx dessen Unterscheidung zwischen Faktoren des Arbeits- und Verwertungsprozesses. Nicht ein angebliches Außerachtlassen, sondern nur die Marxsche Lösung der Wertübertragung des Werts der Produktionsmittel durch die konkret-nützliche Eigenschaft der Arbeit könnte Mises wissenschaftlicherweise angreifen.
7. Weil bestimmte Varianten der subjektivistischen Wertlehre ihre allgemeinen Gesetzte der Produktion »unter der Annahme einer vollständigen, d. i. den gesamten Eigenbedarf ausschließlich durch Eigenproduktion deckenden Wirtschaft entwickelt, gleichgültig, ob das Subjekt der Wirtschaft eine physische Person oder die Gesellschaft als Ganzes« (MAYER (1925, S. 1120) ist, ist es nicht weiter erstaunlich, daß ihre Aussagen bezüglich Aufstellung von Produktionsplänen, Ausarbeitung optimaler produktiver Gesamtkombinationen (vgl. MAYER, 1925, S. 1110f. und MAYER, 1928, S. 1220, 1224) etc. nach Grenznutzenschätzungen gerade im

Sozialismus relevant werden können. Allerdings kann es sich dann nicht mehr um »subjektive Nutzenschätzungen« im Gegensatz zu »objektiven«, d. h. durch den Markt, nicht durch intersubjektive Kommunikationsprozesse festgesetzten Preisen handeln, sondern nur um »gesellschaftliche« Nutzenschätzungen. Handlungstheoretisch orientierte Ökonomie, die schon immer zur Planungs- und Entscheidungstheorie hin tendierte, fände dann und in dem Maße ihre Wahrheit, in dem die »sinnhafte Orientierung« (WL 453) der einzelnen Wirtschaftenden mit der gesellschaftlichen Orientierung übereinstimmt, in dem also der die bürgerliche Produktion bestimmende Gegensatz zwischen subjektiven Zwecken und spezifisch gesellschaftlicher »Objektivität« überwunden wird. Ihre Grenze hat sie gerade in der Erklärung jener eigentümlichen »Objektivität«, oder anders gesprochen darin, zu erklären, was den Wert eigentlich zum Wert macht. Ihre beliebten Robinsonaden sind – grob gesprochen – nichts anderes als spekulative Abstraktionen von den spezifisch gesellschaftlichen Bedingungen der Wertproduktion, oder methodisch supponierter Sozialismus in der Kapitalismusanalyse (vgl. MYRDAL, 1963, S. 139f. über »kommunistische Fiktion«).

8. Anläßlich seiner kursorischen Kritik des Marxismus im Sozialismus-Aufsatz kommt Weber hierauf zu sprechen: »Diese Privatwirtschaftsordnung hat die sozialistische Theorie mit dem Schlagworte von der ›Anarchie der Produktion‹ belegt, weil sie es darauf ankommen läßt, ob das Eigeninteresse der einzelnen Unternehmer an dem Absatze ihrer Produkte: das Interesse daran, Gewinn zu machen, so funktioniert, daß dadurch eine Versorgung derjenigen, die dieser Güter bedürfen, gewährleistet ist.« (SP 500) In der Diskussion verwickelt sich Weber in einen bemerkenswerten Widerspruch: Einerseits weiß Weber, daß nur bei freier Konkurrenz jene »Objektivität« der effektiven Preise besteht, die Voraussetzung formaler Rationalität ist, andrerseits aber ist das von Weber selbst zugestandene Ergebnis jener freien Konkurrenz, daß »immer wieder Zeiten der Überproduktion (kommen – d. Verf.) . . ., die abgelöst werden von Bankerotten, Zusammenbrüchen und sogenannten ›Depressionen‹« (SP 507). Wenn aber angeblich jene Krisengefahr vermindert ist, »seit die Unternehmer von rücksichtsloser Konkurrenz zur Kartellierung geschritten sind, seit sie also dazu übergegangen sind, durch Regulierung der Preise und des Absatzes die Konkurrenz weitgehend auszuschalten« (SP 508, vgl. auch 507, 510 und WG 57f.), so muß nach Webers ureigenster Überzeugung jene Monopolisierung zu einer zunehmenden Beeinträchtigung der formalen Rationalität führen. Der idealtypische Kapitalismus der freien Konkurrenz stellt also zwar die Einzelnen unter den Zwang formal rationalen Wirtschaftens, hat jedoch – gesellschaftlich betrachtet – die formale Irrationalität, Krise etc. dieser Wirtschaftsformation zur Folge. Der monopolistische Kapitalismus soll jene gesellschaftliche Irrationalität zumindest vermindern (die sachliche Richtigkeit des Arguments interessiert uns hier nicht), stellt aber die einzelnen Unternehmen nicht mehr unter die notwendigen Bedingungen formal rationalen Wirtschaftens.

9. Webers Einwände bezogen sich auf einen idealtypischen Vollsozialismus, oder – mit Marx gesprochen – auf die entwickelte kommunistische Gesellschaft. Sie können daher, obwohl als Waffe in der aktuellen politischen Auseinandersetzung gedacht, weder einen real existierenden Sozialismus noch marxistische Ordnungsvorstellungen bezüglich der Übergangsperiode oder der ersten Stufe des

Sozialismus treffen. Im Gegensatz zu Weber-Mises'schen Konstruktion vom
»Konsumdiktat« (vgl. WG 53, 56, 119f. und MISES, 1920/21, S. 89ff.) wird bei
Geldgebrauch in beiden in der Regel nicht nur von Freiheit der Konsumwahl,
sondern auch von freier Wahl des Arbeitsplatzes ausgegangen (vgl. als Überblick:
LANGE, 1936/37, S. 60–64 und S. 136–142). Die aus jener dadurch notwendig werdenden Kombination von Markt (für Konsumtionsmittel und Arbeitskraft) und
Plan sich ergebenden Probleme und Schwierigkeiten können hier nicht diskutiert
werden.

Fragen zur Diskussion

1. Wie kann Weber einen Vergleich bezüglich der formalen Rationalität nicht nur
zwischen wirtschaftlichen Handlungen, sondern auch zwischen verschiedenen
Wirtschaftsordnungen anzielen?
2. Wie ist für Weber eine sozialistische Wirtschaftsordnung bestimmt, auf die sich
seine These von der unvermeidlich (gegenüber der Verkehrswirtschaft) herabgeminderten formalen Rationalität bezieht?
3. Inwiefern stößt – nach Weber – jede Naturalrechnung an eine »Rationalitätsgrenze«?
4. Welche Bedeutung hat der »Marktmechanismus« in Webers Argument der formal-rationalen Unterlegenheit des Sozialismus gegenüber dem Kapitalismus?
5. Inwieweit ist die dem »Marktmechanismus« zugeschriebene Leistung begründet
und warum soll nur der Markt diese Leistung erbringen können?

Vergleichende Diskussion II: Gesellschaftliche Arbeit und wirtschaftliches Handeln

Die Schwierigkeiten einer vergleichenden Diskussion des Marxschen »Kapital« und der Weberschen »Soziologischen Grundkategorien des Wirtschaftens« sind offensichtlich. Während Marx als den »letzten Endzweck«
seiner Kritik der politischen Ökonomie, die Enthüllung des »ökonomischen Bewegungsgesetzes der modernen Gesellschaft« (vgl. MEW 23/
15f.), bezeichnet – also einen sehr weitreichenden Erklärungsanspruch reklamiert –, geht es Weber in dem herangezogenen Text zunächst nur um
die Bereitstellung eines begrifflichen Instrumentariums für seine materialen
(historisch vergleichend angelegten) Untersuchungen des Verhältnisses von
Wirtschaft und Gesellschaft. Es erscheint auf den ersten Blick »unfair«, die
Konfrontation von Marx' und Webers Auffassungen des modernen Kapitalismus zu unternehmen, wenn beide mit derart unterschiedlichen Erklärungsansprüchen operieren: Webers theoretische Zurückhaltung würde
ihm zum Nachteil angerechnet, jedenfalls dann, wenn Marx seinen »Endzweck« auch nur halbwegs erreicht hat.

Das Problem einer Konfrontation stellt sich jedoch anders, wenn sich die Vermutung begründen läßt, daß Webers Zurückhaltung einen tiefer liegenden Grund hat: daß sie nämlich insofern Nebenprodukt des theoretischen Ansatzes ist, als dieser nicht gestattet, eine bestimmte Ebene der Erklärung sozialer Phänomene zu erreichen. Genauer – und bezogen auf den für uns hier allein maßgeblichen Gegenstand moderner Kapitalismus –: der handlungstheoretische Ansatz Webers findet die Grenze seiner Erklärungskraft an jenem Grundtypus der bürgerlichen Vergesellschaftung, demgemäß sich – mit Marx gesprochen – »die gesellschaftliche Beziehung der Personen ... gleichsam verkehrt darstellt, nämlich als gesellschaftliches Verhältnis der Sachen« (MEW 13/21). Die These, daß Webers handlungstheoretischer Ansatz gegenüber dieser Form der Vergesellschaftung versagt, die Marx als Spezifikum der Gesellschaften gilt, »in welchen kapitalistische Produktionsweise herrscht« (MEW 23/49), soll im folgenden nochmals diskutiert werden. In der zusammenfassenden Betrachtung der jeweils für Marx und Weber charakteristischen Strategie zur Erklärung des modernen Kapitalismus legen wir besonderes Gewicht auf die Herausarbeitung des je spezifischen Verhältnisses von intentionalem Handeln und systembedingten (ökonomischen) Strukturen. Marx und Weber stimmen zunächst in zwei wesentlichen Punkten überein: beiden gilt das (soziale) Handeln von Individuen als der »Stoff«, aus dem gesellschaftliche Verhältnisse (soziale Beziehungen und Gebilde) gewirkt sind; und beide thematisieren die sozialökonomischen Verhältnisse des modernen Kapitalismus unter dem Aspekt ihrer »Verselbständigung« gegen dieses Handeln. Grob gesprochen besteht also für Marx wie für Weber die Aufgabe einer Erklärung des modernen Kapitalismus darin, verselbständigte soziale Strukturen derart an intentionales Handeln zu binden, daß einerseits Ursache dieser Strukturen nichts anderes als eine bestimmte Art des Handelns ist, diese andrerseits aber nicht als Zweck, gewollte Folge u. ä. interpretiert werden können.

§ 1. Im »Kapital« präzisiert Marx den in der »Deutschen Ideologie« zunächst vage erfaßten Sachverhalt der Verselbständigung gesellschaftlicher Verhältnisse gegen die Individuen dahingehend, daß er ihn auf das (ökonomische) Verhältnis der Herrschaft der toten über die lebendige Arbeit zurückführt; er begreift dieses Verhältnis als eines der Verkehrung von Subjekt und Objekt, die gebunden ist an eine »Versachlichung«. Die für Marx dem Kapitalismus spezifische Versachlichung erschöpft sich jedoch weder in jener »absoluten Versachlichung«, die Weber für das Handeln auf dem Markt konstatiert, weil es »spezifisch sachlich, am Interesse an den Tauschgütern und nur an diesen, orientiert ist« (WG 383), noch in einer Versachlichung, Verdinglichung, »Objektivation« schlechthin, sondern sie geht zurück auf die besondere »Art der Gesellschaftlichkeit der Arbeit« in warenproduzierenden Gesellschaften. Daß die Arbeit als Privatarbeit verausgabt wird und nur »post festum« gesellschaftlich ist, erzwingt eine sachliche Darstellung des gesellschaftlichen Charakters der Arbeitsprodukte jenseits ihrer »hausbackenen Naturalform«: die »Warenform der Arbeitsprodukte oder die Wertform der Ware«. Daß die Arbeitsprodukte allgemein Warenform annehmen, hat weitreichende ›Konsequenzen‹: unbeabsichtigte, aber nichtsdestotrotz notwendige »Nebenfolgen« dieser spezifischen Art der Gesellschaftlichkeit der Arbeit sind die Wertformen Geld und Kapital. Beide Formen lassen sich in der Art begreifen, daß die zugrundeliegende gesellschaftliche Strukturbedingung (die Produktion für den Austausch, unabhängige Privatproduktion usw.) ihre Einführung (unabhängig vom Willen einzelner Individuen) erzwingt: der »gesellschaftliche Stoffwechsel« vollzieht sich nur mittels eines »Mediums«, in dem sich die Produkte unabhängig voneinander produzierender Privateigentümer als Produkte *gesellschaftlicher* Arbeit darstellen und in das sie sich verwandeln müssen (der »Salto mortale« der Ware). Dieses »Medium« kann nicht nach Lust und Laune erfunden werden; seine Formbestimmungen ergeben sich aus den Anforderungen der Warenproduktion: wenn der Tauschwert die an Arbeitsprodukte (Gebrauchswerte) gebundene Darstellung der spezifischen Art der Gesellschaftlichkeit der Arbeit, diese aber nichts weiter als ihr Charakter als allgemein menschliche Arbeit ist (abstrakte Arbeit), kann die gesellschaftlich gültige Darstellung des Werts (die allgemeine Wertform) wiederum selbst nur an ein spezifisches Arbeitsprodukt gebunden sein, das durch einen gesellschaftlichen Prozeß erst die Eigenschaft erwirbt, als allgemeines Äquivalent anerkannt zu werden und zu fungieren: das Geld. Geld ist Ware, aber *die allgemeine* Ware. Daß eine Ware diese Rolle übernimmt, ist naturwüchsiges Resultat des gesellschaftlichen Austauschprozesses, in dem sich dessen Strukturbedingungen geltend machen; die Verdopplung der Ware in Ware und Geld setzt jene Strukturbedingungen nicht außer Kraft, der Widerspruch: daß Produkte unabhängig voneinander vollzogener Privatarbeiten zugleich unmittelbar gesellschaftliche Arbeit darstellen sollen, gewinnt im Gegensatz von Ware und Geld lediglich eine »äußerliche«, d. h. handgreifliche, sichtbare Form. Die Ware, als Produkt der Privatarbeit, steht dem Geld, als der Inkarnation gesellschaftlicher Arbeit, gegenüber, muß sich, sofern jene Privatarbeit zugleich gesellschaftliche Arbeit sein (als »gesellschaftlich notwendige Arbeit« gelten) soll, in Geld verwandeln.

Ist das Geld als notwendiges Resultat des Austauschprozesses einmal gegeben, so eröffnen sich in zweifacher Hinsicht neue »Handlungsspielräume«: einmal in Richtung einer Verallgemeinerung seines Gebrauchs, einer Erweiterung der Geldfunktionen und einer dadurch bedingten Modifikation seiner Formen (die die theoretische Rückführung der Geldform als solcher auf jene – im Grunde einfache – gesellschaftliche Strukturbedingung: gesellschaftliche Produktion auf Basis voneinander unabhängiger Privatarbeiten, erschweren); zum andern in Richtung auf die »Verwandlung von Geld in Kapital«. Diese Verwandlung läßt sich zunächst wiederum als unbeabsichtigte und nichtsdestotrotz notwendige Folge des Geldgebrauchs charakterisieren, deren Verallgemeinerung – insofern sie auf bestimmten sozialstrukturellen Bedingungen beruht – das Kapitalverhältnis jedoch zur dominanten Struktur der bürgerlichen Gesellschaft werden läßt. Der das Geld charakterisierende Widerspruch von qualitativer Schrankenlosigkeit und quantitativer Beschränktheit setzt Handlungsabläufe in Gang, in denen die Verfügung über das Geld als der Inkarnation des gesellschaftlichen Reichtums zum Selbstzweck wird. Die Bewegung der rastlosen Vermehrung des Werts, in der dieser zum »automatischen Subjekt« wird, stellt Marx als einen strukturell präformierten Prozeß dar, den zwar handelnde Individuen ausführen, aber nur, indem sie die Funktion dieses Prozesses zu ihrem eigenen Zweck machen. Gesellschaftlich verallgemeinert ist die Bewegung des Werts als Kapital (und damit der Kapitalist) nur denkbar unter einer Bedingung: daß die Ware Arbeitskraft (und damit der im doppelten Sinne freie Arbeiter) in hinreichendem Maße käuflich vorgefunden wird. Ist diese – zunächst der kapitalistischen Produktionsweise historisch vorausgesetzte – Bedingung erfüllt, dann diktiert der kapitalistische Produktionsprozeß und sein Zweck, die Kapitalverwertung – selbst unbeabsichtigte Konsequenz des Geldgebrauchs – den Individuen bestimmte Handlungsformen, die wiederum zu strukturellen Bedingungen weiteren Handelns »gerinnen«: der gesellschaftliche Prozeß verläuft »naturwüchsig«, seine Formen hat niemand als solche »gewollt« (bewußt herbeigeführt); der Automatismus, der den Individuen nur noch strukturell prädeterminierte Handlungsspielräume beläßt, ihr Handeln auf »Anpassung« an vorgegebene Bedingungen reduziert, scheint undurchbrechbar.

Marx stellt jedoch die kapitalistische Produktionsweise von Anfang an als Resultat in sich widersprüchlicher Erfordernisse dar, deren gemeinsamer »Kern« sich in jenem »Grundwiderspruch« der auf dem Tauschwert beruhenden Produktion findet: daß die Produkte voneinander unabhängiger Privatproduzenten zugleich Produkte unmittelbar gesellschaftlicher Arbeit darstellen sollen (als wären sie Resultate auf gesellschaftlicher Stufenleiter geplanter Produktion). Diese widersprüchlichen Erfordernisse machen sich in einer Weise geltend, die die kapitalistische Produktionsweise zunehmend bedroht (wachsende Verwertungsschwierigkeiten des Kapitals, tendenzieller Fall der Profitrate, Proletarisierung immer weiterer Kreise der Bevölkerung, Krisen usw.). Während das Kapital als »automatisches Subjekt«, dem die Individuen, obwohl sie es selbst hervorbringen, unterworfen sind, als der »prozessierende Widerspruch«, seine eigene Selbstauflösung produziert, ist für Marx jedoch die wirkliche Bedingung der Überführung der kapitalistischen Produktionsweise in die sozialistische Produktion, in der die Individuen Subjekte ihres eigenen gesellschaftlichen Prozesses sind, die »bewußte Tat« der gesellschaftlichen Individuen. Die quasi-automatische Selbstauflösung der kapitalistischen Produktionsweise allein kann nicht gewährleisten, daß die sie charakterisierende Verkehrung von Subjekt und Objekt aufgehoben wird: die gesellschaftlichen Individuen müssen diese Verkehrung erkennen und bewußt beseitigen, um die naturwüchsig verlaufende »Vorgeschichte der Menschheit« abzuschließen.

Die durch die Verkehrung von Subjekt und Objekt geprägte »Anatomie der bürgerlichen Gesellschaft« ist – wie Marx mit der Kritik der politischen Ökonomie trotz einer über weite Strecken »objektivistisch« anmutenden Darstellung, in der die Dimension des subjektiv-intentionalen Handelns ausgeblendet scheint, zeigen kann – keineswegs handlungsunabhängig. Exemplarisch für die Art und Weise, in der Marx das Verhältnis von subjektiv-intentionalem und zugleich gesellschaftliche Objektivität begründendem Handeln ansetzt, ist die Lehre vom »Doppelcharakter der in den Waren dargestellten Arbeit«. Die warenproduzierende Arbeit ist als konkret nützliche einerseits zweckvolle Tätigkeit, die in einem bestimmten Gebrauchswert resultiert; als abstrakt menschliche ist sie andrerseits gesellschaftliche Arbeit; diese ihre Bestimmtheit liegt jedoch außerhalb des intentionalen Horizonts der Privatproduzenten. Zwar weiß jeder einzelne von ihnen, daß er seine subjektiven Zwecke nur erreichen kann, wenn er ein »absatzfähiges« Produkt, »Gebrauchswert für andre«, herstellt und austauscht. (Er handelt also – im Weberschen Sinne – sozial.) Aber die formell unabhängigen Privatproduzenten erfahren ihre damit gegebene gesellschaftliche Abhängigkeit nur am »Schicksal« ihrer Produkte, während die über die Bewegung der Waren erfolgende – und in diesem Sinne »sachlich« vermittelte – Regulation der gesellschaftlichen Produktion zugleich mit den entwickelten Wertformen von Geld, Kapital usw. weitere Versachlichungen und Verkehrungen gesellschaftlicher Verhältnisse bedingt und in Gang setzt. Die Wertformen sind allesamt Ausdruck der Tatsache, daß die Gesellschaftlichkeit der individuell verausgabten Arbeit nicht deren bewußt gewolltes Moment, sondern allenfalls – aus der Perspektive der Handelnden – als deren »ungewollter Nebenerfolg« (WG 21) gelten kann. Dieser »Nebenerfolg« bleibt jedoch nicht Nebensache, sondern erweist sich – will man Marx folgen – als strukturstiftendes Prinzip der kapitalistischen Produktionsweise, auf das auch noch die Herrschaft des Kapitals über die Lohnarbeit, der toten über die lebendige Arbeit, als die zugespitzteste Form der Verkehrung von Subjekt und Objekt zurückgeführt werden kann. Die spezifische Objektivität gesellschaftlicher Verhältnisse im Kapitalismus, deren reale Verdinglichung und Verkehrung, erweist sich so letztlich als

»ungewolltes« Resultat intentionaler Akte, in denen die Individuen als »vereinzelte Einzelne« ihre gesellschaftliche Bestimmtheit »vergessen«.

§ 2. Der handlungstheoretische Ansatz in seiner für Weber spezifischen Verbindung mit dem methodologischen Individualismus verspricht implizit eine Konstitutionstheorie der Gesellschaft: ausgehend vom sozialen Handeln von Individuen soll gezeigt werden, wie soziale Gebilde (gleich welcher Art) zustandekommen und wiederum auf dies Handeln zurückwirken. Mit dem Ausgang vom subjektiv intentionalen Handeln scheint der Punkt gefunden, an dem die Theorie sich aus dem Dilemma: Gesellschaft ist Produkt des Handelns von Individuen – individuelle Handlungen sind geprägt von der Gesellschaft, lösen läßt. Eine radikale Durchführung des Programms des methodologischen Individualismus würde nun implizieren, daß jener Ausgangspunkt, der die Erklärung sozialer Gebilde als Resultat aufeinander bezogenen, subjektiv intentionalen Handelns ermöglichen soll, nur mit Hilfe von Abstraktionsleistungen zu gewinnen wäre, durch die alle soziale Bestimmtheit der Handelnden zunächst eliminiert werden müßte. Ausgehend von derart a-sozialen Handelnden wäre dann durch die Einführung von Interaktionsprozessen der »Übergang« von Subjektivem zu Sozialem zu erklären. Weber teilt ein derartig radikales theoretisches Programm – mit guten Gründen – nicht; sein methodologischer Individualismus beschränkt sich – wie wir gesehen haben – darauf, alle sozialen Gebilde in und aus der Perspektive handelnder Subjekte zu thematisieren. Durch diese Einschränkung wird zwar nicht der Bereich möglicher Gegenstände, aber die Erklärungskraft der Weberschen Handlungstheorie begrenzt: die Behauptung, *daß* sich die soziale Welt aus subjektiv intentionalem Handeln aufbaut, wird nicht durchgängig abgestützt durch den Nachweis, *wie* sich die soziale Welt aus subjektiv intentionalem Handeln aufbaut. Dieser Nachweis fehlt, insoweit einerseits soziale Gebilde existieren, die nicht »auf kollektivem Wege zweckvoll« geschaffen werden, andrerseits sich darüberhinaus gerade in der »Wirtschaft« derartige Gebilde und Institutionen finden, die sich in spezifischer Weise gegen die handelnden Individuen »verselbständigt« haben.

In der Explikation seiner »Soziologischen Grundkategorien des Wirtschaftens« ist Weber – wie wir in Teil D gesehen haben – immer wieder gezwungen, typische »Maßregeln des rationalen Wirtschaftens« dadurch verständlich zu machen (und somit zu »erklären«), daß er in den Handlungshorizont (die »Situation«) der Wirtschaftenden soziale »Systembedingungen« eingehen läßt, die als solche nicht erklärt werden. Auf diese Weise verschieben sich Erklärungsziel und Erklärungsmittel der Weberschen Wirtschaftssoziologie: während es zunächst scheinbar darum ging, sozioökonomische Phänomene in ihrem »Zustandekommen und

Fortbestand« durch Rückgang auf intentionales Handeln zu erklären, rükken schließlich relevante ökonomisch-soziale Bedingungen wirtschaftlichen Handelns in der bürgerlichen Gesellschaft (daß es Waren, Geld, Kapital usw. gibt) als schlichte Gegebenheiten in den Handlungshorizont von Individuen. Nur soweit diese sozialen Gegebenheiten auch noch eine intentionale Dimension aufweisen, läßt sich diese durch Rückgang auf subjektiv-gemeinten Sinn aufschlüsseln. In der Frage nach ihren »Konsequenzen« vermag Weber zwar noch das Handeln der Wirtschaftenden *angesichts* dieser Bedingungen, aber nicht mehr diese Bedingungen selbst als *soziale* zu erklären. Für die handlungstheoretische Auslegung des Wirtschaftens unter spezifisch kapitalistischen Bedingungen verschwimmt so jene Differenz, die für die Begründung der Handlungstheorie selbst maßgeblich war: daß sich nämlich gesellschaftliche Phänomene aufgrund ihres Hervorgehens aus sinnhaftem Handeln von Gegebenheiten der »äußeren« Natur unterscheiden. Das soll nicht heißen, daß Weber jenen »groben Materialismus« teilt, den Marx denjenigen Ökonomen vorwirft, die »die gesellschaftlichen Produktionsverhältnisse der Menschen und die Bestimmungen, die die Sachen erhalten, als unter diese Verhältnisse subsumiert, als *natürliche Eigenschaften* der Dinge« (GR 579) betrachtet haben. Einem derartigen Materialismus gegenüber besteht der Vorteil des handlungstheoretischen Zugangs zu gesellschaftlichen Phänomenen gerade darin, daß diese unter dem Gesichtspunkt ihrer Bedeutung für die Handelnden thematisiert werden, also deren Perspektive darüber entscheidet, ob ein Ding eine Nutzleistung, ein anderes Geld, ein drittes Kapital ist usw. (vgl. z. B. Webers streng »buchmäßig« gefaßten Kapitalbegriff, WG 50). Der Vorwurf mangelnder Differenzierungsfähigkeit der Handlungstheorie trifft insoweit nicht, als die Handelnden selbst fähig und veranlaßt sind, zwischen sozialen und natürlichen Momenten der jeweiligen Handlungssituationen zu unterscheiden. Er trifft nicht auf der Ebene von Beschreibungen. Vielmehr soll der Vorwurf ein *Erklärungs*defizit markieren, das sich insbesondere in der Analyse spezifisch kapitalistischer Formen des Wirtschaftens geltend macht: insofern diese eine eigentümliche »Objektivität« kennzeichnet, an die sich die handelnden Subjekte nur noch anpassen können (oder müssen), haben gesellschaftliche Phänomene im intentionalen Horizont der Handelnden den gleichen Status wie Naturgegebenheiten; sie sind »Daten« der Handlungssituation. Den Charakter dieser Daten als *Resultate* sozialen Handelns, als lediglich »zweite Natur«, vermag die Theorie nur zu entschlüsseln und zu erklären, wenn ihr Bezugsrahmen nicht nur auf die Erfassung intentionaler Akte hin angelegt ist, sondern auch erlaubt, jene Beziehungen strukturtheoretisch zu verfolgen, die Weber unter dem Titel »ungewollter Nebenerfolge« des sozialen Handelns klassifiziert.

§ 3. Wir hatten eingangs auf zwei Punkte der Übereinstimmung zwischen Marx' und Webers Behandlung der sozioökonomischen Verhältnisse im modernen Kapitalismus verwiesen: für beide gilt soziales Handeln als Konstituens gesellschaftlicher Verhältnisse überhaupt und beide konstatieren eine »Verselbständigung« der für den Kapitalismus spezifischen gesellschaftlichen Verhältnisse gegen das (soziale) Handeln von Individuen. Die – recht kursorische – Rekapitulation beider Ansätze hat nun gezeigt, daß von einer derartigen Übereinstimmung tatsächlich nur unter Abstraktion von weitgehenden Differenzen im Zugang zur Analyse des modernen Kapitalismus die Rede sein kann. Während es Marx unternimmt, die Konstitution der versachlichten, verselbständigten und verkehrten kapitalistischen Produktionsverhältnisse im Ausgang vom Begriff der gesellschaftlichen Arbeit zu rekonstruieren, hält Weber den mit einer derartigen Konstitutionstheorie verknüpften Anspruch nicht aufrecht. Er hätte sonst ausgehend vom wirtschaftlichen (sozialen) Handeln zu zeigen, wie die für den modernen Kapitalismus spezifischen sozioökonomischen Gebilde und Institutionen systematisch erzeugt werden. Sein strenges Festhalten an der handlungstheoretischen Perspektive in Verbindung mit dem methodologischen Individualismus impliziert eine Abkehr von diesem Erklärungsziel, insofern die Analyse von Handlungen angesichts jener sozioökonomischen Gebilde und Institutionen nicht gleichbedeutend ist mit deren Erklärung. Dem entspricht, daß für Weber selbst ein wesentlicher »*Zweck* der Erörterung« der soziologischen Grundkategorien des Wirtschaftens ist: »Feststellung der optimalen Vorbedingungen *formaler* Rationalität der Wirtschaft« (WG 65). Derart wird zwar die formale Rationaität wirtschaftlichen Handelns an das Bestehen jener »optimalen Vorbedingungen« gekoppelt, diese werden jedoch – als gesellschaftliche – eben nur »festgestellt«, nicht aber erklärt. Der von uns konstatierte erste Punkt der Übereinstimmung zwischen Marx und Weber, wonach für beide gleichermaßen gilt, daß alles Soziale letzten Endes nichts anderes sein könne als soziales Handeln von Individuen, führt also in der Durchführung der jeweiligen Theorie zu ganz unterschiedlichen Konsequenzen.

Wie kann aber Weber mit Marx in jenem zweiten Punkt übereinstimmen, in der schließlichen Diagnose, daß sich im modernen Kapitalismus die gesellschaftlichen Verhältnisse gegen die handelnden Individuen »verselbständigt« haben? Oder, wenn man den Marx eigenen Terminus der »Verselbständigung« nicht verwenden will, wie kommt Weber dazu, den modernen Kapitalismus als »jenen mächtigen Kosmos der modernen, an die technischen und ökonomischen Voraussetzungen mechanisch-maschineller Produktion gebundenen, Wirtschaftsordnung« zu beschreiben, »der heute den Lebensstil aller Einzelnen, die in dieses Triebwerk hineingeboren werden ... mit überwältigendem Zwange bestimmt und vielleicht bestimmen wird, bis der letzte Zentner fossilen Brennstoffs verglüht ist« (RS 203)?

Einmal abgesehen davon, daß Marx die für den Kapitalismus spezifische Verkehrung von Subjekt und Objekt in der Perspektive ihrer ›objektiv möglichen‹ Aufhebung darstellt, während Webers Untersuchung des »modernen okzidentalen Kapitalismus« in einem resignativen Gestus endet, bleibt auch an diesem Punkt die Übereinstimmung zwischen Marx und Weber nur oberflächlich. Webers Hinweise zur Erklärung der spezifischen »Objektivität« gesellschaftlicher Verhältnisse im Kapitalismus, ihrer Übermacht gegen handelnde Subjekte, beantworten weder 1. das Problem, das sich stellt, wenn von den Handelnden als Bezugspunkt der Analyse ausgegangen wird: daß gerade im streng formal rationalen Handeln unter den Bedingungen der »Verkehrswirtschaft« die Dimension der Kontingenz, der Autonomie menschlichen Handelns (als von subjektiv-gemeintem Sinn geleitetes »Ergreifen« jeweils einer von vielen Handlungsmöglichkeiten) verloren geht; noch 2. das weitergehende, von Marx her formulierbare Problem, daß jene »Objektivität« nicht darin aufgeht, daß sich alle Einzelnen überindividuell gesetzten gesellschaftlichen Bedingungen unterwerfen müssen (z. B. »effektiven Preisen«), wenn sie ihre Zwecke optimal realisieren wollen.

Vielmehr bedeutet Webers Konzentration auf die Fragestellung, unter welchen gesellschaftlichen Bedingungen formale Rationalität des Wirtschaftens optimal möglich sei, daß er nur noch einen Restbestand der alten Frage der Politischen Ökonomie nach Natur und Ursachen des gesellschaftlichen Reichtums aufnimmt. Diese Restriktion hängt letztlich mit seinem methodologisch-individualistischen Ansatz zusammen. Aus der Perspektive handelnder Einzelner, in die sich die Theorie einstellt, kann zwar jegliches Phänomen thematisiert werden, aber eben nur in seiner Bedeutung für den Handelnden. Für die Untersuchung des Wirtschaftens ergab sich theoriegeschichtlich aus dieser Perspektive die Fragestellung des alten Utilitarismus[1]: wie ist optimale Verwirklichung der Interessen (Zwecke, Ziele, Intentionen) der Handelnden angesichts gegebener gesellschaftlicher Bedingungen möglich? Diese Fragestellung erwies sich – soviel hatte die Diskussion um die subjektivistische Wertlehre zu Webers Zeit schon ergeben – als noch zu umfassend, da über den Inhalt jener Interessen (auf *was* sie sich richten, *was* den Handelnden jeweils »nützlich« ist) schwerlich etwas Verallgemeinerbares auszumachen war.[2] Es blieb also die Frage: wie ist optimale Effizienz des Wirtschaftens der Einzelnen angesichts gesellschaftlicher Bedingungen (und unabhängig von der konkreten, je spezifisch subjektiven Zwecksetzung) möglich?[3] Diese Zusammenhänge stellt nun Weber mit seiner Unterscheidung von formaler und materialer Rationalität in Rechnung: mit Hilfe dieser Unterscheidung läßt sich nämlich wirtschaftliches Handeln untersuchen einerseits nach der Bedeutsamkeit seiner Mittel und Effekte bezüglich irgendwelcher Wohlfahrtskriterien (materiale Versorgung von Individuen und Gruppen etc)., deren Beurteilung selbst wieder von »letzten« und letztlich subjektiven Wertentscheidungen oder -haltungen abhängig bleibt (es gibt keine allgemeingültigen Kriterien dafür, was einem beliebigen Individuum nützlich ist, seine Bedürfnisbefriedigung maximiert); andererseits nach dem zunächst offenbar ›objektiv‹ konstatierbaren Maß der Rechenhaftigkeit, dessen sich der wirtschaftlich Handelnde bedient. Um dies Maß der Rechenhaftigkeit zu konstatieren, bedarf es keines Eingehens auf die jeweils konkreten Zwecke des Wirtschaftenden, die vielmehr abhängig von dessen je subjektiv individuellen Präferenzen bleiben (über die demgemäß wissenschaftlich nicht geurteilt, die allenfalls beschrieben werden können). Die Kategorie der formalen Rationalität des Handelns soll also ein Effizienzkriterium abgeben, ohne daß über Handlungszwecke (deren Dasein als subjektiv intendierte nur konstatiert werden kann) geredet werden muß.

Effizienz setzt Kalkulation voraus, in der sowohl Zwecke verglichen als auch Mittel in ihrer Potenz zur Verwirklichung von Zwecken eingeschätzt werden. Die Kalkulation erfordert also »Kommensurabilität« von Zwecken und Mitteln. Soweit das Individuum isoliert, nicht sozial, handelt, bieten subjektive Nutzenschätzungen den Bezugspunkt für diese Kalkulation. Diese Nutzenschätzungen sind subjektiv im emphatischen Sinn: sie differieren von Individuum zu Individuum, sind intersubjektiv nicht verbindlich. Für das soziale (wirtschaftliche) Handeln bedeutet das: es gibt in Interaktionsprozessen (Tausch) zunächst keinen für die beteiligten *gemeinsamen* Bezugspunkt der Kalkulation. Soweit Tauschprozesse in ihrem Ablauf und Resultat rein von den subjektiven Nutzenschätzungen der direkt Beteiligten beeinflußt werden, ist ihr Ausgang schwerlich kalkulierbar. Die Effizienz des wirtschaftlichen Handelns wird unter diesen Bedingungen beeinträchtigt. Die Verallgemeinerung von Tauschprozessen und die Orientierung am potentiellen Tauschhandeln Dritter im aktuellen Tauschkampf führt nun (glücklicherweise) dazu, daß sich ein gemeinsamer Bezugsrahmen der Kalkulation herausbildet: effektive Preise (der »objektive Tauschwert«), an denen sich alle Markthandelnden (im Rationalitätsfall) orientieren, die sie andrerseits selbst im »Kampf des Menschen mit dem Menschen« auf dem Markt erst hervorbringen. Effektive Preise kann es nur unter der Voraussetzung des verallgemeinerten Geldgebrauchs geben. Die Möglichkeit optimaler Kalkulation für die Markthandelnden ist also daran gebunden, daß erstens alle Nutzleistungen in Geld »geschätzt« werden, und zweitens diese Schätzungen wiederum nicht subjektiv willkürlich erfolgen, sondern ein Höchstmaß intersubjektiver Verbindlichkeit erreichen (vgl. 25. Kap., § 2). Daß die zweite Bedingung erfüllt wird, sieht Weber offenbar dadurch gewährleistet, daß er immer wieder auf den »Kampf des Menschen mit dem Menschen« verweist (»Geldpreise sind

Kampf- und Kompromißprodukte«, WG 58). Die Preise sind also deshalb »objektiv« gültige (d. h. insbesondere: für den Einzelnen *gegebene*) Preise, weil sich im bellum omnium contra omnes auf dem Markt die subjektiven Güterwertschätzungen aneinander »abschleifen«. Damit ist jedoch nicht geklärt, wie die erste Bedingung des Bestehens effektiver Preise, als der Voraussetzung formaler Rationalität des Markthandelns, erfüllt wird: warum alle Nutzleistungen ihre Wertgröße sachlich, eben: in Geld, darstellen?

Weber beantwortet diese (und analoge) Fragen – wie wir wissen – nicht zureichend. Wir haben seine Argumentation nur nochmals ein Stück weit verfolgt, um – ohne noch auf seine Behandlung des Kapitals und der mit dem kapitalrechnungsmäßigen Erwerben gegebenen weiteren Steigerung formaler Rationalität einzugehen – zu verdeutlichen, wie Weber die dem Kapitalismus spezifische »Objektivität« gesellschaftlicher Verhältnisse auffaßt. Wie bereits bemerkt läßt sich diese Auffassung in zweifacher Hinsicht problematisieren (und wir können hierzu als Beispiel Webers Auffassung vom Zustandekommen effektiver Preise und deren soziale Implikationen heranziehen):

1. Wie reflektiert sich im handlungstheoretischen Ansatz Webers das Problem, daß die mit menschlichem Handeln gesetzte Dimension von »Freiheit« durch die realen gesellschaftlichen Verhältnisse desavouiert wird? Eine Antwort auf diese Frage läßt sich in der Richtung suchen, daß sich die Spannung zwischen dem Ausgang bei der Kontingenz allen menschlichen Handelns und der schließlichen Erkenntnis, wonach die gesellschaftlichen Verhältnisse im modernen Kapitalismus einen »überwältigenden Zwang« auf alle Individuen ausüben, in der von Weber konstatierten Antinomie von formaler und materialer Rationalität widerspiegelt. Der von Weber hergestellte Zusammenhang zwischen freier Konkurrenz auf dem Markt, effektiven Preisen und der erzwungenen »absoluten Versachlichung« (WG 383) des Markthandelns, die ihre Vollendung im kapitalrechnungsmäßigen Erwerben findet, betrifft lediglich die formale Rationalität des Wirtschaftens. Weder unterstellt Weber dem Kapitalismus als einem »ökonomischen System« (PE II 323) Neutralität gegenüber material rationalen Interessen, noch bestreitet er, daß – gerade im Verfolg material rationaler Interessen – die handelnden Individuen mit dem Sozialismus ein anderes »ökonomisches System« verwirklichen können. Allerdings können sie dies nicht, ohne Einbußen an formaler Rationalität des Wirtschaftens in Kauf nehmen zu müssen.

2. Mit Marx läßt sich fragen, ob mit der von Weber konstatierten »Objektivität« gesellschaftlicher Verhältnisse im Kapitalismus deren Verdinglichung und Verkehrung zureichend erfaßt wird. Offenbar wird Weber jene »Versachlichung«, die nicht in einer sachlichen Orientierung von Handeln-

den aufgeht und die Marx in den Wertformen von Ware, Geld und Kapital als *reale* Verdinglichung gesellschaftlicher Verhältnisse begreift, nicht zum Problem. Wenn z. B. die Existenz effektiver Preise daran gebunden ist, daß alle Nutzleistungen in Geld geschätzt werden, stellt sich für Weber nicht die Frage, warum die zunächst als subjektive konzipierten Wertschätzungen der Nutzleistungen sich schließlich im Geldpreis »objektiv«, an einer Sache, darstellen. Marx' Einwand gegen die politische Ökonomie, sie habe »niemals auch nur die Frage gestellt, warum dieser Inhalt jene Form annimmt« (MEW 23/95), gilt – modifiziert – auch noch gegen Weber: wie aus Subjektivem gesellschaftliche Objektivität – nicht nur im Sinne von intersubjektiver Geltung, die Weber für effektive Preise durchaus unterstellt, sondern von realer Verdinglichung – resultieren soll, wird Weber nicht zum Problem. Einerseits läßt sich Weber nicht über den Charakter einer Vergesellschaftungsform täuschen, die durch das Auseinandertreten von Handeln und sozialen Strukturen gekennzeichnet ist, andrerseits erreicht jedoch die Rede vom »übermächtigen Zwang«, den die kapitalistischen Produktions- und Verkehrsverhältnisse über die in ihr »Gehäuse« eingebundenen Individuen ausüben, nicht die Ebene einer Erklärung dieser Verhältnisse.

Erläuterungen und Zusätze

1. Die theoretische Perspektive des Utilitarismus wird von HEGEL (1952, S. 399) wie folgt charakterisiert: »alles ist *nützlich* . . . Für den Menschen, als das dieser Beziehung *bewußte* Ding, ergibt sich daraus sein Wesen und seine Stellung. Er ist, wie er unmittelbar ist, als natürliches Bewußtsein *an sich gut*, als einzelnes *absolut*, und anderes ist *für ihn*; und zwar, da für ihn als das seiner bewußte Tier die Momente die Bedeutung der Allgemeinheit haben, ist *Alles* für sein Vergnügen und Ergötzlichkeit, und er geht, wie er aus Gottes Hand gekommen, in der Welt als einem für ihn gepflanzten Garten umher.« Hegel weist also deutlich darauf hin, daß in dieser Perspektive die Welt, in die sich der Einzelne gestellt findet, als eine gegebene gilt. Diese Eigentümlichkeit betont auch Marx in einer Charakterisierung der ökonomischen Wendung des Utilitarismus durch Bentham: »Nachdem die sentimentalen und moralischen Paraphrasen, die bei den Franzosen den ganzen Inhalt der Nützlichkeitstheorie bildeten, erschöpft waren, blieb für eine fernere Ausbildung dieser Theorie nur noch die Frage übrig, wie die Individuen und Verhältnisse zu benutzen, zu exploitieren seien. Die Antwort auf diese Frage war inzwischen in der Ökonomie schon gegeben worden; der einzig mögliche Fortschritt lag in dem Hereinnehmen des ökonomischen Inhalts. Bentham vollzog diesen Fortschritt. In der Ökonomie aber war es schon ausgesprochen, daß die hauptsächlichen Verhältnisse der Exploitation unabhängig von dem Willen der Einzelnen durch die Produktion im Ganzen und Großen bestimmt und von den einzelnen Individuen fertig vorgefunden werden. Es blieb also für die Nützlichkeitstheorie kein anderes Feld der Spekulation als die Stellung der Einzelnen zu diesen großen Verhältnissen, die Privat-Exploitation einer vorgefundenen Welt

durch die einzelnen Individuen.« (MEW 3/398f.) Um etwaigen Mißverständnissen vorzubeugen: wir verweisen hier auf den älteren Utilitarismus nicht, weil wir etwa der Auffassung wären, Weber sei ein heimlicher Anhänger der Nützlichkeitsdoktrin. Weber weist selbst zurecht das »ungeheure Mißverständnis« zurück, »als ob eine ›individualistische‹ *Methode* eine (in *irgendeinem* möglichen Sinn) individualistische *Wertung* bedeute« (WG 9). Was Weber jedoch mit dem Utilitarismus verbindet, ist die analoge theoretische Perspektive, in der ein Zugang zur sozialen Welt erschlossen werden soll.

2. Während z. B. noch *Menger* (1968, S. 1) unter Gütern »äussere Dinge« versteht, »welche ihrer Natur nach geeignet sind, jenen Zustand herbeizuführen, welchen wir die Befriedigung unserer Bedürfnisse nennen«, findet sich bei Weber (vgl. seine Definition der »Nutzleistungen«, WG 34) der »ehemals grob materielle *Gutsbegriff* ... aufgelöst in den Beziehungsbegriff der *Verwendungsmöglichkeit*« (ZEISL, 1931, S. 181). Die hier exemplarisch zum Ausdruck kommende Abkehr von jeglichem »Materialismus« begründet sich in methodologischen Grundentscheidungen allenfalls in dem Sinne, als der Verzicht auf das radikale Reduktionsprogramm des alten utilitaristischen – nicht nur methodologischen – Individualismus nicht einhergeht mit dem Verzicht auf dessen theoretische Perspektive. Die Wertschätzung des (bedürftigen) Individuums richtet sich eben nicht mehr primär auf »nützliche« Güter, sondern von vornherein ebensogut auf (immaterielle) »Rechte«, »Verhältnisse«, soziale Beziehungen (vgl. bei Weber: »Kundentreue«). Ob in der theoriegeschichtlichen Entwicklung der Neoklassik der alte utilitaristische Ausgangspunkt beim bedürftigen Einzelmenschen allerdings wegen der – im schlechten Sinne – anthropologischen Argumentationsbasis (vgl. Marx über Bentham, MEW 23/636f.) fallengelassen wurde oder wegen der Schwierigkeit, jene bedürftige Menschennatur mit der Tatsache des »nackten Geldgewinnstrebens« irgendwie in Einklang zu bringen, ist schwer auszumachen.

Teil E

Marx' Analyse der politischen Struktur der bürgerlichen Gesellschaft

I. Abschnitt: Methodische Einleitung

Lernziele:

In diesem Abschnitt wollen wir einerseits auf den wesentlichen Unterschied zwischen historischen und systematischen Analysen sozialer Phänomene allgemein, des bürgerlichen Rechts und Staates im besonderen aufmerksam machen. Wir wollen andererseits vorgreifend auf den spezifischen Unterschied der Marxschen Analyse des Staates gegenüber anderen Ansätzen hinweisen und den Zusammenhang thematisieren, in welchem die Marxschen Aussagen über bürgerliches Recht und bürgerlichen Staat im Rahmen seiner Theorie zu begreifen sind.

30. Kapitel:
Begriffliche Entwicklung der Struktur des bürgerlichen Staates und ihre Voraussetzungen

§ 1. Der Erkenntnisgegenstand des »Kapital« war die Struktur der kapitalistischen Produktionsweise. Dem Forscher tritt diese in der Erfahrung jedoch nie ›rein‹ oder als solche gegenüber, vielmehr »mehr oder weniger frei von mittelaltrigem Beisatz, mehr oder weniger durch die besondre geschichtliche Entwicklung jedes Landes modifiziert, mehr oder weniger entwickelt« (MEW 19/28). Aus der empirischen Mannigfaltigkeit der Erscheinungen des Kapitalismus muß durch wissenschaftliche Analyse erst das herausgearbeitet werden, was der kapitalistischen Produktion als solcher notwendig oder allgemein ist. Im »Kapital« handelt es sich »nicht um den höheren oder niedrigeren Entwicklungsgrad der gesellschaftlichen Antagonismen, welche aus den Naturgesetzen der kapitalistischen Produktion entspringen. Es handelt sich um diese Gesetze selbst, um diese mit eherner Notwendigkeit wirkenden und sich durchsetzenden Tendenzen« (MEW 23/12). Die allgemeine Untersuchung jener ökonomischen Struktur der bürgerlichen Gesellschaft ist zwar einerseits keineswegs überflüssiger Umweg, sondern notwendige Voraussetzung wissenschaftlicher Untersuchungen der historischen Entwicklung des Kapitalismus in bestimmten Ländern oder Perioden, sie ist jedoch andererseits keineswegs identisch mit der Geschichte der ökonomischen Entwicklung der bürgerlichen Gesellschaft. Die begriffliche Entwicklung dieser Struktur, die dialektische Form der Darstellung der politischen Ökonomie, setzt vielmehr die Gleichzeitigkeit der auseinander entfalteten Momente voraus.¹

Gleichwohl handelt es sich weder um eine von den spezifischen Charakteristika der verschiedenen Produktionsweisen abstrahierende, übergeschichtliche Theorie der Produktion überhaupt, noch um eine Theorie, in welcher die spezifischen Bestimmungen einer bestimmten Produktionsweise als ewige oder natürliche ausgegeben werden. Als allgemeine Theorie der ökonomischen Struktur einer bestimmten Gesellschaftsformation, der kapitalistischen, muß das »Kapital« zwei Anforderungen genügen: 1. muß in ihm die differentia specifica der kapitalistischen Form der Produktion gegenüber anderen Formen der gesellschaftlichen Produktion zum Ausdruck kommen, und 2. müssen alle entwickelten Bestimmungen wirklich allgemeine oder notwendige Bestimmungen dieser Form der gesellschaftlichen Produktion sein.

§ 2. Wenn bei der Analyse der ökonomischen Struktur der bürgerlichen Gesellschaft von Unterschieden des Entwicklungsgrades des Kapitalismus ebenso abgesehen werden mußte wie von nationalen Besonderheiten, vom Einfluß von Recht, Staat, Moral etc. auf die ökonomische Entwicklung, so scheint es, als könne bei der Analyse der rechtlichen und politischen Struktur der bürgerlichen Gesellschaft ähnlich verfahren werden. Das jeweilige Recht und der jeweilige Staat wechseln nicht nur »mit der Landesgrenze« (MEW 19/28), sondern auch mit der historischen Entwicklung der verschiedenen bürgerlichen Staaten. Wenn die Wissenschaft vom Recht und Staat sich nicht in einer begrifflosen Nacherzählung der jeweils gegebenen Verhältnisse und der illusionären ›reinen‹ Deskription der tatsächlichen Entwicklung erschöpfen soll, besteht ihre erste Aufgabe darin, herauszufinden, was den verschiedenen Rechtsverhältnissen oder Staaten »trotz ihrer bunten Formverschiedenheit« gemeinsam ist (MEW 19/28). Das Resultat dieser Arbeit der empirischen Verallgemeinerung und der wissenschaftlichen Analyse wäre ein Begriff des bürgerlichen Rechts oder Staats im allgemeinen, eine Sammlung und Klassifikation von Merkmalen, die allem bürgerlichen Recht oder allen bürgerlichen Staaten gemeinsam sind. Mit diesem Begriff wäre also 1. von den unterschiedlichen historischen Erscheinungsformen des bürgerlichen Rechts und Staats abstrahiert. Sodann wäre aber auch 2. vom Einfluß der ökonomischen, kulturellen, religiösen Entwicklung auf die rechtliche und politische Entwicklung abgesehen. Was letzteres betrifft, so wissen wir, daß Marx nicht so verfährt. Er ist der Auffassung, daß sich nicht nur Ökonomie, Recht, Politik etc. gegenseitig beeinflussen (»Wechselwirkung«) – dieser Einfluß wäre in den dann völlig isoliert voneinander zu betreibenden gesellschaftswissenschaftlichen Spezialdisziplinen als Modifikation der tendenziell autonomen Entwicklung ihrer jeweiligen Gegenstandsbereiche zu behandeln –, sondern daß trotz dieser ›universellen Wechselwirkung‹ oder ›allseitigen Interdependenz‹ die ökonomische Entwicklung ›in letzter Instanz‹ der die Entwicklung aller übrigen Bereiche bestimmende Faktor ist: »Die spezifische ökonomische Form, in der unbezahlte Mehrarbeit aus den unmittelbaren Produzenten ausgepumpt wird, bestimmt das Herrschafts- und Knechtschaftsverhältnis, wie es unmittelbar aus der Produktion selbst hervorwächst und seinerseits bestimmend auf sie zurückwirkt. Hierauf aber gründet sich die ganze Gestaltung des ökonomischen, aus den Produktionsverhältnissen selbst hervorwachsenden Gemeinwesens und damit zugleich seine spezifische politische Gestalt. Es ist jedesmal das unmittelbare Verhältnis der Eigentümer der Produktionsbedingungen zu den unmittelbaren Produzenten ... worin wir das innerste Geheimnis, die verborgne Grundlage der ganzen gesellschaftlichen Konstruktion und daher auch der politischen Form des Souveränitäts- und Abhängigkeitsverhältnisses, kurz, der jedesmaligen spezifischen Staatsform finden.« (MEW 25/799 f.)

Diese Abhängigkeit von ›Recht‹ und ›Staat‹ von der ›Ökonomie‹ (in Kürzeln gesprochen) läßt sich doppelt begreifen: zum einen als Abhängigkeit der realen historischen Entwicklung von Recht und Staat von der ökonomischen Entwicklung, zum anderen auf der Ebene der Struktur als Abhängigkeit der rechtlichen oder politischen von der ökonomischen Struktur. Letzteres bedeutet, daß nach Ansicht von Marx selbständige, der Untersuchung der ökonomischen Struktur der bürgerlichen Gesellschaft (in welcher vom Einfluß der rechtlichen und politischen Struktur abstrahiert worden war) vergleichbare Untersuchungen der rechtlichen und politischen Struktur der spezifischen Eigenart ihres Gegenstandes nicht gerecht werden[2].

Daraus folgt für die Analyse der rechtlichen und politischen Struktur der bürgerlichen Gesellschaft durch Marx zweierlei:

1. Als Analyse der *Struktur* ist sie *allgemeine* Theorie des bürgerlichen Rechts und Staats. Nicht nur die ökonomische Basis, sondern auch die rechtliche und politische Struktur kann »durch zahllos verschiedne empirische Umstände, Naturbedingungen, Racenverhältnisse, von außen wirkende geschichtliche Einflüsse usw., unendliche Variationen und Abstufungen in der Erscheinung zeigen ..., die nur durch Analyse dieser empirisch gegebnen Umstände zu begreifen sind« (MEW 25/800). Von allen diesen Umständen ist zu abstrahieren, wenn das, was den bürgerlichen Staat oder das bürgerliche Recht allgemein charakterisiert, rein begriffen werden soll (Differenz zur Rechtsgeschichte und Geschichte der Staaten).

2. Als allgemeine Theorie des *bürgerlichen* Rechts und Staats kann sie ihren Gegenstand nicht rein rechtsimmanent oder rein politisch konstituieren. Sie ist Teil der allgemeinen Theorie der bürgerlichen Gesellschaft und hat daher die Analyse von deren ökonomischer Struktur (›Anatomie‹) zu

323

ihrer Voraussetzung. Marx ist der Auffassung, daß die »gemeinsamen wesentlichen Charaktere« der verschiedenen bürgerlichen Staaten daraus zu entwickeln sind, daß sie alle »auf dem Boden der modernen bürgerlichen Gesellschaft stehn« (MEW 19/28). Die Aufgabe besteht daher darin, auf der Ebene der Struktur oder in allgemeiner, notwendiger Form die rechtlichen und politischen Verhältnisse aus der ökonomischen Struktur der bürgerlichen Gesellschaft zu begründen.[3]

§ 3. Wir gehen davon aus, daß auch beim Versuch der Erkenntnis des bürgerlichen Rechts und Staats die begriffliche Entwicklung ihrer notwendigen Momente die Voraussetzung des Begreifens ihrer wirklichen historischen Erscheinungen bildet. Diese begriffliche Entwicklung der Notwendigkeit des bürgerlichen Rechts und Staats, welche allein zwischen Bestimmungen zu unterscheiden gestattet, die der bürgerlichen Gesellschaft notwendig oder allgemein zukommen, und solchen, die systematisch zufällig und damit allenfalls ›historisch‹ notwendig sind[4], hat nicht nur bestimmte historische Voraussetzungen, die innerhalb ihrer selbst nicht mehr begründet werden können (z. B. Staat gegen andere Staaten). Dies teilt sie mit der systematischen Darstellung der ökonomischen Struktur der bürgerlichen Gesellschaft. Sie hat vielmehr auch die systematische Analyse der ökonomischen Struktur dieser Gesellschaft zur Voraussetzung.

Die erste Aufgabe einer ›marxistischen Staatstheorie‹ ist daher die Begründung ihres Gegenstandes aus den grundlegenden ökonomischen Verhältnissen dieser Gesellschaft; in der Sprache des Rechtsformalismus ausgedrückt: die ›rechtstranszendente Konstitution‹ des Staats. Hierbei werden wir, der Natur unseres Gegenstandes entsprechend, in zwei Schritten verfahren: 1) Wir werden auf der Ebene der einfachen Zirkulation als der notwendigen Oberfläche der bürgerlichen Produktion die Konstitution des bürgerlichen Staats als ›Rechtsstaat‹ verfolgen (II. Abschnitt); 2) wir werden auf der Ebene des gesellschaftlichen Reproduktionsprozesses nach der Differenzierung der abstrakten Warenbesitzer in Grundklassen der bürgerlichen Produktion versuchen, eben diesen ›Rechtsstaat‹ als ›Mittel‹ zur Aufrechterhaltung der Klassenherrschaft der Bourgeoisie nachzuweisen (III. Abschnitt) und damit zugleich auch zwei scheinbar konträre theoretische Positionen vermitteln können. Schließlich werden wir im IV. Abschnitt den Versuch machen, über die verschiedenen politischen Formen der Klassenherrschaft der Bourgeoisie, ihre Bedingungen und Widersprüche, allgemeine Aussagen zu machen. Genauere Untersuchungen auf diesem Gebiet müssen hier ebenso ausgespart bleiben, wie Untersuchungen der notwendigen Funktionen des bürgerlichen Staats bei der Herstellung der allgemeinen *materiellen* (nicht rechtlichen) Rahmenbedingungen der gesellschaftlichen Produktion und ihrer historischen Entwicklung[5], Untersuchungen der ökonomischen Existenzweise des Staats, seines möglichen ›Funktionswandels‹, der Möglichkeiten und Grenzen der staatlichen Intervention in den ökonomischen Reproduktionsprozeß[6].

Erläuterungen und Zusätze
1. Zu den Problemen der ›dialektischen Form der Darstellung‹ vgl. BADER, BERGER, GANSSMANN u. a. (1975), Kap. I und die dort angeführte Literatur.
2. Georg Jellinek, einer der wichtigsten Vertreter der Staatsrechtslehre im deutschen Sprachraum (vgl. JELLINEK (1966)) hat im Gegensatz zu Kelsen (vgl. KELSEN (1966)) durchaus noch ein Bewußtsein jenes »objektiven Zusammenhangs aller sozialer Erscheinungen« (S. 9); dennoch zerfällt ihm aus methodologischen Gründen die »Staatslehre« in die soziale Staatslehre und in die Staatsrechtslehre als zwei miteinander unverbundene Teile (S. 11). Kelsen vollendet und verabsolutiert durch seine Kritik am angeblichen ›Methodensynkretismus‹ die rein rechtsformalistische Betrachtungsweise des Staats. Zur marxistischen Kritik an Kelsen vgl. PASCHUKANIS (1966), Kap. 3; KLENNER (1972) und CERRONIS (1974) Aufsätze: Marx und das moderne Recht (S. 19–106) und: Kelsen und Marx (S. 137–174).
3. Daß gegenüber diesem ›strengen‹ oder ›engen‹ Begriff von Recht und Staat als modernem Recht und bürgerlichem Staat auch ein weiterer formulierbar ist, soll hier nicht bestritten werden. Wir werden auf Probleme ihres Zusammenhangs im 32., 33. und 39. Kapitel kurz eingehen. Im Unterschied zu den an Engels und Lenin anschließenden Einführungen in die marxistisch-leninistische Theorie des Rechts und des Staats (vgl. hierzu das vom Institut für Staat und Recht der Akademie der Wissenschaften der UdSSR herausgegebene Lehrbuch: Marxistisch-leninistische allgemeine Theorie des Staates und des Rechts, Bd. I: Grundlegende Institute und Begriffe (1974)), in denen wesentliche Bestimmungsmomente aller Staaten überhaupt, wie ›öffentliche Gewalt‹, ›arbeitsteiliger Staatsapparat‹, ›Instrument der Klassenherrschaft‹ u. a. vorangestellt werden, um erst anschließend die historischen Besonderheiten der jeweiligen ›Staatstypen‹ zu untersuchen, konzentrieren wir uns aus folgenden Gründen auf die Analyse des bürgerlichen Staats:
1) Daß die Analyse der Grundstrukturen der bürgerlichen Gesellschaft den Hauptgegenstand dieses Buchs ausmacht, ist keineswegs zufällig oder beliebig veränderbar. Der Marxschen Ansicht, daß die Analyse der ökonomischen Struktur der bürgerlichen Gesellschaft den »Schlüssel« (GR 26) auch zum Begreifen der vor- und nachbürgerlichen Produktionsverhältnisse bietet (und diese These dehnen wir auf die Analyse der rechtlichen und politischen Verhältnisse aus), liegt vielmehr die hier nicht näher zu begründende Vorstellung eines ›Scheitelpunkts‹ der geschichtlichen Entwicklung zugrunde, der eben mit der vollen Entfaltung der kapitalistischen Produktionsweise erreicht ist (vgl. zum Problem: »Epochen ökonomischer Gesellschaftsformation« (GR 375 ff.)).
2) Alle allgemeinen Staatsdefinitionen sehen sich zwei Gefahren ausgesetzt: a) der Gefahr der Inhaltsleere gerade infolge ihrer Allgemeinheit, und b) der Gefahr der Übertragung von Begriffen und Bestimmungen, die der bürgerlichen Gesellschaft spezifisch sind, auf andere Gesellschaftsformationen einerseits oder der Pseudomorphose ihrer Begriffe andererseits. Letzteres ließe sich eindringlich demonstrieren an Zentralbegriffen wie ›Öffentlichkeit‹, ›Recht‹ und ›Staat‹.

3) Es ist nicht Aufgabe wissenschaftlicher Arbeiten, noch nicht als notwendig begründete und begrifflich präzisierte Merkmalsdefinitionen der Untersuchung voranzustellen.

Wir werden daher hier den Versuch machen, die wesentlichen Bestimmungen des bürgerlichen Staats aus der Analyse der ökonomischen Struktur der bürgerlichen Gesellschaft zu begründen und an den jeweiligen Punkten der begrifflichen Entwicklung auf Vergleichsmöglichkeiten mit vorbürgerlichen Staaten und mögliche allgemeine Charakteristika aller Staaten aufmerksam zu machen.

Einen Überblick über die historische Entwicklung vermittelt der II. Bd. des genannten Lehrbuchs: Historische Typen des Staates und des Rechts (1974). Vgl. das 10. Kapitel aus JELLINEK (1966) über »Die geschichtlichen Haupttypen des Staates«.

4. Vgl. zu dieser Unterscheidung BADER, BERGER, GANSSMANN u. a. (1975), Kap. I und unten Zusatz 7 zum 36. Kapitel.
5. Im Unterschied zu älteren und neueren Versuchen, den Staat überhaupt oder den bürgerlichen Staat über seine notwendigen Funktionen bei der Erstellung der allgemeinen Produktions- und Verkehrsbedingungen zu begründen (vgl. der Tendenz nach z. B. PROJEKT KLASSENANALYSE (1973)), gehen wir davon aus, daß in einer systematischen Begründung des bürgerlichen Staats zunächst die spezifische ›Rechtsförmigkeit‹ allen Staatshandelns begründet werden muß, in der sich nicht nur alle ›Eingriffsverwaltung‹, sondern alle notwendige ›Leistungsverwaltung‹ vollziehen muß. Unter ›Eingriffsverwaltung‹ werden in der Verwaltungslehre die staatlichen Funktionen zur »Aufrechterhaltung der öffentlichen Sicherheit und Ordnung« (FORSTHOFF (1973), S. 370) verstanden, unter ›Leistungsverwaltung‹ die zur ›Daseinsvorsorge‹. Zu Begriff, Gliederung und rechtlicher Würdigung der Verwaltungstätigkeiten: vgl. FORSTHOFF (1973). Nicht Leistungen bei der Erstellung der allgemeinen Rahmenbedingungen der gesellschaftlichen Produktion sind das dem bürgerlichen Staate Spezifische, sondern die besondere Form, in der diese Leistungen vollzogen werden. Zudem liegt die eigentliche theoretische Schwierigkeit bei der Begründung der Staatsfunktionen weniger in der Herleitung notwendig arbeitsteiliger Funktionen bei der Erstellung der allgemeinen Rahmenbedingungen der gesellschaftlichen Produktion ab einem bestimmten Entwicklungsgrad der gesellschaftlichen Potenzen der Arbeit einerseits, der Notwendigkeit ihrer partiellen Übernahme durch den Staat unter den Bedingungen kapitalistischer Warenproduktion andererseits, als vielmehr in der Erkenntnis ihres doppelten Charakters (zugleich gesellschaftlich notwendige und Herrschaftsfunktionen zu sein), der durch die Rechtsförmigkeit dieser Leistungen gerade verschleiert wird. Hierzu die notwendigen Voraussetzungen zu schaffen, ist *ein* Ziel dieses Begründungsversuchs. Jene ›Staatsableitungen‹ jedoch als allein ›materialistische‹ anzusehen, weil sie anscheinend der Sphäre der materiellen Produktion ›näher‹ stehen, hieße einem naiven Mißverständnis der Basis-Überbau-These aufzusitzen.
6. Im Unterschied zu Auffassungen, in denen die Notwendigkeit von Analysen struktureller Veränderungen des Kapitalismus auf der Grundlage der dieser Produktionsweise immanenten Entwicklungstendenzen bestritten wird (vgl. verschiedene Arbeiten des Projekts Klassenanalyse am Institut für Soziologie der FU

Berlin), betonen wir nachdrücklich die Bedeutung derartiger Analysen für die Untersuchung gegenwärtiger Verhältnisse und Entwicklungen in den kapitalistischen Ländern. Wir sind andererseits – wenn nicht methodisch, so doch zumindest was die notwendigen materalen Arbeiten anlangt – in teilweisem Gegensatz zu bestimmten Vertretern der Theorie des staatsmonopolistischen Kapitalismus der Ansicht, daß diese Analysen ohne eine vorausgehende, zureichende Erkenntnis der ›reinen‹, ›klassischen‹ Strukturen der bürgerlichen Produktion, des bürgerlichen Rechts und Staats und der aus dieser Analyse resultierenden notwendigen Entwicklungstendenzen nicht zureichend durchführbar sind. Die Auswirkungen z. B. der monopolistischen Beschränkungen der Konkurrenz auf das Verhältnis von Kapital und Staat; die arbeitsrechtlichen, sozialrechtlichen und ›sozialstaatlichen‹ Reaktionen auf den entwickelten Klassenkampf der Arbeiterklasse; die aus der Steigerung der Produktivkräfte resultierenden Anforderungen an staatliche Bildungs- und Wissenschaftspolitik; die Notwendigkeit und zugleich die Möglichkeiten und Grenzen staatlicher Konjunktur-, Struktur-, Währungspolitik etc. bedürfen eigener Untersuchungen.

Fragen zur Diskussion

1. Ist es Ihrer Ansicht nach notwendig, zwischen Untersuchungen der Geschichte des bürgerlichen Staats und Untersuchungen seiner inneren Struktur zu unterscheiden? Trifft Marx bezogen auf ökonomische Verhältnisse eine derartige Unterscheidung, und wenn, wie verhalten sich dann historische und systematische Untersuchung zueinander?
2. Worin ist Ihrer Ansicht nach die methodische Anweisung begründet, die Struktur der rechtlichen und staatlichen Verhältnisse aus der Struktur der ökonomischen Verhältnisse zu entwickeln?

II. Abschnitt: Einfache Zirkulation – Modernes Recht – Bürgerlicher Staat als Rechtsstaat

Lernziele:

In diesem Abschnitt thematisieren wir nach einer Vorverständigung anhand Marxscher Frühschriften den für die Begründung des bürgerlichen Staats als Rechtsstaat zentralen Zusammenhang von Austauschbeziehungen und Rechtsverhältnissen. Wir versuchen, den historisch spezifischen Charakter des modernen Rechts als gleiches und formales Recht zu begreifen, die strukturelle Notwendigkeit der staatlichen Garantie dieses Rechts zu begründen und den Zusammenhang zwischen Austauschbeziehungen und demokratischen Grundrechten zu diskutieren.

31. Kapitel: Trennung von bürgerlicher Gesellschaft und Staat

Textgrundlage:
Karl Marx: Zur Kritik des Hegelschen Staatsrechts (MEW 1/276–284); ders.: Zur Judenfrage (MEW 1/347–370).

§ 1. Obwohl es nicht unser Interesse ist, die Entwicklung der theoretischen Auffassungen von Marx über unseren Gegenstand zu verfolgen, erscheint es sinnvoll, sich anhand der frühen Schriften von Marx (bis 1844) über unseren Gegenstand vorweg zu verständigen. Wir verfolgen hiermit zwei Ziele: 1. Die von Marx in den Schriften »Zur Kritik des Hegelschen Staatsrechts« und »Zur Judenfrage« im Anschluß an die Hegelschen ›Grundlinien der Philosophie des Rechts‹ formulierte Trennung von bürgerlicher Gesellschaft und Staat ist auch für die spätere Marxsche Auffassung des modernen Staates fundamental, ist jedoch in den späteren Schriften nie mehr als solche Gegenstand der Untersuchung geworden. Sie soll daher kurz dargestellt werden. 2. Anhand der Marxschen Darstellung dieser Trennung in den frühen Schriften sollen für das Verständnis des bürgerlichen Staates wesentliche Fragen formuliert werden, die wir aus den späteren Marxschen Schriften zu beantworten versuchen müssen.

In »Zur Kritik des Hegelschen Staatsrechts«, seiner ersten wichtigen Arbeit zu Problemen des bürgerlichen Staats, bezeichnet Marx es als wesentlichste Erkenntnis Hegels, daß dieser »von der *Trennung* der ›*bürgerlichen Gesellschaft*‹ und des ›*politischen Staates*‹ als zweier fester Gegensätze, zweier wirklich verschiedner Sphären« (MEW 1/275) ausgeht. Jene Trennung existiere nicht bloß in der Vorstellung; »sie ist bloß die *Vorstellung einer wirklich vorhandenen Trennung*« (MEW 1/283): »Diese Trennung ist allerdings *wirklich* im *modernen* Staat vorhanden« (MEW 1/275) oder sie ist für die bürgerliche Gesellschaft »*allgemeines Gesetz*« (MEW 1/281). Ohne uns zunächst um den Zusammenhang zwischen bürgerlicher Gesellschaft und Staat zu kümmern (vgl. § 5), müssen wir herausarbeiten, worin Marx die Gründe dieser Trennung sieht und wie er sie damit zugleich als historisches Produkt begreift (§ 2), wie er den Gegensatz zwischen bürgerlicher Gesellschaft und Staat oder Privatsphäre und öffentlicher Sphäre darstellt und damit zugleich das Wesen des modernen Staates charakterisiert (§ 3), und wie er die Überwindung jener Trennung als Pespektive der Emanzipation skizziert (§ 4).

§ 2. Marx sieht im Anschluß an Hegel, daß jene Trennung keineswegs für alle Gesellschaftsformen charakteristisch ist. Er verdeutlicht dies durch einen Vergleich der ›modernen‹ mit der ›alten‹ Gesellschaft: »Im Mittelalter gab es Leibeigene, Feudalgut, Gewerbekorporation, Gelehrtenkorporation etc., d. h. im Mittelalter ist Eigentum, Handel, Sozietät, Mensch *politisch*;

der materielle Inhalt des Staates ist durch seine Form gesetzt; jede Privatsphäre hat einen politischen Charakter oder ist eine politische Sphäre, oder die Politik ist auch der Charakter der Privatsphären ... Im Mittelalter ist Volksleben und Staatsleben identisch« (MEW 1/233). Wenn »noch die Gliederung der bürgerlichen Gesellschaft politisch und der politische Staat die bürgerliche Gesellschaft« (MEW 1/286) ist, so ist klar, daß die Ausdrücke ›privat‹ und ›öffentlich‹ oder ›politisch‹ im modernen Sinn auf jene Gesellschaften nicht angewendet werden können. Dies wird an einer anderen Stelle von Marx ausgesprochen: »Die alte bürgerliche Gesellschaft hatte *unmittelbar* einen *politischen* Charakter, d. h. die Elemente des bürgerlichen Lebens, wie z. B. der Besitz oder die Familie oder die Art und Weise der Arbeit, waren in der Form der Grundherrlichkeit, des Standes und der Korporation zu Elementen des Staatslebens erhoben. Sie bestimmten in dieser Form das Verhältnis des einzelnen Individuums zum *Staatsganzen*, d. h. sein *politisches* Verhältnis ... so waren ... die Lebensfunktionen und Lebensbedingungen der bürgerlichen Gesellschaft politisch, wenn auch *politisch im Sinne der Feudalität* (Herv. v. Verf.)«. (MEW 1/367f., vgl. auch 276 u. ö.) Anders ausgedrückt heißt dies, daß in der feudalen Produktionsweise die die bürgerliche Produktionsweise bestimmende Trennung von privatem und öffentlichem Bereich nicht existiert und damit auch nicht der politische Staat »als Staat«: weder ist die materielle Produktion privat oder unabhängig von ›politischem‹ Zwang, noch sind die ›politischen‹ Verhältnisse des Feudalismus in ähnlicher Weise der Form nach »ideal unabhängig« von den Bedingungen des materiellen Lebens, wie dies für die bürgerliche Gesellschaft zu zeigen sein wird (vgl. hierzu: 33. und 34. Kapitel). Marx betont daher ausdrücklich, daß die Trennung der Gesellschaft in bürgerliche Gesellschaft und Staat Resultat einer historischen Entwicklung ist: »Die Abstraktion des *politischen Staats* ist ein modernes Produkt« (MEW 1/233).

Wenn somit der für das Verständnis des Staats zentrale Sachverhalt der Trennung von bürgerlicher Gesellschaft und Staat als spezifische Eigentümlichkeit der ›modernen Gesellschaft‹ im Unterschied zur vorbürgerlichen Gesellschaft allgemein thematisiert ist, ist nun nach dem Grund jener Trennung zu fragen. »Es versteht sich, daß da erst die politische Verfassung als solche ausgebildet ist, wo die Privatsphären eine selbständige Existenz erlangt haben. Wo Handel und Grundeigentum unfrei, noch nicht verselbständigt sind, ist es auch noch nicht die politische Verfassung ... Die Abstraktion des *Staats als solchen* gehört erst der modernen Zeit, weil die Abstraktion des Privatlebens erst der modernen Zeit gehört« (MEW 1/233). In allgemeiner Form und ohne sich noch näher mit diesem Problem zu befassen, gibt Marx die Entwicklung des modernen Privateigentums oder die Herausbildung und Verbreitung des Privateigentums an den Produktionsmitteln und damit die Privatisierung der materiellen Produktion als Grund jener Trennung an. Nicht nur ist die »Vollendung des Idealismus des Staats ... zugleich die Vollendung des Materialismus der bürgerlichen Gesellschaft« (MEW 1/369), sondern umgekehrt ist jener spezifische Materialismus der bürgerlichen Gesellschaft zugleich die Voraussetzung jenes Idealismus des bürgerlichen Staats. Eine genauere Analyse jener ›Abstraktion des Privatlebens‹ oder der »Atomistik« (MEW 1/283) der bürgerlichen Gesellschaft, aus der die Abstraktion des politischen Staats notwendig hervorgehe, verspricht Marx erst »in der Kritik von Hegels Darstellung der bürgerlichen Gesellschaft zu entwickeln« (MEW 1/284), vgl. 286 u. ö.). Zunächst begnügt er sich mit der Konstatierung dieses allgemeinen Zusammenhangs, um den Gegensatz zwischen bürgerlicher Gesellschaft und Staat und den Charakter des ›Staats als Staat‹ näher zu untersuchen.

§ 3. Wo die moderne Gesellschaft und damit der politische Staat ihre »wahre Ausbildung erreicht« haben, »führt der Mensch nicht nur im Gedanken, im Bewußtsein, sondern in der *Wirklichkeit,* im *Leben* ein doppeltes, ein himmlisches und ein irdisches Leben, das Leben im *politischen Gemeinwesen,* worin er sich als *Gemeinwesen* gilt, und das Leben in der *bürgerlichen Gesellschaft*, worin er als *Privatmensch* tätig ist, die andern Menschen als Mittel betrachtet, sich selbst zum Mittel herabwürdigt und zum Spielball fremder Mächte wird« (MEW 1/354f.). Jenen »Dualismus« (MEW 1/286, 360 u. ö.) oder die »*weltliche* Spaltung zwischen dem *politischen* Staat und der *bürgerlichen Gesellschaft*« (MEW 1/355) unterstellt, wollen wir uns der Charakterisierung der Seite der bürgerlichen Gesellschaft zuwenden.

Im Reiche der bürgerlichen Gesellschaft, der »Sphäre des Egoismus, des *bellum omnium contra omnes*« (MEW 1/356)[1] herrschen die besonderen Interessen über die allgemeinen. Die wesentliche Tätigkeit der bürgerlichen Gesellschaft oder des ›Privatstandes‹ habe »nicht die Bestimmung, das Allgemeine zum Zweck zu haben ... Der Privatstand ist der Stand der bürgerlichen Gesellschaft *gegen* den Staat. Der Stand der bürgerlichen Gesellschaft ist *kein* politischer Stand« (MEW 1/280, vgl. 1/369 »Emanzipation von dem Schein selbst eines allgemeinen Inhalts«); die bürgerliche Gesellschaft ist, so Marx, vielmehr »das durchgeführte Prinzip des *Individualismus*; die individuelle Existenz ist der letzte Zweck; Tätigkeit, Arbeit, Inhalt etc. sind *nur* Mittel« (MEW 1/285). In ihrer wirklichen empirischen Existenz verhalten sich die Individuen bei der Produktion ihres materiellen Lebens nicht bewußt als Mitglieder des Gemeinwesens, sondern als isolierte Einzelne: »Das einzige Band, das sie zusammenhält, ist die Naturnotwendigkeit, das Bedürfnis und das Privatinteresse, die Konservation ihres Eigentums und ihrer egoistischen Person« (MEW 1/366)[2].

Das Prinzip des vollendeten politischen Staates dagegen ist die Herrschaft des Allgemeinen; und zwar eines Allgemeinen, das von Marx im Anschluß an Hegel als *abstrakt* oder *formell Allgemeines* bezeichnet wird: »In den modernen Staaten, wie in Hegels Rechtsphilosophie, ist die *bewußte, die wahre Wirklichkeit* der *allgemeinen Angelegenheit nur formell,* oder *nur das Formelle ist wirkliche allgemeine Angelegenheit*« (MEW 1/266). (Auf diese Differenz von bloß ›formeller‹ und ›wirklicher‹ Allgemeinheit werden wir später ausführlicher eingehen. Vgl. unten: 32., 33. und 39. Kapitel) Ohne im einzelnen auf die Ursachen der formalen Trennung der allgemeinen Angelegenheiten gegenüber den konkreten Individuen einzugehen, sieht Marx den allgemeinen Grund dafür, daß die »Form, welche die allgemeine Angelegenheit in einem Staat gewinnt, der nicht der Staat der allgemeinen Angelegenheit ist« eine »sich selbst widersprechende« oder eine »*Scheinform*« (MEW 1/267) sein muß, darin, daß im Staat jene Allgemeinheit nur »*über* den *besondern* Elementen« oder »im Gegensatz« zum materiellen Leben der Individuen sich konstituiere: »Alle Voraussetzungen dieses egoistischen Lebens bleiben *außerhalb* der Staatssphäre in der *bürgerlichen Gesellschaft* bestehen, aber als Eigenschaften der bürgerlichen Gesellschaft« (MEW 1/354). Daß die den bürgerlichen Staat charakterisierende »Form der Allgemeinheit« im Gegensatz zum »Allgemeinen als Inhalt« (MEW 1/267) steht und daher bloß formelle Allgemeinheit ist, welche die lebendigen Individuen in ihrer konkreten Existenz nicht tangiert, wird aus folgender Stelle aus »Zur Judenfrage« sehr deutlich: »Der Staat hebt den Unterschied der *Geburt,* des *Standes,* der *Bildung,* der *Beschäftigung* in seiner Weise auf, wenn er Geburt, Stand, Bildung, Beschäftigung (d. h. alle Eigenschaften des konkreten Individuums – d. Verf.) für *unpolitische* Unterschiede erklärt, wenn er ohne Rücksicht auf diese Unterschiede jedes Glied des Volkes zum *gleichmäßigen* Teilnehmer der Volkssouveränität ausruft, wenn er alle Elemente des wirklichen Volkslebens von dem Staatsgesichtspunkt aus behandelt. Nichtsdestoweniger läßt der Staat das Privateigentum, die Bildung, die Beschäftigung auf *ihre* Weise, d. h. als Privateigentum, als Bildung, als Beschäftigung *wirken* und ihr *besondres* Wesen geltend machen. Weit entfernt, diese *faktischen* Unterschiede aufzuheben, existiert er vielmehr nur unter ihrer Voraussetzung, empfindet er sich als *politischer Staat* und macht er seine *Allgemeinheit* geltend nur im Gegensatz zu diesen seinen Elementen« (MEW 1/354).³

Die Unterscheidung zwischen »Form der Allgemeinheit« und dem »Allgemeinen als Inhalt« ist die notwendige Voraussetzung zur Erkenntnis dessen, was von Marx in einer paradoxen Formulierung der »praktische Idealismus« des Staates genannt wird. Wie die faktischen Voraussetzungen der bürgerlichen Gesellschaft *außerhalb* der Staatssphäre als »unpolitische Unterschiede« bestehen bleiben, so wird dem notwendigen Scheine nach auch

331

der Staat durch die modernen bürgerlichen Revolutionen *außerhalb* der bürgerlichen Gesellschaft konstituiert als »die Sphäre des Gemeinwesens, der *allgemeinen* Volksangelegenheit in *idealer Unabhängigkeit* (Herv. v. Verf.) von jenen *besondern* Elementen des bürgerlichen Lebens« (MEW 1/368). Es muß so scheinen, als ob »der Staat ... nicht in, sondern außerhalb der bürgerlichen Gesellschaft« (MEW 1/252) residiere und der Staat daher »als ein dem *Wesen* der bürgerlichen Gesellschaft Fremdes und Jenseitiges ... gegen die bürgerliche Gesellschaft geltend gemacht« (ebd.) werden könne. Jener Schein der idealen Unabhängigkeit des Staats gegenüber der bürgerlichen Gesellschaft als seiner Grundlage oder jener »Staatsidealismus« ist der notwendige Ausdruck des uns bereits bekannten »Dualismus« von bürgerlicher Gesellschaft und Staat.

Die Unterscheidung von Form der Allgemeinheit und Besonderheit des Inhalts gestattet uns nun, jenen Gegensatz zwischen bürgerlicher Gesellschaft und Staat und damit das Wesen des Staats näher zu charakterisieren. Wir hatten gesehen, daß Marx den ›Dualismus‹ nicht bloß als analytische Unterscheidung, sondern als Vorstellung eines verkehrten wirklichen Verhältnisses bezeichnete. Wir sehen nun, daß die Trennung der allgemeinen Angelegenheiten von den besonderen Interessen der konkreten Individuen, ›Stände‹ etc. nur die formelle Seite anlangt: die privaten Interessen können in der bürgerlichen Gesellschaft nicht als besondere private zugleich staatliche Interessen werden; sie müssen vielmehr eine »Transsubstantiation« durchmachen oder sich als allgemeine Interessen darstellen: »Dieser politische Akt ist eine völlige Transsubstantiation. In ihm muß sich die bürgerliche Gesellschaft völlig von sich als bürgerlicher Gesellschaft, als Privatstand lossagen, eine Partie seines Wesens geltend machen, die mit der wirklichen bürgerlichen Existenz seines Wesens (der Form oder dem notwendigen Scheine nach – d. Verf.) nicht nur keine Gemeinschaft hat, sondern ihr direkt gegenübersteht« (MEW 1/280f.). Durch den Sachverhalt, daß die allen Mitgliedern der bürgerlichen Gesellschaft gemeinsamen Interessen nur deren Existenz als abstrakte Individuen betreffen, ist noch nichts über die materielle oder inhaltliche Allgemeinheit dieser Interessen ausgemacht. In einer Gesellschaft der materialen Interessen- oder Klassenantagonismen gilt vielmehr die Regel, daß jene materialen Interessen nicht allgemeine, sondern besondere oder Klasseninteressen sind (vgl. unten: 35. Kapitel). Wichtig jedoch und für jede Analyse des bürgerlichen Staats unerläßlich ist, die Notwendigkeit jener Verwandlung sowie den spezifischen Charakter jener Allgemeinheit der staatlichen Angelegenheiten nicht zu vergessen. Die Analyse eben dieser spezifischen »politischen Form« (MEW 3/62) ist das *erste* Grundproblem der Untersuchung des bürgerlichen Staats.[4]

§ 4. Die klare Konstatierung der Trennung der bürgerlichen Gesellschaft und des politischen Staats sowie ihre nähere Charakterisierung gibt nun für Marx den Anlaß zu einer Kritik der modernen Gesellschaft, die – wenn auch noch in abstrakter und allgemeiner Form vorgetragen – wichtige Grundlagen der bürgerlichen Gesellschaft trifft. Marx unterscheidet zwischen ›politischer‹ und ›menschlicher‹ oder ›sozialer‹ (MEW 1/407ff.) Emanzipation. Der »Widerspruch«, der »in dem *Wesen* und der *Kategorie* der politischen Emanzipation« (MEW 1/361) liegt, besteht darin, daß die Individuen in der entwickelten bürgerlichen Gesellschaft politisch emanzipiert sind, ohne menschlich oder sozial emanzipiert zu sein.

»Die *politische* Emanzipation ist allerdings ein großer Fortschritt, sie ist zwar nicht die letzte Form der menschlichen Emanzipation überhaupt, aber sie ist die letzte Form der menschlichen Emanzipation *innerhalb* der bisherigen Weltordnung« (MEW 1/356). Dieser »Fortschritt der Geschichte« verwandelt »die *politischen Stände* in *soziale Stände* (als Vorbegriff für soziale Klassen – d. Verf.) ..., so daß, wie die Christen gleich im Himmel, ungleich auf der Erde, so die einzelnen Volksglieder *gleich* in dem Himmel ihrer politischen Welt, ungleich in dem irdischen Dasein der *Societät* sind ... Erst die französische Revolution vollendete die Verwandlung der *politischen* Stände in *soziale* oder machte die *Ständeunterschiede* der bürgerlichen Gesellschaft zu nur *sozialen* Unterschieden, zu Unterschieden des Privatlebens, welche in dem politischen Leben ohne Bedeutung sind« (MEW 1/283f.). Die prinzipiellen Schranken dieser politischen Emanzipation – auch wenn sie nach der Abschaffung des Zensuswahlrechts (vgl. MEW 1/345 u. ö.) vollständig durchgeführt ist – sieht Marx darin, daß sie zwar »das bürgerliche Leben in seine Bestandteile« auflöst, ohne jedoch »diese Bestandteile selbst zu *revolutionieren* und der Kritik zu unterwerfen. Sie verhält sich zur bürgerlichen Gesellschaft, zur Welt der Bedürfnisse, der Arbeit, der Privatinteressen, des Privatrechts, als zur *Grundlage ihres Bestehens,* als zu einer nicht weiter begründeten *Voraussetzung,* daher als zu ihrer *Naturbasis*« (MEW 1/369).

In der Terminologie der Feuerbachschen Religionskritik, aber mit anderer Stoßrichtung[5] formuliert Marx, daß in der modernen Gesellschaft »der wirkliche Mensch ... erst in der Gestalt des *egoistischen* Individuums, der *wahre* Mensch erst in der Gestalt des *abstrakten citoyen* anerkannt« (MEW 1/370) sei. Die Kritik müsse sich daher gegen die Grundlagen der bürgerlichen Produktion selber richten: »Erst wenn der wirkliche individuelle Mensch den abstrakten Staatsbürger in sich zurücknimmt und als individueller Mensch in seinem empirischen Leben, in seiner individuellen Arbeit, in seinen individuellen Verhältnissen, *Gattungswesen* geworden ist, erst wenn der Mensch seine ›forces propres‹ als *gesellschaftliche* Kräfte erkannt und organisiert hat und daher die gesellschaftliche Kraft nicht mehr in der Gestalt der *politischen* Kraft von sich trennt, erst dann ist die menschliche Emanzipation vollbracht« (ebd.). Erst wenn »das allgemeine Interesse *wirklich* und nicht . . . (bloß) in der *Abstraktion* zum besondren Interesse wird, was nur dadurch möglich ist, daß das *besondere* Interesse wirklich zum *allgemeinen* wird« (MEW 1/250), erst wenn also der gesellschaftliche Reproduktionsprozeß so verändert wird, daß nicht mehr das besondere Interesse im Gegensatz zu anderem besonderen Interesse, sondern das allgemeine Interesse sein leitendes Prinzip wird, erst wenn es sich nicht mehr nur um die »Form der Allgemeinheit«, sondern um das »Allgemeine als Inhalt« handelt, kann mit der Vollendung der Emanzipation auch die Trennung von bürgerlicher Gesellschaft und politischem Staat aufgehoben werden (vgl. hierzu: 38. und 39. Kapitel).

§ 5. Wir haben bisher versucht, die Trennung von bürgerlicher Gesellschaft und Staat sowie die frühe Marxsche Konzeption ihrer Aufhebung darzustellen. Wir müssen nun nach ihrer Verbindung, ihrem Zusammenhang in der bürgerlichen Produktionsweise fragen. Diese Frage wird uns über die frühen Schriften von Marx hinaus auf das *zweite Grundproblem* der Analyse des bürgerlichen Staates verweisen.

Marx bewegt sich in diesen frühen Schriften in einem eigentümlichen Widerspruch: Einerseits kann er bereits aus dem Modell der Feuerbachschen Religionskritik die methodischen Anweisungen entnehmen, um jenen »Dualismus« als notwendigen Schein zu kritisieren und die verselbständigten oder ›verhimmelten‹ politischen Verhältnisse aus den materiellen Verhältnissen der bürgerlichen Gesellschaft als der ›Grundlage ihres Bestehens‹ zu erklären. Andrerseits kann ihm diese Erklärung ohne deren Voraussetzung, die Analyse der bürgerlichen Produktion, noch nicht gelingen; seine Kritik der bürgerlichen Gesellschaft vollzieht daher noch an vielen Stellen das »überflüssige Geschäft«, diese mit ihrem eigenen verhimmelten Ausdruck zu konfrontieren und zu dessen Verwirklichung aufzurufen[6]. Wir wollen diesen Widerspruch hier nicht weiter verfolgen, vielmehr kurz jene methodischen Anweisungen aufgreifen, die die weitere theoretische Entwicklung von Marx andeuten. 1. Wenn Hegel das »Allgemeine des Staats dem besonderen Interesse und dem Bedürfnis der bürgerlichen Gesellschaft« gegenüberstellt und damit überall den *»Konflikt* der bürgerlichen Gesellschaft und des Staates« darstellt (MEW 1/277), so macht er doch andrerseits den Versuch, »innerhalb des Staats die Einheit« (ebd.) derselben auszudrücken. Ein wichtiger Punkt der Marxschen Kritik des Hegelschen Staatsrechts besteht nun in der Kritik an Hegels Versuch, das »an und für sich Allgemeine« des Staats (im Gegensatz zum ›abstrakten Not- und Verstandesstaat‹) in der bürgerlichen Gesellschaft nachträglich zu verankern (Vgl. am Beispiel der Stände: MEW 1/270–75, 295–300 u. ö.; am Beispiel der Staatsbürokratie MEW 1/247–50; am Beispiel der Abgeordneten: MEW 1/329). Marx weist demgegenüber die Besonderheit der materialen Interessen der Individuen oder gesellschaftlichen Gruppen der bürgerlichen Gesellschaft im Gegensatz zum »an und für sich seienden Allgemeinen« nach. Dieser Nachweis ist die Voraussetzung der späteren Erkenntnis, daß dem Inhalt nach die staatlichen Interessen in der Regel nichts anderes sind als die gemeinsamen Interessen der Individuen der herrschenden Klasse (vgl. MEW 3/62 u. ö.) und daß daher die inhaltliche »Selbständigkeit des Staats« (ebd.) gegenüber den materialen Klasseninteressen in der Regel eine illusorische Vorstellung ist. 2. Die »Form« (MEW 3/62 u. ö.) jedoch, die diese Interessen als staatliche Interessen annehmen müssen, ist die der Allgemeinheit. Es ist also nicht nur die Frage zu stellen: wem nützt das?, sondern zugleich die Frage: warum ist die herrschende Klasse in der bürgerlichen Gesellschaft gezwungen, ihre Interessen als die der Allgemeinheit darzustellen?, oder weitergehend: warum sind die tatsächlich allgemeinen Interessen aller Mitglieder der bürgerlichen Gesellschaft formelle oder abstrakte Interessen? Stehen diese abstrakten Interessen selber im Widerspruch mit den konkreten materiellen Lebensbedingungen einer Klasse der bürgerlichen Gesellschaft? (Zur besonderen, widersprüchlichen Stellung des Proletariats vgl. unten: 35. Kapitel, § 3) Nützt daher, zunächst ganz unabhängig von den materiellen Klasseninteressen, die sich als staatliche Interessen darstellen, nicht schon diese Form der Allgemeinheit einer bestimmten Klasse? Warum ist diese Form gleichwohl in dieser Produktionsweise notwendig und warum ist daher die Trennung des Staats von der bürgerlichen Gesellschaft, was diese formelle Seite anlangt, nicht nur keine illusorische Vorstellung, sondern tatsächliches Verhältnis und Quelle wichtiger Legitimationsmöglichkeiten?

Zur Klärung der Fragen nach dem Zusammenhang von ökonomischer und politischer Struktur der bürgerlichen Gesellschaft, nach dem Zusammenhang des bürgerlichen Staats als »Rechtsstaat« und als »Klassenstaat« müssen wir uns den Arbeiten zuwenden, die die mehr oder weniger durchgeführte Analyse jener ökonomischen Struktur zu ihrer Voraussetzung haben. Wir müssen dabei auch das Problem, ob und wenn, wie der Staat gegenüber der bürgerlichen Gesellschaft ›selbständig‹ ist, einer weiteren Klärung zuführen, als dies in der bisherigen Vorverständigung über unseren Gegenstand möglich war.

Erläuterungen und Zusätze

1. Marx geht in seiner Charakteristik der ›bürgerlichen Gesellschaft‹, des ›natürlichen Zustands‹ bei Hobbes und Locke, im Prinzip noch nicht über Hegel hinaus (Vgl. hierzu §§ 182–208 und §§ 53–77 der Rechtsphilosophie. Zum Begriff ›bürgerliche Gesellschaft‹ vgl. MEW 3/36 und Teil A, 2. Kap.).
2. Der Zusammenhang von ›isolierten Einzelnen‹ und gesellschaftlichen Klassen ist in den frühen Schriften von Marx noch nicht entfaltet. Wir werden ihn erst unten im 32. und 35. Kapitel behandeln.

3. Die Trennung von bürgerlicher Gesellschaft und Staat erscheint notwendig als »Spaltung des Menschen in den *öffentlichen* und in den *Privatmenschen*« (MEW 1/356) oder als Trennung des Staatsbürgers vom Mitglied der bürgerlichen Gesellschaft. Der Mensch »muß also eine *wesentliche Diremption* mit sich selbst vornehmen ... (Um) als *wirklicher Staatsbürger* sich zu verhalten, politische Bedeutsamkeit und Wirksamkeit zu erhalten, muß er aus seiner bürgerlichen Wirklichkeit heraustreten, von ihr abstrahieren« (MEW 1/281), »denn als Staatsidealist ist er ein *ganz anderes*, von seiner Wirklichkeit *verschiedenes*, unterschiedenes, entgegengesetztes *Wesen*« (ebd.) Vgl. MEW 1/355 und 34. Kapitel über Bourgeois, Citoyen und L'homme; und 36. Kapitel, Zusatz 1.
4. Die Unterscheidung zwischen Form und Inhalt der Allgemeinheit ermöglicht es bereits dem jungen Marx, eine für den modernen Staat wesentliche Illusion zu entlarven, nämlich die Illusion, daß die Sache des Volks allgemeine Angelegenheit sei. »So weit ist es ... gekommen, daß der tautologische Satz: ›die allgemeine Angelegenheit ist die allgemeine Angelegenheit‹, nur als eine *Illusion des praktischen Bewußtseins* erscheinen kann« (MEW 1/265).
5. Interpreten, die Marx als ›Junghegelianer‹, ›Feuerbachianer‹ oder ›wahren Sozialisten‹ darzustellen versuchen (vgl. LÖWITH (1962), SASS (1969) u. a. jüngst auch von sogenannt ›marxistischer‹ Seite, REICHELT (1974, S. XI–LVIII)) vergessen den zentralen Unterschied zwischen objektivem Hegelschem Idealismus (von dem Marx ausging) und subjektiv-moralisierender Kritik der Junghegelianer, die Marx schon in den Jahren, in denen er angeblich Anhänger derartiger Anschauungen gewesen sein soll, einer ebenso beißenden Kritik unterzog wie Hegel selber (vgl. z. B. MEW Erg. Bd. 1/326ff.). Da auf diesen Zusammenhang hier nicht näher eingegangen werden kann, sei auf die brauchbaren Darstellungen von CORNU (1962–68), CORNU und MÖNKE (1961) verwiesen.
6. Vgl. z. B. MEW 1/257, 266, 306, 319ff. u. ö. Diese Anklänge an utopistische Gesellschaftskritik, »das Bestehende an der Idee zu messen«, an die ›kritische Kritik‹ und den Proudhonismus, die im Widerspruch zu den methodischen, von Hegel übernommenen Anweisungen stehen, »die eigentümliche Logik des eigentümlichen Gegenstandes zu fassen« (MEW 1/296), sind die Folge dessen, daß Marx noch nicht den Zusammenhang der ›materiellen Lebensverhältnisse‹ und der Denkformen untersucht hat (speziell den zwischen Warenform und Recht). Auch hier ist es die Aufgabe produktiver Kritik, zu begründen, warum Marx von seinen theoretischen und politischen Voraussetzungen aus in der Lage war, jene Position zu überwinden.

Fragen zur Diskussion

1. Warum kommt es Ihrer Ansicht nach zur Trennung von bürgerlicher Gesellschaft und Staat?
2. Wie begründet Marx den Gegensatz von bürgerlicher Gesellschaft und Staat?
3. Was versteht Marx unter ›formeller‹ oder ›abstrakter‹ Allgemeinheit? Was charakterisiert den Staat ›als Staat‹?
4. Wie begründet Marx die Notwendigkeit der Aufhebung der Trennung von bürgerlicher Gesellschaft und Staat? Was versteht er unter ›menschlicher Emanzipation‹?

32. Kapitel: Austauschprozeß – Rechtsverhältnisse

Textgrundlage:
Grundrisse der Kritik der Politischen Ökonomie (GR 151–162)

Lernziele:
In diesem Kapitel wollen wir einerseits den inneren, notwendigen Zusammenhang von Austauschbeziehungen und Rechtsverhältnissen begründen, andrerseits den spezifischen Charakter des modernen Rechts als gleichen oder abstrakten Rechts begreifen.

§ 1. Nach Marx besteht ein innerer oder notwendiger Zusammenhang zwischen Austauschbeziehungen und rechtlichen Beziehungen oder zwischen Warenform und Rechtsform. Die These wäre, daß das spezifische, die Marxsche Theorie von anderen Theorien über Recht und Staat unterscheidende Charakteristikum nicht in der Entlarvung des im Recht oder Staat sich ausdrückenden Klasseninhalts liege, sondern in der Beantwortung der Frage, warum jener »Inhalt eine solche Form annimmt« (PASCHUKANIS, 1966, S. 59). Anders ausgedrückt: warum die Verteidigung dieser abstrakten Rechtsform selber, »die Verteidigung der sogenannten abstrakten Grundlagen der Rechtsordnung die allgemeinste Form der Verteidigung bürgerlicher Klasseninteressen ist« (ebd. S. 10 u. ö.). Um den inneren Zusammenhang von ›*Republik* des Marktes‹ und ›*Despotie* der Fabrik‹ aufzudecken, müssen wir zunächst genauer begründen, warum die sozialen Beziehungen der Individuen in der bürgerlichen Gesellschaft überhaupt und notwendigerweise rechtliche und politische Formen annehmen. Im 3. Abschnitt werden wir dann zu klären versuchen, ob und wenn, warum diese Formen als solche bereits die materialen Interessen sozialer Klassen ausdrücken. Wir fragen also einerseits nach der »realen Basis aller Gleichheit und Freiheit«, nach ihrem spezifischen Charakter und andrerseits nach Möglichkeiten, diese wichtigen Legitimationsmöglichkeiten der Klassenherrschaft der Bourgeoisie nicht nur als notwendige *Form*, sondern zugleich *inhaltlich* als *Schein* zu begreifen.

Während Apologeten der ›bürgerlichen Demokratie‹ zu den Verhältnissen der einfachen Zirkulation flüchten, da in ihnen »alle immanenten Gegensätze der bürgerlichen Gesellschaft ausgelöscht erscheinen« (GR 152, vgl. 904, 907 u. ö.), versucht Marx umgekehrt, die reale Grundlage dieser Illusionen, die *rechtlichen* Beziehungen aus eben diesen Verhältnissen zu erklären. Zur Vermeidung von Mißverständnissen müssen wir vorweg unseren Ausgang von der einfachen Zirkulation kurz erläutern. In ihr »sind die Individuen . . . nur einfach bestimmt als Austauschende (oder: Warenbesitzer – d. Verf.). Es existiert absolut kein Unterschied zwischen ihnen, soweit die Formbestimmung in Betracht kommt« (ebd.). Die ökonomischen und die aus ihnen erwachsenden übrigen sozialen Beziehungen sind zunächst »einfach zu fassen, ... ohne Bezug auf höher entwickelte Produktionsverhältnisse« (GR 901). Es interessiert noch nicht, wie die Subjekte des Austauschs Eigentümer von Ware werden. Ebensowenig interessiert der besondere oder spezifische Gebrauchswert der ausgetauschten Waren. Wenn jedoch diese aus den Verhältnissen der einfachen Zirkulation gewonnene Auffassung nicht nur »in ihrer historischen Bedeutung hervorgehoben wird, sondern als Widerlegung entgegenhalten wird den entwikkeltren ökonomischen Verhältnissen, in denen die Individuen nicht mehr bloß als Austauschende oder Käufer und Verkäufer, sondern in bestimmten Verhältnissen zueinander hervortreten ...; so ist das dasselbe, als wollte behauptet werden, daß kein Unterschied, noch weniger Gegensatz und Widerspruch zwischen den Naturkörpern existiert, weil sie, z. B. in der Bestimmung der Schwere gefaßt, alle schwer und demnach gleich sind« (GR 158f.). Wenn hier zunächst die aus der gemeinsamen Eigenschaft aller Individuen der Grundklassen der bürgerlichen Gesellschaft als Warenbesitzer sich ergebenden Beziehungen entwickelt werden, muß man sich dessen bewußt bleiben, daß es sich nur um einen notwendigen *ersten* Schritt der Analyse dieser Beziehungen handeln kann. Es darf nicht »bei den einfachsten ökonomischen Verhältnissen« stehengeblieben werden, »die selbständig gefaßt reine Abstraktionen sind; die aber in der Wirklichkeit vielmehr durch die tiefsten Gegensätze vermittelt sind und nur eine Seite darstellen, worin deren Ausdruck verwischt ist« (GR 159f.).

§ 2. Zur Begründung der These des Zusammenhangs von Warenform der Arbeitsprodukte und Rechtsform der sozialen Beziehungen müssen wir uns kurz der Grundbedingungen der Verwandlung der Arbeitsprodukte in Waren erinnern: *1)* Privatheit der Produktion und *2)* gesellschaftliche Teilung der Arbeit.

Zu 1) Das Individuum »hat als unabhängiges Privatindividuum produziert ... weder als Glied eines naturwüchsigen Gemeinwesens, noch als Individuum, das unmittelbar als gesellschaftliches an der Produktion teilnimmt« (GR 906). Dieser *»Privatcharakter«* der Produktion des Tauschwerte produzierenden Individuums« (ebd.) ist, wie wir wissen, keineswegs ein natürlicher Sachverhalt, sondern ›historisches Produkt‹. Marx hat gezeigt, wie das Privat-Individuum, ganz entgegen dem Schein dieser voraussetzungslosen Natürlichkeit, »ganz durch die Gesellschaft bestimmt« (GR 159 u. ö.) ist.

Zu 2) Die zweite Bedingung war Produktion von »Gebrauchswert für andre« (MEW 23/100). Wenn nämlich das Individuum seine unmittelbaren Subsistenzmittel selbst produziert »hat seine Produktion keinen gesellschaftlichen Charakter und ist seine Arbeit keine gesellschaftliche« (GR 910). Gesellschaftliche Teilung der Arbeit unterstellt, sind die *Privat-*

individuen ›Atome‹ – oder völlig voneinander unabhängige sich selbst genügende ›Monaden‹ – daher nur in ihrer Einbildung, in ihrer empirischen Existenz jedoch bedürftige Individuen. Die Verschiedenheit dieser Bedürfnisse einerseits sowie andrerseits der Sachverhalt, daß sie die Mittel zu ihrer Befriedigung nicht selbst produzieren können, zwingt sie in den gesellschaftlichen Zusammenhang oder treibt sie ins »Tauschsystem« (GR 157).

Die Verwandlung der Arbeitsprodukte in Waren beinhaltete, wie wir sahen, ein doppeltes: 1) Die Verselbständigung und Versachlichung der sozialen Beziehungen gegenüber den Individuen (vgl. oben Kap. 13). »Die Individuen treten sich nur als Eigentümer von Tauschwerten gegenüber, als solche, die sich ein gegenständliches Dasein füreinander durch ihr Produkt, die Ware, gegeben haben. Ohne diese objektive Vermittlung haben sie keine Beziehung zueinander, vom Standpunkt des in der Zirkulation vor sich gehnden sozialen Stoffwechsels aus betrachtet. Sie existieren nur sachlich füreinander, was in der Geldbeziehung, wo ihr Gemeinwesen selbst als ein äußerliches und darum zufälliges Ding allen gegenüber erscheint, nur weiterentwickelt ist.« (GR 908f.) 2) Die Verkehrung des gesellschaftlichen Daseins der Individuen aus dem Zweck in ein bloßes Mittel: In der Tauschwertproduktion liegt, daß den Mitgliedern der bürgerlichen Gesellschaft ihr gesellschaftlicher Zusammenhang als ein Äußerlicher erscheint oder »als bloßes Mittel, ihre Individualität zu vergegenständlichen« (GR 909).

Marx resümiert diesen für das Begreifen der sozialen Beziehungen in der bürgerlichen Gesellschaft zentralen Sachverhalt prägnant: »Das Geld ist damit unmittelbar zugleich das *reale Gemeinwesen*, insofern es die allgemeine Substanz des Bestehns für alle ist, und zugleich das gemeinschaftliche Produkt aller. Im Geld ist aber, wie wir gesehn haben, das Gemeinwesen zugleich bloße Abstraktion, bloße äußerliche, zufällige Sache für den Einzelnen, und zugleich bloß Mittel seiner Befriedigung als eines isolierten Einzelnen« (GR 137).

§ 3. Unmittelbar gesellschaftlich verhalten sich die Warenproduzenten als solche demnach weder im gesellschaftlichen Produktionsprozeß, noch in der Konsumtion, sondern in der Zirkulation. Eben dieses Fehlen eines unmittelbar gesellschaftlichen Zusammenhangs der Privatproduzenten im gesellschaftlichen Produktionsprozeß macht nun einen darauf beruhenden und dennoch gerade davon abstrahierenden gesellschaftlichen Zusammenhang erforderlich. Die Vergesellschaftung der unabhängigen Privatproduzenten vollzieht sich in Akten des Austauschs. Der Austausch jedoch, so ist die These, erfordert notwendig rechtliche Beziehungen der Individuen.[1]

»Die Waren können nicht selbst zu Markte gehn und sich nicht selbst austauschen. Wir müssen uns also nach ihren Hütern umsehn, den Warenbesitzern« (MEW 23/99). Dieser Ansatzpunkt der Marxschen Analyse der sozialen Beziehungen der Individuen in der bürgerlichen Gesellschaft reflektiert den spezifischen Charakter dieser Beziehungen: Die Individuen treten sich gegenüber als Repräsentanten von Sachen, ihr gesellschaftlicher Zusammenhang ist kein direkter, sondern über Dinge vermittelter. »Um diese Dinge als Waren aufeinander zu beziehn, müssen die Warenhüter sich zueinander als Personen verhalten, deren Willen in jenen Dingen haust, so daß der eine nur mit dem Willen des andren, also jeder nur vermittelst eines, beiden gemeinsamen Willensakts sich die fremde Ware aneignet, indem er die eigne veräußert. Sie müssen sich daher wechselseitig als Privateigentümer anerkennen. Dies Rechtsverhältnis, dessen Form der Vertrag ist, ob nun legal entwickelt oder nicht, ist ein Willensverhältnis, worin sich das ökonomische Verhältnis widerspiegelt« (23/99).[2] Wenn die Personen füreinander nur existieren »als Repräsentanten von Ware und daher als Warenbesitzer« (23/100), sind für Marx auch die Qualifikationen der Rechtsperson aus denen der Warenbesitzer herzuleiten.

Als Warenhüter oder Warenbesitzer sind die Individuen nur »subjektivierte Tauschwerte, d. h. lebendige Äquivalente« (GR 912). Vom Standpunkt des in der Zirkulation vor sich gehenden ›sozialen Stoffwechsels‹ aus ist »das Individuum in diesem Verhältnis nur die Individuation von Geld« (GR 158). In dieser Eigenschaft als bloße Inkarnation des Tauschwerts ›wird‹ das Individuum zur *Rechtsperson*. Die Eigenschaften der Individuen als Rechtspersonen sind 1) streng zu unterscheiden von ihren Eigenschaften als konkrete, bedürftige Individuen; 2) scheint gerade ihre Eigenschaft als Rechtsperson die spezifisch gesellschaftliche Bestimmung der Individuen in der bürgerlichen Gesellschaft zu sein.

Zu 1) Zwar ist es die Verschiedenheit der Bedürfnisse und der produzierten Gebrauchswerte, welche die Individuen ins Tauschsystem treibt, und damit ihr spezielles gesellschaftliches Verhältnis begründet, aber es ist klar, daß diese natürlichen Unterschiede die Natur ihres gesellschaftlichen Verhältnisses als solches nichts angehen (vgl. GR 153, u. ö.). Wie in den Tauschwert als die gesellschaftliche Eigenschaft der Dinge kein Atom Gebrauchswert eingeht, so in die Eigenschaft der Individuen als Warenbesitzer oder Rechtspersonen kein Atom ihrer besonderen Eigenschaften als konkrete, bedürftige Individuen. Als Besitzer von Tauschwerten gehen sie ihre natürlichen Unterschiede nichts an, sie sind »nicht nur gleich: es findet nicht einmal eine Verschiedenheit zwischen ihnen statt« (GR 912, u. ö.). Direkt analog zum Verhältnis von Tauschwert und Gebrauchswert kann daher gesagt werden, daß ihre »stoffliche Verschiedenheit ... ausgelöscht (ist) in dem idealen Dasein« (GR 913) der Individuen als Rechtssubjekte.[3] Wie im Geld »ein Gesellschaftsverhältnis, eine bestimmte Beziehung der Individuen aufeinander, als ein Metall, ein Stein, eine rein körperliche Sache außer ihnen erscheint« (GR 151), so erscheint in der Qualifikation der Individuen als Rechtspersonen eine bestimmte Eigenschaft – Ausdruck besonderer historischer Produktionsverhältnisse – als natürliche oder überhistorische Eigenschaft des zoologischen Individuums überhaupt. Jeder Mensch scheint von Natur aus abstrakte, formell freie und gleiche Rechtsperson zu sein.[4]

Zu 2) Wenn es richtig ist, daß auf der Ebene der einfachen Zirkulation die Privatproduzenten ohne objektive Vermittlung durch ihre Arbeitsprodukte als Waren keine soziale Beziehung zueinander haben, so ist jene reale gesellschaftliche Abstraktion der Grund, daß ihr rechtlicher Zusammenhang als ihr spezifisch gesellschaftlicher erscheint. Wie der Tauschwert mit anderem Tauschwert qualitativ gleich ist, so auch die Individuen in ihren sozialen Beziehungen als Rechtspersonen. Da in ihren rechtlichen Beziehungen von allen natürlichen Unterschieden abstrahiert ist, treten sich die Individuen gesellschaftlich gegenüber nicht als empirische Subjekte, sondern als Äquivalentenbesitzer. Die erste wesentliche Bestimmung des bürgerlichen Rechts ist folglich die, *abstraktes* oder *formales* Recht zu sein.

§ 4. Die näheren Bestimmungen der Rechtsperson als der Subjekts des Austauschprozesses ergeben sich unmittelbar aus dieser Analyse des Austauschprozesses. Bisher kennen wir die Rechtsperson als Warenbesitzer oder Privateigentümer, Personifikation des Tauschwerts. »Jedes der Subjekte ist ein Austauschender; d. h. jedes hat dieselbe gesellschaftliche Beziehung zu dem andren, die das andre zu ihm hat. Als Subjekte des Austauschs ist ihre Beziehung daher die der *Gleichheit*. Es ist unmöglich, irgendeinen Unterschied oder gar Gegensatz unter ihnen auszuspüren, nicht einmal eine Verschiedenheit« (GR 153). Ohne diese Gleichheit fände kein Äquivalentenaustausch statt; umgekehrt gelten eben im Äquivalentenaustausch alle Arbeiten nur als abstrakt-menschliche und in dieser Beziehung gleiche Arbeit (vgl. MEW 20/97f., 580f.), und daher die Eigentümer dieser vergegenständlichten Arbeit als Gleiche. »Die Äquivalente sind die Vergegenständlichung des einen Subjekts für andre; d. h. sie selbst sind gleich viel wert und bewähren sich im Akt des Austauschs als Gleichgeltende« (GR 153).

Diese Gleichheit der Subjekte des Austauschs oder der Rechtspersonen ist eine rein rechtliche oder formale; sie darf daher nicht mit natürlicher und materialer oder sozialer Gleichheit verwechselt werden. Wir haben bereits oben gesehen, daß der Inhalt des Austauschakts, der besondere Gebrauchswert der Waren und das besondere Bedürfnis der Austauschsubjekte als konkreter Individuen nur als ›Motiv‹ zu behandeln ist, das sie in den gesellschaftlichen Zusammenhang treibt, nicht jedoch die spezifisch gesellschaftlichen Formen dieses Austauschs tangiert. »Die Verschiedenheit ihres Bedürfnisses und ihrer Produktion gibt nur den Anlaß zum Austausch und zu ihrer sozialen (d. h. genauer: rechtlichen – d. Verf.) Gleichsetzung in ihm; diese natürliche Verschiedenheit ist daher die Voraussetzung ihrer sozialen (rechtlichen – d. Verf). Gleichheit im Akt des Austauschs« (GR 154). Mit der Entwicklung der Austauschverhältnisse in gesellschaftlichem Maßstab tritt daher an die Stelle der gesellschaftlichen Privilegien die rechtliche Gleichheit oder Gleichberechtigung der Individuen als Rechtspersonen. Die zweite wesentliche Bestimmung des modernen Rechts ist daher die, *gleiches* Recht zu sein. (Vgl. schon MEW 3/309)[5]

Die Austauschenden müssen sich nicht nur als einander Gleiche anerkennen, sondern auch als *freie* Rechtspersonen, damit es überhaupt zum Austausch kommt: »Freiwillige Transaktion; Gewalt von keiner Seite« (GR 156) ist die Bedingung. »Obgleich das Individuum A Bedürfnis fühlt nach der Ware des Individuums B, bemächtigt es sich derselben nicht mit Gewalt, noch vice versa, sondern sie erkennen sich wechselseitig an als Eigentümer, als Personen, deren Willen ihre Waren durchdringt. Danach kommt hier zunächst das juristische Moment der Person herein und der Freiheit, soweit sie darin enthalten ist« (GR 155, vgl. 911 und MEW 23/99). Mit der Verbreiterung der Austauschverhältnisse verschwinden daher zunehmend direkte oder persönliche Herrschafts- und Knechtschaftsbeziehungen. Die Fähigkeit der Rechtsperson zur Selbstbestimmung oder die Rechtsfähigkeit des Subjekts ist notwendiger Ausdruck der Tauschbeziehungen. Sie wird in jedem Austauschakt, wenn nicht de jure so doch de facto, anerkannt. (Vgl. PASCHUKANIS (1966), S. 10f.)

Diese Freiheit der Privateigentümer ist wesentlich Freiheit *von* persönlichem Zwang oder negative Freiheit (Freiheit des abstrakten Individuums gegen die Gesellschaft), nicht Freiheit des Individuums in der Gesellschaft und damit zugleich gesellschaftliche Freiheit als Herrschaft der Gesellschaft über die Bedingungen ihrer eigenen Wirklichkeit (vgl. MEW 3/74f., vgl. genauer: unten 39. Kapitel). Dies ist Ausdruck der Tatsache, daß die Individuen zwar nicht mehr unter ›naturwüchsige Gemeinwesen‹ oder persönliche Herrschafts- und Knechtschaftsbeziehungen subsumiert sind, aber auch noch nicht bewußt den materiellen gesellschaftlichen Reproduktionsprozeß regeln. Ihre Freiheit ist daher beschränkte rechtliche, nicht die verwirklichte gesellschaftliche Freiheit der Individuen.

Marx hat hiermit gezeigt, daß »Gleichheit und Freiheit . . . nicht nur respektiert (sind – d. Verf.) im Austausch, der auf Tauschwerten beruht, sondern der Austausch von Tauschwerten ist die produktive, reale Basis aller *Gleichheit* und *Freiheit*. Als reine Ideen sind sie bloß idealisierte Ausdrücke desselben; als entwickelt in juristischen, politischen, sozialen Beziehungen sind sie nur diese Basis in einer andren Potenz« (GR 156, vgl. auch 916, MEW 4/98ff. und 105, MEW 23/99 u. ö.). Dies darf nicht so mißverstanden werden, als seien diese juristischen, politischen etc. Beziehungen nicht notwendige oder für die Analyse der Struktur dieser Gesellschaftsformation zu vernachlässigende. (Wir haben vielmehr gesehen, daß diese ›Basis‹ ohne jene rechtliche Struktur gar nicht existieren kann.) Die Marxsche Analyse gestattet vielmehr 1. nicht nur den ökonomischen, sondern auch den rechtlichen Kategorien den Schein ihrer Ewigkeit zu nehmen (vgl. MEW 27/459 »genausowenig ewig wie die Beziehungen, die sie ausdrükken«, MEW 23/99f. u. ö.), und 2. Kritikern, welche die bürgerliche Gesellschaft *nur* vom Standpunkt des Rechts aus bekämpfen wollen, mit Bestimmtheit zu begegnen (vgl. GR 160, 916 u. ö., vgl. unten 35. Kapitel, Zusatz 5).

§ 5. Wir haben nun gesehen, daß der Austausch nur zustande kommt, wenn sich die Warenbesitzer gegenseitig als freie und gleiche Rechtspersonen anerkennen. Die Warenbesitzer haben als solche demnach bestimmte gemeinsame Interessen, die sich in dem ›gemeinsamen Willensakt‹ ausdrükken und zugleich dessen Charakter bestimmen.

Wir wissen bereits, daß das Motiv des Austauschs entweder Befriedigung von Bedürfnissen der jeweiligen Austauschsubjekte oder Vermehrung des Werts ist; also das »selbstsüchtige Interesse« oder »Einzelinteresse im Gegensatz zu dem des andren« (GR 156)[6]: »Jedes dient dem andren, um sich selbst zu dienen; jedes bedient sich des andren wechselseitig als seines Mittels. Es ist nun beides in dem Bewußtsein der beiden Individuen vorhanden: 1) daß jedes nur seinen Zweck erreicht, soweit es dem andren als Mittel dient; 2) daß jedes nur Mittel für das andre ... wird als Selbstzweck ...; 3) ... daß diese Wechselseitigkeit ein notwendiges fact ist, vorausgesetzt als natürliche Bedingung des Austauschs, daß sie aber als solche jedem der beiden Subjekte des Austauschs gleichgültig ist, und ihm diese Wechselseitigkeit nur Interesse hat, soweit sie sein Interesse als das des andren ausschließend, ohne Beziehung darauf, befriedigt« (GR 155). Die gemeinschaftlichen Interessen der Austauschsubjekte beziehen sich offensichtlich nicht auf die Befriedigung der Bedürfnisse aller Individuen. (Vgl. hierzu unten 39. Kapitel) Was die Seite der Motive oder den materialen Inhalt der Interessen angeht, kann – auf der Ebene der einfachen Zirkulation – vielmehr gesagt werden, daß »das allgemeine Interesse ... eben die Allgemeinheit der selbstsüchtigen Interessen «(GR 156) ist. (Vgl. MEW 3/394–99 u. ö.; MEW 23/190) Die Form aber, in der sich in der Wirklichkeit dieses gemeinsame Interesse bildet, ist der Kampf der gegensätzlichen privaten Interessen, die Konkurrenz (hier zunächst nur als Konkurrenz von Käufern und Verkäufern von noch nicht näher bestimmten Waren). Die Gemeinsamkeit der Interessen der Austauschsubjekte kann sich demnach nur beziehen auf die aus dem Austauschprozeß als solchem entspringenden formalen Bestimmungen. Solange und sofern sie überhaupt austauschen, müssen sie sich als freie und gleichberechtigte Warenbesitzer oder Eigentümer anerkennen. Die Gemeinsamkeit des jeden Austausch notwendig begleitenden ›Willensakts‹ besteht in nichts andrem als in der Anerkennung der Grundbedingung: Aneignung nicht durch Gewalt, sondern durch den Austausch.

Da uns hier bei der Betrachtung der einfachen Zirkulation die Differenzierung der Warenbesitzer in gesellschaftliche Klassen noch nicht interessiert, vielmehr nur vorausgesetzt ist, daß alle Individuen in der bürgerlichen Produktion sich als Austauschende verhalten, ist klar, daß das gemeinsame Interesse aller Individuen *als Warenbesitzer* eben in der Garantie dieser ihrer Eigenschaft als Eigentümer – generalisiert also des Rechtsinstituts ›Privateigentum‹ – besteht. Dies gilt auch für die Arbeiter als Eigentümer der spezifischen Ware Arbeitskraft. Die bestehenden Eigentumsverhältnisse können daher hier »als Resultat des allgemeinen Willens« (MEW 3/63) aller Warenbesitzer ausgesprochen werden.[7] Damit wissen wir nun auch genauer, was Marx in den frühen Schriften (vgl. oben 31. Kapitel § 3) unter ›formeller Allgemeinheit‹ versteht und warum derartige Verhältnisse notwendiger Ausdruck der auf dem Austausch beruhenden Produktion sind.

Bevor wir nun untersuchen, warum die materiellen Lebensbedingungen eine bestimmte Klasse der bürgerlichen Gesellschaft zwingen, gegen jene bloß formelle Allgemeinheit und gegen die auf dem Austausch beruhende Produktion überhaupt aufzustehen, müssen wir verfolgen, warum die rechtlichen Regelungen der ökonomischen Beziehungen der Individuen in der bürgerlichen Gesellschaft eine nicht-private, sondern öffentliche, staatliche Garantie erfordern; warum es also notwendig zu einer Trennung in bürgerliche Gesellschaft und Staat kommt.

Erläuterungen und Zusätze

1. In der Rechtsform wird den unabhängigen Privatproduzenten ihr gesellschaftlicher Zusammenhang in verkehrter Form bewußt. Sie ist die »Form des Zusammenhangs des Willens der einzelnen Individuen, die durch die wirkliche Vermittlung der Sachen gesellschaftlich aufeinander bezogen sind und damit die spezifische Form des Zusammenhangs der modernen Gesellschaft« (CERRONI (1974), S. 91). Die »juristische Weltanschauung« ist demnach die »klassische« (MEW 21/492) Weltanschauung von Gesellschaften, in denen der Austausch von Waren auf gesellschaftlichem Maßstab entwickelt ist. Die Gesellschafts*vertrags*theorien sind daher auch *die klassischen Sozialtheorien* der revolutionären Bourgeoisie. (Vgl. hierzu auch: KELSEN (1928), Kapitel 1 und 2)
2. Schon hier können wir zwei wesentliche Eigentümlichkeiten dieser Analyse der Rechtsverhältnisse festhalten: 1. Die Warenbesitzer *müssen* sich als Privateigentümer, als juristische Personen anerkennen, wenn es überhaupt zum Äquivalententausch kommen soll. Die Rechtsbeziehungen sind deshalb objektive oder gesellschaftlich notwendige Beziehungen in einer auf den Austausch gegründeten Produktionsweise. Das Recht ist daher nicht aus dem bloßen ›Willen‹ der herrschenden Klasse zu erklären, vielmehr ist zu begründen, warum überhaupt so ›gewollt‹ wird (vgl. CERRONI (1974), S. 11–13 u. ö.). Ebensowenig sind die rechtli-

chen Beziehungen identisch zu setzen mit dem Bewußtsein des rechtlichen Charakters dieser Beziehungen. Das Recht ist demnach auch nicht ›Ideologie‹, wie dies in mißverständlicher Interpretation der Basis-Überbau-These oft behauptet wird (vgl. REICH (1969), S. 11, 24, 29 u. ö.). Es sei denn alle sozialen Beziehungen würden, weil sie eben Verhältnisse und nicht Dinge und demnach nicht als solche ›greifbar‹, als ideologische Beziehungen betrachtet. Die *gesellschaftliche Objektivität* rechtlicher Regelungen (z. B. der aus der Funktion des Geldes als Zahlungsmittel entwickelbaren *Schuld*verhältnisse) kann wohl kaum ernstlich bestritten werden. 2. Wenn also kein Austausch stattfinden kann ohne implizite oder explizite rechtliche Regelung, so ist die eigentümliche Natur dieser Rechtsverhältnisse nicht aus ihnen selber zu begründen. Obwohl die Rechtsverhältnisse Willensverhältnisse sind, ist weder der Charakter der Rechtsperson noch der Beziehung, die sie eingeht, aus dem Willen oder Bewußtsein der Individuen zu erklären (vgl. MEW 3/63 f., 69 u. ö. über ›juristischen Idealismus‹).
Die ›Zwieschlächtigkeit‹ des modernen Rechts, einerseits tatsächliches soziales Verhältnis (›Faktum‹), andrerseits objektiviertes Rechtsnormensystem zu sein, ist durch rein rechtsimmanente Betrachtung der Rechtsverhältnisse nicht zu erfassen. Der juristische Idealismus in der Gestalt der reinen Rechtslehre ist damit nicht nur außerstande, eine sozialwissenschaftliche Begründung der Rechtsverhältnisse als solcher zu geben, sondern kann sich methodisch konsequent genausowenig um die Entstehung von Rechtsnormen, um den Zusammenhang von Rechtsnormen und Rechtsgeltung, um den Untergang von Rechtsnormen kümmern.
3. Wie mit der Verselbständigung des Tauschwerts im Geld dieser unabhängig wird von besonderen Gebrauchswerten als seinen ›Trägern‹, so verselbständigt sich die Rechtsperson gegenüber den konkreten Individuen: so ist z. B. das Rechtsinstitut Erbschaft »ein Geltendmachen der sozialen Bestimmung über die natürliche Lebensgrenze hinaus: eine Befestigung derselben gegen die zufällige Wirkung der Natur ... Da das Individuum in diesem Verhältnis nur die Individuation von Geld ist, so ist es als solches ebenso unsterblich als das Geld, und seine Repräsentation durch Erben ist vielmehr die Durchführung dieser Bestimmung« (GR 158). Diese Verselbständigung wird besonders deutlich, wenn die nochmalige Differenzierung der Rechtsperson in ›physische‹ und ›juristische‹ Person (Gesellschaften, Körperschaften etc., vgl. hierzu kurz: Weber, WG 424 ff.) betrachtet wird. Auch die ›physische Person‹ ist keineswegs zu verwechseln mit dem konkreten lebendigen Individuum. (Vgl. hierzu: RADBRUCH (1973), § 17)
4. Vgl. Naturrechtliche Begründung von Freiheit und Gleichheit z. B. bei LOCKE (1967) (Buch II, 2. Kap.) und ROUSSEAU (1971) (I, 1–4. Kap.).
5. Dieser, im wesentlichen an Paschukanis angelehnten Bestimmung des Begriffs des bürgerlichen Rechts als Recht im eigentlichen oder strengen Sinne ist in dreifacher Hinsicht der Vorwurf des ›Reduktionismus‹ gemacht worden: a) der Vorwurf der »Reduktion ... der juristischen Schicht auf das Ökonomische« (POULANTZAS (1972), S. 181; vgl. auch KELSEN (1967), S. 75 u. ö.); b) der Vorwurf der Reduktion jeglichen Rechts auf bürgerliches Recht. Vgl. STUCKA (1969), S. 60–62; KELSEN (1967), S. 90; WYSCHINSKI (1953), S. 38–41; KLENNER (1954), S. 8 u. ö.; FLECHTHEIM (1963), S. 22–24; ROSENBAUM (1971), S. 156–161; REICH (1972), S. 155–160; ders. (1971), S. 133–34; c) Der Vorwurf der Reduktion des bürgerlichen Rechts

aufs Zivilrecht (vgl. Literaturhinweise unter b), da die beiden letzten Vorwürfe bezüglich Reduktion des Rechtsbegriffs fast stets zusammen formuliert werden). Der erste Vorwurf beruht ganz offensichtlich auf einer Fehlinterpretation der Arbeit von Paschukanis selber. Die Bestimmungen von Abstraktheit, Gleichheit und Allgemeinheit als Momente eines zureichenden Rechtsbegriffs schließen zwar andere Begründungsversuche als den über die Austauschbeziehungen nicht aus (vgl. Versuche bei ROSENBAUM (1971), S. 157 ff. und KLENNER (1954), S. 73 f.). Diese blieben jedoch bisher sehr vage: nicht jeder »Abstraktions- und Gleichbehandlungsvorgang« (ROSENBAUM (1971), S. 159) ist ein rechtlicher und auch der bloße Verweis darauf, daß »diese Abstraktheit mit der Klassenstruktur, d. h. mit den Eigentumsverhältnissen zusammenhängt« (S. 161), trägt zur Begründung und begrifflichen Klärung der Rechtsform wenig bei. Wenn an der »Frage nach dem besonderen gesellschaftlichen Verhältnis, das die Existenz der Recht*sform* bedingt« (S. 148) als der gesellschaftswissenschaftlich zentralen festgehalten wird, scheint der von Paschukanis im Anschluß an Marx versuchte Begründungszusammenhang zumindest plausibler als die bisher vorliegenden Alternativen (vgl. auch 39. Kapitel über Recht ›als Recht‹ und ›Staat als Staat‹). Eine genauere Klärung des Zusammenhangs zwischen ›engem‹ und ›weitem‹ Rechtsbegriff und der Schwierigkeiten, die beide Bestimmungen mit sich bringen, kann hier nicht erfolgen. Der Vorwurf einer Reduktion des bürgerlichen Rechts überhaupt aufs Privatrecht schließlich geht wiederum auf ein Mißverständnis der Aussagen, zumindest jedoch der Intention von Paschukanis zurück. Zum einen formuliert Paschukanis selber einen rationellen, in seiner Tragweite bisher seitens der Marxisten überhaupt nicht erkannten Übergang vom privaten ins öffentliche Recht eben auf der Basis seiner Bestimmung des Rechts; zum andern erlaubt erst die Erkenntnis der prinzipiellen formellen Allgemeinheit des bürgerlichen Rechts die Analyse »herrschaftliche(r) Verhältnisse, die vom Recht, und zwar als Verhältnisse zwischen Ungleichen organisiert und betrachtet werden« (S. 159), also: die spezifisch moderne Form von »Strafrecht, Gewerberecht, Arbeitsrecht etc.« (ebd.)

6. Wenn wir hier formulieren, daß das ›Motiv‹ zum Austausch nicht nur in der Befriedigung von Bedürfnissen, sondern auch in der Verwertung des Werts bestehe, so ist damit die Ebene der einfachen Zirkulation noch nicht verlassen, da in der Zirkulationsform G-W-G die Möglichkeit des ›Gewinnstrebens‹ bereits angelegt ist. Der Gegensatz zwischen verschiedenen Privatinteressen ist als *Möglichkeit* bereits entwickelt (und dies ist die für unsere Begründung des Staats wichtige Feststellung). Er wird in relevantem gesellschaftlichem Maße zur *Wirklichkeit* erst nach Darstellung der Klassendifferenzierung, nach der Darstellung des Verhältnisses von Kapital und Lohnarbeit: wenn also innerhalb der ›begrifflichen Entwicklung‹ aus dem Gegensatz bloßer Privatinteressen der Gegensatz der großen gesellschaftlichen Klassen ›geworden‹ ist. (Vgl. hierzu auch 33. Kapitel, § 3)

7. Vorm genauen Studium der Politischen Ökonomie wird dies von Marx nur an wenigen Stellen gesehen (vgl. MEW 3/340: »Bourgeois, *überhaupt alle Mitglieder der bürgerlichen Gesellschaft*« (Herv. v. Verf.)), sonst tritt an die Stelle des »allgemeinen«, wenn auch formellen Interesses und Willens *aller* Warenbesitzer stets das »Durchschnittsinteresse« oder der »Durchschnittswille« der herrschenden Klasse. (Vgl. MEW 3/62, 69, 203, 227, 229, 311, 325, 339 f., 342; MEW 4/337 f. u. ö.). Dies

bedeutet, daß ein wichtiges Moment der ›Mystifikation‹ oder des durch die kapitalistische Produktionsweise stets erneut erzeugten verkehrten Bewußtseins auf Seiten der Arbeiter bis dahin von Marx nicht gebührend berücksichtigt ist. Dies gilt auch, wie wir sehen werden, für die Marxschen Schriften zur politischen Entwicklung Frankreichs (vgl. unten: Abschnitt IV). Wir werden diesen Zusammenhang ausführlicher im 35. Kapitel behandeln. Wenn wir von ›Motiv‹, ›Wille‹, ›Interesse‹, im nichtmetaphorischen Sinne (z. B. ›Zweck‹, ›Intèresse‹ etc. ›des Kapitals‹) sprechen, so ist auf den damit implizierten Wechsel der Argumentationsebene aufmerksam zu machen: Der Bezugrahmen ist dann nicht mehr das System des objektiven gesellschaftlichen Seins (Resultat von Handlungszusammenhängen der Individuen), in welchem die Individuen nur als ›Charaktermasken‹ oder Träger sozialer ›Rollen‹ auftreten, sondern die handelnden Individuen selber in ihrer Bestimmung durch jene objektiven gesellschaftlichen Funktionszusammenhänge.

Fragen zur Diskussion

1. Ist es Ihrer Ansicht nach notwendig, daß sich die Austauschenden als Rechtspersonen verhalten?
2. Ist die ökonomische Struktur der bürgerlichen Gesellschaft realiter ohne rechtliche Regelung vorstellbar?
3. Was ist der Unterschied von konkretem, lebendigem Individuum und Rechtsperson?
4. Was ist der Unterschied von rechtlicher und gesellschaftlicher Gleichheit? Gibt es Ihrer Ansicht nach natürliche Gleichheit der Menschen?
5. Warum und inwiefern haben auch die Arbeiter ein Interesse an Freiheit, Gleichheit und Eigentum?

33. Kapitel: Bürgerlicher Staat als Rechtsstaat

Textgrundlage:
Eugen Paschukanis: Allgemeine Rechtslehre und Marxismus (1966), 5. Kap.: Recht und Staat (S. 114–131).

Lernziele:
Wir haben im letzten Kapitel den für die Marxsche politische Theorie zentralen Zusammenhang von »Warenform« und »Rechtsform« skizziert. Ausgehend von der notwendigen rechtlichen Regelung der ökonomischen Beziehungen in der bürgerlichen Gesellschaft wollen wir nun die strukturelle Notwendigkeit der staatlichen Garantie dieser ökonomischen und rechtlichen Verhältnisse begründen. Wir werden damit das historisch-spezifische Moment der Rechtsstaatlichkeit des bürgerlichen Staates zu umreißen versuchen und damit zugleich die Form kennenlernen, in der sich die staatlichen Funktionen in der bürgerlichen Gesellschaft vollziehen.

§ 1. Wir haben in § 5 des letzten Kapitels gesehen, daß die Warenbesitzer einander inhaltlich entgegengesetzte private Interessen haben. Diese Gegensätzlichkeit ihrer materialen Interessen ist von Hobbes in der berühmten Formel vom ›Kriege aller gegen alle‹ ausgedrückt worden, in dem sich die bürgerlichen Individuen im von Hobbes entworfenen ›natürlichen‹ oder ›vorstaatlichen‹ Zustand befinden. Wir haben weiter gesehen, daß das Zustandekommen des Austauschs den Verzicht auf gewaltsame Aneignung voraussetzt. Die Anerkennung des ›Rechtsfriedens‹, die mit dem Begriff des Tausches gesetzt ist, ist historisch das labile Resultat des Kampfes der gegensätzlichen privaten Interessen. Das Recht zeigt sich so einerseits als Ergebnis eines Konflikts, dessen Inhalt die ökonomisch oder material bestimmten Interessen der Warenbesitzer sind; es ist »aus der Gewalt hervorgegangen« (MEW 3/307). Insoweit kann man sagen, die ›Macht‹ sei die »Grundlage des Rechtes« (MEW 3/304, vgl. auch 311 u. ö.). Wenn so der ›Inhalt‹ der rechtlichen Regelungen die gegensätzlichen privaten Interessen sind, so ist damit andererseits doch noch nicht die rechtliche Form dieser Regelungen begriffen oder das, was gerade den Unterschied von Recht und Gewalt ausmacht. Es scheint vielmehr so, als sei diese Ausdruck eines freien Willens, autonomer Normsetzung, göttlicher Eingebung usw. Wir wissen jedoch bereits, daß die Warenbesitzer nicht nur gegensätzliche Interessen haben, sondern auch gemeinsame, wenn diese sich auch nur aus der »Allgemeinheit der selbstsüchtigen Interessen« ergeben. Diese gemeinsamen Interessen aller Warenbesitzer die in ihrer wechselseitigen Anerkennung als unverletzliche, freie und gleiche Eigentümer zum Ausdruck kommen, sind vorausgesetzt, wenn die rechtlichen Regelungen nicht bloß als Ausdruck von Gewalt und Macht, sondern als Ausdruck des gemeinsamen Willens aller Rechtsgenossen begriffen werden. Marx und Engels betonen nicht nur, daß dieser gemeiname Wille »durch ihre gemeinschaftlichen Interessen« (MEW 3/311 u. ö.) bedingt ist und keineswegs »von seiner realen Basis losgerissene(r)« Wille (MEW 3/62; vgl. MEW 25/352 u. ö.) ist, daß also die »idealistische Bestimmung des Willens« auf die wirklichen Interessen der Individuen zurückgeführt werden muß, sondern auch, daß die Rechtsverhältnisse ohne die Berücksichtigung dieser Willensverhältnisse nicht als Rechtsverhältnisse begreifbar sind.

Die stetige Wiederholung der materiellen Produktion für den Austausch als notwendige Lebensbedingung in der bürgerlichen Gesellschaft erzeugt einerseits mit der ständigen faktischen Reproduktion der rechtlichen Beziehungen der Austauschenden auch das Bewußtsein dieser Beziehungen als rechtliche, andrerseits ist deren ausschließlich traditionale oder gewohnheitsrechtliche Fassung mit den Verhältnissen entwickelter Warenzirkulation unvereinbar. Die Forderung aller Warenbesitzer nach Rechtssicherheit und Rechtsgleichheit (gegenüber der »persönlichen Willkür jedes

Einzelnen unter ihnen« (MEW 3/311)) sowie die zunehmende Kompliziertheit der Tauschbeziehungen und ihrer rechtlichen Regelungen verlangen vielmehr[2], daß die ›gemeinsamen‹ Interessen auch als allgemeine schriftlich fixiert werden. Ein wesentlicher Teil des geltenden Rechts muß schließlich in Gesetzesform gebracht werden. »Ausdruck dieses durch ihre gemeinschaftlichen Interessen bedingten Willens ist das Gesetz« (MEW 3/311, 316 u. ö.). »Gerade das Durchsetzen der voneinander unabhängigen Individuen und ihrer eignen Willen, das auf dieser Basis in ihrem Verhalten gegeneinander notwendig egoistisch ist, macht die Selbstverleugnung im Gesetz und Recht nötig, Selbstverleugnung im Ausnahmsfall, Selbstbehauptung ihrer Interessen im Durchschnittsfall« (MEW 311f., dort jedoch nur für Mitglieder der herrschenden Klasse formuliert, vgl. Zusatz 7 zum 32. Kapitel).[3]

§ 2. Die rechtlichen und gesetzlichen Regelungen sind also funktional bezogen auf die Interessen der Privateigentümer. Diese Interessen sind gegensätzlich: zum einen das Interesse jedes Warenbesitzers an der Befriedigung privater Bedürfnisse und Interessen, zum andern aber das – erzwungenermaßen (›Konkurrenz‹, ›Krieg‹) – ›gemeinsame‹ Interesse aller Warenbesitzer an der Sicherung oder Garantie ihrer Eigenschaften als Eigentümer und Austauschsubjekte, das aus der Allgemeinheit der egoistischen Interessen hervorgeht. Dieser Gegensatz läßt sich auch formulieren als Gegensatz zwischen *privaten* und *öffentlichen* oder formell-allgemeinen Interessen der Warenbesitzer[4]. Der einfache Grundgedanke der Entwicklung des bürgerlichen Staates als Rechtsstaat, den Marx mit den »neueren französischen, englischen und amerikanischen Schriftstellern« seiner Zeit teilt, ist der, »daß der Staat . . . um des Privateigentums willen existiere« (MEW 3/62, vgl. 340, 345 u. ö., MEW 4/338 u. ö.), genauer: zum Schutz des Eigentums und der Vertragsfreiheit[5]. Die Garantie der Eigenschaften der Warenbesitzer als Rechtsperson, ihre Sicherheit, Freiheit und Gleichheit, ihre Rechtsfähigkeit und ihr Rechtsschutz aber sind notwendigerweise öffentlich-rechtlicher Natur. Das Privatinteresse jedes einzelnen Privateigentümers ist der persönliche Vorteil und damit tendenziell die Verletzung von Eigentum, Freiheit und Gleichheit des Anderen. Das öffentliche Interesse aller Privateigentümer aber ist gerade die Garantie von Privateigentum, Freiheit und Gleichheit als Mittel, um umso ungestörter innerhalb dieses rechtlichen Rahmens ihrem privaten Vorteil (ius utendi et abutendi) nachgehen zu können. Die Garantie dieser Bedingungen kann ihrem Begriffe nach nicht privat sein, nicht der persönlichen Willkür oder dem privaten Interesse und Vorteil einzelner überlassen sein: »Auf dem Markt ist . . . ein jeder Erwerber und Veräußerer Rechtssubjekt par excellence. Überall, wo die Kategorien des Werts und Tauschwerts in Szene treten, ist der autonome Wille der Tauschenden unerläßliche Voraussetzung . . . Der Zwang als der auf Gewalt gestützte Befehl eines Menschen an einen anderen widerspricht der Grundvoraussetzung des Verkehrs zwischen Warenbesitzern ... Die Unterwerfung unter einen Menschen als solchen, als konkretes Individuum, bedeutet für die warenproduzierende Gesellschaft Unterwerfung unter eine Willkür, denn sie fällt für diese mit der Unterwerfung des einen Warenbesitzers unter den anderen zusammen. Darum kann auch der Zwang hier nicht in seiner unmaskierten Form als ein einfacher Zweckmäßigkeitsakt auftreten. Er muß vielmehr auftreten als ein von einer abstrakten Kollektivperson ausgehender Zwang, der nicht im Interesse des Individuums, von dem er ausgeht, ausgeübt wird – denn jeder Mensch ist in der warenproduzierenden Gesellschaft egoistisch –, sondern im Interesse aller am Rechtsverkehr Beteiligten.« (PASCHUKANIS 1966, S. 123 f.) Die Garantie von Eigentum, Sicherheit, Freiheit und Gleichheit ist daher notwendig Aufgabe nicht privater Willkür, sondern *öffentlicher Gewalt,* ausgeübt – zunächst noch – von allen oder im Interesse aller Warenbesitzer. Die öffentliche Gewalt muß sich den privaten Interessen der bürgerlichen Welt gegenüber als getrennte oder unabhängige Sphäre ausbilden, als Gewalt, »die keinem im besonderen gehört, über *allen* steht und sich an *alle* richtet« (PASCHUKANIS 1966, S. 126).[6]

Wir haben bisher in einem vorläufigen *ersten* Schritt die Notwendigkeit der öffentlichen Gewalt etwas vage über die Notwendigkeit nicht privater, sondern öffentlicher ›Garantie‹ von Privateigentum und ›liberté‹, égalité, sûreté‹ begründet. ›Garantie‹ kann sich hierbei nicht nur auf öffentliche Rechtsanwendung beziehen. Vielmehr folgt aus dem genannten Gegensatz von privater Willkür und formell-allgemeinen oder öffentlichen Interessen notwendig, daß alle drei Momente der öffentlichen Gewalt, also legislative, judikative und exekutive Gewalt[7] nicht in privatem, sondern in allgemeinem oder öffentlichem Interesse tätig werden. Wenn das Gesetz der Ausdruck der gemeinsamen »Interessen und Bedürfnisse gegen die Willkür des einzelnen Individuums« sein soll, dann kann es der Form nach auch nur von allen oder im Namen und im Interesse der Allgemeinheit erlassen werden. Wenn Herrschaft des Gesetzes im Gegensatz zu subjektiver rechtlicher und politischer Unterdrückung oder privater Willkür der Wahlspruch der bürgerlichen Gesellschaft sein muß, dann muß die Rechtssprechung und die Verwaltung durch alle oder im Namen und im Interesse der Allgemeinheit geschehen. Es ist schließlich bei voll entwickelter Warenproduktion, deren ›Oberfläche‹ die einfache Zirkulation darstellt, ganz unmöglich, daß Gesetzgebung, Rechtssprechung und Verwaltung von allen Rechtsgenossen gemeinsam durchgeführt werden können (etwa in gesetzgebenden und richtenden öffentlichen Versammlungen aller Privatleute); sie werden vielmehr notwendig zu besonderen arbeitsteiligen Funktionen bestimmter ›Organe‹ (›Parlamente‹, ›Gerichte‹, ›Polizei‹) und bestimmter Individuen als ›Träger‹ dieser Organfunktionen[8]. Diese Organe und Individuen handeln dann – dem Begriffe nach – nicht im eigenen privaten Interesse und auch nicht im Interesse besonderer Warenbesitzer, sondern der notwendigen Form nach als ›Vertreter‹, ›Diener‹, ›Repräsentanten‹ der Allgemeinheit, oder kurz und vertraut: ›im Namen des Volkes‹.

§ 3. Wir haben damit die wesentlichsten Prinzipien der formalen Rechtsstaatlichkeit aus den gemeinsamen Interessen der Warenbesitzer heraus zu entwickeln versucht: *Herrschaft des Gesetzes*. Jede Handlung der öffentlichen Gewalt oder des Staates muß auf Gesetze zurückführbar sein. Dieser »Vorrang des Gesetzes« oder die »Gesetzlichkeit des Staates« bezieht sich zunächst ausschließlich auf das formelle Verfahren der Gesetzgebung und Gesetzesanwendung. Weder ist hierin eine Bindung der Gesetzgebung an Verfassungsrechte enthalten noch Möglichkeiten des Rechtsschutzes gegen staatliche Handlungen. *Gesetzmäßigkeit von Rechtssprechung und Verwaltung*. Das Prinzip der formalen Rechtsstaatlichkeit verlangt die Beschränkung des Ermessensspielraums von Judikative und Exekutive und die Anwendung des Grundsatzes der Verhältnismäßigkeit von Mittel und Zweck. Dies sind wichtige *formale* Voraussetzungen dafür, daß die öffentliche Gewalt nicht mit der privaten Willkür einzelner Individuen zu deren persönlichem Vorteil zusammenfällt.

Mit der Entwicklung einer arbeitsteiligen öffentlichen Gewalt ist nun – schon auf der Ebene der einfachen Zirkulation – die *Möglichkeit* einer Verselbständigung dieses ›Apparats‹ gegenüber ›der Gesellschaft‹ gegeben[9]. Der Schutz der Warenbesitzer gegenüber öffentlichen Handlungen in privatem Interesse, gegenüber subjektiver Willkür einzelner Mitglieder des ›Staatsapparats‹ usw., oder – positiv gewendet – die Garantie dessen, daß die öffentliche Gewalt auch im ›öffentlichen‹ oder formell gemeinsamen Interesse aller Warenbesitzer ausgeübt werde, verlangt daher gegenüber den obigen formalen Prinzipien der ›Rechtsstaatlichkeit‹ weitergehende Regelungen. Die Möglichkeit (oder historisch: die Erfahrung – womit bereits Klassen unterstellt wären –) des Auseinanderfallens von Recht und Gesetz, der Unrechtmäßigkeit gesetzlicher Handlungen des ›Staates‹ erfordert: 1. Regelungen zur Beschränkung auch der gesetzlich ausgeübten staatlichen Gewalt: a) Verfassungsrechtliche Garantie der Grundrechte und damit die Unterscheidung von Verfassungsgesetz und einfachem Gesetz; b) Bindung der Gesetzgebung an die Verfassung; c) Rechtsschutz gegen staatliche Handlungen sowohl der Legislative wie der Exekutive (Verfassungs- und Verwaltungsgerichtsbarkeit) und Möglichkeiten der Berufung gegen richterliche Entscheidungen. 2. Damit aber das Gesetz oder die Verfassung Ausdruck des ›gemeinsamen‹ oder formell-allgemeinen Interesses und Willens aller Warenbesitzer sei, was bisher immer unterstellt war, ist vorausgesetzt, daß alle Warenbesitzer als Freie und Gleichberechtigte an der Bildung dieses gemeinsamen Willens beteiligt sind. Zwar ist es richtig, daß formal nicht die Rechtsstaatlichkeit als solche demokratische Regierungsformen verlangt, aber ohne verfassungsrechtliche Regelungen, daß »alle Gewalt vom Volke ausgeht«, also ohne die anerkannte Volkssouveränität, ist auch die formale Rechtsstaatlichkeit nicht garantiert. Wir müssen daher im 34. Kapitel, bevor wir uns im III. Abschnitt der Entlarvung des Scheins der einfachen Warenzirkulation zuwenden, den notwendigen Zusammenhang von Warenzirkulation und demokratischen Grundrechten und damit zugleich wesentliche Grundprinzipien bürgerlicher Verfassungen zu entwickeln versuchen.

§ 4. Wir haben bisher nur den einfachen Grundgedanken der Entwicklung des historisch-spezifischen Charakters des bürgerlichen Staats als Rechtsstaat skizziert. Die Marxsche Begründung unterscheidet sich von der klassischen bürgerlichen Theorie von Hobbes, Locke, Rousseau, Kant und Hegel wesentlich dadurch, daß erst Marx den inneren Zusammenhang des modernen Staats mit den »modernen, von den bürgerlichen Ökonomen als notwendige, ewige Gesetze proklamierten Produktionsverhältnissen« (MEW 4/338) auf den Begriff gebracht hat. Indem er die Prinzipien von Freiheit, Gleichheit und Eigentum aus der spezifischen Struktur einer besonderen historischen Produktionsweise herleitet, vermeidet er 1. deren Hypostasierung als ›natürliche‹ und ›vernünftige‹ Ideen und 2. die Hypostasierung der realen gesellschaftlichen Verhältnisse, die in jenen Ideen ausgedrückt sind, als ewige oder vernunftnotwendige.[10] Wir wollen nun diesen Grundgedanken gegenüber möglichen Mißverständnissen absichern und damit zugleich den Charakter dieser Begründung des bürgerlichen Staates verdeutlichen.

Die obige These, der historisch-spezifische Charakter des bürgerlichen Staats sei nur über dessen notwendige Funktion als Garant der rechtlichen Bedingungen der bürgerlichen Produktionsweise zu erkennen, kann in zweifacher Weise mißverstanden werden:

1. als stünde der konstatierte Charakter des Staats als Rechtsstaat im Widerspruch zum von Marx und Engels stets betonten Charakter des bürgerlichen Staats als Klassenstaat; als sei damit auch historisch eine Periode unterstellt, in welcher der Staat nur als Rechtsstaat – ohne zugleich Mittel der Klassenherrschaft zu sein – existiert habe.

2. als sei die Garantie von Eigentum und Vertragsfreiheit sowohl begrifflich wie historisch die einzige notwendige Funktion des bürgerlichen Staats.

Zu 1.: Die Marxsche Analyse der einfachen Warenzirkulation ist nicht zu verwechseln mit der Behauptung einer historischen Periode, in welcher die ökonomischen, rechtlichen und politischen Beziehungen einfacher Warenproduzenten in gesellschaftlichem Maßstab dominierend gewesen wären[11]. Vielmehr ist vollentwickelte kapitalistische Warenproduktion dieser Analyse vorausgesetzt; damit auch die reale Existenz der Grundklassen der bürgerlichen Gesellschaft. Dennoch ist es notwendig, bei der Analyse dieser realen Verhältnisse zunächst von der Klassenstruktur abzusehen, weil nur so der spezifisch kapitalistische Charakter oder die »vermittelte Form der Aneignung der Mehrarbeit« begriffen werden kann. Im Gegensatz zu allen vorbürgerlichen Formen der Ausbeutung sind die Mitglieder der ökonomisch exploitierten Klasse in der bürgerlichen Produktionsweise gerade als rechtlich und politisch Freie und Gleiche vorausgesetzt. Der bürgerliche Staat als Rechtsstaat steht keineswegs im Gegensatz zur Tatsache der rechtlich und politisch garantierten, in den ökonomischen Verhältnissen begründeten Ausbeutung; die Rechtsstaatlichkeit ist vielmehr die notwendige Form, in welcher (oder: unter deren Deckmantel) sich die Klassenherrschaft der Bourgeoisie über das Proletariat vollzieht. Um also den ›öffentlich-rechtlichen‹ Charakter der bürgerlichen Klassenherrschaft begreifen zu können, muß man zunächst den Charakter des bürgerlichen Staats als öffentlicher Gewalt begriffen haben (und nichts anderes ist in den §§ 2–3 versucht worden). Nicht daß durch einen arbeitsteiligen Apparat im Interesse einer herrschenden Klasse Gewalt über unterdrückte Klassen ausgeübt wird, ist das Spezifische des bürgerlichen Staats gegenüber anderen historischen ›Staatstypen‹, sondern daß diese Gewalt öffentliche Gewalt in dem Sinne ist, daß sie formal im Interesse aller als Freier und Gleicher ausgeübt werden kann (auch wenn nur unter bestimmten, im IV. Abschnitt näher zu diskutierenden Bedingungen).

Zu 2.: Die Begründung des historisch-spezifischen Charakters des bürgerlichen Staats als Rechtsstaat ist nicht zu verwechseln mit der liberalistischen Staatsideologie, derzufolge der bürgerliche Staat sich entweder auf ›Nachtwächter‹-Funktionen beschränken solle oder sogar in einer bestimmten historischen Epoche sich darauf beschränkt habe. Es läßt sich vielmehr begründen, daß die staatlichen Funktionen in der bürgerlichen Gesellschaft sich nicht auf die Garantie der rechtlichen Bedingungen beschränken können. Die These bedeutet nur, daß die Form, in der der Staat bei der Erstellung von über die rechtlichen Bedingungen hinausreichenden allgemeinen Rahmenbedingungen der gesellschaftlichen Produktion in der bürgerlichen Produktionsweise tätig werden muß, nicht begriffen werden kann, ohne daß zuvor der Charakter des Staats als Rechtsstaat begriffen wäre. Zudem sind staatliche Funktionen in der Erstellung der allgemeinen Rahmenbedingungen der gesellschaftlichen Produktion keineswegs nur dem bürgerlichen Staate eigen (z. B. Organisation der Bewässerungssysteme in altorientalischen Sklavenhalter-Staaten usw.), und es ist, von Art und Umfang dieser Tätigkeiten einmal abgesehen, die Unterschiede des Entwicklungsstandes der Produktivkräfte ausdrücken, wieder die rechtliche Form der staatlichen Tätigkeiten die differentia specifica zwischen bürgerlichen und vorbürgerlichen Staaten.[12]

Erläuterungen und Zusätze

1. Vgl. Hegel, 1970, § 81, Zusatz. Schon im Vertrag, so läßt sich hieran anschließend formulieren, ist die Grundlage des Eigentums nicht mehr ›nur Gewalt‹ oder bloß ›subjektiver Wille‹, sondern schon ›gemeinsamer Wille‹ der Vertragspartner und, da gilt: ›Gewalt von keiner Seite‹, auch formell freier Wille. Wir haben bereits oben angedeutet, daß die hier umrissene Zwieschlächtigkeit des Rechts von Theoretikern nicht begriffen werden kann, die – ausgehend vom behaupteten strengen ›Dualismus‹ von Sein und Sollen – jeden Versuch einer Vermittlung von ›soziologischer‹ und ›juristischer‹ Betrachtung des Rechts für ›Methodensynkretismus‹ halten. (Georg Jellinek, in dessen Begriff des Rechts durchaus noch beide Momente enthalten sind (vgl. 1966, S. 332 ff. und 1905, S. 41 ff.) behilft sich mit der Phrase von der ›normativen Kraft des Faktischen‹ (1966, S. 337 ff.)). Es ist das Verdienst von Cerroni, zu verfolgen, wie sich jene doppelte Natur des Rechts, Faktum und Norm zu sein, auch in jenen Rechtstheorien geltend macht, welche aus methodischen Gründen eine der beiden Seiten ausklammern.

2. Dies ist eine strukturelle Notwendigkeit des betrachteten Systems. Weitergehende Gründe für ›Positivierung des Rechts‹ finden sich bei LUHMANN (1970b), S. 176 ff.; und (1972b) Bd. I, S. 190 ff.

3. Logisch wie historisch steht daher das Rechtsverhältnis vor der Rechtsnorm, das subjektive Recht vor dem objektiven Recht, das Recht (droit) vor dem Gesetz (loi). Es ist zu unterscheiden zwischen Genesis oder Konstitution der Rechtsverhältnisse aus den sozialökonomischen Beziehungen (Kelsen nennt dies ›rechtstranszendente‹ Betrachtung) und den rechtlichen Beziehungen innerhalb des bereits fertig konstituierten Rechtssystems. Was letzteres – *rein rechtsdogmatisch betrachtet* – anlangt, so ist klar, daß z. B. das objektive Recht das subjektive setzt, von subjektivem Recht eigentlich gar nicht mehr gesprochen werden kann (vgl. ›Reflexrecht‹); daß keine Differenz mehr gesehen werden kann und darf zwischen Recht und Gesetz. Wenn so die rechtsformalistischen Theorien den Unterschied zwischen Recht und Gesetz überhaupt preisgeben müssen, können die naturrechtlichen Theorien ihn nur machen um den Preis seiner empirisch-wissenschaftlichen Begründung. Als These soll hier formuliert werden, daß jede nicht-sozialwissenschaftliche Theorie des Rechts notwendigerweise zwischen Rechtsformalismus und Naturrecht und den verschiedenen Abstufungen zwischen diesen beiden aporetischen Extremen hin- und herschwanken muß.

4. In unserem Zusammenhang der Begründung des Staates als Rechtsstaat können wir nicht weiter auf Regelungen des Privatrechts eingehen. Zudem wären dazu selbstverständlich entwickeltere ökonomische Verhältnisse als die der einfachen Zirkulation schrittweise zu entfalten. Auf dieser Ebene können generell nur die einfachsten, grundlegenden Institute dargestellt werden. Einen brauchbaren Überblick über die Geschichte des Privatrechts vermittelt die Arbeit von WIEAKKER (1952). Vgl. auch die lange Zeit für *die* marxistische Rechtstheorie geltende Arbeit von RENNER (1965).

5. Vgl. zum folgenden: Hobbes' Leviathan (Zweiter Teil, Kap. 17) und Lockes' Zwei Abhandlungen über die Regierung (II. Buch, Kap. 7 und 9).
6. Erst jetzt haben wir mit der Begründung der Notwendigkeit einer ›öffentlichen Gewalt‹ das erste Moment der allgemeinen Bestimmungen aller Staaten in der marxistisch-leninistischen Staatstheorie eingeholt (vgl. oben Kap. 30, Zusatz 3) und können zugleich wichtige Differenzen zwischen bürgerlicher und vorbürgerlicher ›Öffentlichkeit‹ benennen: die bürgerliche Öffentlichkeit ist nicht wie alle vorbürgerlichen Formen von Öffentlichkeit mehr oder weniger exklusiv, beschränkt, sondern – der Tendenz nach – *allgemein;* in ihr bewegen sich die Individuen im Unterschied zu ihren vorbürgerlichen Vorformen unter Abstraktion von allen materialen Unterschieden als formell Freie und Gleiche: sie ist *abstrakt.* Diese Differenzen müssen bei Versuchen der Bestimmung *aller* historischen Staatsgewalt als ›öffentlicher Gewalt‹ nach Ansicht d. Verf. mehr oder weniger weitgehend verwischt werden. Wir haben zugleich die im 31. Kapitel nur angedeutete Trennung von bürgerlicher Gesellschaft und ›Staat‹ aus der spezifischen Natur eben dieser bürgerlichen Gesellschaft heraus zu begründen versucht. Wir wissen bereits, daß diese Trennung die *Form,* keineswegs den Inhalt der Herrschaft ausmacht. Es ist jedoch wichtig, diese notwendige Form der bürgerlichen Herrschaft auch dann nicht zu vergessen, wenn sich erweist, daß nicht nur ihr Inhalt durchaus mit dem ›Privatinteresse‹ bestimmter Mitglieder der herrschenden Klasse oder mit deren Klasseninteresse ›vereinbar‹ ist, sondern daß diese Form selber die rechtliche Garantie der auf dem Privateigentum an den Produktionsmitteln basierenden Klassenherrschaft ermöglicht.
7. Zum Unterschied zwischen funktioneller Gewaltenteilung und Organgewaltenteilung sowie zu Problemen einer präzisen logischen Abgrenzung: Vgl. JELLINEK (1966), S. 496 ff.; KELSEN (1966), § 32 und § 37; vgl. Artikel ›Gewaltenteilung‹ von WEBER (1966), S. 497–502. Trotz aller logischen Abgrenzungsprobleme ist die – hier nicht näher zu begründende – Unterscheidung der drei Momente der öffentlichen Gewalt keineswegs hinfällig. Sie darf nur nicht mit dem der konstitutionellen Monarchie entspringenden Dogma der Gewaltentrennung verwechselt werden.
8. Auch für Max Weber (vgl. unten 40. Kapitel. § 3) beruht der Begriff des modernen Staates auf dem des politischen Verbandes und dessen konstitutiver Minimalbedingung: der Existenz eines Verwaltungsstabes.
Wir haben nun in unserer Untersuchung der bürgerlichen Gesellschaftsformation das zweite wesentliche Moment der allgemeinen Bestimmungen aller Staaten in der marxistisch-leninistischen Theorie des Staates eingeholt: die Notwendigkeit arbeitsteiliger, öffentlicher Funktionen oder eines Verwaltungsstabes. Wir müssen kurz die methodische Eigenart dieses Begründungsversuches verdeutlichen: 1) Wir begründen die Notwendigkeit arbeitsteiliger öffentlicher Funktionen nicht über die – ab einer bestimmten Entwicklungsstufe der gesellschaftlichen Produktivkraft der Arbeit – notwendige arbeitsteilige Erstellung der allgemeinen Rahmenbedingungen der gesellschaftlichen Produktion (oder kurz: nicht über die Notwendigkeit von ›Leistungsverwaltung‹), weil diese nur unter erst zu klärenden Bedingungen überhaupt zu ›öffentlichen‹ (im spezifisch modernen Sinne) oder ›staatlichen‹ im Unterschied zu ›gesellschaftlichen‹ Funktio-

nen werden. 2) Man kann zwischen ›öffentlichen‹ und ›staatlichen‹ arbeitsteiligen Funktionen unterscheiden. Wir hätten dann bisher nur versucht, die arbeitsteilige Durchführung bestimmter öffentlicher Funktionen zu begründen über den Sachverhalt der Komplexität der Warenzirkulation, der Sprengung borniert lokaler Schranken und der Gegensätzlichkeit der privaten Interessen der Warenbesitzer. Da wir auf der Ebene der einfachen Zirkulation von der Existenz von Klassen abstrahieren, kennen wir z. B. im Falle des Rechtsbruchs erst die Anwendung von arbeitsteiliger öffentlicher Gewalt gegen Individuen, nicht jedoch gegen Klassen. Wenn wir (vgl. hierzu unten: 39. Kapitel) mit Marx und Engels erst dann von staatlicher Gewalt sprechen würden, wenn arbeitsteilig besondere Repressionsgewalt *gegen Klassen* angewandt wird, hätten wir bisher zwar eine besondere, öffentliche Repressionsgewalt, jedoch noch keine ›staatliche‹ Gewalt und damit auch noch keinen ›Staatsapparat‹ entwickelt. Dies verweist uns 1. darauf, die Entwicklung der Momente des Begriffs des bürgerlichen Staats zu trennen von der Frage, von welchem Punkte dieser Entwicklung an es sich um den ›fertigen‹ bürgerlichen Staat als ›Staat‹ handelt. Daß dies auf der bisherigen Stufe der begrifflichen Entwicklung noch nicht möglich ist, daß wir also mit der Entwicklung des Moments der ›Rechtsstaatlichkeit‹ noch nicht den Charakter des bürgerlichen Staats als ›Staat‹ fertig begriffen haben, soll hiermit für den gesamten II. Abschnitt verdeutlicht werden. Es verweist uns 2. darauf, daß man – genauer als wir dies bisher und auch im folgenden im Anschluß an Marx und Engels tun – unterscheiden kann zwischen formaler Trennung von bürgerlicher Gesellschaft und Öffentlichkeit (einschließlich der ›öffentlichen‹ Gewalt), was bisher stets als Trennung von bürgerlicher Gesellschaft und ›Staat‹ bezeichnet wurde, und der Begründung des bürgerlichen Staats ›als Staat‹. (Zur doppelten Verwendung des Begriffs des Staats ›als Staat‹ vgl. unten 39. Kapitel.) Der Begründung des bürgerlichen Staats ›als Staat‹ im letzteren Sinne werden wir uns anläßlich der Begründung der ›Verselbständigung‹ der arbeitsteiligen öffentlichen Gewalt gegenüber ›der Gesellschaft‹ oder bestimmten gesellschaftlichen Klassen zuwenden (vgl. Zusatz 9 dieses Kapitels und 35. und 39. Kapitel).

9. Wir wissen bereits, daß die Möglichkeit oder Wirklichkeit einer Verselbständigung der arbeitsteiligen öffentlichen Gewalt unterschieden werden kann von der formalen Trennung von bürgerlicher Gesellschaft und ›Staat‹ im Sinne von öffentlicher Gewalt. Ihre gemeinsame Grundlage ist der Antagonismus der privaten Interessen in der bürgerlichen Gesellschaft. Die formale Trennung bezieht sich auf die notwendige Trennung der Sphären von Privatheit und Öffentlichkeit (einschließlich jenes Bereichs der öffentlichen Gewalt, der sich nach Begründung der ›Verselbständigung‹ als staatliche Gewalt herauskristallisiert). Die Möglichkeit oder Wirklichkeit der Verselbständigung der privaten Interessen der Mitglieder des – vorausgesetzten – arbeitsteiligen öffentlichen Apparats ist bezogen a) auf der Ebene der einfachen Zirkulation auf die gemeinsamen Interessen aller privaten Warenbesitzer: ›Verselbständigung des Staatsapparats gegenüber der Gesellschaft‹ bloßer Warenbesitzer; b) nach der Darstellung der grundlegenden Klassendifferenzierung auf die Verselbständigung des Staatsapparats gegenüber den Klasseninteressen der exploitierten Klassen (Staatsapparat als ›regierender Ausschuß der herrschenden Klasse(n)‹ – ›Gesellschaft‹ steht dann bei Marx und

Engels häufig synonym für unterdrückte Klassen) oder schließlich gegenüber den besonderen Interessen aller Klassen (vgl. unten 35.-37. Kapitel).

Die hier formulierte *Möglichkeit* der Verselbständigung der arbeitsteiligen öffentlichen Gewalt ist – und dies ist fürs Verständnis unseres Vorgehens wichtig – zu unterscheiden von der Wirklichkeit (oder Notwendigkeit) der Verselbständigung des Staatsapparats. Die Möglichkeit der Verselbständigung der öffentlichen Gewalt gegenüber den gemeinamen formalen Interessen aller Warenbesitzer auf der Ebene der einfachen Zirkulation ist begründet in der benannten Zwiespältigkeit der Interessen der ›öffentlichen Personen‹, in der Möglichkeit, die ihnen delegierte öffentliche Gewalt in ihrem privaten Interesse einzusetzen. Im Maße dieser Verselbständigung wird die ›öffentliche‹ Gewalt zur ›staatlichen‹ Gewalt. Der entscheidende Punkt im Prozeß dieser begrifflichen Entwicklung, an dem aus der bloßen Möglichkeit die Notwendigkeit der Verselbständigung werden muß, ist die Darstellung der Klassendifferenzierung der bürgerlichen Gesellschaft. Vgl. hierzu – im Zusammenhang der historischen Begründung des Staats – die Versuche von Engels (vgl. MEW 21/94 ff.) zwischen öffentlicher und staatlicher Gewalt zu unterscheiden.

Es ist schließlich naiven Illusionen bezüglich einer effektiven demokratischen Kontrolle von Exekutive und Legislative durch die Verfassungs- und Verwaltungsgerichtsbarkeit gegenüber zu betonen, daß sich die Gefahren der Verselbständigung der staatlichen Gewalt auf alle drei Momente, also auch auf die ›dritte‹ Gewalt, beziehen: quis custodiet custodes?

10. Dies zu ignorieren, bleibt KELSEN überlassen (vgl. 1967, S. 122–127), für den schließlich *jede* nichtrechtsformalistische Analyse zur naturrechtlichen Ideologie zerrinnt (vgl. S. 197, 114 f u. ö.). Der rationale Kern der vertragstheoretischen Staatsbegründung besteht nach Ansicht der Verf. zum einen im Versuch einer systematischen, nicht bloß historisch-deskriptiven Begründung. (Die traditionellen Einwände gegen die naturrechtliche Begründung z. B. sind Hobbes und Locke durchaus bekannt. Sie wissen, daß es sich beim »Staatsvertrag« um ›Fiktion‹ oder ›Konstruktion‹, keineswegs um realhistorische Vorgänge handelt.) Zum andern in der Trennung von bürgerlicher Gesellschaft und ›Staat‹. Diese wird weder hinfällig durch die Erkenntnis des Staats als ›Instrument‹ der Klassenherrschaft (wie z. B. CUNOW (1920); REICHELT (1974) u. a. meinen), noch durch die historische Zunahme von ›Leistungsverwaltung‹ gegenüber ›Eingriffsverwaltung‹ (wie z. B. DRATH (1968); RIDDER (1962); HOFFMANN (1968, S. 5 f.) u. a. annehmen; auch ABENDROTH (1968), S. 121 f. ist geneigt, die Trennung von Gesellschaft und ›Staat‹ als Ausdruck ›liberalistischer Staatsauffassung‹ oder einer ›liberalistischen Phase des Kapitalismus‹ abzutun.) Vgl. zum Problem auch: LUHMANN (1965), S. 29 f.

11. Vgl. z. B. LOCKE: Zwei Abhandlungen. Buch II, Kapitel 4: Die Sklaverei; vgl. ROUSSEAU: Der Gesellschaftsvertrag, I. Buch, Kap. 9, Anm. 4.

12. Wir können hier auf die spezifische Differenz zwischen Rechtsunterworfenheit der Tätigkeit des bürgerlichen Staats zur ›Rechtsunterworfenheit‹ vorbürgerlicher Staaten, die sich z. B. in der Entwicklung des Verwaltungsrechts ausdrückt, nur hinweisen. Wir haben bereits im 30. Kapitel angedeutet, daß wir uns nicht weiter mit begrifflicher Bestimmung und historischer Entwicklung der staatli-

chen Funktionen bei der Garantie der nichtrechtlichen institutionellen und materiellen Rahmenbedingungen der kapitalistischen Produktionsweise befassen können (vgl. hierzu GR 422 ff.). Hervorgehoben werden sollte nur, daß sich die Verwaltungstätigkeit des bürgerlichen Staates und damit die Staatsfunktionen von Anfang an historisch keinesfalls auf bloße ›Eingriffsverwaltung‹ reduzieren lassen. Wir haben auf der bisherigen Stufe der Entwicklung erst die Voraussetzung geschaffen, die rechtliche Natur dieser Eingriffe zu begreifen, deren Charakter als Repressionsinstrument gegen die Arbeiterklasse erst im III. Abschnitt dargestellt werden kann. Damit besteht bis jetzt noch nicht einmal die Möglichkeit, die »doppelte Natur« (vgl. MEW 25/397 ff.) aller staatlichen Leistungen bei der Erstellung der allgemeinen Produktionsbedingungen (die im üblichen Terminus ›Leistungsverwaltung‹ genauso verschleiert ist wie das Moment der Klassenunterdrückung im Terminus ›Eingriffsverwaltung‹) zu begreifen: wie in betrieblichen Leistungsfunktionen im Kapitalismus aufgrund der Entwicklung der gesellschaftlichen Arbeitsteilung notwendige Funktionen mit Herrschaftsfunktionen verschmolzen sind, so auch in den Leistungen der staatlichen Verwaltung. (Vgl. unten: Kapitel 35.)

Fragen zur Diskussion
1. Warum ist die Gleichsetzung von Recht und Gewalt unzureichend?
2. Warum ist die Garantie der rechtlichen Regelungen der Warenzirkulation durch eine öffentliche Gewalt eine »strukturelle Notwendigkeit« dieses Gesellschaftssystems?
3. Ist ›öffentlich‹ identisch mit ›staatlich‹? Kennen Sie Formen nicht- oder vorstaatlicher Öffentlichkeit? Was ist überhaupt ›Öffentlichkeit‹?
4. Macht der Staat die Gesetze?
5. Wie kann ein Unterschied zwischen Recht und Gesetz begründet werden?
6. Kann eine Rückbindung der Gesetzgebung an die ›Verfassung‹ die ›Rechtsstaatlichkeit‹ garantieren? Wer bestimmt und ›hütet‹ die ›Verfassungshüter‹?

34. Kapitel: Grundrechte, Warenzirkulation und Demokratie

Lernziele:
Wir wollen nun verfolgen, wie sich die bereits bekannten gemeinsamen Interessen der Warenbesitzer in den Grundrechten, die in den bürgerlich-demokratischen Verfassungen garantiert sind, ausdrücken und den angedeuteten Zusammenhang zwischen Herrschaft des Gesetzes und Prinzip der Volkssouveränität untersuchen.

Textgrundlage:
›Bill of Rights‹ von Virginia vom 12. Juni 1776; ›Declaration des droits de l'homme et du citoyen‹ von 1789; nochmals: MEW 1/362–367.

§ 1. Wir haben im 33. Kapitel zu zeigen versucht, daß der bürgerliche Staat als Rechtsstaat nur da ist, um jedem Mitglied der bürgerlichen Gesellschaft »die Erhaltung seiner Person, seiner Rechte und seines Eigentums zu garantieren« (MEW 1/366). Wenn die Warenbesitzer »überhaupt nur insofern als Staatsbürger auftreten, als ihre Privatverhältnisse dies gebieten« (MEW 3/339), so werden sie »dem Staat nicht erlauben, sich in ihre Privatinteressen einzumischen, und ihm nur soviel Macht geben, als zu ihrer eignen Sicherheit und der Aufrechterhaltung der Konkurrenz nötig ist.« (ebd.) Sie sprechen ihre aus ihrer Stellung als Warenbesitzer in der bürgerlichen Gesellschaft hervorgehenden Interessen als *subjektive öffentliche Rechte* aus, die allen Mitgliedern der bürgerlichen Gesellschaft, d. h. auch jedem Einzelnen gegenüber der staatlichen Gewalt unveräußerlich zukommen. Dies wird in den ersten bürgerlichen Verfassungen deutlich formuliert: »Le but de toute association politique est la conservation des droits naturels et imprescriptibles de l'homme« (1789, Art. 2)[1]. Die Garantie dieser als ewig oder natürlich ausgesprochenen Menschenrechte nicht nur gegenüber Exekutive und Judikative, sondern auch gegenüber der Legislative, also gegenüber der gesamten staatlichen Gewalt ist der mehr oder weniger deutlich benannte Zweck ihrer verfassungsrechtlichen Fixierung: »Le pouvoir legislatif ne pourra faire aucunes lois qui portent atteinte et mettent obstacle à l'exercise de droits naturels et civils ... garantis par la constitution« (1791, titre premier).

Die gemeinsamen Interessen aller Warenbesitzer zielen auf eine generelle Begrenzung der staatlichen Gewalt, auf Regelungen, die garantieren, daß diese Gewalt im öffentlichen Interesse ausgeübt wird und sich nicht ihnen gegenüber verselbständigt. Dies erfordert schließlich Rechte, die die Beteiligung aller an der staatlichen Willensbildung garantieren. Die »droits garantis par la constitution« formulieren somit einerseits den Rechtsanspruch der Privateigentümer auf Anerkennung einer vom staatlichen Imperium freien Sphäre, andrerseits den Rechtsanspruch auf freie öffentliche Willensbildung und Beteiligung aller an der staatlichen Willensbildung; und schließlich den Anspruch, daß die öffentliche Gewalt diese Rechte schütze. Die verfassungsmäßig garantierten Rechte lassen sich gliedern in *»droits de l'homme«* (§ 2), die den Mitgliedern der bürgerlichen Gesellschaft als solchen gegenüber der staatlichen Gewalt zukommen und in »droits du citoyen« (§ 3), die den Mitgliedern der bürgerlichen Gesellschaft als aktiven Staatsbürgern zukommen.[2]

Da in der bürgerlichen Produktionsweise »das *politische Gemeinwesen* ... zum bloßen *Mittel* für die Erhaltung dieser ... Menschenrechte« (MEW 1/366, vgl. 367 »Mittel, dessen Zweck das Leben der bürgerlichen Gesellschaft ist«) dient, müssen die Menschenrechte am Anfang der bürgerlichen Verfassungen stehen.

§ 2. »Les hommes naissent et demeurent libres et égaux en droits« (1789, Art. 1; vgl. ›Bill of Rights‹ von Virginia I u. a. m.). Den ›Menschen‹ als das

Subjekt der ihm zugeschriebenen Rechte haben wir bereits kennengelernt: die Austauschsubjekte müssen sich zueinander als freie und gleiche Rechtspersonen verhalten. Da ihnen die Austauschverhältnisse als ewige oder natürliche Produktionsverhältnisse erscheinen, wird ihnen auch die Eigenschaft, Rechtspersonen zu sein, zur natürlichen Eigenschaft des Gattungswesens ›Mensch‹, die allen Exemplaren dieser Gattung unabhängig von besonderen historischen Gesellschaftsformationen als solchen zukommt. Der ›Mensch‹ als »Mitglied der bürgerlichen Gesellschaft« (MEW 1/363) ist das »auf sein Privatinteresse und seine Privatwillkür zurückgezogene(s) ... Individuum« (MEW 1/366) im Gegensatz zum citoyen als dem abstrakten Mitglied des ebenso abstrakten politischen Gemeinwesens.

Wie das Mitglied der bürgerlichen Gesellschaft als ›Mensch‹ schlechthin erscheint, so erscheinen auch die gegenüber der staatlichen Gewalt als unverletzlich und unveräußerlich formulierten Menschenrechte als ewige, natürliche, vernünftige, heilige Rechte aller Individuen der Gattung Mensch. »Ces droits sont l'égalité, la liberté, sûreté, la propriété« (1973, Art. 2; vgl. Virginia I; Massachusetts I; u. a.).

a) La *liberté* (in ihrer ›nichtpolitischen‹, persönlichen Bedeutung) »consiste à pouvoir faire tout ce, qui ne nuit pas à autrui« (1789, Art. 4; vgl. 1793, Art. 6; u. a.). Diese persönliche Freiheit »des Menschen als isolierter auf sich zurückgezogener Monade« (MEW 1/364) beinhaltet nach Marx das »Recht, innerhalb gewisser Bedingungen ungestört der Zufälligkeit sich erfreuen zu dürfen« (MEW 3/75). Die Sicherung dieser Freiheit der Person ist das erste wesentliche subjektive, öffentliche Recht. Soweit es sich also – was erst zu zeigen sein wird – bei der bürgerlichen Herrschaft um Klassenherrschaft handelt, ist sie notwendig Herrschaft über formal Freie und Gleiche.

Die Garantie der persönlichen Freiheit impliziert das Recht der Freizügigkeit (1791, titre premier u. ö.), der Freiheit der Berufs-, Arbeitsplatz- und Ausbildungsstättenwahl (1793, Art. 17), der Unverletzlichkeit der Wohnung, der Religions- oder Gewissensfreiheit (1789, Art. 10; vgl. 1793, Art. 7; Pennsylvania, Art. 9; New Hampshire, Art. 5 und 6; Virginia XVI u. ö.; vgl. MEW 1/362f.), des Brief-, Post- etc. Geheimnisses.

b) »La *propriété* étant un droit inviolable et sacré« (1789, Art. 17). Es sichert jedem Bürger zu »de jouir et disposer à son gré de ses biens, de ses revenus, du fruit de son travail et de son industrie« (1793, Art. 16).

Enteignungen sind nur möglich, wenn es die öffentliche, gesetzlich festgesellte Notwendigkeit erfordert »et sous la condition d'une juste et préalable indemnité« (1789, Art. 17; vgl. Massachussetts X; Vermont II; 1793, Art. 19 u. a.). Dies Recht des privaten Eigentums bezeichnet Marx kurz als »Recht des Eigennutzes« (MEW 1/365).

Die private, persönliche Freiheit und das Recht, willkürlich über das private Eigentum zu verfügen »bilden die (rechtliche – d. Verf.) Grundlage der bürgerlichen Gesellschaft« (MEW 1/365); sie sind subjektive Rechte der Warenbesitzer als Mitglieder der bürgerlichen Gesellschaft ›unabhängig vom Staat‹ und gegenüber der staatlichen Gewalt. Ihr Zweck war, wie wir gesehen haben, die rechtliche Anerkennung der sich frei von staatlichem Eingriff vollziehenden privaten Produktion und des privaten Lebens. Die staatliche Gewalt soll nun nur im Interesse dieser Freiheit und dieses Eigentums tätig werden, zu ihrer Sicherheit und ihrem Schutz. Daß auch die dem Staat im Interesse aller Warenbesitzer zugestandene Tätigkeit wirklich in deren allgemeinem Interesse sich vollziehe, dafür formulieren die Warenbesitzer subjektive Rechte, welche jedem Einzelnen von ihnen einen Rechtsanspruch auf staatliche Leistungen und ihnen allen Garantien gegenüber einer Verselbständigung der staatlichen Gewalt geben sollen.

c) »La sûreté consiste dans la protection, accordée par la société (d. h. hier: Staat – d. Verf.) à chacun de ses membres pour la conservation de sa personne, de ses droits et de ses propriétés« (1793, Art. 8; vgl. MEW 1/365 f.). Jeder ›Mensch‹ hat Anspruch auf diese Sicherheit und alle Mitglieder der bürgerlichen Gesellschaft fordern, daß die »Freiheit gegen die Unterdrückung derer in Schutz« genommen werde, welche regieren (ebd., Art. 9), daß »keiner angeklagt, in Haft genommen oder gehalten werden (darf), außer in den vom Gesetz bestimmten Fällen« (ebd., Art. 10, vgl. Massachussets XII und XIV u. ö.), daß von der Unschuld der Angeklagten bis zu ihrer rechtskräftigen Verurteilung auszugehen ist (1789, Art. 9; 1793, Art. 14 u. ö.), daß die Gesetze keine rückwirkende Kraft haben (1789, Art. 8; 1793, Art. 14 u. ö.), daß also die Gesetzmäßigkeit von Exekutive und Judikative gewährleistet sei. Die Gesetze selber aber müssen die Gleichheit aller ›Menschen‹ berücksichtigen.

d) »L'égalité consiste en ce, que la loi est la même pour tous, soit qu'elle protège, soit qu'elle punisse« (Franz. Verfassung von 1795, Art. 3; vgl. 1789, Art. 6; 1793, Art. 4, u. ö.). Die ›Herrschaft des Gesetzes‹ im gemeinsamen Interesse verlangt die Berücksichtigung des Gleichheitsgrundsatzes bei der Gesetzgebung und des Grundsatzes der Verhältnismäßigkeit.

Hinzu kommt das Recht auf »résistance à l'oppression« (1793, Art. 33 und 35; Virginia III; Maryland IV u. ö.). Wenn die Regierung die Rechte des Volkes verletzt, (auch die erst darzustellenden politischen Rechte, vgl. § 3), wenn die staatliche Gewalt nicht mehr im öffentlichen Interesse tätig ist, sondern »pour l'utilité particulière de ceux, auxquels elle est confiée« (1789, Art. 12), dann steht allen ›Menschen‹ das unveräußerliche Recht zu, dagegen Widerstand zu leisten.

§ 3. Wir haben bisher die *droits de l'homme*, insofern sie unterschieden sind von den *droits du citoyen«* (MEW 1/362), behandelt. Sie sollen – grob gesprochen – zum einen eine staatsfreie Sphäre der bürgerlichen Gesellschaft garantieren, zum andern den Rechtsschutz aller Mitglieder der bürgerlichen Gesellschaft und die Rechtsstaatlichkeit der öffentlichen Gewalt. Der ›Mensch‹ war bisher vorausgesetzt als Mitglied der ›staatsfreien‹ bürgerlichen Gesellschaft oder als Objekt der staatlichen Gewalt, welcher im Interesse aller ›Menschen‹ unübersteigbare Schranken gesetzt werden sollten. Wir betrachten nun die Rechtsperson nicht mehr in bezug auf die bürgerliche Gesellschaft oder als bloßes Objekt zu begrenzender staatlicher Gewalt, sondern als Mitglied des politischen Gemeinwesens, als aktiven Staatsbürger oder citoyen. Der citoyen unterscheidet sich vom l'homme nicht dadurch, daß er ›abstraktes Wesen‹ ist; beide haben vielmehr zu ihrer Grundlage die abstrakte Person im Unterschied zum konkreten Individuum. Der Unterschied ist eher einer des ›Bezugsrahmens‹: Mensch ist der Warenhüter als Rechtsperson in seiner Eigenschaft als Mitglied der bürgerlichen Gesellschaft gegenüber der staatlichen Gewalt, citoyen ist derselbe Warenhüter als Rechtsperson in seiner Eigenschaft als Mitglied des bürgerlichen Staats, als an der staatlichen Willensbildung beteiligtes Subjekt. Den Inhalt der Staatsbürgerrechte oder der politischen Rechte bildet daher »die *Teilnahme* am *Gemeinwesen,* und zwar am *politischen* Gemeinwesen, am *Staatswesen«* (MEW 1/362). Wir haben im 33. Kapitel gesehen, daß die Warenbesitzer ihre gemeinsamen (formalen) Interessen im Gegensatz zu ihren privaten Interessen als Ausdruck ihres gemeinsamen Willens in Gesetzen fixieren. Sie begegnen sich in der Öffentlichkeit als Freie und Gleichberechtigte; ihrer Freiheit und Gleichheit – in ihrer nichtpolitischen Bedeutung – in der bürgerlichen Gesellschaft entspricht notwendig ihre politische Gleichheit und Freiheit als Staatsbürger. Wenn daher das Gesetz der Ausdruck des allgemeinen Willens aller Warenbesitzer sein soll (vgl. 1789, Art 6; 1793, Art. 4), so folgt daraus notwendig: »Tous les citoyens ont le droit de concourir personellement ou par leurs représentants à sa formation« (1789, Art. 6), oder, knapp und revolutionär formuliert: »La souverainité réside dans le peuple« (1793, Art. 25; vgl. Virginia II u. ö.). Dieser notwendige Zusammenhang zwischen Herrschaft des allgemeinen Gesetzes, Garantie der Rechtsstaatlichkeit und Volkssouveränität ist in den frühen bürgerlichen Verfassungen recht deutlich ausgesprochen; am klarsten in der revolutionärsten von ihnen: »La garantie sociale consiste dans l'action de tous, pour assurer à chacun la jouissance et la conservation de ses droits; cette garantie repose sur la souverainité nationale« (1793, Art. 23). Wenn sich alle Warenbesitzer als Freie und Gleiche begegnen müssen und keine Herrschaft von Privaten über sich dulden können, so ist die Öffentlichkeit der Gewalt erst garantiert, wenn alle Gewalt vom Volke ausgeht und vom Volke kontrolliert wird. (Vgl. MEW 3/182) Dem Verhalten der Warenbesitzer zueinander entsprechen die demokratisch-politischen Grundrechte.

Sie beziehen sich zunächst auf den Bereich der vorstaatlichen öffentlichen Willensbildung, auf die Freiheit der öffentlichen Meinung. Die Staatsbürger können sich nicht mit dem Recht auf persönliche Religions- oder Gewissensfreiheit begnügen; sie fordern generelle Meinungsfreiheit, Redefreiheit, Pressefreiheit: »That the freedom of the press is one of the great bulwarks of liberty and can never be restrained but by despotic governments« (Virginia XII, vgl. Pennsylvania XII; 1791, Art. 11 u. ö.); sie fordern Versammlungsfreiheit und Freiheit zur Bildung politischer Vereinigungen (in Frankreich erst 1791, titre premier; 1793, Art. 7)[4]. Diese politischen Freiheiten sind Mittel zur öffentlichen demokratischen Willensbildung, in deren Zentrum die Beteiligung aller an der staatlichen Willensbildung steht. Diese vollzieht sich entweder durch direkte Teilnahme aller Rechtsgenossen oder vermittelt durch vom Volke gewählte repräsentative Versammlungen. Alle Staatsbürger haben entweder allgemeines, freies und gleiches Stimmrecht bei Verfassungs- oder Gesetzgebung durch das Volk, oder allgemeines, freies, gleiches und geheimes aktives Wahlrecht zu den verfassungs- oder gesetzgebenden Versammlungen. (Vgl. Virginia VI; Massachussetts IX; New Hampshire XII; 1789, Art. 6 u. ö.)[5]. Die bürgerlich-demokratischen Verfassungen rufen nun nicht nur »jedes Glied des Volkes zum *gleichmäßigen* Teilnehmer der Volkssouveränität« (MEW 1/354) aus, sie fordern auch das allgemeine, freie und gleiche passive Wahlrecht: »Tous les citoyens ... sont également admissibles à toutes dignités, places et emplois publics ...« (1789, Art. 6; vgl. 1793, Art. 5 u. ö.). Zum Zweck der Kontrolle der gewählten Vertreter fordern sie die Verantwortlichkeit aller öffentlichen Personen (Virginia II, Massachussetts V; 1789, Art. 15; 1793, Art. 24 u. ö.) sowie die zeitliche Limitierung aller Ämter, um zu garantieren, daß die öffentliche Gewalt nicht im privaten Interesse ihrer Verwalter ausgeübt werde (vgl. Virginia V; 1793, Art. 30).[6]

§ 4. Wir haben nun die wesentlichsten Menschen- und Bürgerrechte in bezug zu dem Verhalten der Warenbesitzer zu setzen versucht. Wir haben dabei die Mitglieder der bürgerlichen Gesellschaft stets in ihrer gemeinsamen Eigenschaft als bloße Besitzer von Ware irgendwelcher Art betrachtet und von allen weiteren Unterschieden abgesehen (vgl. 32. Kapitel, § 1). Auf dieser Stufe der Abstraktion war es uns möglich, die Grundlagen des bürgerlichen Staats als Rechtsstaat und der verfassungsmäßig garantierten Grundrechte zu begreifen. Wir haben gesehen, daß »die Sphäre der Zirkulation oder des Warenaustausches, innerhalb deren Schranken Kauf und Verkauf der Arbeitskraft sich bewegt ... in der Tat ein wahres Eden der angebornen Menschenrechte« (MEW 23/189) ist: »Was allein hier herrscht, ist Freiheit, Gleichheit, Eigentum und Bentham« (ebd.). Den Verhältnissen der einfachen Zirkulation entsprachen die demokratischen Grundrechte der Staatsbürger. Formelle politische Freiheit und Gleichheit waren gefordert und die demokratische Form der politischen Herrschaft erwies sich als notwendiger Ausdruck der ökonomischen und rechtlichen Beziehungen der Warenbesitzer[7]. Die bürgerliche Herrschaft erscheint demnach rechtlich wie politisch legitimiert: als Herrschaft des Gesetzes und als Herrschaft der öffentlichen Gewalt im Namen und im Interesse Aller, kurz: als Herrschaft im Interesse der Beherrschten.

Zugleich scheint es so, als handele es sich nicht nur um die Herrschaft der ›formellen Allgemeinheit‹, sondern des materialen oder inhaltlichen Gemeinnutzes, der Allgemeinheit des Inhalts: Die einzige Macht, welche die Austauschsubjekte »zusammen und in ein Verhältnis bringt, ist die ihres Eigennutzes, ihres Sondervorteils, ihrer Privatinteressen. Und eben weil so jeder nur für sich und keiner für den andren kehrt, vollbringen alle, infolge einer prästabilierten Harmonie der Dinge, oder unter den Auspizien einer allpfiffigen Vorsehung, nur das Werk ihrer wechselseitigen Vorteils, des Gemeinnutzens, des Gesamtinteresses« (MEW 23/190, vgl. 505 u. ö.).

Aus dieser Sphäre der einfachen Zirkulation nun entlehnen die bürgerlichen Ideologen ihre harmonistischen Illusionen, »Anschauungen, Begriffe und Maßstab für . . . (ihr) Urteil über die Gesellschaft des Kapitals und der Lohnarbeit« (MEW 23/190 f.) und deren politische Struktur, indem sie von den weiter entwickelten Verhältnissen der bürgerlichen Produktion, vom zentralen Klassengesetz dieser Gesellschaft abstrahieren, indem sie über dieser schönen Form vergessen, was sich in ihr und hinter ihrer Oberfläche vollzieht. Sie, und in ihrem Gefolge die bürgerlichen Verfassungen, behaupten die Herrschaft der »utilité commune« (1789, Art. 1)[8], ja nicht für eine abstrakte Stufe der Darstellung der Struktur der bürgerlichen Gesellschaft, sondern als Zweck oder Ziel der realen historischen Staaten mit kapitalistischer Produktionsweise. Wir haben bisher versucht, die reale Basis der Legitimationsideologen der bürgerlichen Herrschaft aus der Struktur der bürgerlichen Produktionsweise selber herzuleiten[9]. Wir müssen nun untersuchen, warum und unter welchen Bedingungen es sich bei der Herrschaft der öffentlichen Gewalt überhaupt um ein ›Mittel‹ zur Aufrechterhaltung der Klassenherrschaft der Bourgeoisie handelt. Wir werden damit zugleich erkennen, warum und worin die genannten bürgerlichen Anschauungen über Staat und Gesellschaft ideologischer Natur sind.

Erläuterungen und Zusätze:

1. Vgl. Präambel der Konstitution von Massachussetts: »The end of the institution, maintenance, and administration of government is to secure the existence of the body-politic, to protect it, and to furnish the individuals who compose it with the power of enjoying . . . their natural rights and the blessings of life«. Wir zitieren

die Verfassungen nach HARTUNG (1972) und JELLINEK (1904).

Wir versuchen, den formulierten Zusammenhang zwischen Warenzirkulation und Rechtsstaatlichkeit und Demokratie am Beispiel der frühen bürgerlichen Verfassungen zu verdeutlichen. Gegenüber möglichen Mißverständnissen dieses Verfahrens ist zu betonen, daß es auf dieser Ebene der Darstellung weder um eine Interpretation aller Verfassungsartikel, noch um eine Untersuchung der besonderen historischen Entstehungsbedingungen und Funktionen bestimmter Verfassungen oder um eine vergleichende Interpretation verschiedener Verfassungen gehen kann. Auch das jeweilige Verhältnis von »Verfassungsnorm und Verfassungswirklichkeit« bleibt damit notwendig außerhalb dieser Betrachtung. Einen immer noch brauchbaren Überblick zu den ›geistesgeschichtlichen Voraussetzungen‹ der frühen bürgerlichen Verfassungen vermittelt JELLINEK (1904), vgl. auch: KLENNER (1964). Aus folgenden Gründen ziehen wir für unsere Zwecke die frühen bürgerlichen Verfassungen heran: 1) in ihnen sind in ›klassisch reiner‹ Form die strukturellen Erfordernisse der sich entwickelnden bürgerlichen Gesellschaft – mit allen historisch notwendigen Illusionen, die den Verhältnissen der Warenzirkulation entspringen – ausgedrückt; 2) sie sind bis in die Formulierungen hinein zum Vorbild aller späteren bürgerlich-demokratischen Verfassungen geworden; 3) weil die Analyse gegenwärtiger Verfassungen bereits die Untersuchung der historisch notwendigen Modifikation der ›klassischen‹ oder ›reinen‹ Struktur (z. B. ›Sozialrecht‹, ›Sozialstaat‹ etc.) voraussetzen würde, für die wir hier erst die notwendigen Voraussetzungen entwickeln wollen. Auf der Ebene der einfachen Zirkulation muß konsequenterweise von der notwendigen, mehr oder weniger weitgehenden Einschränkung der demokratischen Rechte in der bürgerlichen Gesellschaft, welche sich als Konsequenz des erst darzustellenden Klassenantagonismus ergibt, abstrahiert werden (z. B. ›Zensuswahlrecht‹, ›Parlamentarismus‹, ›Parteiendemokratie‹ etc., vgl. unten Abschnitt IV). Dies mag als gewichtiger Einwand gegen die hier versuchte Darstellung formuliert werden. Unser methodisches Vorgehen ist jedoch die Voraussetzung, um jenen strukturellen Widerspruch zwischen Demokratie und Klassenherrschaft in der bürgerlichen Gesellschaft, den wir am Schluß des III. Abschnitts formulieren können, angemessen zu begründen, der dann seinerseits wieder ein wissenschaftliches Verständnis der Gründe jener Einschränkung der demokratischen Rechte ermöglicht.

2. Die hier vorgenommene – der Marxschen entsprechende – Aufgliederung der Grundrechte beschränkt die ›droits du citoyen‹ auf die politischen Rechte im weiteren und die Staatsbürgerrechte im engeren Sinne. Die Differenz zwischen politischen Freiheitsrechten im weiten und den politischen Rechten der Staatsbürger im engen juristischen Sinne als unterste Staatsorgane können wir nicht ausführen. Der Gliederungsversuch von HABERMAS (1962), S. 105, entspricht in etwa dem obigen. (Vgl. auch SCHMITT (1970), § 14 und LUHMANN (1965), S. 136 ff.) JELLINEK (1905) macht den Versuch, von dem Status der Rechtsperson ausgehend, zu einer Gliederung der subjektiven öffentlichen Rechte zu kommen. Er unterscheidet generell zwischen ›negativem Status‹ (status libertatis), positivem Status (status civitatis) und aktivem Status (Status der aktiven Zivilität); faßt also den Status der Zivität weiter, indem er Staatsangehörigkeit und Rechtsschutzanspruch, die in obiger Gliederung vage unter ›Menschenrechten‹ klassifiziert sind, als Bürger-

rechte begreift. In den gängigen Lehrbüchern des Staats- oder Verfassungsrechts, die zumeist an bestimmte Verfassungstexte angelehnt sind, herrscht demgegenüber nur zu häufig Willkür und der Verzicht auf jegliche systematische Argumentation. Vgl. z. B. STEIN (1973).
3. Vgl. hierzu die Vorkehrungen gegenüber möglicher ›Verselbständigung‹ der staatlichen Gewalt gegenüber den gemeinsamen Interessen aller ›Menschen‹ in den Verfassungen der amerikanischen Bundesstaaten und der französischen von 1793: Verantwortlichkeit aller öffentlichen Personen (Virginia II; Massachussetts V; 1793, Art. 24); zeitliche Begrenzung der öffentlichen Ämter (Virginia V); Ablehnung stehender Heere in Friedenszeiten (Virginia XIII) u. a. Es läßt sich schon hier vermuten, daß sich bürgerliche Gesellschaften mit entwickeltem Klassengesetz zwischen Bourgeoisie und Proletariat mit derartigen Verfassungen nicht regieren lassen. Zu erwarten ist also entweder wachsender Widerspruch zwischen Verfassungsnorm und Verfassungswirklichkeit oder der mehr oder weniger mühsam versteckte Bruch dieser Verfassungen selber. Wir werden hierauf im IV. Abschnitt ebenso eingehen wie auf die konstatierbare Nähe dieser Verfassungen zu denen sozialistischer Demokratie (Vgl. 39. Kapitel).
4. Vgl. hierzu: HABERMAS (1962): Politische Funktionen der Öffentlichkeit (S. 76–111) – Nach Ansicht d. Verf. hat dies Buch von Habermas zwei wesentliche Mängel: 1. Die – explizite – Vermengung systematischer mit historischen Untersuchungen. Dies drückt sich aus in einer Konstruktion eines in dieser Form nicht existenten ›liberalen‹ Kapitalismus und dem aus dieser Konstruktion folgenden ›Strukturwandel‹, welcher in der Habermasschen Darstellung ebenfalls mehr philosophisches Konstrukt als empirisch belegter Vorgang bleibt. 2. Im für die gesamte ›kritische Theorie‹ typischen Versuch, aus der Konfrontation jener angeblich ›liberalen Öffentlichkeit‹ und ihrer philosophischen Theorien mit dem gegenwärtigen Kapitalismus eine Dimension der Kritik des Kapitalismus zu eröffnen und zur Verwirklichung dieser Ideen aufzurufen. – Wir können hier über die gemachten Andeutungen hinaus keinen präzisen Begriff von bürgerlicher Öffentlichkeit entwickeln.
5. Die Differenz zwischen ›begrifflichem‹ oder strukturellem Erfordernis der Warenzirkulation und ›historischer Realität‹ wird auch in den Verfassungen deutlich an der Aufrechterhaltung des Zensuswahlrechts, der Verweigerung aller Bürgerrechte für Frauen und Neger etc. Erst wenn auch historisch die politische Gleichheit und Freiheit *aller* Staatsbürger, das allgemeine, freie und gleiche Stimm- oder Wahlrecht durchgesetzt ist, handelt es sich nicht mehr direkt um unverhüllte, politische Herrschaft einer Klasse über andere. Unter welchen Bedingungen auch das allgemeine, freie und gleiche Stimm- oder Wahlrecht ein Mittel zur Aufrechterhaltung der Klassenherrschaft sein kann, müssen wir in Abschnitt IV untersuchen.
6. Vgl. weitere Kontrollmaßnahmen: das historisch umstrittene Recht der Steuerbewilligung (Virginia VI; Massachussetts XXIII; 1789, Art. 13 und 14; 1793, Art. 20) und das Budgetrecht. Wir müssen hier noch auf zwei wichtige Probleme aufmerksam machen: 1. Allen Verfassungen ist der Widerspruch zwischen droit und loi eigen, da in ihnen mehr oder weniger weitgehende Einschränkungen der verfassungsmäßig garantierten Grundrechte durch Gesetze vorgesehen sind (vgl.

z. B. die Marxsche Kritik der französischen Konstitution von 1848: MEW 7/ 494 ff.). So können auf mehr oder weniger ›verfassungsmäßigem Wege‹ die verfassungsmäßig garantierten Grundrechte auch außer Kraft gesetzt werden. 2. Es besteht ein Widerspruch zwischen verfassungsmäßig garantierten Rechten und dem Prinzip der Volkssouveränität. Einerseits macht das ›Volk‹ oder seine gewählten Repräsentanten nicht nur Gesetze, sondern die Verfassungen selber. Andererseits sollen aber diese Verfassungen jeglichem Zugriff der Gesetzgebung entzogen sein. Wir können hier auf Probleme der Unterscheidung von ›einfachen‹ Gesetzen und verfassungsändernden Gesetzen usw. nicht eingehen, müssen nur betonen, daß einerseits das aus dem Prinzip der Volkssouveränität notwendig folgende Recht auf verfassungsmäßige Änderung der Verfassung in demokratisch verfaßten Staaten garantiert sein muß; daß aber andrerseits durch die Erschwernis der Verfassungsänderung (qualifizierte Mehrheiten o. ä.) oder ihre Verhinderung einer – verfassungsrechtlich gesehen – kontinuierlichen Veränderung mehr oder weniger enge Grenzen gesetzt sind.
7. Ob die These, daß die Demokratie die adäquate oder durchschnittliche Form der Herrschaft in der bürgerlichen Gesellschaft sei (vgl. MEW 7/40, MEW 36/128 u. ö.), auch noch nach der Darstellung der grundlegenden Klassengegensätze gilt, kann erst im IV. Abschnitt diskutiert werden.
8. Vgl. 1789, Art. 12: »L'avantage de tous«; 1793, Art. 1: »Le but de la société est le bonheur commun«; Pennsylvania V: »The government is, or ought to be, instituted for the common benefit«. Daß die bürgerlichen Ideologen von den entwickelten Klassengegensätzen dieser Gesellschaft abstrahieren, ist nun keineswegs – wie es scheinen könnte – zufällig: 1) ist es ihr ›Interesse‹, sich darüber blauen Dunst vorzumachen, und 2) ist ohne ›Erkenntnisinteresse‹ auch die verborgene Grundlage hinter dieser ›schönen Oberfläche‹ nicht zu erkennen.
9. Dies ist Spezifikum marxistischer Ideologiekritik. Wir haben versucht, die zentrale Frage zu beantworten: »Warum bleibt die Klassenherrschaft nicht das, was sie ist, d. h. die faktische Unterwerfung eines Teils der Bevölkerung unter den anderen? Warum nimmt sie die Form einer offiziellen staatlichen Herrschaft an, oder . . . warum wird der Apparat des staatlichen Zwanges nicht als privater Apparat der herrschenden Klasse geschaffen, warum spaltet er sich von der letzteren ab und nimmt die Form eines unpersönlichen, von der Gesellschaft losgelösten Apparats der öffentlichen Macht an? Wir können uns nicht auf den Hinweis beschränken, daß es für die herrschende Klasse *vorteilhaft* ist, eine ideologische Nebelwand zu errichten und ihre Klassenherrschaft hinter dem Schirm des Staates zu verbergen. Denn obwohl eine solche Erklärung zweifellos richtig ist, erklärt sie uns doch nicht, wieso eine solche Ideologie entstehen konnte, und folglich auch nicht, warum die herrschende Klasse sich ihrer bedienen kann.« PASCHUKANIS (1966), S. 119f.

Fragen zur Diskussion

1. Warum werden Grundrechte auch gegenüber der Legislative verfassungsrechtlich fixiert? Gelingt dies widerspruchslos?
2. Was ist der Unterschied von droits de l'homme und droit du citoyen? Welches sind die Gesichtspunkte dieser Aufgliederung der Grundrechte?

3. Entspricht die Anerkennung einer ›staatsfreien Sphäre‹ der Struktur der bürgerlichen Gesellschaft überhaupt oder ist sie nur Ausdruck einer besonderen historischen Entwicklungsperiode der kapitalistischen Gesellschaft?
4. Worin besteht ihrer Ansicht nach der Zusammenhang zwischen Warenzirkulation und dem Prinzip der Volkssouveränität?
5. Handelt es sich Ihrer Ansicht nach bei der politischen Freiheit und Gleichheit in der bürgerlichen Gesellschaft um ›bloßen Schein‹? Bezieht sich der Marxsche Terminus ›illusorische Gemeinschaftlichkeit‹ auf die Form oder auf den Inhalt der bürgerlichen Herrschaft?
6. Bedeutet Ihrer Ansicht nach die Herleitung der Menschen- und Bürgerrechte aus der Struktur der bürgerlichen Produktion, daß eine sozialistische Gesellschaft auf diese Rechte verzichten kann?

III. Abschnitt: Bürgerlicher Rechtsstaat als Klassenstaat

Lernziele:
Ausgehend von der der kapitalistischen Produktionsweise immanenten, durch den Austausch vermittelten Form der Aneignung von Mehrarbeit durch die Privateigentümer der Produktionsbedingungen, müssen wir nun verfolgen, wie der bürgerliche Rechtsstaat als Garant der allgemeinsten rechtlichen Grundlagen der bürgerlichen Produktionsweise zum Mittel der Aufrechterhaltung der Klassenherrschaft der Bourgeoisie – und damit erst eigentlich zum ›Staat‹ – wird. Wir müssen die These begründen, daß die Form des Rechtsstaats nicht unvereinbar ist mit der Funktion des bürgerlichen Staats als Instrument der herrschenden Klasse, daß diese Bestimmungen vielmehr zwei Seiten derselben Medaille darstellen.

35. Kapitel: Bürgerlicher Staat als Klassenstaat

Textgrundlage:
Karl Marx: Das Kapital (MEW 23) S. 605–614 nochmals. Friedrich Engels: Ursprung der Familie, des Privateigentums und des Staates (MEW 21), S. 164–173.

§ 1. Wir haben bisher die Mitglieder der bürgerlichen Gesellschaft – unter Absehung aller weiteren, wesentlichen Unterschiede – in der ihnen allen notwendig zukommenden Eigenschaft betrachtet: als bloße Warenbesitzer. (Vgl. oben 32. Kapitel § 1) Die Analyse der besonderen Natur dieser von ihnen besessenen Waren oder der Inhalt des Verhältnisses der Warenbesitzer fiel außerhalb der ökonomischen Formbestimmungen der einfachen Zirkulation, aus denen wir die ihr zugehörigen rechtlichen und politischen Formen zu entwickeln versuchten. Wir haben bereits angedeutet, daß die einfache Zirkulation nur die notwendige Oberfläche der kapitalistischen Produktionsweise bildet, in welcher die ›tieferen Operationen‹, aus denen sie hervorgeht, ausgelöscht sind (vgl. GR 368, 409 u. ö.; MEW 29/317f.). Wir müssen nun – als Voraussetzung unserer weiteren Analyse des bürgerlichen Staats – kurz rekapitulieren, wie sich im Rahmen der Gesetze der Warenproduktion die Exploitation der Arbeiterklasse vollziehen kann und wie die Klassenstruktur der bürgelichen Gesellschaft in der ökonomischen Stellung der Produktionsagenten zu den objektiven Produktionsbedingungen begründet ist (vgl. oben Kapitel 18 und 19).

In der Sphäre der Zikulation traten sich die Austauschsubjekte als Besitzer von Waren mit unterschiedlichem Gebrauchswert gegenüber. Dieser Unterschied ging uns bisher nichts an. Genauere Analyse aber ergibt nun, daß das die kapitalistische Warenproduktion auszeichnende Austauschverhältnis nicht einfach das der Besitzer verschiedener Produktions- oder Konsumtionsmittel zueinander ist, sondern das Aufeinandertreffen gänzlich unterschiedlicher Warenbesitzer in der Zirkulation: der Kapitalisten und der Lohnarbeiter. Marx zeigt, wie unter Wahrung der Gesetze des Äquivalententauschs dem Kapitalisten die Verwertung des Werts gelingt. Er zeigt in seiner Analyse der Methoden der Mehrwertproduktion, wie sich das »Geheimnis von der Selbstverwertung des Kapitals« auflöst »in seine Verfügung über ein bestimmtes Quantum unbezahlter fremder Arbeit« (MEW 23/556). Er zeigt, wie der kapitalistische Produktionsprozeß durch seinen eigenen Vorgang die ihm vorausgesetzte Scheidung zwischen Arbeitskraft und objektiven Verwirklichungsbedingungen der Arbeit und damit die Klasse der Kapitalisten und der Lohnarbeiter ständig reproduziert. Dies Verhältnis von Kapitalistenklasse als den Eigentümern der Produktionsmittel und Arbeiterklasse als den Eigentümern von Arbeitskraft ist das grundlegende Klassenverhältnis in der bürgerlichen Gesellschaft. Die Stellung der unmittelbaren Produzenten zu den objektiven Produktionsbedingungen erweist sich zugleich als gemeinsame Grundlage aller Klassenbildung, deren spezifisch bürgerliche Form nun weiter zu interessieren hat.

§ 2. Die Marxsche Analyse des kapitalistischen *Produktionsprozesses* entlarvte den »*Schein*, den auf der Oberfläche das Verhältnis besaß, daß sie gleichberechtigte *Warenbesitzer* in der Zirkulation, auf dem Warenmarkt gegenübertreten, die wie alle andren *Warenbesitzer* nur durch den stofflichen Inhalt ihrer Waren, den besondern Gebrauchswert der Waren, die sie aneinander zu verkaufen haben, sich voneinander unterscheiden. Oder diese *ursprüngliche* Form des Verhältnisses bleibt nur noch als *Schein* des ihm zugrundeliegenden, des *kapitalistischen* Verhältnisses übrig.« (R 86). Der beständige Kauf und Verkauf von Arbeitskraft ist nur die »*vermittelnde Form*« der Unterjochung des Arbeiters unter das Kapital, »der lebendigen Arbeit als bloßen Mittels zur Erhaltung und Vermehrung der ihr gegenüber verselbständigten *gegenständlichen* Arbeit« (R 87). Es sieht nun so aus, als widerspreche dieser Inhalt des grundlegenden kapitalistischen

Verhältnisses seiner notwendigen Form, den ökonomischen Gesetzen der Warenzirkulation und dem sich daraus ableitenden Eigentumsrecht: zunächst erschien das Eigentumsrecht auf eigener Arbeit begründet, nun zeigt sich »Eigentum an vergangner unbezahlter Arbeit ... als die einzige Bedingung für gegenwärtige Aneignung lebendiger unbezahlter Arbeit in stets wachsendem Umfang« (MEW 23/609). Wir wissen jedoch bereits, daß die Gesetze der Warenzirkulation im wesentlichen nur zweierlei beinhalten: zum einen allgemein Aneignung durch den Austausch und nicht mit Gewalt, zum anderen den Austausch von Äquivalenten. Letzteres »bedingt Gleichheit nur für die Tauschwerte der gegeneinander weggegebenen Waren. Es bedingt sogar von vornherein Verschiedenheit ihrer Gebrauchswerte und hat absolut nichts zu schaffen mit ihrem Verbrauch (also auch nicht mit dem Gebrauch von Arbeitskraft in der Fabrik – d. Verf.), der erst nach geschloßnem und vollzognem Handel beginnt« (MEW 23/611). Tatsächlich verletzt also die kapitalistische Exploitation weder »das der Warenproduktion gemäße Eigentumsrecht« (MEW 23/163, vgl. oben Kap. 19), weder die formelle Freiheit und Gleichheit, noch den Austausch von Äquivalenten. Vielmehr »schlägt offenbar das auf Warenproduktion und Warenzirkulation beruhende Gesetz der Aneignung oder Gesetz des Privateigentums durch seine eigne, innere, unvermeidliche Dialektik in sein direktes Gegenteil um ... Das Verhältnis des Austausches zwischen Kapitalist und Arbeiter wird ... nur ein dem Zirkulationsprozeß angehöriger Schein, bloße Form, die dem Inhalt selbst fremd ist und ihn nur mystifiziert.« (MEW 23/609)

Diese Analyse des Umschlags des Aneignungsgesetzes ist für unsere Untersuchung des bürgerlichen Staats in zweifacher Hinsicht von besonderem Interesse: zum einen ist die Erkenntnis der ›vermittelten Form‹ der Knechtung der unmittelbaren Produzenten die unabdingbare Voraussetzung für das Begreifen der spezifischen Form der politischen Herrschaft der Klasse der Eigentümer der Produktionsbedingungen und infolgedessen der Aneigner fremder Arbeit. Zum anderen bietet die von Marx getroffene präzise Unterscheidung von Form und Inhalt des ›kapitalistischen Verhältnisses‹ die Möglichkeit, bei der Erkenntnis des bürgerlichen Staates weder seine Bestimmung als Rechtsstaat noch seine Bestimmung als Klassenstaat zu vernachlässigen. Letzteres ist besonders zu betonen gegenüber:

1. Anschauungen, in denen ob der spezifischen Form dieser Aneignung von Mehrarbeit der Inhalt oder die Tatsache, daß es sich hierbei um Exploitation handelt, vergessen wird. Es ist zwar richtig, daß die Herrschaft des Kapitals über die Arbeit ihrem Begriffe nach nicht möglich ist als direkte oder unmittelbare Unterdrückung, weil ihr der Arbeit als selbständiges Austauschsubjekt und darum rechtlich und – der Tendenz nach – politisch Freier und Gleicher vorausgesetzt ist. Aber ebenso richtig ist, daß die über

den Austausch oder den Kauf und Verkauf der Arbeitskraft vermittelte Aneignung von fremder Mehrarbeit durch diese vermittelte Form nicht in ihrem Inhalt – nackter ökonomischer Exploitation – tangiert wird: ». . . es ist eine Form, die sich nur der Form nach und von andern mehr direkten Formen der Knechtung der Arbeit und des *Eigentums an sie* auf Seiten der Besitzer der Produktionsbedingungen unterscheidet.« (R 87)

2. Anschauungen, in denen ob dieses Inhalts die spezifische Form dieser Aneignung von Mehrarbeit vergessen wird. Die Aneignung fremder Mehrarbeit ist – wie wir wissen – der gemeinsame Inhalt aller Klassengesellschaften. Was diese unterscheidet, ist die Form, in der diese Mehrarbeit angeeignet wird. Die Aneignung von Mehrarbeit über den Austausch ist die der kapitalistischen Produktionsweise »immanente *Form* der Vermittlung« (R 87), oder die differentia specifica der kapitalistischen Klassengesellschaft gegenüber Sklavenhaltergesellschaften, Feudalismus etc. Diese Form ist daher auch keineswegs bloßer ›Schein‹, ›Illusion‹ etc., sondern wirkliches gesellschaftliches Verhältnis. Die Marxschen Äußerungen von der ›bloßen‹ Form, vom ›Schein‹ und der ›trügerischen Vorspiegelung‹ oder ›Vertuschung‹ beziehen sich auf Anschauungen, in denen die bloß formelle Allgemeinheit, Freiheit und Gleichheit als inhaltliche Allgemeinheit, materiale Freiheit und soziale Gleichheit ausgegeben werden; sie können nicht so verstanden werden, als sei Marx der Auffassung gewesen, diese Form selber sei kein reales soziales Verhältnis. Der springende Punkt beim Verständnis der kapitalistischen Form der Exploitation ist ja gerade, daß sie nicht im Gegensatz zu formeller Freiheit und Gleichheit steht, sondern nur innerhalb dieser rechtlichen Bedingungen als kapitalistische überhaupt möglich ist.

3. Anschauungen, in denen – ohne zu berücksichtigen, daß nur unter den Bedingungen der allgemeinen Verwandlung der Arbeitskraft in eine Ware mit der Warenproduktion auch deren notwendige rechtliche Prinzipien, *formelle* Freiheit und Gleichheit, zu allgemeinen werden – zu ihrer ›Verwirklichung‹ aufgefordert wird. (Vgl. oben 32. Kapitel § 4).

§ 3. Das voll entwickelte System der kapitalistischen Warenproduktion basiert auf der allgemeinen Verwandlung der Arbeitskraft in eine Ware, auf der vollständigen Trennung der unmittelbaren Produzenten von den objektiven Produktionsbedingungen. Der kapitalistische Akkumulationsprozeß hebt jene Trennung nicht auf, sondern verschärft sie vielmehr (vgl. MEW 23/789ff.). Sein Resultat ist die ungeheure Konzentration von gesellschaftlichem Reichtum auf der Seite der Privateigentümer der Produktionsbedingungen, die stets erweiterte Reproduktion der formell und von den Verwirklichungsbedingungen ihrer Arbeit ›freien‹ Arbeiterklasse auf der anderen Seite, die Herrschaft der vergegenständlichten über die lebendige Arbeit. Die Arbeiter als die wirklichen Produzenten des gesellschaftlichen Reichtums sind damit sowohl von der Verfügung über seine Verwendung wie von seinem Genuß ausgeschlossen. Die Trennung der Produzenten von den Produktionsbedingungen aber ist durch das Institut des Privateigentums und die notwendigen Zusatzinstitute rechtlich garantiert. Indem das Rechtsinstitut des Privateigentums also in seiner Allgemeinheit auch das Privateigentum an den Produktionsmitteln und an Grund und Boden sichert, garantiert es der herrschenden Klasse zugleich die Bedingungen der ökonomischen Exploitation des Proletariats.

Das Ergebnis des unter den Bedingungen der formellen Freiheit und Gleichheit sich vollziehenden Verkaufs der Arbeitskraft als periodischem Prozeß ist auf Seiten des Arbeiters einerseits die materielle Unfreiheit oder der brutale ökonomische Zwang, seine Arbeitskraft verkaufen und sich damit in die ›Despotie des Kapitals‹ fügen zu müssen; andererseits eine kaum zu überbietende soziale Ungleichheit.[1] Seine ökonomische Stellung also bringt den Arbeiter in einen ständigen, latenten oder offenen Widerspruch zwischen seinen Eigenschaften als Warenbesitzer und abstrakte Rechtsperson einerseits und als konkretes, lebendiges, bedürftiges Individuum andererseits. (Vgl. hierzu oben: 32. und unten: 39. Kapitel). Als Verkäufer seiner Arbeitskraft als Ware ist es sein Interesse, frei und gleichberechtigt zu kontrahieren, nicht persönlich unterdrückt, zu Zwangsarbeit verpflichtet, versklavt zu werden etc. Solange daher die Arbeiter nicht gegen den Verkauf der Arbeitskraft als Ware überhaupt aufstehen, ist auch ihr Interesse die rechtliche Garantie von Vertragsfreiheit und Eigentum. Der ständige Verkauf der Arbeitskraft als Ware jedoch verewigt den materiellen Zwang, die soziale Ungleichheit und die Bedingungen der ökonomischen Exploitation. Die Bedingungen der materiellen Existenz der Arbeiter oder der ›Inhalt‹ des kapitalistischen Verhältnisses zwingen sie daher, gegen die bloß formelle Freiheit und Gleichheit einerseits, gegen das Privateigentum *an den Produktionsbedingungen* andererseits aufzustehen. Das formell-allgemeine Interesse aller Warenbesitzer an der Garantie der rechtlichen Bedingungen der Warenzirkulation erweist sich hiermit als inhaltlich besonderes, partikuläres Interesse der herrschenden Klasse an der Aufrechterhaltung der Exploitationsbedingungen.

Das ihrer objektiven Klassenlage entsprechende Interesse und Bewußtsein der Arbeiterklasse[2], das dem Inhalt des Kapitalverhältnisses entspringt, richtet sich daher auf die Aufhebung der Trennung der Produzenten von den Produktionsbedingungen (vgl. zum ersten Mal klar: MEW 4/475ff.), auf die Aufhebung des Verkaufs der Arbeitskraft als Ware, schließlich auf die Aufhebung der Warenproduktion und der ihr entsprechenden rechtlichen und politischen Struktur überhaupt. Denn die Aufhebung der ›ungehörigen‹ Trennung der Produzenten von den Produktionsbedingungen ist infolge der durch den Kapitalismus ungeheuer entwickelten Produktivkräfte der gesellschaftlichen Arbeit nicht möglich durch Reappropriation der ›Beschaffungsmittel‹ seitens der einzelnen Arbeiter, etwa in Form ›einfacher Warenproduktion‹. Die Verausgabung von gesellschaftlicher Arbeit in der Form der Privatarbeit erweist sich vielmehr dem Entwicklungsstand der Vergesellschaftung der Produktion gegenüber überhaupt als unangemessen. Die entwickelten gesellschaftlichen Potenzen der Arbeit verlangen die Aufhebung dieser Trennung durch Herstellung des gesellschaftlichen Eigentums an den Produktionsbedingungen als Voraussetzung einer neuen Form gesellschaftlicher Arbeit, in der die Arbeit der Produzenten bewußt und geplant als gesellschaftliche verausgabt wird[3].

§ 4. Wir haben im 33. Kapitel gesehen, daß sich aus den ökonomischen und rechtlichen Beziehungen der privaten Austauschsubjekte die Notwendigkeit einer arbeitsteiligen öffentlichen Gewalt als Garant dieser Beziehungen entwickelte. Der Staat als Rechtsstaat erwies sich als funktionales Erfordernis in Gesellschaften mit entwickelter Warenzirkulation. Die öffentliche Gewalt konnte formal nicht im Interesse von bestimmten Privaten als Privaten, sondern nur im Namen der Allgemeinheit ausgeübt werden; ihr Zweck war die Sicherung von Freiheit, Gleichheit, Leben und Eigentum aller Warenbesitzer gegen die Übergriffe einzelner. Wir haben nun gesehen, daß die Garantie des Privateigentums die Trennung der unmittelbaren Produzenten von den objektiven Produktionsbedingungen beinhaltet; daß sie sich damit als rechtliche Garantie der Bedingungen der ökonomischen Exploitation der Arbeiterklasse durch die Bourgeoisie erweist[4]. Indem der bürgerliche Staat als Rechtsstaat also mit den Bedingungen der Warenzirkulation nicht nur allgemein ›Privateigentum‹, sondern speziell Privateigentum an den objektiven Produktionsbedingungen garantiert, ›wird‹ er zum ›Mittel‹ oder ›Instrument‹ der Aufrechterhaltung der Bedingungen der Klassenherrschaft der Bourgeoisie, welche sich eben in der Form des freien und gleichen Austauschs vollzieht[5]. »Die Staatsmacht war immer die Macht zur Behauptung der Ordnung, das heißt der bestehenden Gesellschaftsordnung und daher der Unterordnung und Exploitation der produzierenden Klasse durch die aneignende Klasse gewesen. Aber solange diese Ordnung als unbestreitbare und unumstrittene Notwendigkeit hingenommen wurde, konnte sich die Staatsmacht einen Anschein von Unparteilichkeit geben ... Mit dem Eintritt der Gesellschaft selbst in eine neue Phase, die Phase des Klassenkampfes, mußte sich der Charakter ihrer organisierten öffentlichen Gewalt, der Staatsmacht, ebenfalls verändern ... und mehr und mehr ihren Charakter als Werkzeug der Klassenherrschaft entwickeln, als die politische Maschine, die die Unterdrückung der Hervorbringer des Reichtums durch seine Aneigner, die ökonomische Herrschaft des Kapitals über die Arbeit mit Hilfe von Gewalt verewigt« (MEW 17/593)[6]. Gegenüber möglichen Mißverständnissen ist zu betonen, daß diese Funktion des bürgerlichen Staates als ›Mittel‹, ›Instrument‹, ›Werkzeug‹, ›Maschine‹ usw. zum »Zweck . . ., die Herrschaft des Kapitals, die Sklaverei der Arbeit zu verewigen« (MEW 7/33), eine *objektive* Funktion ist, die nicht aus Willen oder Bewußtsein von Handelnden heraus erklärt werden kann. Sie ist auch – gerade infolge der Trennung von bürgerlicher Gesellschaft und ›Staat‹ – nicht an personelle Identität von ökonomischer politischer Herrschaft gebunden in dem Sinne, daß z. B. nur Mitglieder der ökonomisch herrschenden Klasse Träger der Regierungsgewalt wären[7].

Mit diesem *zweiten*, wesentlichen Grundgedanken der Marxschen Analyse des bürgerlichen Staats ist »die wahre Bedeutung der Staatsmacht enthüllt«, ist »ihr Vorwand – die bewaffnete Gewalt zum Schutz des öffentlichen Wohls, die Verkörperung der allgemeinen Interessen der Gesellschaft zu sein, indem sie sich über die konkurrierenden privaten Interessen erhebe und sie in ihre jeweiligen Sphären verweise – widerlegt«, ist »ihr Geheimnis – nämlich ein Werkzeug des Klassendespotismus zu sein – bloßgelegt« (MEW 17/608)[8]. Der bürgerliche Staat erschien uns zunächst als Wahrer des – wenn auch nur formellen – allgemeinen Wohls, des gemeinsamen Nutzens usw. In dem Maße, in dem sich das gemeinsame Interesse aller Warenbesitzer am Rechtsinstitut ›Privateigentum‹ inhaltlich als das besondere Interesse der Kapitalistenklasse zeigt, welches der Arbeiterklasse als bloß formelles nur äußerlich sein kann, in dem Maße erweisen sich auch das ›öffentliche Wohl‹, der angebliche Zweck des bürgerlichen Staates und die formelle Freiheit und Gleichheit der Person als die öffentlich-rechtliche Form der Ausbeutung. Wir wissen bereits, daß es sich hierbei einerseits um eine in dieser Produktionsweise *notwendige* Form handelt, andrerseits aber um eine *bloße* Form, hinter der sich das besondere Interesse der herrschenden Klasse verbirgt.

Daß der Staat »der Staat der herrschenden Klasse ist und in allen Fällen wesentlich Maschine zur Niederhaltung der unterdrückten, ausgebeuteten Klasse bleibt« (MEW 21/170f.)[9], ist keineswegs das dem bürgerlichen Staate Spezifische. Diese Funktion haben vielmehr nach Ansicht von Marx und Engels *alle* historischen Staatstypen. Lenin formuliert diesen »Grundgedanke(n) des Marxismus über die historische Rolle und die Bedeutung des Staates« kurz folgendermaßen: »Der Staat ist das Produkt und die Äußerung der Unversöhnlichkeit der Klassengegensätze. Der Staat entsteht dort, dann und insofern, wo, wann und inwiefern die Klassengegensätze objektiv nicht versöhnt werden können« (LENIN (1960), S. 398f.)[10]. Der bürgerliche Staat unterscheidet sich von anderen Klassenstaaten insofern *nur* durch die Form, in der die Klassenherrschaft ökonomisch, rechtlich und politisch sich vollzieht, zumindest ihrem Begriffe nach: als Herrschaft über – allgemein und ohne Ausnahme – Freie und Gleiche. Notwendiger Ausdruck der über den Kauf und Verkauf der Arbeitskraft vermittelten

Form der Aneignung von Mehrarbeit ist die Tatsache, daß sich auch die rechtliche und politische Herrschaft nicht als unmittelbare, direkte oder persönliche Unterdrückung darstellen kann, sondern nur als vermittelte, indirekte oder unpersönliche. Formell handelt es sich dem Begriffe nach nicht um politische Herrschaft der Bourgeoisklasse, sondern um Herrschaft im Interesse aller Beherrschten. Inhaltlich handelt es sich – solange Freiheit und Gleichheit nur formell sind, das Privateigentum an den Produktionsmitteln garantiert ist, und die Arbeiter zum Verkauf der Arbeitskraft gezwungen sind – ganz unabhängig von ihren besonderen politischen Formen stets um Klassenherrschaft der Bourgeoisie.

Diese notwendige Form der politischen Herrschaft widerspricht nun jenem Inhalt. Wir haben gesehen, daß die demokratischen Grundrechte, die Volkssouveränität, politischer Ausdruck der Verhältnisse der Warenbesitzer sind. Wir haben gesehen, daß das Verhältnis von Lohnarbeit und Kapital Resultat der Entwicklung der Warenzirkulation ist. ›Demokratie‹ und ›Klassenherrschaft‹ erwiesen sich beide als für diese Produktionsweise notwendige Strukturen. Der für die politische Herrschaft der Bourgeoisie zentrale Widerspruch läßt sich in der kurzen Frage zusammenfassen: Wie kann »im Namen des Volks die Gesamtheit der Bourgeoisie herrschen«? (MEW 8/121) Am Leitfaden dieser Frage nach der Möglichkeit der politischen und darüber vermittelt auch der ökonomischen Herrschaft der Bourgeoisie müssen wir uns nun den besonderen politischen Formen der Klassenherrschaft der Bourgeoisie zuwenden. Wir müssen dabei zugleich teilweise die zur Herausarbeitung dieses grundlegenden Widerspruchs der bürgerlichen Klassenherrschaft vorgenommene Beschränkung auf reine Strukturanalyse aufgeben und die Bedingungen reflektieren, unter denen dieser Widerspruch in der historischen Entwicklung der bürgerlichen Gesellschaft in den einzelnen Perioden oder Ländern nur aufbrechen kann.

Erläuterungen und Zusätze
1. Marx und Engels haben ›Freiheit‹ und ›Gleichheit‹ durchaus nicht nur in jenem formellen Sinne verwendet. Vgl. z. B. GR 160: »Verwirklichung der *Gleichheit und Freiheit* (im formellen Sinne – d. Verf.), die sich ausweisen als Ungleichheit und Unfreiheit (im materialen Sinne – d. Verf.)«. Vgl. Anti-Dühring, Erster Abschnitt, X und Anhang (MEW 20/95–100 und 579–582).
2. Auf Probleme und Bedingungen der Herausbildung von Klasseninteressen aus den individuellen und durchschnittlichen Interessen der Mitglieder einer sozialen Klasse kann hier nicht eingegangen werden. Der Zusammenhang von objektiver Klassenlage, deren Erkenntnis Resultat der durchgeführten Analyse des sozialen Systems der bürgerlichen Produktion ist, welche die Lebensbedingungen, Erfahrungen usw. der einzelnen Klassenmitglieder bestimmt einerseits, und Klasseninteresse andererseits, das immer nur als Interesse von mehr oder weniger bewußt handelnden einzelnen Individuen der jeweiligen Klasse und ihrer organisatori-

schen Zusammenschlüsse existieren kann, ist jedenfalls komplizierter, als dies in gängigen Darstellungen nahegelegt wird.
3. Vgl. zum Gegensatz der Arbeiterklasse gegen das bloß abstrakte Recht: 39. Kapitel; zur neuen Form der gesellschaftlichen Arbeit: 38. Kapitel.
4. Wir müssen uns hier mit der Skizzierung dieses allgemeinsten Sachverhalts begnügen, ohne die notwendigen rechtlichen Zusatzinstitute zur Eigentumsgarantie zu diskutieren, die zur rechtlichen Sicherung der ökonomischen Herrschaft des Kapitals über die Arbeit (Arbeitsrecht (vgl. SINZHEIMER, 1923, S. 844–72), Tarifvertragsrecht etc.) und der entwickelten Warenzirkulation (Handelsrecht, Wechselrecht etc.) erforderlich sind. (Vgl. Überblick bei RENNER (1965), 2. und 3. Kapitel.)

Wir haben nun gesehen, wie das Recht, das zunächst die allgemeinen Interessen aller Mitglieder der bürgerlichen Gesellschaft auszudrücken schien, über die abstrakte Garantie des ›*Privateigentums überhaupt*‹ *auch das Privateigentum an den objektiven Produktionsbedingungen und damit die Klassenherrschaft garantiert.* Dabei ist zu betonen, daß jener begriffliche Funktionswandel, dem das Rechtsinstitut ›Privateigentum‹ dadurch unterliegt, daß es das Privateigentum an den objektiven Produktionsbedingungen garantiert, an ihm selbst nicht ablesbar ist – vielmehr in seiner Allgemeinheit gerade versteckt bleibt. Recht ›wird‹ damit innerhalb unserer begrifflichen Entfaltung inhaltlich zum ›Klassenrecht‹: Recht, das die Interessen der ökonomisch herrschenden Klasse(n) schützt. Die Rede vom ›Klassenrecht‹, besonders die von der ›Klassenjustiz‹ ist in dreifacher Weise mißverständlich: zum einen kann sie sich – dem Begriff nach – nicht auf die Form selber beziehen. Hierin besteht ja gerade die wesentliche Differenz zwischen (bürgerlichem) Recht und z. B. feudalen Privilegien. Zum zweiten ist damit seine objektive und strukturelle gesellschaftliche Funktion angesprochen, keineswegs unmittelbarer Zweck, Wille, Motiv oder Bewußtsein von Richtern etc. (Gefahr der verkürzten und so unzulässigen Personalisierung). Zum dritten muß betont werden, daß nicht alle Rechtsnormen in der bürgerlichen Gesellschaft die Interessen ausschließlich der herrschenden Klasse(n) beinhalten (vgl. etwa zur Warnung die grotesken Stellen über »Klassencharakter der Straßenverkehrsordnung« bei KLENNER (1954), S. 38). Wir behandeln auch nicht die historisch notwendige Entwicklung ›sozialer‹ Dimensionen des bürgerlichen Rechts und Staats, wie sie z. B. vom ›juristischen Sozialismus‹ (vgl. MENGER (1903) und ders. (1904), RADBRUCH (1973), § 18; ders. (1961), RENNER (1965), S. 198 ff.) in Richtung auf eine Überwindung des Kapitalismus ideologisiert werden.
5. Dieses ›Werden‹ des Rechtsstaats zum Klassenstaat ist zunächst rein begrifflich zu verstehen. Diese zweite notwendige Seite des bürgerlichen Staats kann zwar erst nach der Darstellung des ›Umschlags des Aneignungsgesetzes‹ entwickelt werden, ist aber realiter ebenso der Analyse vorausgesetzt wie die vollentwickelte kapitalistische Warenproduktion der Analyse der einfachen Zirkulation. Es handelt sich also zunächst nur um stufenweise Entfaltung der Struktur des bürgerlichen Staats. In dem Maß jedoch, in dem sich auch historisch ein Übergang von unentwickelter ›einfacher‹ Warenproduktion zur kapitalistischen Warenproduktion aufzeigen läßt, ist diese Aufeinanderfolge von ›Rechtsstaat‹ und ›Klassenstaat‹ auch historisch interpretierbar. Vgl. hierzu beispielhaft Marx' Analyse

der Entwicklung der amerikanischen Kolonien (MEW 17/624 u. ö.).
6. Vgl. MEW 17/336, 540 ff., 594 u. ö. Die wichtigsten Stellen von Marx und Engels zum Klassencharakter des Staats sind in Lenins »Staat und Revolution« zusammengetragen und interpretiert. Eines der theoriegeschichtlichen und politischen Verdienste Lenins besteht gerade in der energischen Betonung des Klassencharakters auch des bürgerlichen Staates in seinen verschiedensten Formen.
Das Moment der Rechtsstaatlichkeit des bürgerlichen Staats braucht dem Moment seines Klassencharakters nicht nur nicht zu widersprechen, sondern ist die Form, in der sich die Funktion des bürgerlichen Staats als Garant der Bedingungen der Klassenherrschaft der Bourgeoisie vollziehen. Dies soll im Titel dieses Abschnitts: Bürgerlicher *Rechts*staat als Klassenstaat, ausgedrückt sein. Die staatliche Gewalt (›Eingriffsverwaltung‹) richtet sich nun nicht mehr einfach gegen rechtsbrechende ›Personen‹, sondern – potentiell oder aktuell – gegen ökonomisch exploitierte und um ihre Emanzipation kämpfende Klassen.
7. In der gängigen Redeweise setzen ›Mittel‹, ›Instrument‹, ›Werkzeug‹ etc. ein Bewußtsein sowohl der Funktion wie der zu erreichenden Zwecke voraus. Die Betonung der Objektivität dieser Funktion des bürgerlichen Staates soll andeuten, daß ›Mittel‹ hier nur im übertragenen Sinne verstanden werden kann. Die Marxsche Theorie würde an diesem Punkte generell mißverstanden, würde der Zusammenhang von ökonomischer und politischer Macht etwa auf direkten Einfluß der herrschenden Klasse auf Regierung, Abgeordnete etc. (Korruption, Lobbyismus) reduziert. Auch die Gefahr einer Verkennung einer – in gewissen Grenzen – relativ eigenständigen politischen Entwicklung, die in der Redeweise von den ›Mitteln‹, die die ›Bourgeoisie‹ als imaginäres Subjekt einsetze, um bestimmte politische Zwecke durchzusetzen, steckt, kann hier nur erwähnt werden.
8. Daß die rechtlich gesicherte Klassenunterdrückung (›Eingriffsverwaltung‹) keineswegs die einzig notwendige Funktion des bürgerlichen Staats ist, haben wir bereits oben angedeutet (vgl. Kapitel 33, Zusatz 12). Wir haben nun die grundlegenden Voraussetzungen (aber auch: *nur* diese!) entwickelt, nicht nur die rechtliche Form, sondern auch das Moment der Klassenherrschaft in allen staatlichen Leistungen zur Erstellung der allgemeinen Rahmenbedingungen der gesellschaftlichen Produktion zu begreifen. Beides nun an den mit der Entwicklung der Produktivkraft notwendigen gesellschaftlichen Funktionen (Gesundheitswesen, Bildungswesen etc.) aufzuzeigen, die in Klassengesellschaften zu staatlichen Funktionen werden können, würde hier den Rahmen sprengen. Dies gilt ebenfalls für die staatlichen Tätigtkeiten in der Geld-, Kredit- und Währungspolitik, der Konjunkturpolitik, Einkommenspolitik etc., die – grob gesprochen – aufgrund der spezifisch kapitalistischen Produktionsverhältnisse notwendig sind. Auch die Finanzierung des umfangreichen staatlichen Apparats und der staatlichen Leistungen, die ›ökonomische Existenz des Staates‹ (Steuer, öffentlicher Kredit etc.), kann hier nicht behandelt werden.
Im 39. Kapitel werden wir jedoch anläßlich der Diskussion des ›Absterbens des Staates‹ die Wichtigkeit der Unterscheidung zwischen ›gesellschaftlichen‹ und ›staatlichen‹ Funktionen etwas genauer behandeln.
9. Die bei der Analyse der einfachen Zirkulation dargestellte *Möglichkeit* der Verselbständigung des arbeitsteiligen öffentlichen Apparats als Staatsapparat gegen

›die Gesellschaft‹ der noch nicht differenzierten Warenbesitzer wird nun nach der Darstellung der Klassengliederung zur Notwendigkeit oder *Wirklichkeit.* Wir versuchen mit dieser Begrifflichkeit im Gegensatz zu Marx und Engels, die an diesem Punkt terminologisch wie inhaltlich äußerst ungenau bleiben, zu unterscheiden zwischen der Verselbständigung des Staatsapparats als ›regierendem Ausschuß‹ der herrschenden Klasse(n) gegen die unterdrückten Klassen der bürgerlichen Gesellschaft und der Verselbständigung des Staatsappparats gegen alle gesellschaftlichen Klassen, auch gegen die herrschenden. Mit der Ausbildung eines arbeitsteiligen Staatsapparats (vgl. Kautsky (1918), S. 15: »Eine Klasse kann herrschen, aber nicht regieren«) besteht gegenüber der (im Zitat MEW 21/170f.) angesprochenen ›Regel‹ auch die Möglichkeit einer relativen Verselbständigung des Staates gegenüber den inhaltlichen oder materialen Interessen der herrschenden oder um die Herrschaft kämpfenden Klassen. Vgl. zu diesem Problem die Diskussion um das relative ›Gleichgewicht der Klassenkräfte‹ (statt zahlloser anderer Stellen: MEW 3/62, 178, 345 und MEW 21/167 u. ö.) bei Bauer (1924) und in seinem Versuch der Interpretation der österreichischen Revolution (1965). Vgl. unten 37. Kapitel.

10. Vgl. hierzu Engels: ›Ursprung der Familie . . .‹, MEW 21/164–173, und Lenins Arbeit: ›Staat und Revolution‹, 1. Kapitel: ›Klassengesellschaft und Staat‹, (1960), S. 197ff. Wir haben jetzt mit der Erkenntnis des bürgerlichen Staats als ›Instrument‹ der Klassenherrschaft auch das dritte und wesentlichste Bestimmungsmoment der allgemeinen Staatsdefinition der marxistisch-leninistischen Staatstheorie eingeholt (vgl. oben Kapitel 33, Zusätze 6 und 8). Wir haben bereits (im 33. Kapitel, Zuatz 8) angedeutet, daß erst auf der jetzt erreichten Stufe in gewissem Sinne vom ›fertigen‹ Staat als ›Staat‹ gesprochen werden kann, der nun kurz als arbeitsteilige, öffentliche Gewalt im Interesse der ökonomisch herrschenden Klasse(n) gegen die ökonomisch unterdrückten Klassen definiert werden könnte. Wir werden im 39. Kapitel auf diese drei Momente und ihr Verhältnis zueinander ausführlicher eingehen.

Fragen zur Diskussion

1. Handelt es sich beim freien und gleichen Austausch der Arbeitskraft um einen bloßen Schein? Widersprechen sich rechtliche Form und ökonomischer Inhalt des Kapitalverhältnisses?
2. Inwiefern hat auch der Arbeiter ein ›Interesse‹ an der Garantie von Freiheit, Gleichheit, Eigentum?
3. Inwiefern widerspricht das Interesse der Arbeiter diesen rechtlichen Regelungen?
4. Unter welchen Bedingungen ist es gerechtfertigt zu sagen, daß das gemeinsame Interesse aller Warenbesitzer sich inhaltlich als das besondere Interesse der Klasse der Besitzer der objektiven Produktionsbedingungen erweist?
5. Wird durch die Identität von ökonomischer und politischer Macht die These der Trennung von Staat und bürgerlicher Gesellschaft tangiert? Wenn ja, warum, wenn nein, warum nicht?
6. Sehen Sie einen Gegensatz zwischen ›Rechtsstaat‹ und ›Klassenstaat‹?
7. Warum bezeichnet Marx den Staat als ›illusorische Gemeinschaft‹?

IV. Abschnitt: Politische Formen der Klassenherrschaft der Bourgeoisie und politische Form der sozialen Emanzipation des Proletariats.

Lernziele:

Auf der Grundlage des dargestellten Widerspruchs zwischen Demokratie und Klassenherrschaft in der bürgerlichen Gesellschaft wollen wir untersuchen, unter welchen Bedingungen die Klassenherrschaft der Bourgeoisie in demokratischen Formen möglich ist; wir wollen verfolgen, wie jener Widerspruch im Klasseninteresse der Bourgeoisie durch den Übergang zu personalen Formen der Klassenherrschaft vorübergehend zurückgedrängt werden kann und wie er durch die politische Form der sozialen Emanzipation des Proletariats mit der Aufhebung der Klassenherrschaft insgesamt zum Verschwinden kommt.

Textgrundlage:

Karl Marx, Der 18. Brumaire des Louis Bonaparte, MEW 8, S. 120–158; ders, Der Bürgerkrieg in Frankreich, MEW 17, S. 335–345.

36. Kapitel: Bürgerliche Demokratie. Widerspruch zwischen demokratischer Form der Herrschaft und Klassenherrschaft der Bourgeoisie.

Wir wollen zunächst den aus der Strukturanalyse der bürgerlichen Gesellschaft entwickelten inneren Widerspruch der demokratischen Verfassung der bürgerlichen Herrschaft verfolgen und nach den Bedingungen fragen, unter denen die Herrschaft der Bourgeoisie überhaupt in demokratischen Formen möglich ist. Wir werden dabei einerseits sehen, welche Beschränkungen die Demokratie in der bürgerlichen Gesellschaft bei entwickeltem Klassengegensatz erfährt, und andrerseits, daß die demokratische Form nur eine der politischen Formen der Klassenherrschaft der Bourgeoisie darstellt.

§ 1. Das ›Volk‹, der ›Träger‹ des grundlegenden demokratischen Prinzips der Volkssouveränität, stellt sich uns nun nicht mehr in jener schönen Einheitlichkeit dar, die die Ebene der einfachen Zirkulation charakterisierte. Die gemeinsame Eigenschaft aller Mitglieder der bürgerlichen Gesellschaft, Warenbesitzer zu sein, erwies sich uns als bloße Form, unter der sich der fundamentale Gegensatz der Grundklassen der bürgerlichen Gesellschaft von Bourgeoisie und Proletariat, verbarg. Die allgemeinen, freien und gleichen Wahlen bringen daher nun – sofern die durch den Klassengegensatz gespaltenen Wähler Kandidaten wählen, die ihre Klasseninteressen vertreten – statt des »*eingebildeten* Volkes . . . das *wirkliche* Volk ans Tageslicht,

d. h. Repräsentanten der verschiedenen Klassen, worin es zerfällt« (MEW 7/29).[1]

Unter der Voraussetzung des ›reinen‹ vollentwickelten Kapitalismus, die im ›Kapital‹ gemacht wird, müssen wir davon ausgehen, daß nur Bourgeoisie und Proletariat existieren und daß das Proletariat die überwiegende Mehrheit der Bevölkerung darstellt. *Unterstellt*, das Proletariat sei sich seines Klassengegensatzes gegen die Bourgeoisie völlig bewußt, sehen wir nun, daß die demokratische Herrschaftsform als Ausdruck der Beziehungen von freien und gleichen Warenbesitzern derart im Widerspruch steht mit der ökonomischen Klassenherrschaft der Bourgeoisie als Ausdruck eben dieser entwickelten Warenbeziehungen, daß die politische – und darüber vermittelt auch die ökonomische – Klassenherrschaft der Bourgeoisie gar nicht möglich wäre. Die Arbeiter würden ihre demokratischen politischen Rechte als ›Mittel‹ (vgl. MEW 4/373) benutzen, die Bedingungen der ökonomischen Klassenherrschaft der Bourgeoisie abzuschaffen.

Dieser Widerspruch zwischen demokratischen Formen und Klassenherrschaft der Bourgeoisie, nicht ein Widerspruch im Denken, sondern in der Struktur der bürgerlichen Gesellschaft selber, ist von Marx in abstrakter Weise schon sehr früh erkannt worden: Die Erkämpfung des allgemeinen Wahlrechts »ist also innerhalb des *abstrakten politischen Staats* die Forderung seiner *Auflösung*, aber ebenso der *Auflösung der bürgerlichen Gesellschaft*« (MEW 1/327). »Der Staat als Staat annuliert z. B. das *Privateigentum*, der Mensch erklärt auf *politische* Weise das Privateigentum für *aufgehoben*, sobald er den *Zensus* für aktive und passive Wählbarkeit aufhebt, wie dies in vielen nordamerikanischen Staaten geschehen ist. *Hamilton* interpretiert dies Faktum von politischem Standpunkte ganz richtig dahin: ›*Der große Haufen hat den Sieg über die Eigentümer und den Geldreichtum davongetragen*‹. Ist das Privateigentum nicht ideell aufgehoben, wenn der Nichtbesitzende zum Gesetzgeber des Besitzenden geworden ist?« (MEW 1/354)

In den späteren politischen Schriften wird jener reale Widerspruch zwischen ökonomischer und politischer Struktur der bürgerlichen Gesellschaft zum Angelpunkt, den Übergang aus der demokratischen Form der Klassenherrschaft der Bourgeoisie in ihre personalen (gewöhnlich: diktatorischen) Formen einerseits, in die politische Form der sozialen Emanzipation des Proletariats andrerseits zu begreifen: »Der »umfassende Widerspruch« der bürgerlich-demokratischen Verfassung »besteht darin: die Klassen, deren gesellschaftliche Sklaverei sie verewigen soll, Proletariat, Bauern, Kleinbürger, setzt sie durch das allgemeine Stimmrecht in den Besitz der politischen Macht. Und der Klasse, deren alte gesellschaftliche Macht sie sanktioniert, der Bourgeoisie, entzieht sie die politischen Garantien dieser Macht. Sie zwängt ihre politische Herrschaft in demokratische Bedingungen, die jeden Augenblick den feindlichen Klassen zum Sieg verhelfen und die Grundlagen der bürgerlichen Gesellschaft selbst in Frage stellen (können – d. Verf.). Von den einen verlangt sie, daß sie von der politischen Emanzipation nicht zur sozialen fort –, von den anderen, daß sie von der sozialen Restauration nicht zur politischen zurückgehen« (MEW 7/43, vgl. MEW 6/200; MEW 7/93, 520; MEW 8/40, 152 ff.; MEW 17/340, 390, 544; MEW 38/69).

§ 2. Damit sind wir zu einem anscheinend paradoxen Ergebnis gelangt: es sieht einerseits so aus, als sei die demokratische Herrschaftsform die dem Begriff der bürgerlichen Produktion entsprechende und darum auch historisch notwendige Form der Herrschaft; andrerseits, als sei gerade dadurch die politische Herrschaft der Bourgeoisie überhaupt – und darüber vermittelt auch die ökonomische Exploitation des Proletariats durch die Bourgeoisie – gar nicht möglich. Die Erfahrung zeigt jedoch nicht nur, daß die ökonomische Klassenherrschaft der Bourgeoisie tatsächlich möglich ist, sondern auch, daß die demokratische Form der Herrschaft der Bourgeoisie die historisch relevanteste politische Form ihrer Herrschaft ist. Stehen also die Resultate unserer theoretischen Überlegungen im Widerspruch mit der realen Geschichte der bürgerlichen Gesellschaft?

Wir haben bereits im 30. Kapitel auf den wesentlichen Unterschied zwischen Untersuchungen der ökonomischen, rechtlichen und politischen Struktur der bürgerlichen Gesellschaft einerseits und Untersuchungen ihrer Geschichte andrerseits aufmerksam gemacht. Bei der folgenden Diskussion der beiden Bedingungen, unter denen Klassenherrschaft der Bourgeoisie in demokratischen Formen möglich ist, müssen wir hierauf zurückgreifen. Bisher hatten wir unterstellt: 1. Das Proletariat ist sich seiner objektiven Klassenlage bewußt; und 2. das Proletariat bildet die überwiegende Mehrheit der Bevölkerung. Unter diesen beiden Voraussetzungen war Klassenherrschaft der Bourgeoisie in demokratischen Herrschaftsformen nicht möglich. Wenig Überlegung zeigt nun schon, daß diese Voraussetzungen keineswegs unmittelbar gegeben sind.

Zu 1. Solange die Arbeiterklasse sich ihres objektiven Gegensatzes gegen die Bourgeoisie nicht bewußt ist, ist offensichtlich auch bei überwiegender Mehrheit des Proletariats die Herrschaft der Bourgeoisie in demokratischen Formen möglich. (Dies ist die für die entwickelten kapitalistischen Staaten der Gegenwart typische Situation). Marx und Engels geben für diesen Sachverhalt im wesentlichen zwei Gründe an: *Zum einen* erzeugt die beständige Reproduktion des kapitalistischen Produktionsprozesses bei den Produktionsagenten stets erneut ein verkehrtes Bewußtsein der tatsächlichen Verhältnisse (vgl. besonders MEW 23/562–64). *Zum andern* aber resultiert dies verkehrte, der objektiven Klassenlage nicht entsprechende Bewußtsein aus Überlieferung von Bewußtseinsformen, die einer durch den Proletarisierungsprozeß überwundenen Stellung zu den Produktionsmitteln (Kleineigentum) entsprechen (Eigentumsillusionen, Aufstiegsillusionen etc.)[2]

Zu 2. Der Kapitalismus fällt nicht in jener ›reinen‹ Form vom Himmel, wie er als Resultat einer langen Entwicklung der Analyse im ›Kapital‹ vorausgesetzt ist. Das Kapitalverhältnis ist vielmehr Ergebnis der historischen Trennung der unmittelbaren Produzenten von den objektiven Produktionsbedingungen, und diese Trennung geschieht nicht auf einen Schlag, sondern als langwieriger geschichtlicher Prozeß der Auflösung des Kleineigentums (Kleinbauern, Kleinbürger) oder der ›Zwischenklassen‹. Solange daher die Arbeiterklasse noch die Minderheit der Bevölkerung bildet, ist die Klassenherrschaft der Bourgeoisie ebenfalls in demokratischen Formen möglich, solange sich die Zwischenklassen ihres Gegensatzes zur Bourgeoisie nicht bewußt sind. Eine »demokratische Staatsverfassung« würde nach Ansicht von Marx und Engels allenfalls in »altzivilisierten Ländern mit entwickelter Klassenbildung, mit modernen Produktionsbedingungen und mit einem geistigen Bewußtsein, worin alle überlieferten Ideen durch jahrhundertelange Arbeit aufgelöst sind« (MEW 8/122), »direkt oder indirekt die politische Herrschaft des Proletariats herstellen. Direkt in England, wo die Proletarier schon die Majorität des Volkes ausmachen. Indirekt in Frankreich und Deutschland, wo die Majorität des Volkes nicht nur aus Proletariern, sondern auch aus kleinen Bauern und Bürgern besteht, welche eben erst im Übergang ins Proletariat begriffen sind« (MEW 4/372 f., vgl. 317 und 392; MEW 17/643).

Diese kurze Andeutung der beiden Bedingungen, unter denen die Klassenherrschaft der Bourgeoisie in demokratischen Formen historisch möglich ist, kann das adäquate Veständnis des aus der Analyse der Struktur der bürgerlichen Gesellschaft resultierenden Widerspruchs zwischen ›Demokratie‹ und ›Klassenherrschaft‹ erleichtern: Der Verweis auf diesen Widerspruch impliziert keineswegs eine direkte Aussage über die Geschichte der bürgerlichen Gesellschaft, muß sich vielmehr in den verschiedenen Entwicklungsperioden des Kapitalismus und den historisch spezifischen Bedingungen innerhalb eines kapitalistischen Landes je verschieden ausdrükken. Ob die Bourgeoisie von der ›sozialen‹ auch zur ›politischen Restauration‹ zurückgehen kann, oder ob das Proletariat und die verbündeten Zwischenklassen von der politischen auch zur sozialen Emanzipation voranzuschreiten in der Lage sind, darüber können konkrete Aussagen nur unter Berücksichtigung des Entwicklungsgrades des Kapitalistmus und des jeweils besonderen historischen Kräfteverhältnisses der kämpfenden Klassen in bestimmten Ländern gemacht werden. Wir werden uns jedoch in der folgenden Diskussion der politischen Formen der Klassenherrschaft der Bourgeoisie darauf beschränken müssen, die Bedingungen ihrer Möglichkeit sowie ihre angebbaren Auswirkungen abstrakt – wenn auch unter dem leitenden Gesichtspunkt ihres historischen Relevanz – zu bestimmen.³

§ 3. Wir haben nunmehr die notwendigen Voraussetzungen entwickelt, um jenen scheinbar bloß innertheoretischen Widerspruch zwischen Aussagen von Marx und Engels über die demokratische Republik als »konservative Lebensform« (MEW 8/122) oder adäquate, konsequente Form der Klassenherrschaft der Bourgeoisie einerseits, als »politische Umwälzungsform« (ebd.), »Durchgangsmoment«, »Zwischenreich« etc. andrerseits, als realen historischen Widerspruch aufzuzeigen. Er zeigt die *gegensätzlichen Funktionen demokratischer Herrschaftsform in der bürgerlichen Gesellschaft* an, in welchen verschiedene historische Situationen, verschiedenes politisches Kräfteverhältnis der Klassen usw. zum Ausdruck kommen.

Verkürzt zusammengefaßt ist die Demokratie als »normale politische Form der (bürgerlichen – d. Verf.) Gesellschaft« (MEW 17/594) nur unter folgenden Bedingungen möglich: Einerseits muß die Entwicklung des Kapitalismus die feudalen Produktionsverhältnisse unterminiert oder bereits aufgelöst haben. Im Gegensatz zum entwickelten Feudalismus hat die Bourgeoisie »keinen König, die wahre Form ihrer Herrschaft ist die Republik« (MEW 7/40). Andrerseits darf der politische Klassengegensatz zwischen Bourgeoisie und Proletariat noch nicht scharf fixiert und voll entwickelt sein. »Solange die unterdrückte Klasse, . . . das Proletariat, noch nicht reif ist zu seiner Selbstbefreiung, solange wird sie, der Mehrzahl nach, die bestehende Gesellschaftsordnung als die einzig mögliche erkennen und politisch der Schwanz der Kapitalistenklasse, ihr äußerster linker Flügel sein« (MEW 21/168, vgl. MEW 17/593).⁴

Marx und Engels machen auf zwei, für das Verständnis der bürgerlichen Republik wesentliche Momente aufmerksam, die wir kurz benennen wollen:

1. Solange das Privateigentum an den Produktionsmitteln als Bedingung der ökonomischen Exploitation der Arbeiterklassen allgemein garantiert ist, ist auch die demokratische Republik eine politische Form der Klassenherrschaft der Bourgeoisie: *bürgerliche* Republik, was den Inhalt anbelangt. Ob diese Klassenherrschaft mehr in ›friedlichen‹, ›liberalen‹ oder in offen terroristischen Formen sich vollzieht, hängt ganz von den besonderen historischen Bedingungen ab. Stets jedoch ist ihr Zweck die Aufrechterhaltung der *»Ordnung* – das ist der Name für die ökonomischen und politischen Bedingungen ihrer (s. c. der Fraktion der herrschenden Klasse – d. Verf.) Klassenherrschaft und der Knechtung der Arbeit« (MEW 17/517 u. ö.).

2. Im Gegensatz zu den verschiedenen personalen Formen der Klassenherrschaft (z. B. absolute Monarchie, Bonapartismus, Faschismus, Militärdiktaturen) bezeichnet Marx die demokratische Form als »anonyme Form«

(MEW 8 und 17 pass.) der Herrschaft. In der bürgerlichen Republik kann sich die ökonomisch begründete Klassenherrschaft nicht mehr hinter personaler Herrschaft und politischer Ungleichheit verstecken. Darin liegt ein nicht zu vernachlässigendes Moment der Aufklärung der Arbeiter über ihre tatsächliche Stellung im Reproduktionsprozeß (vgl. MEW 7/18; MEW 8/140, 153 u. ö.). Weil jedoch in der bürgerlichen Republik nach der Beseitigung des Wahlzensus »der Reichtum seine Macht indirekt« (MEW 21/167) ausübt, weil man dann »offiziell nichts mehr von Besitzunterschieden« weiß (ebd.), ist die bürgerliche *Republik* jene »Form der Klassenherrschaft, die vorgibt, die Selbstherrschaft der Gesellschaft zu sein« (MEW 17/541). Die bürgerliche Republik erlaubt demnach nicht nur Aufklärung der Arbeiter über den ökonomisch begründeten Klassencharakter der bürgerlichen Gesellschaft, sondern in ihrer Form selber liegt zugleich ein Moment der Verschleierung oder Mystifikation des Klassencharakters des bürgerlichen Staats, das uns aus unserer bisherigen Analyse bereits bekannt ist. Ob allerdings der Reichtum in der Form der demokratischen Republik seine Macht zwar indirekt, »aber um so sicherer« ausüben kann (MEW 21/167), ob das allgemeine Wahlrecht das adäquate Mittel zur Aufrechterhaltung der Klassenherrschaft der Bourgeoisie darstellt, und die demokratische Republik daher wirklich die konservative Lebensform der bürgerlichen Gesellschaft darstellt, hängt von Bedingungen ab, deren näherer Betrachtung wir uns nun zuwenden müssen.

Erläuterungen und Zusätze

1. Wie der ›Wähler‹ nun nicht mehr einfach abstrakter Staatsbürger, sondern Mitglied einer Klasse im Gegensatz zu andern Klassen der bürgerlichen Gesellschaft ist, wie im Wahlvorgang nicht mehr – oder nicht mehr nur – das gemeinsame formale Interesse bestimmend ist, sondern das gegensätzliche, inhaltliche Klasseninteresse, so sind auch die gewählen Repräsentanten nur noch dem Scheine oder der Form nach Repräsentanten des ›Volkes‹, der ›Allgemeinheit‹ oder der Mehrheit; nur ›ihrem Gewissen verpflichtet‹ und unabhängig. Dem Inhalt nach sind sie ebenso wie die von ihnen gewählte Regierung neben ihren eigenen unmittelbaren Privatinteressen (Diätenerhöhungen, Abgeordnetenpension, ›Beraterverträge‹ etc.) den besonderen Interessen bestimmter Klassen verpflichtet. Das ›freie‹ Mandat ist also einerseits notwendiger Ausdruck des Scheins der einfachen Zirkulation, andrerseits – nicht nur rein terminologisch – ein Widerspruch in sich (vgl. z. B. JELLINEK (1966), S. 566–594 und KELSEN (1966), S. 312–316; SCHMITT (1970), S. 217ff.; vgl. S. 311ff. über Parlament als ›Volksrepräsentant‹ versus ›Interessenausschuß‹. Schmitt jedoch macht keinen Unterschied zwischen begrifflicher und historischer Entwicklung und rutscht daher bezüglich seiner Stellungnahme zum ›Konkurrenzkapitalismus‹, ›Liberalismus‹ etc. notwendig in historische Apologetik ab.).

Der Zusammenhang von Klassenfraktionen, Parteien, Verbänden, Abgeordneten und Regierung, Probleme der »Parteiendemokratie« etc. können hier nicht unter-

sucht werden. Wir müssen nur nochmals vor naiven Vorstellungen einer direkten oder unmittelbaren Umsetzung von ökonomischer in politische Macht als ›Regel‹ warnen, in welchen der Prozeß der Formulierung, Filterung und Umsetzung von Gruppen- und Klasseninteressen unterschlagen wird. Das Luhmannsche Lob jener »indirekte(n) Form der Interessendurchsetzung auf dem Umwege über die Politik« (LUHMANN, 1971b, S. 77) verweist uns – wie seine Beiträge zur politischen Soziologie generell – auf Mechanismen, die als Reaktionsbildungen auf den Widerspruch zwischen Demokratie und Klassenherrschaft in der bürgerlichen Gesellschaft zu entziffern sind. Deren wichtigster ist wohl die parlamentarische Beschränkung der Demokratie (vgl. 37. Kapitel, Zusatz 1 und 39. Kapitel; vgl. die faschistoide ›Parlamentarismus‹- und ›Liberalismus‹-Kritik von SCHMITT (1970), § 24 und andere Arbeiten, die von konträrer Position und Stoßrichtung aus – und rein ›politologisch‹ – jene Schranken deutlich machen). Die Gefahr der Beschneidung demokratischer Kontrollmöglichkeiten durch die Entwicklung der ›Parteiendemokratie‹, die Gefahren einer Verselbständigung der Legislative gegenüber dem ›Volk‹ und einer Verselbständigung der Parteiführungen gegenüber ihren Mitgliedern völlig zu verkennen, ist eine der folgenreichen ›Naivitäten‹ KAUTSKYS (1922), S. 125 ff.).
2. Ein wichtiger Mangel der Marxschen Schriften zur politischen Entwicklung Frankreichs ist nach Ansicht d. Verf. darin zu sehen, daß in ihnen verkehrtes Bewußtsein der Arbeiter nur auf diesen zweiten Grund zurückgeführt wird.
3. Wir können hier auch nicht den Versuch machen, die Prognosen von Marx/Engels über eine notwendige historische Entwicklung der Sozialstruktur, des politischen Kräfteverhältnisses der Klassen und der politischen Formen der Klassenherrschaft der Bourgeoisie ausführlich zu diskutieren. Die hiermit angesprochene Unterscheidung jedoch zwischen einer ›logisch‹ oder ›begrifflich‹ notwendigen historischen Entwicklung und einer ihr gegenüber relativ zufälligen realhistorischen Entwicklung ist sowohl grundlegend für das adäquate Verständnis der Marxschen Schriften zur Geschichte Frankreichs im 19. Jh., als auch für den Zusammenhang der Erkenntnis der realen Geschichte überhaupt, wie er nach Ansicht d. Verfasser auf der Basis der Marxschen Theorie zu denken ist. Sie soll daher kurz umrissen werden: 1. Das Begreifen der realen Geschichte als Weltgeschichte und nicht bloß als zielloses unverbundenes Neben- oder Nacheinander von Ereignissen, in welcher die handelnden Individuen wie der wissenschaftliche Forscher ertrinken, ist nur möglich auf der Grundlage einer Konzeption notwendiger historischer Entwicklung, die sich durch die ›Zufälligkeiten‹ der realhistorischen Entwicklung hindurch entfaltet und die allein die Richtung der wissenschaftlichen Geschichtsbetrachtung und nichtwillkürliche Kriterien der Auswahl des historischen Stoffes geben kann. Die im historischen Materialismus entwickelten Konzeption ist nicht zu verwechseln mit idealistisch-teleologischer Geschichtskonstruktion; sie erhebt vielmehr den Anspruch, ihre Entwicklungsgesetze auf empirisch überprüfbare, wissenschaftliche Weise zu gewinnen. Sie ist andrerseits Voraussetzung einer wissenschaftlichen Kritik an historischer Faktenhuberei, deren Verzicht aufs Begreifen schon von Hegel einer scharfen, treffenden Kritik unterzogen wurde. (Vgl. Ansätze marxistischer Kritik am Historismus bei BOLLHAGEN (1966) und MORFF (1970), S. 13–32; vgl. von anderer Seite: PILOT (1969)). 2. Die Konzeption einer

notwendigen historischen Entwicklung bleibt solange bloß subjektive Konstruktion, hypothetisches Entwicklungsmodell oder -muster, als sie nicht empirisch belegt ist. Davon abgesehen jedoch, daß auf jedes, wie auch immer zustandegekommenes ›Bewegungsgesetz der Geschichte‹ die »Probe« (MEW 8/562) gemacht werden muß, gilt für die Marxsche Konzeption derartiger notwendiger Entwicklungstendenzen, daß diese nicht willkürlich hypostasiert oder von außen an die Geschichte herangetragen sind, sondern als notwendiger Ausdruck der inneren Struktur der untersuchten realen Verhältnisse entfaltet werden sollen. Für die Logik der Entwicklung der kapitalistischen Gesellschaftsformation bedeutet dies, daß die notwendigen Entwicklungstendenzen des kapitalistischen Akkumulationsprozesses und ihre Auswirkungen auf die Veränderung der Sozialstruktur und der politischen Verhältnisse eben aus der Analyse der ökonomischen Struktur dieser Gesellschaft heraus begründet werden müssen. Für die notwendigen ökonomischen Entwicklungstendenzen der kapitalistischen Produktionsweise (vgl. Gesetze der wachsenden organischen Zusammensetzung, der Zentralisation, Expropriation, des tendenziellen Falls der Durchschnittsprofitrate) ist dies von Marx im ›Kapital‹ in Ansätzen geleistet worden. Implizit enthalten darin sind begründete Aussagen über die mit der Entwicklung des Kapitalismus notwendige Veränderung der Sozialstruktur der bürgerlichen Gesellschaft (Tendenz der zunehmenden Proletarisierung, der Auflösung der Zwischenklassen etc.). Trotz der erkannten Tatsache, daß sich das statistische Größenverhältnis der Klassen und seine Veränderung infolge der Entwicklung der Sozialstruktur keineswegs direkt im politischen Kräfteverhältnis der Klassen und seiner Veränderung ausgedrückt; daß wesentliche Faktoren, die das Bewußtsein der jeweiligen Klassen und seine Entwicklung, darüber vermittelt, das politische Kräfteverhältnis der Klassen bestimmen, überhaupt nicht unabhängig von jeweils spezifisch-historischen, ›begrifflich-zufälligen‹ Situationen diskutiert werden können (Verbrechen, Kriege, politische ›Dummheiten‹ der herrschenden Klassen etc.), trotz alledem waren Marx und Engels der Auffassung, daß auch Aussagen über eine notwendige Entwicklung der politischen Formen der Klassenherrschaft der Bourgeoisie möglich sind (vgl. Schluß dieses Zusatzes). 3. Sowohl die Analyse der Struktur der bürgerlichen Gesellschaft wie die ihrer notwendigen historischen Entwicklungstendenzen finden ihre ›Bewährung‹ nicht in sich; beide dienen vielmehr als Mittel zur Erkenntnis der realen Geschichte, und nur insofern sind ihre Aussagen überhaupt empirisch falsifizierbar und damit der Möglichkeit nach nichtmetaphysischer Natur. (Vgl. zum ganzen Zusammenhang: BADER, BERGER, GANSSMANN u. a. (1975), Kap. I) Ohne die strenge Unterscheidung von ›Logik der Geschichte‹ und realhistorischer Entwicklung können nach Ansicht der Verfasser die ›politischen Schriften‹ von Marx und Engels nicht adäquat begriffen werden. In einem Brief an Kugelmann macht Marx, Hegel folgend, auf jenen wesentlichen Unterschied aufmerksam: »Die Weltgeschichte wäre allerdings sehr bequem zu machen, wenn der Kampf nur unter der Bedingung unfehlbar günstiger Chancen aufgenommen würde. Sie wäre andrerseits sehr mystischer Natur, wenn ›Zufälligkeiten‹ keine Rolle spielten. Diese Zufälligkeiten fallen natürlich selbst in den allgemeinen Gang der Entwicklung und werden durch andre Zufälligkeiten wieder kompensiert. Aber Beschleunigung und Verzögerung sind sehr von solchen ›Zufälligkeiten‹ abhängig... Der Kampf der Arbeiterklasse mit der Kapitalistenklasse und ihrem Staat ist durch den Pariser Kampf (der Kommune – d. Verf.) in eine neue Phase getreten. *Wie die Sache auch unmittelbar verlaufe, ein neuer Ausgangspunkt von welthistorischer Wichtigkeit ist gewonnen*« (MEW 33/209, Herv. v. Verf.). Alle Aussagen über die ›Klassizität‹ der politischen Entwicklung Frankreichs (vgl. MEW 7/69, 511; MEW 8/561; MEW 36/160 u. ö.), alle Aussagen, in denen aktuelle Ereignisse als ›Zeichen der Zeit‹ interpretiert werden, die gesamte Interpretation der Tagesereignisse unterm Gesichtspunkt ihrer welthistorischen Wichtigkeit (worin Engels zurecht das Verdienst der Marxschen Arbeiten erblickt, vgl. MEW 17/615 u. ö.), sind unverständlich ohne eine zugrundeliegende Konzeption der notwendigen politischen Entwicklung der bürgerlichen Gesellschaft, des proletarischen Klassenkampfs und des schließlichen Sieges des Proletariats. Der Zweck der Marxschen Schriften über die Entwicklung Frankreichs als Agitationsmaterialien besteht ja gerade jene »unbewußte Logik der französischen Geschichte« (MEW 37/120, vgl. 47) der Arbeiterklasse zum Bewußtsein zu bringen, um auf diese Weise dem Kampf des Proletariats gegen die bürgerliche Gesellschaft seine immanente Richtung zu weisen.

Wir wollen nun kurz jene am Beispiel Frankreichs formulierte ›klassische politische Entwicklung‹ der bürgerlichen Gesellschaft skizzieren, um einerseits hierdurch das Verständnis dieser Texte zu erleichtern, andrerseits aber vor vorschnellen Generalisierungen und einer weitgehenden Dogmatisierung der Marxschen Aussagen zu warnen. In bewußter Verkürzung und Zuspitzung ließen sich in jener notwendigen Entwicklung 3 Perioden unterscheiden: Eine Periode der Herausbildung der kapitalistischen Produktionsweise mit relativem Gleichgewicht der politischen Klassenkräfte »zwischen Grundadel und Bourgeoisie«, welches als »Grundbedingung der alten absoluten Monarchie« (MEW 18/257) angesehen werden kann. Eine Periode der relativ entwickelten bürgerlichen Gesellschaft, in der die Bourgeoisie den Grundadel politisch besiegt (Übergangsform: konstitutionelle Monarchie) und ökonomisch den Bedingungen der kapitalistischen Produktion assimiliert hat, in der andrerseits das Proletariat noch im Schlepptau bürgerlicher Politik oder dieser gegenüber politisch noch zu schwach ist. Ihr entspräche die demokratische Republik als ›konservative Lebensform‹. Schließlich eine Periode der entwickelten bürgerlichen Gesellschaft mit der politischen Alternative: demokratische Republik als politische Umwälzungsform in Richtung auf die soziale Emanzipation des Proletariats oder Rückfall in personale Form der Klassenherrschaft bei politischem »Gleichgewicht zwischen Bourgeoisie und Proletariat« als der »Grundbedingung des modernen Bonapartismus« (MEW 18/257 u. ö.). Eine derartige empirisch-historische Typologie der Staatsformen kann natürlich nach Ansicht von Marx und Engels zureichend nur begründet werden durch Vergleich der ökonomischen und politischen Entwicklung der wichtigsten kapitalistischen Länder. Sie darf – eingedenk der Marxschen Warnungen vor »oberflächlichen geschichtlichen Analogien« (MEW 8/560), vor politologischem Kretinismus der Betrachtung der Formen der Herrschaft und der politischen Entwicklung unabhängig von der jeweiligen sozialökonomischen Situation und ihrer Veränderung – keinesfalls als dogmatischer Hebel geschichtsphilosophischer Konstruktionen mißverstanden werden (vgl. hierzu MEW 19/111 f.). Dies ist besonders zu beto-

nen gegenüber Interpretationen, in denen die Marxschen Aussagen von der personalen Form der Klassenherrschaft als der »schließlichen«, »letzten« etc. Form der Klassenherrschaft der Bourgeoisie in eine »geschichtsphilosophische Theorie des allgemeinen Entwicklungsganges . . ., der allen Völkern schicksalsmäßig vorgeschrieben ist, was immer die geschichtlichen Umstände sein mögen, in denen sie sich befinden« (MEW 19/111 in anderem Zusammenhang) umgelogen werden. Erstens sind diese Aussagen bei Marx fast stets unter Einschränkungen formuliert (vgl. z. B. MEW 17/610 »zumindestens auf dem europäischen Kontinent«), zweitens stehen sie im Widerspruch zu Aussagen, in denen von einer zunehmenden ›Linksverschiebung‹ innerhalb der demokratischen Republik ausgegangen wird, welche »immer die letzte Form der Bourgeoisieherrschaft (sei – d. Verf.): die, in der sie kaputtgeht« (MEW 36/128, vgl. 159 f., 240, 252 f., 348, 379). Anstatt diesen scheinbaren Gegensatz der Prognosen produktiv zu interpretieren als Ausdruck des uns bereits bekannten Widerspruchs zwischen demokratischer Form und Klassenherrschaft der Bourgeoisie, der mit der weitern Entwicklung der bürgerlichen Gesellschaft sich zunehmend verschärfen dürfte und über dessen ›Lösung‹ ohne Analyse der konkreten historischen Bedingungen keine begründeten Aussagen möglich sind, wird die ›Lösung‹ der politischen Reaktion zur unausweichlichen historischen Notwendigkeit stilisiert. Dieser Gefahr erliegen sowohl das PROJEKT KLASSENANALYSE (1972), S. 149–53 u. ö., als auch SCHLUCHTER (1972), S. 55 ff. Lenin und im Anschluß an ihn die marxistisch-leninistische Theorie begnügen sich mit dem unverbundenen Nebeneinander »zweier Tendenzen« bei der Charakterisierung der »Entwicklung der modernen kapitalistischen Gesellschaft« (Marxistisch-leninistische allgemeine Theorie des Staates und des Rechts, Bd. II, 1974, S. 259): Imperialismus als ›politische Reaktion auf der ganzen Linie‹ versus ›Streben der Volksmassen nach Demokratie‹. Der Gefahr, Paradoxien als »Dialektik der Entwicklung« (S. 258) auszugeben, und es damit bewenden zu lassen, kann so nur schwer ausgewichen werden.
4. Wie alle Warenbesitzer ein Interesse daran haben, daß die staatliche Gewalt nicht im Interesse von besonderen Privaten tätig wird, so haben auch die Besitzer der objektiven Produktionsbedingungen ein Interesse daran, daß die staatliche Gewalt nicht im »Privatinteresse« einzelner Kapitalisten oder besonderer Fraktionen der Kapitalistenklasse zu deren ökonomischem Vorteil tätig werden kann (vgl. MEW 8/172). Auf die Frage, ob überhaupt und wenn warum auch die Bourgeoisie ein Interesse an ›Demokratie‹ hat, ist daher zunächst zu antworten, daß es ›die Bourgeoisie‹ als handlungsfähiges Subjekt nicht unmittelbar gibt. Vielmehr bestehen verschiedene Fraktionen der herrschenden Klasse mit zum Teil sehr divergierenden und einander widersprechenden Interessen, aus denen sich das »allgemeine Klasseninteresse« (MEW 8/177) der Bourgeoisie als Resultat eines Prozesses ökonomischer und politischer Auseinandersetzung erst herausbilden muß. Nach Ansicht von Marx und Engels ist es nur in der Form der parlamentarischen Republik möglich, daß sich die besonderen Interessen der verschiedenen Fraktionen der herrschenden Klasse gleichermaßen Einfluß auf die Regierungsgewalt verschaffen können (vgl. MEW 8/140, 172 u. ö.). (Auf eine genaue Bestimmung der Fraktionen der herrschenden Klasse, auf ihr relatives ökonomisches und politisches Kräfteverhältnis und dessen historische Veränderung kann hier nicht eingegangen

werden.) Es ist daher zwar richtig, daß die Bourgeoisie fast stets (wichtige Ausnahmen: ›Glorious Revolution‹, und Vereinigte Staaten von Amerika) durch die unterdrückten Klassen der Arbeiter und Kleineigentümer zu den bürgerlich-demokratischen Revolutionen gezwungen wurde (vgl. Große französische Revolution, 48iger Revolution, russische Februarrevolution, deutsche und österreichische Revolution 1918 u. a.), aber dies ist kein Argument gegen die Tatsache, daß auch die Bourgeoisie ein Interesse an diesen Revolutionen hatte. Allerdings hatte die Bourgeoisie stets ein Interesse zu verhindern, daß diese demokratischen Revolutionen, wie dies als Folge der Beteiligung der breiten Volksmassen fast stets der Fall war, über ihr der Bourgeoisie gemäßes ›Ziel‹ hinausschossen. Dies wird besonders deutlich auch an den Kämpfen um das allgemeine Wahlrecht. Den unmittelbaren Interessen der Bourgeoisie entspräche der moderne Repräsentativstaat mit Wahlzensus, denn das Zensuswahlrecht ist »die letzte *politische* Form, das Privateigentum anzuerkennen« (MEW 1/354, vgl. MEW 2/124; MEW 3/537; MEW 4/368; MEW 7/498, 503; MEW 21/167). Daß historisch das allgemeine Wahlrecht, welches dem Begriff der einfachen Zirkulation entspricht, nicht von der Bourgeoisie gegen den Adel, sondern vom Proletariat gegen die Bourgeoisie erkämpft werden mußte (vgl. England, Frankreich), verweist darauf, daß die Bourgeoisie sich jenes Widerspruchs zwischen allgemeinem Wahlrecht und Aufrechterhaltung der Bedingungen ihrer Klassenherrschaft bewußt geworden war oder ihn zumindest nach dem historischen Auftreten des Proletariats als Klasse zur Kenntnis nehmen mußte.

Fragen zur Diskussion

1. Worin besteht der Widerspruch zwischen demokratischer Form und Klassenherrschaft der Bourgeoisie?
2. Warum kann die bürgerliche Gesellschaft dennoch in demokratischen Herrschaftsformen regiert werden und unter welchen Bedingungen ist dies möglich?
3. Welche Bedeutung kommt Untersuchungen über Bedingungen der Entstehung von ›verkehrtem‹ Bewußtsein, die mit der kapitalistischen Reproduktion stets erneut erzeugt werden, für die gegenwärtige Entwicklung der Arbeiterbewegung zu?
4. Worin besteht der Unterschied von Untersuchungen der Struktur einer Gesellschaft und ihrer Geschichte? Worin besteht der Unterschied zwischen Untersuchungen von notwendigen historischen Entwicklungstendenzen einer Gesellschaftsformation und ihrer realhistorischen Entwicklung?
5. Welche Konsequenzen hat die Form der bürgerlichen Republik für die Entwicklung von proletarischem Klassenbewußtsein?
6. Hat auch die Bourgeoisie ein Interesse an der bürgerlichen Republik?
7. Was verstehen Sie unter Fraktionen der herrschenden Klasse?
8. Kann auch das Proletariat in der bürgerlichen Republik Einfluß nehmen auf die Regierungsgewalt?
9. Welche Konsequenzen für die Entwicklung von proletarischem Klassenbewußtsein hat die Form der bürgerlichen Republik?

37. Kapitel: Verselbständigung des Staatsapparats und personale Formen der Klassenherrschaft der Bourgeoisie

Lernziele:

In diesem Kapitel wollen wir uns mit dem Zurückdrängen des Widerspruchs zwischen ›Demokratie und Klassenherrschaft‹ im Interesse der Bourgeoisie befassen und verfolgen, wie sie durch den Klassenkampf des Proletariats gezwungen wird, zum Zwecke der Erhaltung ihrer gesellschaftlichen Macht die demokratischen Formen der Herrschaft preiszugeben. Wir wollen versuchen, die Ursachen dieser Verselbständigung des Staatsapparats gegenüber demokratischen Kontrollen und ihre allgemeinen Auswirkungen auf die Entwicklung des Klassenkampfs der Arbeiterklasse anzudeuten.

§ 1. Wir wollen zunächst die bereits angedeutete Funktion der demokratischen Herrschaftsform als politischer Umwälzungsform der bürgerlichen Gesellschaft näher betrachten, um die *zentrale* Alternative der politischen Entwicklung der bürgerlichen Gesellschaft begreifen zu können: Personale Formen der Klassenherrschaft der Bourgeoisie oder entwickelte Demokratie als Mittel der politischen und sozialen Emanzipation des Proletariats. Marx und Engels haben von Beginn ihrer politischen und theoretischen Arbeit an stets energisch »die Erkämpfung des allgemeinen Wahlrechts, der Demokratie, als eine der ersten und wichtigsten Aufgaben des streitbaren Proletariats proklamiert« (MEW 7/519); zum einen, weil sie sahen, daß die demokratische Republik »der Arbeiterklasse breite Möglichkeiten zur Agitation« (MEW 17/633) bietet und das Proletariat mit ihr (wenn schon nicht seine soziale Befreiung, so doch) das »Terrain für den Kampf um seine revolutionäre Emanzipation« (MEW 7/18) erobert. Zum anderen aber, weil sie erkannten, daß »die Arbeiterklasse nur zur Herrschaft kommen kann unter der Form der demokratischen Republik. Diese ist sogar die spezifische Form für die Diktatur des Proletariats, wie schon die große französische Revolution gezeigt hat« (MEW 22/235).

In dem Maße, in dem die Arbeiterklasse und die exploitierten Zwischenklassen beginnen, ihre demokratischen Rechte (vgl. 34. Kapitel) als »Mittel zur Durchsetzung« (MEW 4/373) ihrer – durch ihre Klassenlage bestimmten – inhaltlichen Klasseninteressen zu benutzen und dadurch die politische und soziale Herrschaft der Bourgeoisie zu gefährden, verwandeln sie diese »aus einem Mittel der Prellerei ... in ein Werkzeug der Befreiung« (MEW 7/519, vgl. MEW 1/268 f.). Sie finden, »daß die Staatseinrichtungen, in denen die Herrschaft der Bourgeoisie sich organisiert, noch weitere Handhaben bieten, vermittelst deren die Arbeiterklasse diese selben Staatseinrichtungen bekämpfen kann« (MEW 7/520). Die demokratische Republik ist demnach nach Ansicht von Marx und Engels die »einzige politische Form ..., in der der Kampf zwischen der Arbeiterklasse und der Kapitalistenklasse zunächst allgemeinen Charakter annehmen und danach durch den entscheidenden Sieg des Proletariats vollendet werden kann« (MEW 22/280).

Unter den – hier nicht näher auf ihre jeweiligen Ursachen zu analysierenden – Bedingungen einer zunehmenden Bewußtheit des Klassengegensatzes zwischen Bourgeoisie und Proletariat und der zunehmenden Verschärfung des Klassenkampfes von Seiten der Bourgeoisie und des Proletariats und der Zwischenklassen besteht die Funktion der demokratischen Republik darin, »den Klassenkampf zu entfesseln« (MEW 7/29) oder durch umfassende Möglichkeiten der Entfaltung des proletarischen Klassenkampfs »das *Treibhaus* der Revolution zu sein« (MEW 7/94). Fortdauer der Republik unter den je spezifischen historischen Bedingungen »aufsteigenden Linien« (MEW 8/135) des revolutionären Prozesses »bedeutet ... steigende Verschärfung des direkten, unverhüllten Klassenkampfs von Proletariat und Bourgeoisie bis zur Krisis« (MEW 36/54), der sozialistischen Revolution. Die demokratische Republik als *bürgerliche* Republik kann unter den genannten Bedingungen nur ein »krampfartiger, ein Ausnahmezustand« sein, »unmöglich als normale politische Form der (s.c. bürgerlichen – d. Verf.) Gesellschaft« (MEW 17/594); diese »krampfhafte Form des *anonymen* Klassendespotismus ... kann nur eine Durchgangsphase sein« (MEW 17/518) entweder voran zur ›sozialen‹ oder ›sozialistischen‹ Republik oder zurück zu personalen Formen der Klassenherrschaft (vgl. MEW 17/599).

§ 2. Wenn also das Proletariat beginnt, die in der bürgerlichen Republik trotz aller konstatierten Beschränkungen verfassungsmäßig garantierten demokratischen Rechte »ernst zu nehmen und davon Gebrauch zu machen, um die kapitalistische Herrschaft zu bekämpfen« (MEW 19/148), wenn in der Folge sich auch jeder Kampf der anderen ausgebeuteten Klassen gegen die Staatsgewalt in einen »Kampf gegen das Kapital verwandelt« (MEW 8/153), dann steht die Bourgeoisie vor der ›ungemütlichen‹ Alternative, die demokratische Herrschaftsform zu erhalten und dadurch ihre soziale Herrschaft zu verlieren, oder die soziale Klassenherrschaft zu erhalten und die demokratische Herrschaftsform preisgeben zu müssen. Ihre Entscheidung ist nach aller Erfahrung selten zweifelhaft: »Die Bourgeoisherrschaft als Ausfluß und Resultat des allgemeinen Stimmrechts, als ausgesprochener Akt des souveränen Volkswillens, das ist der Sinn der Bougeoiskonstitution. Aber von dem Augenblick an, wo der Inhalt dieses Stimmrechts, dieses souveränen Willens nicht mehr die Bourgeoisherrschaft ist, hat die Konstitution noch einen Sinn? Ist es nicht die Pflicht der Bourgeoisie, das Stimmrecht so zu regeln, daß es das Vernünftige will, ihre Herrschaft? ... Die Bourgeoisie, indem sie das allgemeine Wahlrecht, mit dem sie sich bisher drapiert hatte, aus dem sie ihre Allmacht saugte, verwirft, gesteht unverhohlen: ›*Unsere Diktatur hat bisher bestanden durch den Volkswillen, sie muß jetzt befestigt werden wider den Volkswillen*« (MEW 7/93). Wenn sich die arbeitenden Klassen vermittels des allgemeinen Stimmrechts gegen die Herrschaft der aneignenden Klasse aussprechen, antwortet die Bourgeoisie – sofern sie dazu überhaupt in der Lage ist – »mit der Ächtung des allgemeinen Wahlrechts« (MEW 8/158), mit der Abschaffung sämtlicher demokratischer Rechte und Freiheiten. Die Bourgeoisie begreift dann, »daß alle sogenannten bürgerlichen Freiheiten und Fortschrittsorgane ihre *Klassenherrschaft* zugleich an der gesellschaftlichen Grundlage und an der politischen Spitze« (MEW 8/153) angreifen und bedrohen. Die Versuche zur Erhaltung der gesellschaftlichen Macht der Bourgeoisie zwingen dazu, »einen ununterbrochenen Krieg gegen die öffentliche Meinung zu führen und die selbständigen Bewegungsorgane der Gesellschaft (z. B. Parteien der Arbeiterklasse, Gewerkschaften etc. – d. Verf.) mißtrauisch« zu verstümmeln oder zu lähmen, wo es ihr nicht gelingt, »sie gänzlich zu amputieren« (MEW 8/151). Die Bourgeoisie ist also »durch ihre Klassenstellung gezwungen, einerseits die Lebensbedingungen einer jeden, also auch ihrer eignen parlamentarischen Gewalt zu vernichten, andrerseits die ihr feindliche (zum Problem vgl. unten § 3 – d. Verf.) Exekutivgewalt unwiderstehlich zu machen«, »die Repression, also die Mittel und das Personal der Staatsgewalt, täglich zu vermehren.« (ebd.) Die ›Dialektik‹ derartiger historischer Situationen wird von Marx am Beispiel der französischen Februar-Revolution und ihres weiteren Verlaufs prägnant analysiert: »Indem also die Bourgeoisie, was sie früher als ›*liberal*‹ gefeiert, jetzt als ›*sozialistisch*‹ verketzert, gesteht sie ein, daß ihr eignes Interesse gebietet, sie der Gefahr des *Selbstregierens* zu überheben, daß, um die Ruhe im Lande herzustellen, vor allem ihr Bourgeoisparlament zur Ruhe gebracht, um ihre gesellschaftliche Macht unversehrt zu erhalten, ihre politische Macht gebrochen werden müsse; daß die Privatbourgeois nur fortfahren können, die andern Klassen zu exploitieren und sich ungetrübt des Eigentums, der Familie, der Religion und der Ordnung zu erfreuen, unter der Bedingung, daß ihre Klasse neben den andern Klassen zu gleicher politischer Nichtigkeit verdammt werde.« (MEW 8/154) Angesichts der »Gefahr des Zusammenbrechens der ganzen bürgerlichen Gesellschaft« (MEW 7/105) ist »die einzig mögliche Lösung (des Widerspruchs zwischen Demokratie und Klassenherrschaft – d. Verf.) im Sinne der Bourgeoisie . . . die Aufschiebung der Lösung. Sie kann die konstitutionelle Republik nur retten durch eine Verletzung der Konstitution, durch die Verlängerung der Gewalt« der Exekutive (ebd.), und vernichtet damit im Kampfe mit den anderen Klassen der Gesellschaft zugleich alle Bedingungen ihres parlamentarischen Regimes mit eigener Hand (vgl. MEW 8/148f.), um die direkte politische Herrschaft schließlich kampflos an den von ihr selbst aufgebauten Gewaltapparat abtreten zu müssen: »Alle Bedingungen des Despotismus werden unter diesem Regime geschaffen ..., aber ein Despotismus ohne Ruhe, ein Despotismus mit parlamentarischer Anarchie an der Spitze. Dann hat die Stunde für den coup d'état geschlagen ... der der *anonymen* Form der Klassenherrschaft ein Ende macht«. (MEW 17/518, vgl. 336f. und 609f.)[2]

§ 3. Wir wollen nun kurz auf drei zum Verständnis personaler Formen der Klassenherrschaft wichtige Probleme aufmerksam machen, die sich aus der Marxschen Analyse des Bonapartismus ergeben:

1. Mit der Beseitigung demokratischer Kontrollen sei die Regierungsgewalt »von der Gesellschaft selbst ... unabhängig geworden« (MEW 17/540, vgl. 542 u. ö.). Diese Unabhängigkeit kann sich unserer Ansicht nach nicht auf die formale Trennung von bürgerlicher Gesellschaft und Staat beziehen[3]. Sie bedeutet vielmehr eine partielle tatsächliche (und nicht nur scheinbare) Verselbständigung der Staatsgewalt gegenüber den Interessen der verschiedenen Klassen der bürgerlichen Gesellschaft (vgl. MEW 8/197, 199; MEW 17/542 f. u. ö.). Diese ›Erhebung‹ über die Klassen (MEW 17/591) betrifft zum einen den politischen Entscheidungsprozeß als solchen: alle Klassen, auch die ökonomisch herrschende(n), sind als solche mehr oder weniger vom politischen Willensbildungs- und Entscheidungsprozeß ausgeschlossen. Zum andern betrifft sie nicht nur den formalen politischen Entscheidungsprozeß, sondern die tatsächlich betriebene Politik. Ermöglicht aber die faktische politische ›Verselbständigung der Exekutive‹ auch eine material ›klassenneutrale‹ Politik?

2. Die inhaltliche Verselbständigung der Politik der Exekutive kann nach Ansicht von Marx und Engels nicht schrankenlos sein. Sie ist nur partiell oder als ›Balanceakt‹ zwischen den verschiedenen Interessen der großen gesellschaftlichen Klassen möglich. Trotz der »auf den ersten Blick« (MEW 17/592) »scheinbaren Unabhängigkeit« schwebt demnach »die Staatsgewalt nicht in der Luft« (MEW 8/198). Auch die personalen Formen der Herrschaft sind daher nach ihrer sozialen Basis zu untersuchen (vgl. exemplarisch für den Bonapartismus: MEW 8/198–207), auch sie garantieren die Herrschaft über die hervorbringende Klasse, wenn auch nicht im Interesse der gesamten aneignenden Klasse, sondern (in der Regel) einzelner Fraktionen derselben und ihrer Koalitionen. Weder also ist die Verselbständigung der Staatsgewalt bloßer Schein; diese (z. B. in der Gestalt der stehenden Heere) bildet vielmehr die »ständige Gefahr der Regierungsusurpation durch die Klassenherrschaft – der regulären Klassenherrschaft oder der eines Abenteurers, der vorgibt, alle Klassen zu retten« (MEW 17/543 f.); noch ist *auf die Dauer* soziale Unabhängigkeit oder Klassenneutralität diktatorischer Regierungen möglich.

3. Bot die Form der bürgerlich demokratischen Republik infolge der in ihr garantierten rechtlichen und politischen Gleichheit und Freiheit für die

Arbeiter die *Möglichkeit* der Erkenntnis der ökonomischen Fundierung der Klassenherrschaft der Bourgeoisie, so tritt dieser Inhalt beim Übergang aus der anaonymen Form in die personale Form kraß zutage: personale wie anonyme Form werden als bloß verschiedene Formen der Klassenherrschaft der Bourgeoisie erkennbar. Der Staatsstreich streift »der ganzen Staatsmaschine den Heiligenschein« (8/207) ab und bildet daher, *vorausgesetzt, das Proletariat erinnert sich* dieses Vorgangs und seiner Ursachen, auch einen wichtigen Stachel künftiger proletarischer Revolution (vgl. MEW 17/355 und MEW 8/196).

Zugleich aber liegt auch in der Niederlage des Proletariats die Gefahr der Demoralisierung, die dadurch, daß die »politische und darum revolutionäre Form des Klassenkampfes zum Schweigen« (MEW 17/594) gebracht wurde, daß die Organisationen der Arbeiterbewegung, die Arbeiterpresse etc. zerschlagen wurden und jeder Widerstand im Keime zu ersticken versucht wird, bedeutend gesteigert wird. Hinzu kommt, daß der »Schein einer eigenmächtig der bürgerlichen Gesellschaft gegenüberstehenden Staatsmacht« (MEW 7/18) mit der Fortdauer der personalen Herrschaft und schwindender Erinnerung auf Seiten des Proletariats entstehen kann und befestigt wird. Die personale Form wird so zum »Deckmantel der Klassenherrschaft« (MEW 17/341), hinter dem sich das Kapital wieder versteckt halten kann. Auch die Bourgeoisie erscheint wieder als politisch unterdrückte und für demokratische Veränderungen kämpfende Klasse, so daß durchaus die Gefahr besteht, daß beim Sturz der politischen Diktatur nicht von der politischen zur sozialen Emanzipation vorangeschritten wird und damit derselbe ›fehlerhafte Kreislauf‹ sich von neuem vollziehen kann.

Erläuterungen und Zusätze

1. Vgl. auch MEW 4/481. Wir haben in den letzten Kapiteln immer wieder betont, daß eine strenge Unterscheidung zwischen Form und Inhalt der Herrschaft Voraussetzung eines adäquaten Verständnisses der Marxschen politischen Schriften darstellt. Dies gilt auch und besonders für den Begriff der ›Demokratie‹. Die Demokratie ist zunächst ausschließlich eine Herrschafts*form*, hinter welcher sich durchaus unterschiedene sozialökonomische ›Inhalte‹ verbergen können, was schon durch die nähere Charakterisierung als *bürgerliche* und *proletarische* oder *sozialistische* Demokratie zum Ausdruck kommt. Daß diese Unterschiede der gesellschaftlichen Verhältnisse auch jene Herrschaftsform tangieren, daß ›Demokratie‹ in der bürgerlichen Gesellschaft je nach den besonderen Bedingungen nur unter mehr oder weniger weitgehenden Beschränkungen überhaupt möglich ist und darum Forderungen nach ›Demokratisierung‹ in der bürgerlichen Gesellschaft auch systemsprengenden Charakter haben können, kann diese Erkenntnis nicht umstürzen. Daß ›Demokratie‹ als politische Herrschaftsform nicht Endzweck des proletarischen Klassenkampfs, sondern dessen politisches Mittel ist, werden Marx und Engels in ihrer Polemik gegen die kleinbürgerlichen Demokra-

ten nicht müde zu betonen. Der Begriff der Demokratie »wechselt mit dem jedesmaligen Demos, und hilft uns daher keinen Schritt weiter. Was zu sagen war, ist nach meiner Ansicht dies: auch das Proletariat braucht zur Besitzergreifung der politischen Gewalt demokratische *Formen*, sie sind ihm aber, wie alle politischen Formen, nur Mittel.« (MEW 36/128, vgl. auch MEW 36/55 f.)

2. Als Beispiel eines derartigen schrittweisen Abbaues der Demokratie kann neben der von Marx analysierten Entwicklung Frankreichs nach der Niederlage des Proletariats im Juni 1848 auch die Entwicklung der Weimarer Republik diskutiert werden, die von Thalheimer, Bauer, Trotzki und anderen nach jenem Vorbild analysiert wurde. Vgl. THALHEIMER (1973), TROTZKI (1971), BAUER (1936); die Diskussion in der Zeitschrift: Das Argument Nr. 30, 32, 41, 47, 58, 1964–1970; auch GOSSWEILER (1971). Als Überblick zu empfehlen ist die Arbeit von BRACHER (1971). Die Marxschen Aussagen über das ›Kaisertum‹ als »die unvermeidliche politische Form« der Ordnung der Bourgeoisiegesellschaft, als »ihre vollendetste und ihre schließliche politische Form« (MEW 17/610, vgl. auch 338, 341, 541, 542, 554, 592, 594, 599, MEW 31/208 und 536) sind keine Prognosen, welche unvermeidliche historische Entwicklungen voraussagen. Ihr Grundgedanke ist der der »Galgenfrist« (MEW 17/594) für die gesellschaftliche Macht der Bourgeoisie unter bestimmten historischen Bedingungen. In diesem Sinne sieht Engels den »einzigen Weg ... auf dem man den Arbeitern ... *vielleicht* (Herv. v. Verf.) noch beikommen kann: Bruch der Verfassung, Diktatur, Rückkehr zum Absolutismus« (MEW 7/526). *Ob* die Bourgeoisie den Arbeitern so noch ›beikommen‹ kann, ist nicht durch abstraktes Räsonnieren oder Zitatewälzen zu entscheiden. Es muß auch betont werden, daß die Annahme, daß es der Bourgeoisie und ihren politischen Parteien nicht mehr gelingt, den Prozeß der Bewußtwerdung der Mehrheit der Ausgebeuteten über ihre objektive Stellung und ihr Klasseninteresse zu verhindern, daß die Legitimationsbasis der bürgerlichen Klassenherrschaft also zerbrochen ist, keineswegs der historisch ausschließliche Grund für jene Verselbständigung der Exekutivgewalt ist, wie wir dies in unseren modellartigen Überlegungen angenommen haben. Das Zerbrechen der Legitimationsbasis der bürgerlichen Klassenherrschaft drückt sich zumeist auch aus oder wird überlagert von heftigen Kämpfen der verschiedenen Fraktionen der herrschenden Klasse, von ›parlamentarischer Anarchie‹ (vgl. MEW 7/105; MEW 8/153, 167, 182–191; MEW 17/118 u. a.)

3. Es ist vielmehr für die verschiedenen personalen Formen der Herrschaft charakteristisch, daß jene formale Trennung entweder noch gar nicht voll entwickelt ist (z. B. in der absoluten Monarchie: regis voluntas suprema lex) oder zu Teilen schon wieder zurückgenommen ist, so daß durchaus die privaten Angelegenheiten der Regierenden zu Staatsangelegenheiten werden können. Auch Rechtsgleichheit und Vertragsfreiheit sind nicht mehr prinzipiell garantiert, nur das grundlegende Institut der Exploitation, das Privateigentum an den Produktionsmitteln bleibt allgemein unangetastet.

Weil Marx jene Unterscheidung von formaler Trennung von bürgerlicher Gesellschaft und Staat und inhaltlicher Verselbständigung der Staatsmacht gegenüber den Klasseninteressen der großen gesellschaftlichen Klassen zwar faktisch, aber nicht explizit macht (vgl. 33. Kapitel, Zusatz 9), gibt seine Redeweise zu vielen

Mißverständnissen Anlaß. Genau genommen kann sich die Staatsmacht nicht gegenüber ›der Gesellschaft‹ als apartem Subjekt (worunter sich in der bürgerlichen Gesellschaft die Klassengliederung mehr versteckt als daß sie offenbar wird) verselbständigen, sondern nur – in bestimmten Grenzen – gegenüber den inhaltlichen Interessen auch der ökonomisch herrschenden gesellschaftlichen Klasse. (Vgl. auch 35. Kapitel, Zusatz 9)
4. Marx' Redeweise von einem ›Zyklus‹ der politischen Formen läßt zwei mögliche Interpretationen zu: zum einen als notwendige historische Entwicklung der bürgerlichen Staatsformen von personalen (absolute Monarchie) über anonyme (konstitutionelle Monarchie und parlamentarische Demokratie) zu personalen Formen (Diktaturen in entwickelten kapitalistischen Ländern), zum andern als ›Abwechslung‹ personaler mit anonymen Formen. Beide Interpretationen sind Gefahren ausgesetzt: die erste z. B. Versuchen, personale Formen der Klassenherrschaft als adäquate politische Formen unter den Bedingungen des Monopolkapitals zu postulieren, wie dies z. B. von MANULISKI u. a. auf dem V. und VI. Weltkongreß der Kommunistischen Internationale mit den bekannten verheerenden Auswirkungen auf den Kampf gegen den Faschismus getan wurde. Die zweite z. B. Versuchen, bruchlos die Bewegung des industriellen Zyklus mit der der politischen Zyklen zu parallelisieren, wodurch einerseits die Determination der politischen Entwicklung durch andere als ökonomische Faktoren negiert wird und andrerseits ein Zusammenhang von ökonomischer und politischer Krise unterstellt wird, der in dieser Unmittelbarkeit keineswegs zu erwarten oder gar zu beobachten ist.

Fragen zur Diskussion

1. Worin bestehen die gegensätzlichen Funktionen der demokratischen Form der Herrschaft in der bürgerlichen Gesellschaft?
2. Ist ›Demokratie‹ ein formaler Begriff? Besteht ein Zusammenhang zwischen ›Demokratie‹ und ›Sozialismus‹, und wo liegen die Grenzen der ›Demokratisierung‹ in der bürgerlichen Gesellschaft?
3. Hat das klassenbewußte Proletariat ein Interesse an Erkämpfung und Verteidigung demokratischer Rechte?
4. Was verstehen Sie unter ›politischer‹ und was unter ›gesellschaftlicher‹ Macht der Bourgeoisie?
5. Führt der proletarische Klassenkampf zwangsweise zur ›Verselbständigung der Exekutivgewalt‹?
6. Setzt ›die Bourgeoisie‹ Diktatoren als ›Instrumente‹ oder ›Mittel‹ ihrer Politik ein? Gibt es der Bourgeoisie zunächst feindliche Bewegungen, die dennoch Funktionen bürgerlicher Politik übernehmen?
7. Gibt es eine ›Verselbständigung‹ der Exekutivgewalt gegenüber den ökonomisch herrschenden Klassen?

38. Kapitel
Proletarische Revolution und politische Form der sozialen Emanzipation

Lernziele:

In diesem Kapitel wollen wir die marxistische Begründung der Notwendigkeit der proletarischen Revolution, ihr Ziel: die soziale Emanzipation, und ihre politische Form: die revolutionäre Diktatur des Proletariats, *in ihren einfachsten Grundlagen* diskutieren.

§ 1. Wir haben im letzten Kapitel die Möglichkeit jener Zurückdrängung des Widerspruchs zwischen ›Demokratie‹ und Klassenherrschaft der ›Bourgeoisie‹ im Interesse der Bourgeoisie verfolgt, die in der Errichtung personaler Formen der Herrschaft liegt. Wir wollen nun – soweit dies überhaupt allgemein, ohne Berücksichtigung der unterschiedlichen historischen Bedingungen in den verschiedenen Perioden und Ländern möglich ist – die Möglichkeit seiner Lösung im Interesse der Arbeiterklasse (und damit zugleich seine definitive Aufhebung) diskutieren: die Errichtung der politischen Form der sozialen Emanzipation.

Worin liegt für Marx die Unvermeidlichkeit des Übergangs in eine höhere gesellschaftliche Form der Produktion und damit des Sieges des Proletariats in seinem Kampf gegen die bürgerliche Gesellschaft – trotz aller möglichen, z. T. katastrophalen historischen Rückschläge – begründet?[1] Marx' detaillierte Analyse der kapitalistischen Produktionsweise ergab, daß mit deren Entwicklung sowohl die objektiven wie die subjektiven Voraussetzungen des Sozialismus geschaffen werden. Notwendige Folge der Entwicklung der kapitalistischen Produktion ist die ungeheure Entwicklung der Produktivkräfte der Arbeit und die stets wachsende Unangemessenheit der gesellschaftlichen Verhältnisse der Privatproduktion. Dieser sich verschärfende Widerspruch eklatiert in ökonomischen Krisen, wachsender Labilität u. a. und zwingt auch innerhalb der Grenzen der Privatproduktion zu einer wachsenden Vergesellschaftung der Produktion[2]. Deren notwendige Folge ist die Erzeugung und stete Vermehrung der Klasse, die von ihrer Stellung im Produktionsprozeß her gezwungen ist, diese Produktionsweise zu revolutionieren, der ›Totengräber‹ der bürgerlichen Produktion zu sein, zunächst ganz unabhängig davon, »was dieser oder jener Proletarier oder selbst das ganze Proletariat als Ziel sich einstweilen *vorstellt*. Es handelt sich darum, *was* es *ist* und was es diesem *Sein* gemäß geschichtlich zu tun gezwungen sein wird« (MEW 2/38), also um den »geschichtlichen Beruf« (MEW 20/265) der Arbeiterklasse.[3] Zugleich aber wird im Verlauf dieser Entwicklung, trotz aller gegenläufigen Tendenzen, auf Seiten der Arbeiter auch ein wachsendes Bewußtsein ihrer objektiven Klassenlage (oder Klassenbewußtsein, vgl. MEW 22/232) geschaffen, das zu einer Verschärfung des proletarischen Klassenkampfes führt. Schließlich als Folge ökonomischer Krisen, politischer Brutalitäten der herrschenden Klassen, imperialistischer Kriege oder welcher aktueller Anlässe auch immer (›Bankettfragen‹ der Revolution) kommt es zum Ausbruch proletarischer Revolutionen.

Marx und Engels haben oft darauf aufmerksam gemacht, daß auf die Frage, ob sich die proletarische Revolution »auf friedlichem Wege« (MEW 4/372) oder mit gewaltsamen Mitteln vollziehen werde, ohne Berücksichtigung der besonderen politischen Institutionen, der Sitten und Traditionen der verschiedenen Völker (vgl. MEW 18/160), keine Antwort zu geben ist. Sie betonen, daß – neben vielen anderen Momenten (z. B. Entwicklungsstand der Militärtechnik: MEW 7/520f.; MEW 22/519; MEW 36/253 u. ö.) – besonders zwei Punkte zu beachten seien:

1. Ob und in welchem Grade bestehen demokratische oder diktatorische politische Verfassungen in den jeweiligen Ländern? »Man kann sich vorstellen, die alte Gesellschaft könne friedlich in die neue hineinwachsen in Ländern, wo die Volksvertretung alle Macht in sich konzentriert, wo man verfassungsmäßig tun kann, was man will, sobald man die Majorität des Volkes hinter sich hat, in demokratischen Republiken« (MEW 22/234).[4] Wenn das jedoch wahr sei, so müsse man auch anerkennen, daß in bürgerlichen Ländern mit stark eingeschränkt ›demokratischen‹ oder diktatorischen Verfassungen »der Hebel unserer Revolutionen die Gewalt sein muß; die Gewalt ist es, an die man eines Tages appellieren muß, um die Herrschaft der Arbeit zu errichten« (MEW 18/160)[5].

2. Auch in demokratischen Republiken muß die Arbeiterklasse mit der konterrevolutionären Gewalt der herrschenden Klassen rechnen: die Bourgeoisie »hat sich immer bereit gezeigt, das Urteil der Mehrheit anzunehmen, solange sie das Monopol bei den Wahlen besitzt. Doch seien Sie gewiß, sobald sie in Fragen, die sie für lebenswichtig hält, in der Minderheit sein wird, werden wir uns einem neuen Krieg der Sklavenhalter gegenübersehen« (MEW 17/643). Daher ist auch die Möglichkeit des ›demokratischen Weges zum Sozialismus‹ keineswegs mit bloßem Warten, ›bis die Minderheit zur Mehrheit wird‹ (parlamentarisch), zu verwechseln; es ist vielmehr zugleich wesentlich, mit allen, d. h. natürlich auch mit ›außerparlamentarischen‹ Mitteln, Vorsorge zur Verhinderung konterrevolutionärer Gewalt zu treffen.

Nicht nur zu Problemen des friedlichen oder gewaltsamen Verlaufs der proletarischen Revolutionen, so wichtig diese für die Taktik der Arbeiterparteien der verschiedenen Länder sind, sind allgemein keine bestimmten Aussagen möglich; dasselbe gilt auch für den weiteren Verlauf der proletarischen Revolution und für den Aufbau des Sozialismus, für besondere Regierungsformen der Arbeiterklasse (z. B. Koalitionsregierung verschiedener Arbeiterparteien versus Regierung der kommunistischen Arbeiterpartei etc.). Auch diese sind abhängig vom besonderen sozialökonomischen Entwicklungsstand der jeweiligen Länder, von internationalen Verhältnissen, von den jeweiligen politischen und kulturellen Traditionen usw. (z. B. Problem der Zwischenklassen: Alle historischen sozialistischen Revolutionen waren wesentlich Arbeiter- und *Bauern*revolutionen; vgl. schon MEW 18/633 u. ö.). Das *allgemeine* Ziel aller proletarischen Revolutionen, die diesen Namen verdienen, läßt sich dennoch in den knappen Worten von Marx zusammenfassen: »Die ökonomische Emanzipation der Arbeiterklasse durch die Eroberung der politischen Macht. Die Anwendung dieser politischen Macht für die Verwirklichung sozialer Ziele« (MEW 17/641). Wir wollen hier, der Gefahr verkehrter Generalisierung bewußt, anhand der Marxschen Analyse der ›Commune‹ die Versuche der proletarischen Revolution verfolgen, die »gesellschaftlichen und politischen Bedingungen der Klassenherrschaft (zu) beseitigen, auf denen das System der alten (d. h. bürgerlichen – d. Verf.) Welt beruht« (MEW 17/584, vgl. 507).

§ 2. Wir haben bereits angedeutet, daß das Ziel der proletarischen Revolutionen kein ›politisches‹, sondern ein ›soziales‹ ist. Bevor wir uns der Beseitigung der politischen Bedingungen der Klassenherrschaft der Bourgeoisie und der Errichtung der politischen Form der sozialen Emanzipation zuwenden (vgl. unten § 3 und 39. Kapitel), wollen wir daher die sozialen Ziele der Arbeiterklasse oder den ›Inhalt‹ der proletarischen Revolutionen wenigstens kurz skizzieren. Wir haben in § 1 gesehen, daß sich die Notwendigkeit der proletarischen Revolution aus dem wachsenden Widerspruch zwischen Entwicklung der gesellschaftlichen Produktivkräfte der Arbeit und den Bedingungen der Privatproduktion ergab. Die allgemeine Lösung dieses Widerspruchs kann nun »nur darin liegen, daß die gesellschaftliche Natur der modernen Produktivkräfte tatsächlich anerkannt, daß also die Produktions-, Aneignungs- und Austauschweise in Einklang gesetzt wird mit dem gesellschaftlichen Charakter der Produktionsmittel. Und dies kann nur dadurch geschehen, daß die Gesellschaft offen und ohne Umwege Besitz ergreift von den, jeder andern Leitung außer der ihrigen, entwachsenen Produktivkräften« (MEW 20/260). Diese »Aneignung der Produktionsmittel durch die Gesellschaft« (MEW 22/511), diese »Besitzergreifung sämtlicher Produktionsmittel, *namens der Gesellschaft* (Herv. v. Verf.), durch das zur politischen Alleinherrschaft emporgestiegene Proletariat« (MEW 18/649) auf dem Wege der »Enteignung der Enteigner« (MEW 17/342, vgl. MEW 23/791 u. ö.) hebt die, die Klassengesellschaften charakterisierende, ›ungehörige‹ Trennung der Produzenten von den objektiven Produktionsbedingungen (Erde, Arbeitsmittel, Arbeitsgegenstände) und damit die Grundlage der gesellschaftlichen Klassenbildung auf. Sie ist – im Maße ihrer Durchführung – die Voraussetzung dafür, an die Stelle der ›Anarchie‹ des gesellschaftlichen Reproduktionsprozesses im Kapitalismus und der darin enthaltenen notwendigen Vergeudung gesellschaftlicher Arbeit die bewußte gesellschaftliche Planung der Produktion zu setzen. Damit verändert sich zugleich der spezifische Charakter der gesellschaftlichen Arbeit selber. Im Maße dieser Entwicklung werden die verschiedenen konkret-nützlichen Arbeiten unmittelbar oder bewußt als Teile der gesellschaftlichen Gesamtarbeit verausgabt und müssen diesen ihren gesellschaftlichen Charakter nicht mehr hinter dem Rücken der Produzenten im Austausch (als abstrakt menschliche Arbeit) erhalten. Die gesellschaftliche Planung der Produktion ist zunehmend die Bedingung einer weiteren Entwicklung der Produktivkräfte, der vollen Entfaltung der gesellschaftlichen Potenzen der Arbeit zum Zwecke der umfassenden Befriedigung der »Bedürfnisse der Gesamtheit wie jedes einzelnen« (MEW 20/261), der Beseitigung des Mangels und der Notdurft für alle Gesellschaftsmitglieder.

Marx und Engels machen auf drei wesentliche Momente dieser Vergesellschaftung der Produktion aufmerksam:

1. Sie darf nicht verwechselt werden mit ›Verstaatlichung‹ der Produktion. Einerseits nicht mit Verstaatlichung der Produktionsmittel im Rahmen der kapitalistischen Produktionsweise: »Das Staatseigentum an den Produktivkräften ist nicht die Lösung des Konflikts, aber es birgt in sich das *formelle Mittel* (Herv. v. Verf.), die Handhabe der Lösung« (MEW 20/260). Andererseits ist aber auch die Forderung nach Vergesellschaftung der Produktion nicht in eins zu setzen mit ihrem ersten notwendigen Schritt: Der Verwandlung der Produktionsmittel in staatliches Eigentum im Sozialismus als der ersten Phase oder Etappe des Aufbaus der neuen Gesellschaft. Das siegreiche Proletariat verwandelt »die Produktionsmittel *zunächst* (Herv. v. Verf.) in Staatseigentum« (MEW 20/261) und der proletarische Staat wirkt als organisiertes Mittel der ökonomischen und sozialen Umwälzung. Das Proletariat jedoch handelt ›im Namen‹ oder als ›Repräsentant‹ der Gesellschaft, und mit der weiteren Entwicklung verändert der Staat seinen Charakter, der alte Gegensatz von Staat und Gesellschaft wird zunehmend überwunden und ›die Gesellschaft‹ wird tatsächliches und nicht mehr nur eingebildetes bewußtes Subjekt ihrer eigenen Entwicklung.

2. Sie ist keine über Nacht abzumachende Angelegenheit. Es ist vielmehr wichtig zu wissen, »daß die Ersetzung der ökonomischen Bedingungen der Sklaverei der Arbeit durch die Bedingungen der freien und assoziierten Arbeit nur das progressive Werk der Zeit sein kann (jene ökonomische Umgestaltung), daß sie nicht nur eine Veränderung der Verteilung erfordern,

sondern auch eine neue Organisation der Produktion ..., daß das gegenwärtige ›spontane Wirken der Naturgesetze des Kapitals und des Grundeigentums‹ nur im Verlauf eines langen Entwicklungsprozesses neuer Bedingungen durch ›das spontane (eigentlich: das bewußte, vgl. 3. – d. Verf.) Wirken der Gesetze der gesellschaftlichen Ökonomie der freien und assoziierten Arbeit‹ ersetzt werden kann« (MEW 17/546, vgl. auch MEW 4/372, 481 u. ö.). Dies gilt allgemein trotz aller Unterschiede des Entwicklungsstandes der Produktivkräfte in den Ländern, in denen proletarische Revolutionen siegreich sind.

3. Sie ist nicht mehr ›naturwüchsig‹ möglich, sondern nur als bewußte Aktion der Produzenten. Zwar ist es richtig, daß sich alle »Elemente der neuen Gesellschaft ... bereits im Schoß der zusammenbrechenden Bourgeoisgesellschaft entwickelt haben« (MEW 17/343), aber im Gegensatz zur Entfaltung der kapitalistischen Produktionsweise im Schoße des Feudalismus ist die Entwicklung der sozialistischen Form der Arbeit unmöglich ›nach Art eines Naturprozesses‹ (vgl. MEW 37/465), d. h. ohne klares Bewußtsein der Handelnden (vgl. MEW 20/260f.).[6]

Die zunächst ökonomisch begründete ›Expropriation der Expropriateure‹ hat nicht nur ökonomische, sondern weitgehende soziale Folgen, die wir hier nur kurz andeuten wollen:

1. Das Proletariat vertritt keine ›Sonderinteressen‹ (vgl. MEW 3/73; MEW 17/545; MEW 18/634 u. ö.), es handelt vielmehr ›stellvertretend‹ für die ›Gesellschaft‹. Es verwendet daher seine Klassenherrschaft im Unterschied zu allen herrschenden Klassen der Vergangenheit nicht als Mittel zu ihrer eigenen Befestigung, sondern zur Aufhebung der ökonomischen und sozialen Grundlagen der Klassenherrschaft, also zur Aufhebung *der Klassengegensätze* und der Klassen überhaupt (vgl. MEW 20/261f. u. ö.). Die erste Maßnahme hierzu ist die Verwandlung aller arbeitsfähigen Mitglieder der Gesellschaft in ›produktive‹ Arbeiter (MEW 17/342 u. ö.) oder die Realisierung der »Allgemeinheit der Arbeit« (MEW 23/552); solange die Arbeit selbst noch nicht »erstes Lebensbedürfnis« (MEW 19/21) ist, durch »Arbeitszwang« (MEW 4/481).

2. Mit der Überwindung der ökonomischen Grundlagen der Klassenbildung wird (nicht sofort, sondern in einem ebenfalls längeren Entwicklungsprozeß) auch die soziale und politische Ungleichheit beseitigt, sofern sie aus Klassenunterschieden entspringt (vgl. MEW 19/26, vgl. z. B. ›Emanzipation der Frau‹, ›Recht des Kindes‹, MEW 21/36ff., MEW 23/513 u. ö.), die gesamten Lebensverhältnisse werden eine tiefgreifende Veränderung durchmachen (vgl. z. B. über Familienverhältnisse: MEW 21/76–84).

§ 3. Nachdem wir nun die sozialen Ziele des proletarischen Klassenkampfs und der proletarischen Revolution angedeutet haben, müssen wir die »politische Form, unter der die ökonomische Befreiung der Arbeit sich vollziehen« (MEW 17/342, vgl. 543, 555, 591) kann, diskutieren.

Wenn auch die Ziele der proletarischen Revolution nicht politische, sondern soziale sind, so ist diese doch nach Ansicht von Marx und Engels notwendigerweise eine politische Revolution. Ihr unabdingbares Mittel ist die »Eroberung der politischen Macht« (MEW 18/149 u. ö.), die Errichtung der »bewaffneten Macht der Produzenten«. Der »revolutionären Umwandlung« der kapitalistischen in die kommunistische Gesellschaft oder der Entwicklung des »Sozialismus« als ökonomischer Übergangsperiode »entspricht auch eine politische Übergangsperiode, deren Staat nichts andres sein kann als *die revolutionäre Diktatur des Proletariats*« (MEW 19/28)[7]. Im wesentlichen aus zwei Gründen ist das Proletariat gezwungen, ›gewaltsame‹ oder ›politische‹ Mittel anzuwenden, die in dem Maße verschwinden, in dem die Entwicklung zur kommunistischen Gesellschaft voranschreitet (vgl. MEW 18/636):

1. Zum Zwecke der »Niederhaltung seiner Gegner«: Das Proletariat gebraucht die Staatsgewalt, um »mit ihrer Hilfe den Widerstand der Kapitalistenklasse nieder(zu)stampfen« (MEW 19/344, vgl. 345, 7; MEW 17/546 u. ö.). »Solange die andren Klassen, speziell die kapitalistische noch existiert, solange das Proletariat mit ihr kämpft (denn mit seiner Regierungsmacht sind seine Feinde und ist die alte Organisation der Gesellschaft noch nicht verschwunden), muß es *gewaltsame* Mittel anwenden, daher Regierungsmittel; ist es selbst noch Klasse, und sind die ökonomischen Bedingungen, worauf der Klassenkampf beruht und die Existenz der Klassen, noch nicht verschwunden« (MEW 18/630). Damit ist einerseits klar, daß für Marx und Engels auch der Staat der Arbeiterklasse noch ›Klassenstaat‹ ist, wenn auch im Interesse der Beseitigung der ökonomischen und politischen Grundlagen der Klassenherrschaft; und andrerseits, »daß die *Klassenherrschaft* der Arbeiter über den mit ihnen kämpfenden Schichten der alten Welt nur so lang bestehn kann, als die ökonomische Grundlage der Klassenexistenz nicht vernichtet ist« (MEW 18/636, vgl. MEW 4/482).

2. Zum Zwecke der ökonomischen und sozialen Umgestaltung der Gesellschaft: Das Proletariat gebraucht die Staatsgewalt, damit es »diejenige ökonomische Revolution durchsetzen kann, ohne die der ganze Sieg enden müßte in einer neuen Niederlage« (MEW 19/345). Der proletarische Staat wird in enormem Ausmaße zur »ökonomischen Potenz« (MEW 23/799, vgl. MEW 37/493), zum Hebel, mit dessen Hilfe das Proletariat »die Gesellschaft neu organisieren muß« (MEW 19/344). Das Proletariat kann jedoch auch in diesem Kampf nur Zwangsmaßnahmen anwenden, »die seinen eignen Charakter als salariat (Lohnarbeiterschaft – d. Verf.), daher als Klasse aufheben; mit seinem völligen Sieg ist daher auch seine Herrschaft zu Ende, weil sein Klassencharakter« (MEW 18/634).

Die politische Form der sozialen Emanzipation, deren funktionale Notwendigkeit hiermit allgemein begründet ist, wird von Marx und Engels als ›revolutionäre Diktatur des Proletariats‹ bezeichnet. Dieser Terminus bezieht sich – trotz aller ›interessierten‹ Mißverständnisse – nicht auf eine besondere Staatsform. Wir sahen bereits oben, daß Marx und Engels auch die bürgerliche Demokratie als ›Diktatur‹ der Bourgeoisie bezeichnen, um damit deren sozialökonomischen Inhalt: die Klassenherrschaft der Bourgeoisie, zum Ausdruck zu bringen. Ebenso bezieht sich die Bezeichnung ›Diktatur‹ für die Regierung der Arbeiterklasse nicht auf die besondere politische Form oder Staatsform, sondern auf ihren sozialökonomischen Inhalt: die Klassenherrschaft des Proletariats. Die ›proletarische Diktatur‹ steht damit auch nicht etwa im Gegensatz zur ›sozialen Republik‹, zur ›Republik der Arbeit‹ (MEW 17/388, 344 u. ö.). Wir wissen vielmehr bereits (vgl. oben 37. Kapitel), daß nach Ansicht von Marx und Engels die demokratische Republik »die spezifische Form für die Diktatur des Proletariats« (MEW 22/235) ist.

§ 4. Es scheint nun zunächst so – und wir haben diesen Eindruck durch unsere Darstellung bewußt verstärkt – als hätten die veränderten sozialökonomischen Inhalte der proletarischen Revolution und des Staates der Arbeiterklasse keine weiteren Auswirkungen auf den ›Staat als Staat‹; als ergreife das Proletariat einfach die Staatsgewalt und setze sie im Interesse der Arbeiterklasse ein, verwandle damit die *bürgerliche* Demokratie in die *sozialistische* Demokratie. Diese Ansicht stünde jedoch in auffallendem Widerspruch zu vielen Äußerungen von Marx und Engels, die sich nicht nur auf einen, dem Wandel der sozialökonomischen Inhalte entsprechenden Funktionswandel dieser politischen Formen beziehen, sondern auf eine Veränderung dieser Formen selber: »*Das Proletariat ergreift die Staatsgewalt und verwandelt die Produktionsmittel zunächst in Staatseigentum.* Aber damit hebt es sich selbst als Proletariat, damit hebt es alle Klassenunterschiede und Klassengegensätze auf, und *damit auch den Staat als Staat* (Herv. v. Verf. – Engels läßt an dieser Stelle langwierige historische Prozesse sich wie im Zeitrafferverfahren abspielen) ... Der erste Akt, worin der Staat wirklich als Repräsentant der ganzen Gesellschaft auftritt – die Besitzergreifung der Produktionsmittel im Namen der Gesellschaft –, ist zugleich sein letzter selbständiger Akt als Staat. Das Eingreifen einer Staatsgewalt in gesellschaftliche Verhältnisse wird auf einem Gebiet nach dem andern überflüssig und schläft dann von selbst ein. An die Stelle der Regierung über Personen tritt die Verwaltung von Sachen und die Leitung von Produktionsprozessen. Der Staat wird nicht ›abgeschafft‹, *er stirbt ab*« (MEW 20/261 f.). Wir müssen also näher zusehen, wie die Vergesellschaftung der Produktionsmittel und die Beseitigung der Klassenunterschiede, die sozialen Ziele der proletarischen Revolutionen, die politischen Formen als solche tangieren. Wir müssen zu klären versuchen, was unter dem Ausdruck vom ›Absterben‹ des Staates zu verstehen ist.

Erläuterungen und Zusätze:
1. Der Charakter der ›historischen Notwendigkeit‹ (vgl. oben 36. Kapitel, Zusatz 3) des Übergangs zum Sozialismus im Weltmaßstab darf, wie der historischer Gesetze überhaupt, nicht mißverstanden werden: 1. gelten sie, wie die Naturgesetze, nur unter bestimmten Bedingungen; 2. enthalten sie in ihrer Formulierung bereits Gegentendenzen und sind deshalb nicht mit Konzeptionen ›linearen‹ Fortschritts (vgl. z. B. KAUTSKY (1918), S. 14, 27 et pass.; ders. (1922), S. 74, 79 et pass.) zu verwechseln, noch als zeitlich genau bestimmbare Prognosen zu begreifen. 3. sind sie nicht unabhängig von den Handlungen der Individuen und gesellschaftlichen Klassen, setzen sich vielmehr nur vermittelt über diese überhaupt durch.
2. Vgl. zu derartigen Formen der Vergesellschaftung im Rahmen der Privatproduktion (Aktiengesellschaften, Monopole u. a.): MEW 25/451–457; MEW 20/257–60 u. ö. Die detaillierte Analyse dieses Widerspruchs, seiner Äußerungen und der in den systembedingten Grenzen sich bewegenden Anpassung des Kapitalismus, kann hier nicht diskutiert werden.
3. Der *wissenschaftliche* Sozialismus wäre an dieser Stelle ausführlicher gegen die verschiedensten Formen ›doktrinären‹ Sozialismus abzugrenzen. Diese Abgrenzung hätte sich – genauer als das hier möglich ist – zu richten gegen: 1. Positionen, in denen die fehlenden ›materiellen‹ Voraussetzungen proletarischer Revolutionen durch den bloßen revolutionären ›Willen‹ (Voluntarismus) oder die ›revolutionäre‹ Gewalttat (Putschismus, vgl. die Auseinandersetzungen von Marx und Engels mit Willich, Schapper, Bakunin u. a.) einerseits, durch erfundene ›Heilmittel‹ und ›Systeme‹ andrerseits (Utopismus, vgl. die vielfältigen Auseinandersetzungen von Marx und Engels mit den großen Utopisten, mit Proudhon u. a.) zu ersetzen versucht werden. 2. Positionen, die entweder über der »frisch-fromm-fröhlichen Sauerei des Hineinwachsens in den Sozialismus« die Notwendigkeit revolutionärer Aktionen der Volksmassen insgesamt vergessen (›Ökonomismus‹, ›Zusammenbruchstheorie‹ etc., vgl. die Engelssche Kritik am sozialdemokratischen Opportunismus im Briefwechsel der späten Jahre) oder infolge dogmatischer Mißverständnisse von ›Reife‹ der materiellen Bedingungen zur Ansicht gelangen, sozialistische Revolutionen könnten stets nur im entwickelsten kapitalistischen Land oder doch nur in hochentwickelten kapitalistischen Ländern erfolgreich durchgeführt werden.
4. Vgl. MEW 18/160: »daß es Länder gibt, . . . wo die Arbeiter auf friedlichem Wege zu ihrem Ziel gelangen können«; »Ein Aufstand wäre dort eine Dummheit, wo man durch friedliche Agitation rascher und sicherer den Zweck erreicht.« (MEW 17/641 u. ö.) Trotz aller Warnungen vor übertriebenem ›Legalismus‹ und der entschiedenen Betonung des historischen ›Rechts auf Revolution‹ (vgl. z. B. MEW 36/238 ff.) gilt demnach in demokratischen Republiken unter der Voraussetzung, daß in deren Verfassung als wichtiges Prinzip der Volkssouveränität das uneingeschränkte verfassungsmäßige Recht der Verfassungsänderung garantiert ist (vgl. oben 34. Kapitel, Zusatz 6), daß die proletarische Revolution – *rein formal betrachtet* – nicht nur nicht notwendigerweise gewaltsam zu sein braucht, sondern

gar keine Revolution im verfassungsrechtlichen Sinne darzustellen braucht. Auf diesen Punkt hat in extremer Überspitzung KELSEN (1923) aufmerksam gemacht. In der Regel wird die demokratische Verfassung nicht vom Proletariat (und wenn, dann im Sinne einer weiteren Demokratisierung), wohl aber von der reaktionären Bourgeoisie zum Zwecke der Verteidigung ihrer sozialen Macht gebrochen. Dies ist die Basis des inneren Zusammenhangs von ›Demokratie‹ und ›Sozialismus‹, auf den wir schon oben im 37. Kapitel aufmerksam gemacht haben. Marx und Engels betonen stets, daß nur das Proletariat und die kommunistische Partei konsequent demokratisch seien (vgl. MEW 4/312, 317, 342f., 372f., 378f., 397, 434; MEW 17/633 u. ö.). Im entwickelten Kapitalismus ist jede konsequente Demokratisierung zugleich eine Gefährdung der gesellschaftlichen Macht der Bourgeoisie.

5. Auch eine gewaltsame proletarische Revolution ist nicht mit einem putschistischen Staatsstreich zu verwechseln. Engels warnt vor dem »Fehler, sich die Revolution als ein über Nacht abzumachendes Ding vorzustellen« (MEW 36/55 f.), und betont ihren Charakter als Massenbewegung, als »notwendige Folge von Umständen . . ., welche von dem Willen und der Leitung einzelner Parteien und ganzer Klassen durchaus unabhängig sind« (MEW 4/372).

6. Der Sozialismus ist in diesem Sinne – und hierauf macht Engels in den emphatischen Formulierungen im ›Anti-Dühring‹ aufmerksam – die Einlösung des biblischen Anspruchs des Menschen als ›Herrscher‹, die Einlösung des Freiheitspostulats der idealistischen deutschen Philosophie als »Herrschaft über die Bedingungen der eigenen Wirklichkeit«, nicht mehr nur im Kopfe, sondern realiter, sowohl der natürlichen wie der gesellschaftlichen: »Damit erst scheidet der Mensch, in gewissem Sinn, endgültig aus dem Tierreich, tritt aus tierischen Daseinsbedingungen in wirklich menschliche. Der Umkreis der die Menschen umgebenden Lebensbedingungen, der die Menschen bis jetzt beherrschte, tritt jetzt unter die Herrschaft und Kontrolle der Menschen, die nun zum ersten Male bewußte, wirkliche Herren der Natur, weil und indem sie Herren ihrer eignen Vergesellschaftung werden. Die Gesetze ihres eignen gesellschaftlichen Tuns, die ihnen bisher als fremde, sie beherrschende Naturgesetze gegenüberstanden, werden dann von den Menschen mit voller Sachkenntnis angewandt und damit beherrscht. Die eigne Vergesellschaftung der Menschen, die ihnen bisher als von Natur und Geschichte oktroyiert gegenüberstand, wird jetzt ihre eigne freie Tat . . . Erst von da an werden die von ihnen in Bewegung gesetzten gesellschaftlichen Ursachen vorwiegend und in stets steigendem Maße auch die von ihnen gewollten Wirkungen haben. Es ist der Sprung der Menschheit aus dem Reiche der Notwendigkeit in das Reich der Freiheit« (MEW 20/264, vgl. auch MEW 25/828 u. ö.).

7. Hierin besteht die erste wesentliche Differenz zum Anarchismus (vgl. die Marxsche Kritik an Stirner, die Auseinandersetzungen von Marx und Engels mit Bakunin): die Anarchisten wollen den Staat ›vernichten‹, ohne noch die sozialen Bedingungen beseitigt zu haben, die ihn haben entstehen lassen. Sie raten dem Proletariat, überhaupt auf jede ›politische Bewegung‹ zu verzichten. Die Konsequenz dieser Position ist einerseits hilfloser Attentismus, andrerseits ohnmächtiger Putschismus als zwei Seiten derselben Medaille. Die zweite wesentliche Differenz besteht – trotz aller gegenteiligen Behauptungen in der Literatur – in den

Zielen selber: die anarchistischen Vorstellungen von Freiheit, Individualität etc. sind von den marxistischen fundamental verschieden. Dies wird besonders deutlich z. B. in Marx' Kritik an Stirner: ›Der Einzige und sein Eigentum‹ in der ›Deutschen Ideologie‹ (MEW 3).

Fragen zur Diskussion
1. Worin bestehen die objektiven und subjektiven Voraussetzungen proletarischer Revolutionen?
2. Ist ›proletarische Revolution‹ identisch mit ›gewaltsamer‹ Revolution? Ist sie notwendigerweise eine ›politische‹ Revolution?
3. Welche Möglichkeiten sehen Sie, in demokratischen Republiken auf die Verhinderung konterrevolutionärer Gewalt hinzuarbeiten?
4. Warum ist nach Ansicht von Marx und Engels die Entwicklung der sozialistischen Form der gesellschaftlichen Arbeit nur als bewußte Aktion der Produzenten möglich? Worin besteht der fundamentale Unterschied dieser Form der gesellschaftlichen Arbeit gegenüber allen historisch vorausgehenden?
5. Widersprechen sich ›revolutionäre Diktatur des Proletariats‹ und ›sozialistische Demokratie‹?

39. Kapitel: ›Absterben‹ von Staat und Recht

Wir diskutieren im folgenden den die marxistische Theorie des Staates überhaupt spezifisch charakterisierenden Gedanken, daß mit der Entwicklung der kommunistischen Gesellschaft der Staat als ›Staat‹ abstirbt. Wir werden damit zugleich zum Ausgangspunkt unserer Darstellung zurückkehren.

Zur Vermeidung von Mißverständnissen bei der Diskussion der These vom Absterben des Staates greifen wir auf unsere Differenzierung zwischen dem Sachverhalt der formalen Trennung von Staat und bürgerlicher Gesellschaft und der ›Verselbständigung‹ eines arbeitsteiligen ›Staatsapparats‹ zurück. Erstere war spezifisches Charakteristikum des bürgerlichen Staats, letztere wurde von Marx und Engels als allgemeines Merkmal aller Staaten überhaupt begriffen, als notwendiges Ergebnis der Spaltung der Gesellschaft in Klassen. Wir haben weiter gesehen, daß innerhalb des ›arbeitsteiligen Staatsapparats‹ nochmals zu unterscheiden ist zwischen ›Repressionsfunktionen‹ (›Gewaltmaschine‹) und Funktionen bei der Erstellung allgemeiner Produktions- und Verkehrsbedingungen, die unter bestimmten Bedingungen ebenfalls vom Staat durchgeführt werden. Bezieht sich nun die These vom Absterben des Staates auf die Aufhebung der formalen Trennung von bürgerlicher Gesellschaft und Staat? (§ 1) Bezieht sie sich auf die Aufhebung staatlicher Repressionsfunktionen oder auf die Aufhebung jeglicher Repressionsfunktionen überhaupt? (§ 2) Oder bezieht sie sich auf die Aufhebung aller arbeitsteiligen Funktionen bei der Erstellung allgemeiner Produktions- und Verkehrsbedingungen überhaupt? (§ 3)

§ 1. Wir hatten in den Kapiteln 31–33 gesehen, daß die formale Trennung von bürgerlicher Gesellschaft und Staat, von Sphäre der Privatheit und Gegensätzlichkeit der materiellen Interessen der Warenbesitzer einerseits und Sphäre der Öffentlichkeit oder Allgemeinheit der formalen Interessen derselben andererseits, aus den Grundbedingungen der Warenproduktion, Arbeitsteilung und Privateigentum an den Produktionsmitteln, zu entwickeln war. Mit der schrittweisen Entfaltung der gesellschaftlichen Planung der Produktion verhalten sich nunmehr die Produzenten nicht mehr als isolierte Privatleute mit gegensätzlichen materialen Interessen, sondern bewußt als Glieder des Gemeinwesens. Der Zweck der Produktion ist nicht mehr das isolierte Privatinteresse im Gegensatz zu anderen Privatinteressen, sondern bewußt die Befriedigung individueller und gesellschaftlicher Bedürfnisse. Produktion *und* Konsumtion werden damit von den Schranken der ›Privatheit‹ befreit. Im Maß dieser Entwicklung verliert damit die ›Öffentlichkeit‹ ihren für die kapitalitische Produktionsweise spezifischen Charakter der bloß formellen Allgemeinheit, indem die materialen oder inhaltlichen Interessen der Produzenten selber zu allgemeinen oder öffentlichen werden. Die durch die Aufhebung der ›Abstraktion des Privatlebens‹ (vgl. 31. Kapitel) erreichte Aufhebung der Trennung von Gesellschaft und Staat wird nun nicht erkauft durch Rückfall hinter die formale Allgemeinheit (welche die ›Identität von Volksleben und Staatsleben‹ in den vorbürgerlichen Produktionsweisen auszeichnet), sondern eingelöst durch die Weiterentwicklung von der bloß formellen Allgemeinheit der Interessen aller ›Rechtsgenossen‹ zur realen Allgemeinheit der Interessen aller ›Produktionsgenossen‹.[1]

§ 2. Bei der Diskussion der Frage, ob sich das Absterben des Staates auf die Aufhebung staatlicher Repressionsfunktionen oder die Aufhebung jeglicher Repressionsfunktionen überhaupt bezieht, müssen wir unterscheiden zwischen 1. der Gesellschaft der Übergangsperiode, in der noch Klassenunterschiede und Klassengegensätze bestehen, und 2. der entwickelten kommunistischen Gesellschaft.

Zu 1. Die Aufgabe des Proletariats in der Revolution erschöpft sich nun nicht in der bloßen Ergreifung der Staatsmacht. Marx und Engels betonen vielmehr mit großer Bestimmtheit: »Aber die Arbeiterklasse kann nicht die fertige Staatsmaschinerie einfach in Besitz nehmen und diese für ihre eignen Zwecke in Bewegung setzen« (MEW 17/336), denn »das politische Werkzeug ihrer Versklavung kann nicht als politisches Werkzeug ihrer Befreiung dienen« (MEW 17/592). Es kommt nach ihrer Ansicht für das Proletariat nicht darauf an, »die bürokratisch-militärische Maschinerie aus einer Hand in die andre zu übertragen, sondern sie zu zerbrechen« (vgl. MEW 33/205 f. u. ö.). Die »erste Bedingung für die Erhaltung seiner politischen Macht« (MEW 17/591) sei die Auflösung der stehenden Heere, die Schaffung einer Armee des Proletariats. Dies ist der erste Schritt der »Rücknahme der Staatsgewalt durch die Volksmassen selbst, die an Stelle der organisierten Gewalt der Unterdrückung ihre eigne Gewalt schaffen . . ., (ihre eigne Gewalt den Unterdrückern entgegengesetzt und gegen sie organisiert)« (MEW 17/543).

Solange mit dem Bestehen von Klassengegensätzen oder Klassenunterschieden noch »eine *besondere* Repressionsgewalt« (MEW 20/262) nötig ist, werden die notwendigen ›Regierungsfunktionen‹ (vgl. zum spezifisch Marxschen Begriff der ›Regierung‹ unten) noch arbeitsteilig ausgeführt werden müssen. Die wesentliche Aufgabe des Proletariats besteht dann darin, Maßnahmen zu ergreifen, die verhindern, daß die Träger dieser Regierungsfunktionen sich »wie in der alten Regierungsmaschinerie, über die wirkliche Gesellschaft erheben« (MEW 17/596); Maßnahmen, die garantieren, daß diese Funktionen unter strenger, »wirklicher Verantwortlichkeit« und »wirklicher Kontrolle« (ebd.) ausgeführt werden (vgl. MEW 17/544, 340, 546, 549; ›kommunal‹ wird von Marx nicht im Gegensatz zu ›zentral‹ gebraucht, sondern im Sinne dieser echten Verantwortlichkeit gegen bloße »Scheinverantwortlichkeit«). Schon die Pariser Kommune wandte »gegen (die) in allen bisherigen Staaten unumgängliche Verwandlung des Staats und der Staatsorgane aus Dienern der Gesellschaft in Herren der Gesellschaft . . . zwei unfehlbare Mittel an« (MEW 17/624): a) Die Besetzung aller Stellen, »verwaltende, richtende, lehrende, durch Wahl nach allgemeinem Stimmrecht der Beteiligten, und zwar auf jederzeitigen Widerruf durch dieselben Beteiligten« (ebd., vgl. auch MEW 19/6), also die weitestgehende Einführung des allgemeinen Wahlrechts und des imperativen Mandats (vgl. auch MEW 17/340 und 544) nicht nur für Abgeordnete und Regierung, sondern den gesamten Verwaltungsapparat; b) die Bezahlung dieser Tätigkeiten nach Arbeiterlohn (MEW 17/624). Solange also überhaupt noch ›Regierung‹ im Sinne gewaltsamer Unterdrückung notwendig ist, handelt es sich bei der ›Regierung der Arbeiterklasse‹ um wirkliche »Selbstregierung der Produzenten« (MEW 17/339), um »Regierung des Volks durch das Volk« (MEW 17/347, vgl. 595; MEW 18/634 über »Selbstregierung der Gemeine«). Die Nähe jener unmittelbaren oder direkten Demokratie – was die Form der Regierung anlangt – zu den frühen bürgerlichen Vorbildern wird von Marx und Engels durchaus gesehen: »Es ist das gewöhnliche Schicksal neuer geschichtlicher Schöpfungen, für das Seitenstück älterer und selbst verlebter Formen des gesellschaftlichen Lebens versehn zu werden, denen sie einigermaßen ähnlich sehn« (MEW 17/340, vgl. mittelalterliche Kommunalverwaltung, Schweizer Demokratie,

»vollständige Selbstverwaltung nach amerikanischem Muster« (MEW 22/ 236; vgl. MEW 17/341, 520 und MEW 36/434 u. ö.)). Die »wirklich demokratischen Einrichtungen« (MEW 17/342), die »in Wahrheit demokratische« Staatsmacht (MEW 17/624) unterscheidet sich zunächst nur ihrem Inhalt oder ihrer sozialökonomischen Funktion nach von diesen Vorbildern.[2]

Zu 2. Während in Klassengesellschaften eine besondere staatliche Gewalt, »welche nicht mehr unmittelbar zusammenfällt mit der sich selbst als bewaffnete Macht organisierenden Bevölkerung« (MEW 21/165, vgl. 115) nötig geworden ist, also »eine selbsttätige bewaffnete Organisation der Bevölkerung unmöglich geworden (ist) seit der Spaltung in Klassen« (ebd.), verliert nach Ansicht von Marx und Engels mit dem Verschwinden der Klassenunterschiede »die öffentliche Gewalt den politischen Charakter« (MEW 4/482; vgl. MEW 18/308 u. ö.). Wenn die »Klassenherrschaft verschwunden« ist, gebe es »keinen Staat im jetzigen politischen Sinne« (MEW 18/634), denn »die politische Gewalt im eigentlichen Sinne ist die organisierte Gewalt einer Klasse zur Unterdrückung einer andern« (MEW 4/482). Nach der Beseitigung der Klassenunterschiede gibt es nach Ansicht von Marx und Engels »nichts mehr zu reprimieren, das eine *besondere* (Herv. v. Verf. – d. h. hier arbeitsteilige) Repressionsgewalt, einen Staat, nötig machte« (MEW 20/262); damit verschwindet auch der »politische Staat und mit ihm die politische Autorität« (MEW 18/308), weil ›staatliche‹ oder ›politische‹ Gewalt (beide Ausdrücke werden synonym verwendet) eben nur im Sinne der Gewalt zur Unterdrückung einer Klasse durch eine andere verstanden wird[3]. Wenn ein präziser Unterschied gemacht wird zwischen ›Regierung‹ (im Sinne der Gewaltandrohung oder -anwendung) und ›Verwaltung‹, wäre nicht eigentlich von einer »Verwandlung« der »Regierung über Personen« in »Verwaltung von Sachen und Leitung von Produktionsprozessen« (MEW 20/262, vgl. MEW 18/50) zu sprechen, sondern vom Absterben der ›Regierungsfunktionen‹ überhaupt[4].

§ 3. Bezieht sich nun die »Rücknahme der Staatsgewalt durch die Gesellschaft als ihre eigne lebendige Macht, an Stelle der Gewalt, die sich die Gesellschaft unterordnet und sie unterdrückt« (MEW 17/543), nicht nur auf das Absterben der besonderen Repressionsgewalt oder der Regierungsfunktionen überhaupt, sondern auch auf die Aufhebung aller arbeitsteiligen, in Klassengesellschaften mehr oder weniger vollständig vom Staat durchgeführten »gemeinsamen Angelegenheiten« (MEW 21/96)? Bedeutet die ›Verwandlung‹ der Regierung über Personen in Verwaltung von Sachen und Leitung von Produktionsprozessen zugleich die Aufhebung der arbeitsteiligen Erstellung der gesellschaftlich notwendigen allgemeinen Produktions- und Verkehrsbedingungen, der »lebenswichtigen und allgemeinen Bedürfnisse des Landes« (MEW 17/596)?

Zunächst antworten Marx und Engels auf die Frage nach der Umwandlung des Staatswesens in einer kommunistischen Gesellschaft durch eine charakteristische Veränderung der Fragestellung: »in andern Worten, welche gesellschaftlichen Funktionen bleiben dort übrig, die jetzigen Staatsfunktionen analog sind?« (MEW 19/28; vgl. MEW 18/635) Alle jene »berechtigten Funktionen« (MEW 17/340), die infolge der Verselbständigung des Staatsapparats gegenüber der Gesellschaft »durch den Staat vermittelt (wurden), eine politische Form« erhielten (MEW 3/62), werden aus ›staatlichen‹ wieder in ›gesellschaftliche‹ verwandelt. Dies ist nach Ansicht der Verf. folgendermaßen zu verstehen:

1. Sie verschwinden nicht. Die bedeutende Beschränkung der Verwaltungskosten (MEW 19/19), die Reduktion der Staatsfunktionen (vgl. MEW 17/545), die »wohlfeile Regierung« (MEW 17/341) beziehen sich auf die Reduktion oder das Absterben des Unterdrückungsapparats und mögliche Vereinfachung der Verwaltung. Die »tatsächliche Verwaltungsarbeit« (MEW 17/546) oder die gesellschaftlich notwendigen Funktionen bei der Erstellung der allgemeinen Produktions- und Verkehrsbedingungen werden sich vielmehr im Gefolge der Entwicklung der gesellschaftlichen Produktivkräfte der Arbeit enorm ausweiten. (Obwohl Marx und Engels auf dieses Problem nicht ausführlich eingehen, kann im Zusammenhang ihrer Theorie über diesen Punkt kaum Unklarheit bestehen).

2. Sie werden ein Zweig der gesellschaftlichen Arbeit wie andere Zweige auch und setzen spezifische Qualifikationen der in ihnen verausgabten konkret-nützlichen Arbeit voraus[5]. Ihre weitere Behandlung ist daher kein besonderes Problem mehr, vielmehr identisch mit Problemen der Aufhebung der Arbeitsteilung und Problemen der (betrieblichen oder gesellschaftlichen) Leitungstätigkeit überhaupt.

3. An Aufhebung jeglicher Arbeitsteilung überhaupt ist im Gefolge der Entwicklung der gesellschaftlichen Produktivkräfte gar nicht zu denken. Der Kern der (späten) Marxschen Aussagen hierzu besteht vielmehr in der Forderung nach Aufhebung der »*alten* Teilung der Arbeit« (MEW 23/512, Herv. v. Verf., vgl. MEW 18/634). Die verschiedenen gesellschaftlichen Funktionen, welche für das »total entwickelte Individuum . . . einander ablösende Betätigungsweisen sind« (ebd., was nicht impliziert, daß ein Individuum *alle* verschiedenen Funktionen etwa auch wirklich ausüben könnte!), schließen notwendigerweise auch betriebliche und gesamtgesellschaftliche Planungs- und Leitungsfunktionen ein.

4. Wenn somit auch in entwickelten kommunistischen Gesellschaften Leitungsfunktionen notwendige Betätigungsweisen der gesellschaftlichen Arbeit sind, muß Vorsorge gegenüber möglicher »Verselbständigung« der ›Leiter‹ getroffen werden. Hierzu dienen die bereits bekannten Mittel der Wahl, jederzeitigen Abberufbarkeit und öffentlichen Kontrolle. Nach dem

Absterben der ›Regierungsfunktionen‹ verändert sich jedoch deren Charakter fundamental: »Der Charakter der Wahl hängt nicht von diesem Namen ab, sondern von der ökonomischen Grundlage, den ökonomischen Zusammenhängen der Wähler; und sobald die Funktionen aufgehört haben, politisch (d. h. eine Klasse unterdrückend – d. Verf.) zu sein, existiert 1. keine Regierungsfunktion; 2. die Verteilung der allgemeinen Funktionen ist Geschäftssache geworden, die keine Herrschaft (im Sinne von ›politischer‹ Autorität, vgl. MEW 18/307f. – d. Verf.) gibt; 3. die Wahl hat nichts von heutigem politischen Charakter« (MEW 18/635, vgl. MEW 17/340).

§ 4. Nachdem wir nun die Aufhebung der formalen Trennung von bürgerlicher Gesellschaft und Staat sowie die These vom Absterben des Staates überhaupt diskutiert haben (also sowohl des ›Staats als Staat‹ im strengen, modernen Sinne (vgl. Kapitel 33, Zusatz 8) wie des ›Staats als Staat‹ im weiten Sinne einer der ›Gesellschaft‹ gegenüber verselbständigten Macht), kommen wir auf den Zusammenhang von ›Warenzirkulation‹ und ›abstraktem‹ oder modernem Recht zurück, den wir im 32. Kapitel zu entwickeln versucht haben. Anläßlich seiner Kritik der Lassalleschen Formel vom ›gerechten‹ oder ›unverkürzten Arbeitsertrag‹ in den ›Randglossen zum Programm der Deutschen Arbeiterpartei‹ geht Marx auf den Zusammenhang von Äquivalententausch und ›gleichem‹ Recht (egalitäre Gerechtigkeit) einerseits und auf die Überwindung dieses »engen bürgerlichen Rechtshorizonts« mit der Entwicklung der kommunistischen Gesellschaft durch Aufhebung der egalitären in ›qualitative‹ oder ›distributive Gerechtigkeit‹ andrerseits ein. Marx selber unterscheidet, wie wir bereits wissen, – im Gegensatz zu vielen seiner utopistischen Nachbeter – zwei Phasen der Entwicklung der ›kommunistischen Gesellschaft‹:

1. »eine kommunistische Gesellschaft, nicht wie sie sich auf ihrer eignen Grundlage *entwickelt* hat, sondern umgekehrt, wie sie eben aus der kapitalistischen Gesellschaft *hervorgeht*, also in jeder Beziehung, ökonomisch, sittlich, geistig, noch behaftet ist mit den Muttermalen der alten Gesellschaft, aus deren Schoß sie herkommt« (MEW 19/20), im Anschluß zur klaren terminologischen Unterscheidung ›sozialistische Gesellschaft‹ genannt. In ihr dominieren noch Austauschbeziehungen: »Es herrscht hier offenbar dasselbe Prinzip, das den Warenaustausch regelt, soweit der Austausch Gleichwertiger ist. *Inhalt und Form sind verändert* (Herv. d. Verf.), weil unter den veränderten Umständen niemand etwas geben kann außer seiner Arbeit und weil andrerseits nichts in das Eigentum der einzelnen übergehen kann außer individuellen Konsumtionsmitteln. Was aber die Verteilung der letzteren unter die einzelnen Produzenten betrifft, herrscht dasselbe Prinzip wie beim Austausch von Warenäquivalenten, es wird gleich viel Arbeit in einer Form gegen gleich viel Arbeit in einer andern ausgetauscht. Das *gleiche Recht* ist hier daher immer noch – dem Prinzip nach –

– das *bürgerliche Recht* ... Trotz dieses Fortschritts ist dieses *gleiche Recht* stets noch mit einer bürgerlichen Schranke behaftet. Das Recht der Produzenten ist ihren Arbeitslieferungen *proportionell*; die Gleichheit besteht darin, daß an *gleichem Maßstab*, der Arbeit, gemessen wird ... Dies *gleiche* Recht ist ungleiches Recht für ungleiche Arbeit. Es erkennt keine Klassenunterschiede an, weil jeder nur Arbeiter ist wie der andre; aber es erkennt stillschweigend die ungleiche individuelle Begabung und daher Leistungsfähigkeit der Arbeiter als natürliche Privilegien an. *Es ist daher ein Recht der Ungleichheit, seinem Inhalt nach, wie alles Recht* ... Aber diese Mißstände sind unvermeidbar in der ersten Phase der kommunistischen Gesellschaft ... Das Recht kann nie höher sein als die ökonomische Gestaltung und dadurch bedingte Kulturentwicklung der Gesellschaft« (MEW 19/20f.). Wir müssen für unseren Zusammenhang besonders zwei Punkte hervorheben:

a) für Marx ist *alles* Recht *gleiches* Recht, ganz unabhängig von den jeweils besonderen Rechtsinhalten. Zugleich wird aber dadurch keineswegs der Rechtsbegriff zu einem überhistorischen; vielmehr besteht der Springpunkt der Marxschen Theorie hierbei gerade darin, die sozialökonomischen Voraussetzungen der *Rechtsform* überhaupt aufzuzeigen, die keineswegs naturnotwendige Bedingungen jeglicher gesellschaftlicher Produktion überhaupt sind: die Austauschbeziehungen[6].

b) Auch die ›proletarischen Gleichheitsforderungen‹, die über die bloße juristische Gleichheit hinausreichenden Forderungen nach sozialer, ökonomischer Gleichheit, nach Abschaffung der Klassen haben ihre Grenzen an der ›natürlichen Ungleichheit‹ der Individuen: »Jede Gleichheitsforderung, die darüber hinausgeht, verläuft notwendig ins Absurde« (MEW 20/99).

2. Innerhalb einer entwickelten kommunistischen Gesellschaft »tauschen die Produzenten ihre Produkte nicht aus; ebensowenig erscheint hier die auf Produkte verwandte Arbeit *als Wert* dieser Produkte, als eine von ihnen besessene sachliche Eigenschaft, da jetzt, im Gegensatz zur kapitalistischen Gesellschaft, die individuellen Arbeiten nicht mehr auf einem Umweg, sondern unmittelbar als Bestandteile der Gesamtarbeit existieren« (MEW 19/19f.). Erst nachdem »die *knechtende* (Herv. v. Verf.) Unterordnung der Individuen unter die Teilung der Arbeit, damit auch der Gegensatz geistiger und körperlicher Arbeit, verschwunden ist; nachdem die Arbeit nicht nur Mittel zum Leben, sondern selbst das erste Lebensbedürfnis geworden; nachdem mit der allseitigen Entwicklung der Individuen auch die Produktivkräfte gewachsen sind und alle Springquellen des genossenschaftlichen Reichtums voller fließen – erst dann kann der enge bürgerliche Rechtshorizont ganz überschritten werden und die Gesellschaft auf ihre Fahne schreiben: Jeder nach seinen Fähigkeiten, jedem nach seinen Bedürf-

nissen!« (MEW 19/21). Jene neue kommunistische Form der Arbeit hat also für Marx u. a. zwei wesentliche gesellschaftliche Folgen, die in unserem Zusammenhang wichtig sind:

a) Die ›Aufhebung‹ der egalitären in der distributiven Gerechtigkeit. Dies ist nicht zu verwechseln mit einem Rückfall hinters abstrakte Recht, hinter die bürgerlichen Menschenrechte der Gleichheit und Freiheit, zu Privilegien einzelner Individuen oder gar sozialer Klassen (in deren Beseitigung ja der wesentliche historische Fortschritt der Durchsetzung des ›gleichen‹ Rechts bestand). Das große Ziel: Jedem das Seine, setzt hier vielmehr die anerkannte Individualität *aller* Menschen voraus und zugleich die Anerkennung der Unterschiede der jeweiligen bedürftigen Individuen[7].

b) Die Aufhebung der ›abstrakten‹ Individualität und Freiheit (vgl. hierzu die ›überschwänglichen‹ Formulierungen MEW 3/67–69 und 74–77). Es handelt sich nicht bloß um Befreiung der »Gesellschaft«, sondern um Befreiung der Individuen von natürlicher und gesellschaftlicher Borniertheit, um die Aufhebung des alten Gegensatzes von Individuum und Gesellschaft überhaupt, um die Möglichkeit der Entwicklung einer »Totalität von Fähigkeiten in den Individuen« (MEW 3/68). »Erst in der Gemeinschaft mit Andern hat jedes Individuum die Mittel, seine Anlagen nach allen Seiten hin auszubilden; erst in der Gemeinschaft wird also die persönliche Freiheit möglich ... In der wirklichen Gemeinschaft erlangen die Individuen in und durch ihre Assoziation zugleich ihre Freiheit« (MEW 3/74, vgl. 4/482 u. ö.).

Erläuterungen und Zusätze:

1. Dies bedeutet zugleich auch, daß nicht hinter den ›citoyen‹ und die ›Menschen- und Bürgerrechte‹ zurückgefallen werden darf, sondern diese ihres bloß formalen oder ›abstrakten‹ Charakters entkleidet werden müssen. Auf diesen Punkt hat – von anderen theoretischen Positionen ausgehend – besonders Ernst BLOCH aufmerksam gemacht. Vgl. BLOCH (1961), besonders S. 200ff., vgl. auch POLAKS Umkehrung der sozialdemokratischen Losung nach 1945: »Keine Menschenrechte ohne Sozialismus« (1968), S. 126ff., durch die nicht nur das »sozialistische Erbe«, sondern zugleich auch die sozialistische Kritik an der Abstraktheit der Menschenrechte in der bürgerlichen Gesellschaft und ihren Verfassungen ausgedrückt werden soll. Vgl. hierzu auch HANEY (1971), S. 209ff.
2. Hierauf hat wiederum KELSEN unter Mißachtung der völlig veränderten Funktion ((1923), § 8: Die politische Form der Diktatur des Proletariats: Demokratisch organisierte Staatsgewalt; die Pariser Kommune als Vorbild) aufmerksam gemacht. Wir gehen im folgenden auf dieses Buch und darin vorgetragene Einwände deshalb ein, weil es nach Ansicht d. Verf. die fundierteste und mit Einschränkung auch kenntnisreichste Kritik der Marxschen Vorstellungen vom Absterben des Staates von bürgerlicher Seite aus darstellt. Kelsen betont, formal völlig zurecht, den Charakter der Kommune als »repräsentativer Demokratie mit Elementen weitge-

hender Unmittelbarkeit« (S. 78): »Hört ein Vertretungskörper auf, ein Parlament zu sein, weil er sich auf das allgemeine Stimmrecht gründet, weil die Legislaturperiode nicht drei oder sechs Jahre, sondern kürzer währt? Hört er auf, ein Parlament zu sein, wenn ihm neben der Gesetzgebung auch Funktionen der Vollziehung ... obliegen? Hörte die Kommune auf, eine Demokratie zu sein, weil sie das demokratische Prinzip der Wahl für die Berufung der Beamten akzeptierte?« (S. 74 f.) Er macht darauf aufmerksam, daß auch die Überwindung der Gewaltenteilung (vgl. schon MEW 1/325, MEW 17 pass.) nur die Verwirklichung demokratischer Prinzipien darstelle. Schließlich sieht er auch, daß eine »solidarische Gruppe« nicht demokratisch organisiert zu sein braucht (S. 67) und »überhaupt kein Staat« (ebd.) sei, da ›Demokratie‹ als eine Staatsform wie der Staat selber die »Sphäre des Politischen« oder der »Interessen- und Willensgegensätze« (ebd.) voraussetze. Seine Einwände gegen die Möglichkeit derartiger Solidarität werden wir erst im Zusatz 4 behandeln. Wichtig ist jedoch festzuhalten, daß auch nach Kelsen demokratische Regelungen (vgl. § 3 dieses Kapitels) in der Sphäre des ›Nichtpolitischen‹, keine ›staatlichen‹ oder im eigentlichen Sinne ›demokratischen‹ mehr darstellen.

Wir haben bereits im 34. Kapitel anhand der Verfassungen der amerikanischen Bundesstaaten einige Regelungen unmittelbarer Demokratie kennengelernt und bemerkt, daß schon Rousseau darauf aufmerksam gemacht hat, daß diese Formen bei entwickelten Klassengegensätzen und einer gewissen geographischen Ausdehnung des bürgerlichen Nationalstaats nicht aufrechterhalten werden können. Wir haben in den Kapiteln 35-37 angedeutet, daß mit der Entfaltung der Klassengegensätze in der bürgerlichen Gesellschaft die Formen der unmittelbaren Demokratie notwendig beseitigt werden mußten, um die gesellschaftliche Macht der Bourgeoisie aufrechterhalten zu können. Wir sehen nun, wie mit dem schrittweisen Verschwinden der Klassengegensätze und -unterschiede das Proletariat zu derartigen Regierungsformen zurückkehren kann, bis sie schließlich als solche überhaupt überflüssig werden (vgl. Zusatz 3). Wie KAUTSKY ((1922), S. 126f.) schon die Beschneidung der Demokratie mit der Entwicklung bürokratischer Parteien in der bürgerlichen Gesellschaft verkannte, so verkennt er konsequent erst recht die Notwendigkeit des ›Zerbrechens‹ des bürgerlichen Staatsapparats und hält die von Marx und Engels am Beispiel der Pariser Commune diskutierten Forderungen »heute nicht bloß (für) unvernünftig, sondern auch (für) reaktionär« (ebd.).

3. Nun ist jedoch ›Gewalt einer Klasse zur Unterdrückung einer andern‹ keineswegs identisch mit möglicher Gewaltanwendung gegen Personen, die gegen gesellschaftlich anerkannte, ›vernünftige‹ Regeln oder ›Gesetze‹ (im nicht strengen juristischen Sinne) des Zusammenlebens auch nach Verschwinden von Klassenunterschieden verstoßen. Wenn diese nicht »unerzwungene und unbestrittene Achtung« (versus ›politische Autorität‹ des lumpigsten Polizeidieners) genießen, wird dann nicht auch in einer kommunistischen Gesellschaft Gewalt gegen Personen angewandt werden müssen? Dies ist der pseudoanthropologisch fundierte Haupteinwand Kelsens gegen die Möglichkeit solidarischer Gesellschaften und damit gegen das Absterben von ›Demokratie‹ und ›Staat‹ (vgl. KELSEN, 1923, S. 47, 49 u. ö.). Hierauf wären, genauer als wir dies hier können, 3 Einwände zu richten:

1. Das Hauptproblem besteht zunächst in der Abschaffung der Gewalt gegen Klassen! Wenn Marx und Engels staatliche oder politische Gewalt mit Anwendung von Gewalt gegen Klassen identifizieren, wird hierdurch der die Geschichte wesentlich charakterisierende Punkt hervorgehoben. Dies gerät bei Kelsen mehr und mehr in Vergessenheit. 2. Marx und Engels sind der Ansicht, daß im Zuge der Verwirklichung des Kommunismus ein weitgehender Abbau besonderer Organe zur Anwendung von Gewalt gegen Personen zu erwarten ist (zum Vergleich mit den Gentilgesellschaften: MEW 21/94 ff.) und daß eine radikale Veränderung des Charakters dieser Zwangsmaßnahmen erfolgen wird (z. B. Strafvollzug, Rechtssprechung u. ä.), soweit sie noch notwendig sind. 3. Wenn wir, bei völlig anderem Begriff von Freiheit, den Gegensatz zwischen ›Etatismus‹ und ›Kommunismus‹ (für Kelsen identisch mit Anarchismus) als Gegensatz zwischen »Zwangsunterworfenheit« und »Geltung durch den Willen der Normunterworfenen« (S. 16) charakterisieren und auch die Anwendung von Zwang gegen Personen staatlichen Zwang nennen, bleibt die Frage nach der Begründung der Notwendigkeit derartigen Zwangs nach Beseitigung der Klassenspaltung. Kelsen glaubt sich im Einklang mit aller wissenschaftlichen »Erfahrung« (S. 49) – er verlängert in der Tat nur die bisherigen Erfahrungen in Klassengesellschaften auf die klassenlose kommunistische Gesellschaft – wenn er die Möglichkeit einer derartigen solidarischen Ordnung als Utopie oder ›Wunder‹ bezeichnet und demgegenüber auf die »natürliche Ungleichheit der Menschen als letzte subjektive Quelle aller, nicht bloß der wirtschaftlichen Ausbeutung« (S. 49) rekurriert. (Vgl. auch KELSEN (1967), S. 76 und 85 f., vgl. MAIHOFER (1968), S. 43, der sich mit der bloß »antagonistischen Natur des Menschen« nicht zufrieden geben will und darum die »Unmenschlichkeit der Verhältnisse und des Verhaltens des Menschen in der ›Welt des Menschen‹« »aus der ›antagonistischen, antinomischen und paradoxen Struktur der Welt selbst‹« herleiten zu müssen glaubt). Demgegenüber ist daran festzuhalten, daß nicht nur die Menschen derartige ›Umstände‹ machen, sondern dann auch die Umstände die Menschen (die von Kelsen sogenannte ›bolschewistische‹ Theorie der ›Gewöhnung‹).
4. Engels spricht hier bewußt mit den Worten von Saint-Simon (vgl. die kurze Zusammenfassung bei SCHLUCHTER (1972), Kap. 1, S. 21 ff.). Dies ›rechtsförmige‹ Absterben von Recht und Staat ist mit dem scheinbar paradoxen Leninschen Satz angesprochen: »Wirklich vollständige Demokratie, die zur Gewohnheit wird und *deshalb* abstirbt ... Vollständige Demokratie ist gleich keinerlei Demokratie. Das ist kein Paradoxon, sondern die Wahrheit« (LENIN (1955), S. 126 f.). Hierauf also ist bei Marx, Engels und Lenin das Absterben des ›Staats als Staat‹ bezogen. Das wesentlichste allgemeine Merkmal aller Staaten überhaupt ist demnach für sie die Anwendung von ›öffentlicher‹ Gewalt im Interesse der ökonomisch herrschenden Klasse(n) gegen die unterdrückte(n) Klasse(n). Sie schlagen daher vor, den Kommunismus nicht als ›Staatswesen‹ sondern als ›Gemeinwesen‹ (MEW 19/7) zu bezeichnen, um jenen Unterschied auch terminologisch deutlich zum Ausdruck zu bringen. Wenn demgegenüber rein formal jegliche ›Ordnung‹ als ›Zwangsordnung‹ und jegliche ›Zwangsordnung‹ als ›Rechtsordnung‹ oder ›Staatsordnung‹ bezeichnet wird (vgl. z. B. RADBRUCH (1973), S. 181 ff.), so ist neben der völligen Entleerung, die diese Begriffe dadurch erfahren, darauf aufmerksam zu machen,

daß es sich hier im wesentlichen nicht um einen Streit um Begriffe, sondern um die Unterschiede der Gegenstände handelt (vgl. MEW 18/635). Dies gilt auch gegenüber der – am Sachverhalt der Trennung von Politik und Verwaltung in der bürgerlichen Gesellschaft orientierten – Auffassung, daß die Festlegung der Ziele stets Aufgabe der ›Politik‹ und nur deren Ausführung Aufgabe der ›Verwaltung‹ sei.

5. Der von KELSEN (im Anschluß an CUNOW (1920), S. 310 ff.), behauptete »Widerspruch zwischen der politischen und der ökonomischen Theorie des Marxismus« (1923, § 10, S. 90 ff.), der zum Anlaß genommen werden soll, »die Loslösung des Marxismus vom Sozialismus« voranzutreiben (S. 8 u. ö.), beruht auf einem fundamentalen, seinerseits wieder ›interessierten‹ Mißverständnis: Durch die Vermengung der bei Marx und Engels präzise unterschiedenen Begriffe von ›politischer‹ Autorität oder Zwang mit ›Autorität‹ oder Herrschaft überhaupt, durch Ignorieren des Unterschieds von ›Regierungsfunktionen‹ und ›Verwaltungsfunktionen‹ im oben bestimmten Sinne, durch Auslegung von ›kommunal‹ im Sinne von ausschließlich ›dezentral‹ u. a. versuchen sie den Eindruck zu wecken, die ›politische Theorie‹ von Marx sei der Ruf: Zurück zu den Wäldern und Hütten. Daß mit derartigen ›Argumenten‹ lange unwidersprochen hausieren gegangen werden konnte, wirft ein Licht auf die ›wissenschaftliche‹ Auseinandersetzung mit dem Marxismus von bürgerlicher Seite. Das liebgewordene und durch diese ›Mißverständnisse‹ zu schützende Kind der Opportunisten in der deutschen Sozialdemokratie war der von Marx und Engels gegeißelte ›preussische Etatismus‹ oder ›Staatssozialismus‹.

6. Diese Eingrenzung des Begriffs des Rechts auf das ›gleiche‹, ›abstrakte‹, ›moderne‹ Recht reflektiert wieder den wesentlichen historischen Unterschied sozialer Regelungen überhaupt. Auch hier liegt in Auseinandersetzungen mit Rechtsbegriffen, die alle Normen, gesellschaftlichen Regelungen überhaupt als ›Recht‹ bezeichnen, der Springpunkt nicht in einem rein terminologischen Streit, sondern im Unterschied der Sache. Zumeist läßt sich nachweisen, daß mit der Ausweitung des modernen Rechtsbegriffes auch seine sozialökonomischen Voraussetzungen auf Gesellschaftformationen übertragen werden, denen diese Verhältnisse völlig wesensfremd sind.

7. Nicht bezüglich jener Ziele unterscheidet sich der wissenschaftliche Sozialismus vom großen Utopismus, dessen Studium von Engels (MEW 36/199) so nachdrücklich gefordert wird. Sie sind vielmehr bis in die Formulierung hinein von St. Simon und Fourier übernommen (vgl. zusammenfassend: Engels im ›Anti-Dühring‹, dritter Abschnitt: I. Geschichtliches (MEW 20/239–248). Nur in den Mitteln und Voraussetzungen zur Beseitigung des Mangels und der Notdurft (MEW 3/34 f.) besteht der – allerdings nicht zu vernachlässigende – Unterschied.

Fragen zur Diskussion:

1. Worauf bezieht sich die doppelte Verwendungsweise des Terminus ›Staat als Staat‹? Wie verhalten sich die beiden damit benannten Momente des bürgerlichen Staates zueinander?
2. Warum kann nach Ansicht von Marx und Engels die Arbeiterklasse nicht einfach die fertige Staatsmaschine übernehmen?

3. Sind die Maßnahmen, die die Pariser Kommune zur Verhinderung der ›Verselbständigung‹ der Träger von Regierungsfunktionen durchführte, wirklich ›unfehlbar‹?
4. Worin besteht der Unterschied zwischen ›Regierung‹ und ›Verwaltung‹?
5. Was macht ›Gewalt‹ nach Ansicht von Marx und Engels zur ›politischen‹ oder ›staatlichen‹ Gewalt?
6. Was verstehen Sie unter Aufhebung der ›alten‹ Teilung der Arbeit?

Teil F

Max Webers soziologische Theorie der politischen Herrschaft

Einleitung

1. *Die Aktualität Max Webers.* In den Sozialwissenschaften ist die Annahme, daß der gegenwärtige Kapitalismus einen tiefgreifenden Wandlungsprozeß durchlaufen habe, weit verbreitet und fest eingebürgert. Mit dieser Annahme arbeiten nach theoretischem Ansatz, Fächerzugehörigkeit und Erkenntnisinteresse unterschiedlichste Untersuchungen, gleich ob sie sich gesamtgesellschaftlichen Analysen oder nur Analysen von Teilsektoren des gegenwärtigen Kapitalismus zuwenden. Als Dimensionen dieses Wandlungsprozesses werden genannt: die Organisierung der Märkte (Monopolisierung), die Institutionalisierung des technisch-wissenschaftlichen Fortschritts (die Entwicklung der Wissenschaft zur ersten Produktivkraft) und eine durchgängige staatliche Regulierung des Wirtschaftsablaufs (vgl. HABERMAS 1969, OFFE 1972). Das Faktum dieses Wandels in den benannten Dimensionen ist unbestreitbar; in Frage steht aber, ob wir ihn als Entwicklung über den Kapitalismus hinaus zu einem ganz anderen Gesellschaftssystem hin interpretieren. Theorien, welche der gegenwärtigen Gesellschaft ihre Identität als kapitalistische mehr oder weniger absprechen, stützen ihre Hypothesen vorrangig auf den Sachverhalt der politischen »Mediatisierung« des gesellschaftlichen Lebensprozesses. Während in liberal-kapitalistischen Gesellschaften der »institutionelle Rahmen« der Gesellschaft unmittelbar ökonomisch und nur mittelbar politisch organisiert sei, habe die Dauerregulierung des Wirtschaftsprozesses durch staatliche Intervention im »Spätkapitalismus« zu einer Repolitisierung des institutionellen Rahmens geführt (HABERMAS 1969). Zum einen ist der Staat mit steigender Bedeutung seiner Steuern, seiner Eigenwirtschaftsbetriebe und seiner Aufträge an die private Wirtschaft zum größten Zahlungsempfänger und größten Zahlungsleister geworden (WG 97); zum anderen ist auch der Bereich der privaten Wirtschaft durch wachsende staatliche Intervention und Kontrolle charakterisiert. Ein derart durch den staatlichen Interventionismus geändertes gesellschaftliches Institutionensystem stellt die Gesellschaftstheorie nach herrschender Auffassung vor grundsätzlich neue Probleme. Für den Bereich der politischen Soziologie formuliert LIPSET (1959) diesen Problemwandel so: »The problem has ceased to revolve

around the changes needed to modify or to destroy capitalism and its institutions. Rather, the central issue now is the social and political conditions of a bureaucratized society« (S. 89). Nun fällt zwar die Änderung einer Produktionsweise durch zunehmende Staatseingriffe nicht bruchlos mit der Bürokratisierung der Gesellschaft zusammen. Gleichwohl hat Weber für die Orientierung der leitenden Fragestellungen an den Problemen der Bürokratisierung die entscheidenden Stichworte und Konzepte geliefert. »Nieder mit Marx, hoch mit Weber« kommentiert MILIBAND (1972, S. 21) die angedeutete Entwicklung.

2. *Der Gegenstand.* Wir haben wiederholt die Intention von Webers Allgemeiner Soziologie (WG 212) hervorgehoben, eine systematische Theorie des sozialen Handelns aufzustellen; diese soll die Grundlage für die vergleichenden universal-historischen Studien abgeben, wie sie vor allem im 2. Teil von Webers Hauptwerk: Wirtschaft und Gesellschaft ausgebreitet sind. Erstes Erfordernis einer derartigen allgemeinen Theorie ist eine Kategorienlehre des sozialen Handelns. In ihr ist ein bestimmtes Konzept von Gesellschaft enthalten, das nicht nur die Untersuchung der bürgerlichen Gesellschaft anleiten soll, sondern generelle Geltung beansprucht. Die Grundbegriffe einer solchen Kategorienlehre haben wir bereits kennengelernt: »Handeln«, »soziales Handeln« und »Sinn«. Ebenso haben wir bereits einen bestimmten Typus sozialen Handelns analysiert; das wirtschaftliche Handeln.

Im Unterschied zum Wirtschaften ist nun »Herrschen« keine Handlungsweise, mit der sich ein bestimmter Bereich des gesellschaftlichen Lebensprozesses von anderen Bereichen abgrenzen läßt und durch deren Analyse eine soziologische Handlungstheorie sich den Zugang zur Analyse eines solchen Teilsystems eröffnet. Die Ausübung von Herrschaft ist an kein gesellschaftliches Teilsystem gebunden; sie kann vielmehr in allen Handlungstypen und sozialen Beziehungen vorkommen.

Weber hat in der Herrschaft ein »zentrales Phänomen alles Sozialen« (WG 539) erkannt. Herrschaft, so Weber, ist auch in der engeren, von Macht unterschiedenen Bedeutung, keinesfalls auf den Umkreis staatlichen Handelns beschränkt. Das »Bestehen von Herrschaft« spielt vielmehr »insbesondere gerade bei den ökonomisch relevantesten Gebilden der Vergangenheit und der Gegenwart: der Grundherrschaft einerseits, dem kapitalistischen Großbetrieb andererseits, die entscheidende Rolle« (WG 541). Jedoch sind wir an Webers Soziologie der Herrschaft im folgenden nur insoweit interessiert, als sie Elemente einer Theorie der politischen Herrschaft, genauer: des modernen Staats, der politischen Herrschaft in der bürgerlichen Gesellschaft also, enthält.

3. *Stoffauswahl und Einteilung.* Der Staat ist kein exklusiver Gegenstand einer bestimmten sozialwissenschaftlichen Disziplin[1]. Eine Staatssozio-

gie im eigentlichen Sinne hat sich als anerkannter Zweig der Soziologie nie etablieren können². Die (falls noch existent) Allgemeine Staatslehre, die politische Wissenschaft, die politische Soziologie und die Organisationssoziologie, Nationalökonomie, Rechtswissenschaft und Geschichtswissenschaft beschäftigen sich überwiegend oder zumindest partiell mit dem Staat unter den verschiedensten Aspekten. Von diesen Fächern unterhält die engsten Bedingungen zu Webers Fragestellungen – neben der Organisationssoziologie – derzeit die politische Soziologie. In keiner Einführung, keinem Reader und keinem Standardwerk zu diesem Fach fehlt der obligate Hinweis auf Weber als jenen Klassiker, der Gegenstand und Problemstellung des Fachs begründet habe. So wenig wir mit der Zuwendung zu Webers soziologischer Theorie des Staats die gesamte Thematik einer »Allgemeinen Staatslehre« aufgreifen, so wenig sollen spezifizierte Materien der politischen Soziologie, z. B. Wahlverhalten, Parteiensoziologie und Elitenforschung zur Sprache kommen. Lediglich die hauptsächlichen Fragen, Themen oder Gebiete der politischen Soziologie bilden einen allgemeinen Orientierungspunkt für unsere Stoffauswahl. Als solche Hauptgebiete gelten: die Bestimmung des Begriffs der politischen Herrschaft, der Zusammenhang von Konsensus und Legitimität, das Bürokratieproblem, das Problem der »Beteiligung«, und das Verhältnis von ökonomischer Struktur und politischen Herrschaftsformen. Unsere Stoffauswahl korrespondiert mit diesen Gebieten. Wir beginnen mit der Klärung der wichtigsten Grundbegriffe, Staat und Herrschaft vor allem (*40. Kapitel*). Herrschaft enthält das Moment der Anerkennung seitens der ihr Unterworfenen. Der Frage nach den Geltungsgründen der Herrschaft, die seit Weber zum sozusagen eisernen Bestand der politischen Soziologie gehört, wenden wir uns im *41. Kapitel* zu. Im *42. Kapitel* besprechen wir den für die »moderne Gesellschaft« geläufigsten Herrschaftstypus: die legale Herrschaft mit bürokratischem Verwaltungsstab. Die Ausdehnung bürokratischer Herrschaft gibt den Bezugspunkt ab, unter dem Weber Möglichkeiten und Formen demokratischer Willensbildung diskutiert. Webers Demokratiebegriff und seine Begründung, moderne Gesellschaften demokratisch zu verwalten, diskutieren wir im *43. Kapitel*. Schließlich kennzeichnet es Webers Soziologie, nicht im Sozialismus, sondern in der universellen Bürokratisierung aller Lebensbereiche die Perspektive der kapitalistischen Gesellschaftsformation erblickt zu haben. Damit ändert sich auch die Bestimmung des gesellschaftlichen Charakters und der historischen Rolle des Kapitalismus. Die These der universellen Bürokratisierung als die den Kapitalismus kennzeichnende gesellschaftliche Entwicklung untersuchen wir im *44. Kapitel*.

Erläuterungen und Zusätze
1. Für die politische Soziologie vgl. Lipset (1959) und Bendix, Lipset (1966). Einen Überblick über die neuere Entwicklung gibt: Mitchell (1969).
   Eine soziologische Staatstheorie fällt nach Inhalt und Methode nicht mit jener Wissenschaft zusammen, die früher einmal die anerkannte Grundlage der Staatswissenschaften bildete: der Allgemeinen Staatslehre. Zu dieser, als Fach der Lehre und Forschung an deutschen Universitäten nur noch in Resten vorhandenen Disziplin vgl. die Standardwerke von Jellinek (1966) und Kelsen (1966) sowie die jüngeren Arbeiten von Krüger (1966) und Herzog (1971). Im Kern der klassischen Staatslehre stand die Frage nach der *besten Staatsform*. Die Soziologie, soweit sie sich mit dem Staat beschäftigt, als politische Soziologie und als Organisationssoziologie, wird heute den empirischen Staatswissenschaften zugerechnet.
   Einen ersten Überblick hierüber vermittelt der Artikel von Maier (1966).
2. Idee und Begriff einer Staatssoziologie hat Hermann Heller in Auseinandersetzung mit der Allgemeinen Staatslehre und in Anknüpfung an Karl Marx und Max Weber entwickelt. In »Wirtschaft und Gesellschaft« hat der Herausgeber J. Winckelmann den Begriff Staatssoziologie als Titel für eine Kompilation aus verschiedenen Schriften Max Webers verwendet, was aber nicht als Realisierung einer Intention Webers interpretiert werden kann.

40. Kapitel: Grundbegriffe

Lernziele

In diesem Kapitel sollen vor allem die Begriffe Macht, Herrschaft, Gewalt und Staat präzisiert werden. Besonderes Gewicht legen wir auf die Unterscheidung von Herrschaft und Macht und auf die Herausarbeitung der – nach Weber – konstitutiven Merkmale des modernen Staats. Anhand der schrittweisen Analyse der Grundbegriffe der »Staatssoziologie« sollen die methodische Eigenart und Reichweite des handlungstheoretischen Ansatzes in der Analyse politischer Herrschaft deutlich werden.

Textgrundlage
WG Teil I, Kap. I, §§ 3–17
WG Teil I, Kap. III: Typen der Herrschaft
WG Teil II, Kap. IX, 1. Abschnitt, § 1: Macht und Herrschaft. Übergangsformen, S. 541–545
WG Teil II, Kap. VIII, § 1: Wesen und Rechtmäßigkeit politischer Verbände, S. 514–516
WL S. 439/440
PS S. 493–499 (= WG 812–824).

§ 1. Sozialwissenschaftliche Analysen im Bereich der politischen Herrschaft leiden unter einer charakteristischen Unbestimmtheit ihrer Grundbegriffe, die auf eine eigentümliche Weise mit ihrem ehrwürdigen Alter und ihrer zentralen Bedeutung für solche Analysen konterkarieren. Was z. B. »Macht« und »Herrschaft« eigentlich sind und was sie voneinander unterscheidet, gewinnt selten eine begrifflich präzise und analytisch fruchtbare Fassung. »Herrschaft« verschmilzt im vorwissenschaftlichen und wissenschaftlichen Sprachgebrauch mit den angrenzenden Begriffen wie »Macht«, »Einfluß«, »Gewalt« zu einem nur schwer scheidbaren Konglomerat. Nicht besser steht es mit dem Staatsbegriff. Je mehr der Staat in den gesellschaftlichen Lebensprozeß eingreift, umso mehr scheint sich das Subjekt dieses Eingriffs der theoretischen Analyse zu entziehen. Neuere Versuche einer strengeren Ausarbeitung der genannten Grundbegriffe: Herrschaft (Macht) und Staat gehen – entweder in kritischer Abgrenzung oder positiver Aufnahme – wiederholt auf Webers kategoriale Festlegung zurück. Dementsprechend steht am Beginn unserer Einführung in die soziologische Theorie des Staats die Fassung, welche die Grundbegriffe der politischen Herrschaft in der Weberschen Soziologie erhalten haben[1].

§ 2. Im § 17 der »Soziologischen Grundbegriffe« führt Weber in lapidarer Kürze die Definition des Staats ein: »Staat soll ein politischer Anstaltsbetrieb heißen, wenn und insoweit sein Verwaltungsstab das Monopol legitimen physischen Zwangs für die Durchführung der Ordnungen in Anspruch nimmt.« Die wichtigsten Elemente der Definition sind:
a) Der Staat ist ein politischer Anstaltsbetrieb und
b) er nimmt erfolgreich das Monopol legitimen physischen Zwangs wahr.

Um das erste Element der Definition richtig zu verstehen, müssen wir wissen, was eine Anstalt ist, was eine politische Anstalt ist und was ein Betrieb ist (der politische, und der »Anstalts- und Betriebscharakter« des Staats). Um das zweite Element der Definition zu verstehen, müssen wir den Begriff der Legitimität klären und Zwang oder Gewalt von Macht und von Herrschaft unterscheiden lernen.

Anstalt ist für Weber ein Verband, sofern er bestimmte Merkmale erfüllt (§§ 13, 15). Unter Verband versteht Weber eine soziale Beziehung, die durch eine geltende Ordnung reguliert wird und deren Innehaltung garantiert ist durch einen Verwaltungsstab. Um den Staatsbegriff zu entwickeln, greift Weber demnach auf den Begriff der sozialen Beziehung zurück. Er bildet die Grundlage des Staatsbegriffs.

Den Begriff der sozialen Beziehung haben wir schon im Teil B dieses Buchs erörtert; wir können daher an die dort geführten Analysen einfach anknüpfen. Weil als Gegenstand der Soziologie nur das in Betracht kommt, was die Schwelle eines sinnhaft deutbaren Verhaltens zu Objekten im weitesten, Dinge, Ereignisse, Zustände, Personen und ihre Äußerungen umfassenden Sinn überschreitet, hatte Weber den Begriff der sozialen Beziehung über einen spezifischen, eben die Qualität »soziale Beziehung«

ausmachenden Sinngehalt menschlichen Sichverhaltens definiert. Das »Mindestmaß von Beziehung des beiderseitigen Handelns aufeinander«, das Weber als Begriffsmerkmal einer sozialen Beziehung ansieht (WG 13) besteht in einer sinnhaften, also nicht »mechanisch-instinktiven« (WG 7) Relation. Für eine am methodologischen Individualismus orientierte systematische Erfahrungswissenschaft sozialen Handelns existieren soziale Beziehungen nicht unabhängig von den Individuen. Ihre Existenz geht vielmehr restlos in der Chance auf, »daß in einer (sinnhaft) angebbaren Art sozial gehandelt wird, einerlei zunächst worauf diese Chance beruht« (WG 13). Immer wieder kommt Weber auf diesen Sachverhalt, der ja den Kernpunkt des Programms des methodologischen Individualismus bildet, zurück. »Die soziale Beziehung *besteht*« – heißt es programmatisch WG 13 – »auch wenn es sich um sogenannte ›soziale Gebilde‹, wie ›Staat‹, ›Kirche‹, ›Genossenschaft‹, ›Ehe‹ usw. handelt, ausschließlich und lediglich in der *Chance*, daß ein seinem Sinngehalt nach in angebbarer Art aufeinander eingestelltes Handeln stattfand, stattfindet oder stattfinden wird. Dies ist immer festzuhalten um eine ›substantielle‹ Auffassung dieser Begriffe zu vermeiden. Ein ›Staat‹ hört z. B. soziologisch zu ›existieren‹ dann auf, sobald die *Chance*, daß bestimmte Arten von sinnhaft orientiertem sozialen Handeln ablaufen, geschwunden ist. Diese Chance kann eine sehr große oder eine verschwindend geringe sein. In dem Sinn und Maße, als sie tatsächlich (schätzungsweise) bestand oder besteht, bestand oder besteht auch die betreffende soziale Beziehung. Ein anderer *klarer* Sinn ist mit der Aussage: daß z. B. ein bestimmter ›Staat‹ noch oder nicht mehr ›existiere‹, schlechthin nicht zu verbinden.« Die Identifikation der *Existenz* einer sozialen Beziehung mit einem Handeln hat neben der Abwehr substanzialistischer Vorstellungen die Funktion, soziale Beziehungen personenunabhängig zu definieren. Eine soziale Beziehung kann auch dann weiter existieren, wenn die Personen, die bisher an ihr teilnahmen, ausgewechselt werden (vgl. WG 26). Dagegen ist es nicht ohne weiteres einsichtig, warum Weber den Begriff der Chance benötigt, um anzugeben, worin die Existenz einer sozialen Beziehung besteht. Unter Chance versteht Weber die mehr oder minder große Wahrscheinlichkeit des Eintretens eines entsprechenden Handelns im Unterschied zu seinem wirklichen Vorkommen (vgl. WG 14). Innerhalb des handlungstheoretischen Ansatzes der Thematisierung sozialer Gebilde stellt dieser Begriff sich demnach zwangsläufig ein: wird z. B. die Existenz des Staats in das Handeln einzelner zurückgenommen, dann darf sie nicht an aktuelles Handeln gebunden werden. Denn sonst würde z. B. der Staat nach Büroschluß aufhören zu existieren. Ebenso verlangt die Existenz einer Freundschaft nicht, daß laufend freundschaftliche Akte ausgetauscht werden; es muß lediglich die Chance bestehen, daß solche Akte vorkommen.

Wenn die Existenz sozialer Beziehungen ganz und gar in der Chance besteht, daß in einer sinnhaft angebbaren Art sozial gehandelt wird, worauf beruht dann die Chance, daß bestimmte Handlungsabläufe sich nicht nur punktuell und zufällig, sondern mit Regelmäßigkeit einstellen? Die Betonung der Chance, daß bestimmte Handlungsabläufe auch wirklich eintreten, darf ja nicht als Annahme einer generellen Zufälligkeit oder Willkür menschlichen Handelns mißverstanden werden. Weber war weit davon entfernt, Regelmäßigkeiten und damit Voraussagbarkeit im Bereich des gesellschaftlichen Lebensprozesses zu leugnen. Vielmehr betont er, daß menschliches Handeln genauso wie alles andere Geschehen »sowohl Zusammenhänge wie Regelmäßigkeiten des Verlaufs« (WL 427 vgl. WG 14f., WL 322) zeigt. Gerade mit Hilfe des Begriffs der Chance läßt sich demonstrieren, daß in einem »sozialen System« nicht alle Handlungen gleich möglich sind. Vielmehr bilden sich bestimmte Handlungsstrukturen als dauerhafte heraus. An Gründen für die Entstehung solcher Regelmäßigkeiten nennt Weber Sitte, Interessenlagen und die Orientierung an Normen (WG Teil I, Kap. 1, §§ 4–7). Ein systematischer Grund für die Dreiteilung ist nicht leicht zu erkennen. Abstrahiert man einmal vom Fall der Sitte, bei der die Regelmäßigkeit der Einstellung sozialen Handelns auf langer Eingelebtheit beruht (WG 15), dann hat die Differenzierung zwischen Interesse und Norm die weitere Entwicklung der Handlungstheorie bestimmt[2]. Die Orientierung des Handelns an Ordnungen und Regeln im Sinne von Normen bildet *eine* der Determinanten für die empirische Regelmäßigkeit sozialer Beziehungen. Menschliches Zusammenleben, so Weber, verläuft nach Regeln, ist regelgeleitetes Handeln oder steht unter einer »Ordnung«. Eine terminologische Schwierigkeit kann daraus entstehen, daß im Bereich sinnhaft verständlichen Sich-Verhaltens der Begriff »Regel« (»Ordnung«) doppeldeutig wird. Er schwankt zwischen zwei Polen: der empirischen Regelmäßigkeit einerseits, der Norm andererseits (vgl. WL 328). Normen treten mit Geltungsansprüchen auf. Wenn man grob zwischen »Sein« und »Sollen« unterscheiden kann, dann fallen Normen nicht in den Bereich des Seins, sondern in den des Sollens.

Weber unterscheidet nun zwischen empirischem und normativem Gelten einer Ordnung. Für die Soziologie relevant ist allein deren empirisches Gelten. Eine Ordnung gilt unabhängig von einer Entscheidung über ihre normative Geltung dann empirisch, wenn eine Chance besteht, daß das Handeln tatsächlich an ihr orientiert wird (WG 16, vgl. WL 445 u. ö.)[3]. Webers Behandlung des Begriffs der Ordnung demonstriert exemplarisch das Verfahren des methodologischen Individualismus: wenn für die Soziologie die geltende Ordnung lediglich »jene Chance der Orientierung« an der »Vorstellung vom Gelten einer durchschnittlich so und so verstandenen Ordnung des Handelns« ist (WG 17), dann ist damit weder die Existenz

424

von Ordnungen geleugnet noch gar eine solche Ordnung *kausal* auf individuelles Verhalten reduziert; eine solche Definition bezweckt vielmehr, den Begriff der Ordnung im handlungstheoretischen Bezugsrahmen zu reformulieren.

Weber nennt eine Ordnung dann *Konvention*, wenn ihre empirische Geltung durch den Mechanismus sozialer Mißbilligung, und dann *Recht*, wenn ihre empirische Geltung durch Existenz eines Zwangsapparates garantiert ist (vgl. WG 182). Geltende Ordnungen treten mit dem Anspruch der *Legitimität* ihrer Geltung auf. Auf diesen Begriff kommen wir im nächsten Kapitel zurück.

§ 3. In Webers Charakterisierung des Verbandes sind die folgenden Punkte wichtig:

a) Daß ein Leiter existiert, dessen »Handeln auf die Durchführung der Verbandsordnung eingestellt ist« (WG 26), ist das erforderliche Minimum, damit aus einer sozialen Beziehung ein Verband wird. Der die soziologische Staatstheorie interessierende Regelfall liegt natürlich im Vorhandensein eines die Innehaltung der Ordnungen des Verbandes garantierenden *Verwaltungsstabes*. Während z. B. der Hausverband in der Regel ohne einen Verwaltungsstab auskommt (der Hausvater herrscht ja ohne Verwaltungsstab – WG 29), benötigt der Staat einen Verwaltungsstab, dessen Handeln auf die Durchführung oder Erzwingung seiner Ordnungen gerichtet ist.

b) Genauer ausgedrückt haftet die Existenz des Verbandes und damit des Staats als eines Verbandes nicht eigentlich an Personen, sondern an dem »Bestehen der *Chance*, daß ein *Handeln* angebbarer Personen stattfindet, welches seinem Sinn nach die Ordnungen des Verbandes durchzuführen trachtet ... in etwas anderem als der Chance des Ablaufs jenes ... Handelns ›besteht‹, soziologisch angesehen, der Verband also für unsere Terminologie nicht« (WG 26).[4]

c) Mit der Verankerung des Staatsbegriffs im Verbandsbegriff befreit Weber das Nachdenken über den Staat von den Schranken »metaphysischer« Spekulation und macht ihn zum Gegenstand einer empirischen Disziplin. Zugleich liegt in der Betrachtung des Staats als Verband der Unterschied der soziologischen von einer juristischen Theorie staatlicher Phänomene[5]. Als Verband von Personen gelten für ihn zwar Normen, aber er geht nicht auf in den geltenden Ordnungen, die mittels seines Verwaltungsstabes durchgesetzt werden. – An einem Verband beteiligt sind nicht nur die Mitglieder seines Verwaltungsstabes, sondern alle Personen, für welche die Ordnungen eines Verbandes gelten. Allerdings ist bei weitem nicht alles Handeln der Mitglieder eines Verbandes auch schon Verbandshandeln. Das Handeln der Mitglieder des Verwaltungsstabes ist Verbandshandeln nur dann, wenn es auf die Durchführung der Ordnungen des Verbandes bezogen ist, das Handeln aller übrigen Mitglieder nur dann, wenn es von den Anordnungen des Verwaltungsstabes geleitet ist (vgl. WG 26).

Unsere Frage, was ein politischer Anstaltsbetrieb ist, hat uns zur Klärung des Verbandsbegriffs geführt. Auf ihm fußt der Staatsbegriff. In der Aussage: der Staat ist ein (politischer) Anstaltsbetrieb, steckt die fundamentalere Aussage: der Staat ist ein (politischer) Verband. Dieser besteht, soweit die Chance eines Verbands*handelns* besteht. Der Anstalts- und Betriebscharakter des Staats ist im Vergleich zu seinem Charakter, ein Verband, oder genauer: ein politischer Verband zu sein, von nachgeordneter Bedeutung. Zur Anstalt wird ein Verband dadurch, daß seine Ordnungen gesatzte, d. h. durch Menschen bewußt geschaffene Ordnungen sind: »Soweit ein Verband rational gesatzte Ordnungen hat, soll er Verein oder Anstalt heißen«. Während die gesatzten Ordnungen eines Vereins nur für die »kraft persönlichen Eintritts Beteiligten Geltung beanspruchen«, können die Ordnungen einer Anstalt »innerhalb eines angebbaren Wirkungsbereiches jedem nach bestimmten Merkmalen angebbaren Handeln (relativ) erfolgreich oktroyiert werden«. Daß eine Ordnung oktroyiert werden kann, heißt: sie erhebt den Anspruch »zu gelten für jeden, auf den bestimmte Merkmale . . . zutreffen, einerlei ob der Betreffende persönlich – wie beim Verein – beigetreten ist und vollends: ob er bei den Satzungen mitgewirkt hat« (WG 28). Gesatzte Ordnungen (im Unterschied zu traditionalen, offenbarten und naturrechtlichen Ordnungen) sind also immer entweder paktierte oder oktroyierte Ordnungen.

Betriebscharakter besitzt der Staat, soweit sein Handeln *kontinuierliches* Handeln ist. Eine bestimmte, allerdings auch relative Kontinuität ist für das Handeln insbesondere des modernen Staats wesentlich. Kontinuität staatlichen Handelns verlangt nicht, daß die Politik des Staats kontinuierlich, also von Änderungen der politischen Richtung relativ frei sei. Um ein soziales Gebilde als Staat ansprechen zu können, muß es ein gewisses Maß zeitlicher Erstrecktheit besitzen. Beide Merkmale, der rationale (d. h. hier: planvolle) Anstaltscharakter und der kontinuierliche Betriebscharakter sind Kennzeichen primär des modernen Staats (vgl. WG 30). In der bürokratischen Verwaltung moderner Staaten ist der Anstalts- und Betriebscharakter des Staats gleichsam »zu sich selbst« gekommen. (Die bürokratische Verwaltung als typische Herrschaftsform des modernen Staats behandeln wir im 42. Kapitel.)

Nunmehr haben wir noch zu klären, wodurch ein Verband zum *politischen* Verband wird. Die Klärung des Begriffs des Politischen führt über in die Diskussion der Begriffe: Gewalt, Herrschaft, Macht und der mit ihnen angesprochenen Phänomene.

Nach der im § 17 der »Soziologischen Grundbegriffe« gegebenen Definition ist ein politischer Verband ein Herrschaftsverband, soweit das spezifische Mittel, mit dem er seine Ordnungen durchsetzt, die Anwendung von

Gewalt (physischer Zwang) ist[6] und sich die Anwendung der Herrschaft sowie die Geltung der Ordnungen des Verbandes auf ein Gebiet bezieht. Die Definition des politischen Verbandes baut auf der des Herrschaftsverbandes auf; was unter Herrschaft zu verstehen sei, werden wir im nächsten Paragraphen erörtern. Abgesehen vom Merkmal der Herrschaft besteht das Wesen des Politischen in den zwei Momenten: daß sich der Herrschaftsanspruch auf ein Gebiet erstreckt und daß das spezifische Mittel, auf das er bei der Durchsetzung seiner Ordnungen zurückgreifen kann, die Gewalt ist. Herrschaft über ein Gebiet ist natürlich nicht alternativ zur Herrschaft über Menschen zu verstehen[7]. Herrschaft ist, wie wir sehen werden, immer an Beziehungen zwischen Individuen gebunden. Gemeint ist vielmehr, daß – wie im Zuge der Herausbildung des modernen Staats deutlich zutage tritt – die Ordnungen eines politischen Verbandes Gebietsgeltung beanspruchen, d. h. »außer den Genossen auch Ungenossen oktroyiert werden« können (WG 27). »Gewaltsame Behauptung der geordneten Herrschaft über ein Gebiet und die Menschen auf demselben«, kann Weber daher schreiben (WG 514), ist »das begriffliche Minimum« des politischen Verbandes (vgl. WG 540). Dieses Merkmal der Gebietsherrschaft ist nichts weniger als selbstverständlich, oder gar analytisch im Begriff des Staats enthalten, wie etwa im Begriff des Raumes die Vorstellung der Ausdehnung enthalten ist. Vielmehr ist die Herausbildung der Gebietsherrschaft ebenso wie der Wandel vom »Gelegenheitshandeln« zur »kontinuierlichen anstaltsmäßigen Vergesellschaftung« (WG 515) ein Produkt der geschichtlichen Entwicklung.

Unter Gewalt oder Gewaltsamkeit versteht Weber physischen Zwang, ausgeübt durch Einschränkung der Bewegungsfreiheit, körperliche Verletzung und physische Vernichtung. Den Gegensatz zur physischen Gewaltsamkeit bilden die »friedlichen Kampfmittel«. Mit friedlichen Kampfmitteln wird dieser Terminologie zufolge z. B. der Konkurrenzkampf ausgefochten (WG 20). Die Verfügungsgewalt über Waren, um die konkurriert wird, darf dann nicht mit physischer Gewaltsamkeit verwechselt werden (WG 32). Ihr Wesen ist nicht die Gewaltsamkeit, sondern die im Warenbesitz eingeschlossene Dispositionsbefugnis, ein Machtphänomen allemal, aber keine Ausübung von Gewalt.

Weder behauptet nun Weber, daß Anwendung von Gewalt das einzige Verwaltungsmittel des Staats ist, noch, daß Gewalt faktisch nicht auch durch andere als politische Personen und Verbände ausgeübt werden könnte. Entscheidend ist allein: Anwendung von Gewalt ist das für den politischen Verband *spezifische* Mittel der Ausübung von Herrschaft. Das für den politischen Verband spezifische *Mittel* seines Verbandshandelns in das Zentrum der Definition zu rücken, ist gegen Versuche gerichtet, politische Verbände durch Angabe ihrer spezifischen Verbands*zwecke* zu definieren.

Gegenüber Versuchen, die Staatsfunktionen aus dem Staatsbegriff abzuleiten, also unabhängig von historischen Umständen »dem« Staat bestimmte Funktionen mit Ausschließlichkeit als notwendige zuzuordnen, verhält Weber sich ausgesprochen skeptisch: »es gibt fast keine Aufgabe, die nicht ein politischer Verband hier und da in die Hand genommen hätte, andererseits auch keine, von der man sagen könnte, daß sie jederzeit, vollends: daß sie immer *ausschließlich* denjenigen Verbänden, die man als politische, heute: als Staaten, bezeichnet, oder welche geschichtlich die Vorfahren des modernen Staates waren, eigen gewesen wäre. Man kann vielmehr den modernen Staat soziologisch letztlich nur definieren aus einem spezifischen Mittel, das ihm, wie jedem politischen Verband, eignet: der physischen Gewaltsamkeit« (PS 494). (Zum Problem der Ableitung von Staatsfunktionen vgl. WG 514, 517). Daß ein Verband sich als politischer Verband durch ein ihm eigentümliches Mittel des Verbandshandelns konstituiert, schließt nicht aus, daß auch andere Personen und Instanzen Gewalt anwenden. Nur: allein die Anwendung von Gewalt durch einen politischen Verband gilt als »legitim«, d. h., er allein kann »innere Rechtfertigungsgründe« geltend machen, für die er, zumindest solange die Herrschaft besteht, mit der Zustimmung der Gewaltunterworfenen rechnen kann, während Gewaltanwendung durch andere gesellschaftlich nicht oder nur soweit anerkannt wird (sie gilt nicht als »rechtmäßig«), als sie staatlich legitimiert ist[8]. Weber verweist auf das Züchtigungsrecht des Hausvaters als Beispiel.

Was aber unterscheidet dann noch Staat und politischen Verband voneinander, wenn schon letzterer sich durch Gebietsherrschaft und Gewaltanwendung auszeichnet? Warum baut Weber den Staatsbegriff auf dem Begriff des politischen Verbandes auf? Wenn wir außer acht lassen, was den politischen Verband zu einer kontinuierlichen anstaltsmäßigen Vergesellschaftung mit rational gesatzten Ordnungen macht, dann liegt der Unterschied zwischen politischem Verband und Staat, genauer: *modernem* Staat, nur noch darin, daß letzterer alle Träger legitimer politischer Gewalt entmachtet hat und insofern mit dem *Monopol* legitimer Gewaltsamkeit auftritt. Auf diesem Weg der Aneignung des Gewaltmonopols wurde die alteuropäische, politisch verfaßte Gesellschaft aufgelöst und hat sich der Staat, wie Soziologen sagen würden, als gesellschaftliches »Subsystem« herausdifferenziert« (vgl. WG 514). Mit der Konzentration des Monopols der Gewalt im Staat konstituiert sich andererseits erst die Gesellschaft als von Gewalt (*nicht:* Macht oder Herrschaft) freie Sphäre der gesellschaftlichen Arbeit und des Warenverkehrs (vgl. WG 198, 388, 397, 418f., 423, 514, 516 u. oben Kap. 31–33 und Zusatz[9]).

Daß Weber die Entwicklung des modernen Staats als Prozeß der Enteignung aller anderen Träger politischer Gewalt analysiert, darf nicht in einen vorschnellen Gegensatz zur Grundlage der Marxschen Auffassung gebracht werden, wonach die Begründung der selbständigen Existenz des modernen Staats aus den Verhältnissen der Warenzirkulation zu geschehen habe. Entstehung des Markts und Entstehung des modernen Staats bilden vielmehr, wie Weber bekannt war, parallele Vorgänge. »Indem der Markt«, schreibt Weber, »mit seiner Erweiterung zunehmend ... die monopolistischen Verbände (Weber meint die Zünfte) ökonomisch sprengt, entzieht er ihnen die Basis jener Interessengemeinschaft, auf welcher auch ihre legitime Gewaltsamkeit sich entfaltet hatte. Mit zunehmender Befriedung und Erweiterung des Markts parallel geht daher auch ... jene Monopolisierung legitimer Gewaltsamkeit durch den politischen Verband, welche in dem modernen Begriff des Staats als der letzten Quelle jeglicher Legitimität physischer Gewalt ... ihren Abschluß findet« (WG 519). Damit haben wir auch das zweite Element der Staatsdefinition: der Staat besitzt das Monopol legitimen physischen Zwangs, bis auf die Begriffe Herrschaft und Macht erläutert. Eine Klärung dieser Begriffe ist nun nötig, einmal um Gewalt von Macht und Herrschaft zu unterscheiden, sodann aber, um verständlich zu machen, was es heißt, daß ein politischer Verband »Herrschaftsverband« ist.

§ 4. Macht in »einem ganz allgemeinen Sinn« ist die generalisierte, d. h. an keine *bestimmten* Ursachen, Besitz oder Reichtum z. B. gebundene »Möglichkeit, den eigenen Willen dem Verhalten anderer aufzuzwingen« (WG 542). Macht scheint somit auf den ersten Blick ein unproblematischer Begriff zu sein. Jedoch hat Weber den Machtbegriff als Grundbegriff soziologischer Analyse verworfen. Er nennt ihn »soziologisch amorph« (WG 28): »alle denkbaren Qualitäten eines Menschen und alle denkbaren Konstellationen können jemand in die Lage versetzen, seinen Willen in einer gegebenen Situation durchzusetzen« (WG 29). Weber macht methodische Gründe geltend, den engeren Begriff der Herrschaft dem Machtbegriff für Zwecke soziologischer Analyse vorzuziehen. Die Extension und Variabilität sozialer Abläufe und Ereignisse, die alle unter den Machtbegriff fallen, verhindert, daß dieser eine wissenschaftlich brauchbare Kategorie abgibt. »Der soziologische Begriff der Herrschaft muß daher ein präziserer sein« (WG 29). Während Macht die generalisierte Fähigkeit (Chance) von Personen ist, sich in sozialen Beziehungen durchzusetzen, unabhängig davon, auf welchen Eigenschaften, Umständen etc. diese Chance gründet, soll unter Herrschaft nur die Chance verstanden werden, für einen Befehl Gehorsam zu finden. Im Zentrum des Herrschaftsbegriffs steht somit die Beziehung von Befehl und Gehorsam. Befehl ist eine Willensbekundung des oder der Herrschenden. Wer Befehle ausspricht, beansprucht Gehorsam. Herrschaft existiert dann, wenn die Chance besteht, daß Befehle auch befolgt werden. Nun können Befehle faktisch aus den verschiedensten Motiven befolgt werden (Angst, Schwäche etc.), vor allem aber, weil eine Interessenkonstellation zwischen Herrschenden und Beherrschten besteht, die es auch dem Beherrschten vorteilhaft, d. h. als in seinem eigenen Interesse liegend erscheinen läßt, zu gehorchen. Den Kern des Herrschaftsverhältnisses bildet aber gerade der Sachverhalt, daß es auf einer »*von allen Motiven und Interessen absehende(n) schlechthinige(n) Gehorsamspflicht*« (WG 542, Herv. d. Verf.) aufbaut. Im idealtypisch reinen Fall wird der Befehl befolgt, weil das Herrschaftsverhältnis als geltende Norm hingenommen wird: die von Interessen freie Anerkennung der Macht (vgl. WL 456).

Herrschaft ist demnach a) ein Verhältnis von Befehl und Gehorsam, das sich b) im reinen Typus auf die Anerkennung der Befehlsgewalt kraft geltender Normen gründet. Befehle werden befolgt, weil sie als »legitim« gelten. Herrschaft ist die legitime, im Schema von Befehl und Gehorsam ablaufende Machtausübung; sie ist ein »Sonderfall von Macht«. Das Unterscheidungskriterium beider liegt in der Legitimität der Machtausübung. Eine derart auf reiner Gehorsamspflicht gegenüber Befehlen beruhende Herrschaft wird seit Weber auch Herrschaft kraft Autorität oder »autoritäre Herrschaft« genannt. Deren Charakter kann man sich am besten verdeutlichen durch ihren extremen Gegensatz: eine »Herrschaft«, die rein auf Interessenkonstellation beruht. Den reinsten Typus einer solchen »Herrschaft« bildet die monopolistische Herrschaft z. B. von Konzernen auf Märkten. Es gibt, so Weber, »zwei polar entgegengesetzte Typen von Herrschaft ... einerseits die Herrschaft kraft Interessenkonstellation (insbesondere kraft monopolistischer Lage), und andererseits die Herrschaft kraft Autorität (Befehlsgewalt und Gehorsamspflicht). Der reinste Typus der ersteren ist die monopolistische Herrschaft auf dem Markt, der letzteren die hausväterliche oder amtliche oder fürstliche Gewalt. Die erstere gründet sich im reinen Typus lediglich auf die Kraft irgendwie gesicherten Besitzes ... geltend zu machenden Einflüsse auf das lediglich dem eigenen Interesse folgende formal ›freie‹ Handeln der Beherrschten, die letztere auf eine in Anspruch genommene, von allen Motiven und Interessen absehende schlechthinige Gehorsamspflicht« (WG 542).

Zur terminologischen Verdeutlichung reserviert Weber den Terminus: Herrschaft für den Typus der autoritären Herrschaft; bei der monopolistischen Herrschaft auf Märkten würde es sich dann um ökonomisch bedingte Macht handeln. Um vom Vorliegen einer Herrschaftsbeziehung zu reden, reicht also das »praktische Befolgtwerden des Befehls« nicht aus. Es muß vielmehr »der Sinn seines Hingenommenwerdens als einer geltenden Norm« (WG 544) hinzukommen. Und weil Herrschaft im Prinzip nicht *jede* Chance ist, daß bestimmte Personen und Gruppen sich in sozialen Beziehungen durchsetzen, sondern die kraft geltender Ordnung eingeräumten Chancen, nennt Weber einen Verband, »insoweit als seine Mitglieder als solche Kraft geltender Ordnung Herrschaftsbeziehungen unterworfen sind«, einen *Herrschaftsverband* (WG 29).

§ 5. Webers Unterscheidung von Macht und Herrschaft mit Hilfe des Legitimitätskriteriums hat die soziologische Theorie der politischen Herrschaft nachhaltig beeinflußt. Sie ist auch, soweit wir sehen, im wesentlichen nach wie vor in Geltung. Dagegen sind die Grundlagen, auf denen Webers Machtbegriff aufbaut, einer ernstzunehmenden Kritik unterzogen worden. Aus dieser Kritik heben wir zwei Argumente, die uns besonders wichtig erscheinen, hervor.

1. Weber hat, wie wir gesehen haben, die Macht als Fähigkeit, bestimmte Wirkungen bei anderen Personen zu erzielen, begriffen. Damit hat er die Machtbeziehung – wie alle von LUHMANN (1969a, 1975) sog. »klassischen Machttheorien« – als Kausalbeziehung gedeutet. Die Verwandtschaft, wenn nicht Identität beider Begriffe hat deutlich DAHL (1968) gesehen: »The closest equivalent to the power relation is the causal relation. For the assertion: C has power over R, one can substitute the assertion: C's behavior causes R's behavior« (S. 410). Damit teilt aber der Machtbegriff alle seit Hume diskutierten Schwierigkeiten der Kausalitätskategorie. RIKER (1964) nennt die extremen Varianten des für die Schwankungen des Machtbegriffs bedeutsamen Kausalitätsbegriffs: »recipe-causality« and »necessary–and–sufficient–condition–causality«:

»The difference between the two kinds of causality is, like the difference among definitions of power, a difference in orientation toward outcomes. In recipelike causality, the full explanation of the effect is not the problem. Rather the problem is to explain how the effect can be made to occur. If no manipulative technique is available, cause may be non-existent. By contrast, in the necessary and sufficient condition kind of causality, the center of attention is on the effect rather than on manipulative techniques. Here the full explanation of the outcome is at stake« (S. 347).

Während ein an der »recipe-causality« orientierter Machtbegriff, der in der Macht nur das die Wirkung auslösende Ereignis erblickt, nicht zur Erklärung taugt, verstrickt sich ein an der Kausalität der notwendigen und hinreichenden Bedingungen orientierter Machtbegriff in logische Schwierigkeiten; Ursache der Macht des Aktors A ist dann ja auch die Existenz des Aktors B. Wenn man wegen solcher Schwierigkeiten schon nicht der Empfehlung von RIKER folgt, in sozialwissenschaftlichen Analysen gänzlich auf die Kategorie der Macht zu verzichten, so geben doch die in der kausalen Auslegung der Macht liegenden Schwierigkeiten starke Motive ab, die Überlegungen über Macht vom Handlungsbezugsrahmen abzulösen.

2. Weber formuliert den Machtbegriff in Ausdrücken einer Beziehung zwischen Individuen[10]. Macht als spezifische Beziehung zwischen Individuen kommt in jener Formulierung des Machtbegriffs prägnant zum Ausdruck, die DAHL (1957) für die »intuitive idea of power« hält: »A has power

431

over B to the extent that he can get B to do something that B would not otherwise do« (S. 202f.). Zweierlei fällt an einer solchen Definition der Macht auf:

a) sie ist auf den Bereich direkt beobachtbaren Entscheidungshandelns bezogen;

b) die Anwendung des Machtbegriffs ist an Konfliktsituationen gebunden. Macht soll sich ja darin bewähren, den eigenen Willen dem Verhalten anderer aufzwingen zu können. Der eigentliche »Ort« der Anwendung des Machtbegriffs sind relativ kurzfristige Situationen mit direkter Konfrontation engagierter Akteure (NASCHOLD 1972, S. 156). Die Bindungen des Machtbegriffs an solche Situationen zeigt seine begrenzte Tauglichkeit für die Analyse von gesellschaftlichen Verhältnissen. Gegen die Orientierung des Machtbegriffs am Konfliktfall hat u. a. LUHMANN (1969b) eingewandt, daß »die vermutlich größere Macht in der Form von Kommunikationen geübt wird, die sich nicht auf Zwangsmöglichkeiten stützen, und im Konfliktsfalle nicht durchgesetzt werden können.« (S. 166). Problematischer ist die Bindung des Machtbegriffs an ein Handeln. Schon BACHRACH/BARATZ (1970) haben dargelegt, daß mit einem solchen Begriff die eigentliche Domäne der Macht, der Bereich der »non-decisions« nicht erfaßt werden könnte. Unter »non-decisions« verstehen sie alle Mittel, über die ein Sozialsystem verfügt, um zu verhindern, daß bestimmte soziale Forderungen überhaupt ein Stadium erreichen, in dem sie zum Gegenstand eines Entscheidungshandelns werden können. Die Konsequenzen aus der damit eingeleiteten Ablösung des Machtbegriffs vom Handeln hat GALTUNG (1975) gezogen. Galtung unterscheidet strikt zwischen personaler und struktureller Gewalt (power). Unter letzterer versteht er eine in die Struktur der Gesellschaft eingebaute Gewalt, die auch unabhängig von Personen existiert. Den strukturellen Begriff der Gewalt rechnet Galtung der marxistischen Tradition zu. Dabei ist er sich der Einwände gegen eine strikte Trennung beider durchaus bewußt. Personen handeln ja nicht nur auf der Grundlage individueller Überlegungen, sondern auch auf der Grundlage statusbedingter Rollenerwartungen; umgekehrt wäre eine gewalttätige Struktur eine bloße Abstraktion, sofern sie nicht durch aktives Handeln von Individuen aufrecht erhalten wird (S. 23). Dennoch besteht ein Unterschied zwischen »Gewalt, die die Menschen als direktes Resultat der Aktionen anderer trifft, und Gewalt, die sie indirekt trifft, weil repressive Strukturen ... aufrecht erhalten werden« (S. 23f.). So ist z. B. »in einer Gesellschaft, in der die Lebenserwartung der Oberschicht doppelt so hoch ist wie die der Unterschicht, Gewalt manifest, auch wenn keine konkreten Akteure sichtbar sind, die direkt gegen andere vorgehen, wie etwa im Falle der Tötung eines Menschen durch einen anderen« (S. 13). Auf diese Grenze der Handlungstheorie, einerseits Strukturen generell als handlungserzeugte und insofern auch als beseitigbare zu denken, andererseits aber eine Differenz von Handlung und Struktur konstatieren zu müssen, sind wir schon wiederholt gestoßen[11].

Erläuterungen und Zusätze

1. Die Ungeklärtheit der Grundbegriffe Herrschaft (Macht) und Staat ist in letzter Zeit wiederholt bemerkt worden. Z. B. PARSONS (1967): »Power is one of the key concepts in the great Western tradition of thought about political phenomena. It is at the same time a concept on which, in spite of its long history, there is, on analytical levels, a notable lack of agreement both about its specific definition, and about many features of the conceptual context in which it should be placed« (S. 298). Ähnlich LUHMANN (1970a, S. 154): »Für Forschungen auf dem Gebiet staatlicher Politik und Verwaltung gibt es gegenwärtig keine unbestrittenen theoretischen Grundlagen ... Macht wird als Grundbegriff nur noch zögernd genannt, und dann nur für einen partiellen Aspekt des Ganzen. ›Staat‹ ist eine sehr unbestimmte, analytisch wenig brauchbare Kategorie geblieben mit der Gefahr, daß, ergänzend und verdichtend, Tradition und Vorurteil einfließen«.

2. Webers Differenzierung zwischen ›Interesse‹ und ›Norm‹ und die damit geleistete Herausarbeitung normativer Strukturen als Handlungskomponenten ist in der Perspektive einer generellen Handlungstheorie von gar nicht zu überschätzender Bedeutung. Ein nur unter dem Gesichtspunkt der Zweckrationalität aufgefaßtes Zweck-Mittel-Schema ist nicht geeignet, Webers Handlungstheorie voll auszuschöpfen. Auf der Seite der Zwecke müßte zumindest die Differenzierung zwischen subjektiven Interessen, die zweckrational verfolgt werden, und mit intersubjektiven Geltungsansprüchen auftretenden Normen zugelassen werden. Mit Bezug auf Weber vgl. PARSONS (1948, 287 ff. S. 304): »This direct analysis of means-ends systems, however, is far from exhausting this aspect of Webers systematic thinking. Action is not oriented merely toward specific goals but also in special systems to an order which defines, within certain limits, the conditions under which goals may be persued. The systems of order which are of greatest significance in social life Weber found to be characterized by one peculiarly important feature: they are treated as ›legitimate‹.« Der genuin soziologische Zugang zur sozialen Wirklichkeit läßt sich über weite Strecken auf den Gesichtspunkt der Relevanz normativer Strukturen zurückführen. Obwohl deren zentrale Rolle für den Prozeß der Vergesellschaftung von Weber gesehen worden ist, hat er daran festgehalten, daß die »Interessen der Einzelnen ... künftig wie heute die Welt beherrschen werden« (WG 109). Für die auf Weber aufbauenden soziologischen Theorieansätze ist die Annahme eines abgehobenen normativen Systems konstitutiv. Das wirft sogleich neue Fragen auf: nach welcher Logik entstehen und verändern sich normative Strukturen? Auf die Rechtsordnungen beschränkt behandelt Weber diese Frage WG 441 ff. (Rechtssoziologie § 3).

3. Zum Begriff der Maxime vgl. WL 323 ff. Unter einer Maxime versteht man seit KANT einen Grundsatz, nachdem ein Subjekt *handelt*, im Unterschied zur Norm als einem Grundsatz, nach dem es handeln soll. Normen werden zu Maximen, wenn und insoweit ein Subjekt sich Normen aneignet.

4. Mit der Differenzierung zwischen Personen und ihren Handlungen trifft Weber eine ebenfalls für die soziologische Theoriebildung grundlegende Entscheidung: auf ihr aufbauend unterscheidet die soziologische Theorie zwischen Persönlichkeitssystem und den (verschiedenen) Handlungssystemen, in die die einzelne Persönlichkeit integriert ist, ohne voll in ihnen aufzugehen. So gehört z. B. ein Beamter dem Handlungssystem: bürokratische Organisation an, aber gleichwohl bildet seine Persönlichkeit insoweit für die bürokratische Organisation eine »Umwelt«, als er auch noch außerhalb seines Lebens in der bürokratischen Organisation etwas »ist«, z. B. eine Familie hat etc.
5. Zur Unterscheidung zwischen soziologischem und juristischem Staatsbegriff aus der Sicht der »reinen Rechtslehre« vgl. KELSEN (1928), bes. Kap. 8, § 27: Der Staat als Rechtsordnung in den Kategorien der verstehenden Soziologie.
6. Im Lichte späterer Diskussionen – der Dichotomisierung des handlungstheoretischen Ansatzes in eine Integrations- und eine Konflikttheorie – mag verwundern, warum Weber nicht Macht (oder Zwang) als die zur normativen Orientierung alternative Art der Institutionalisierung sozialer Beziehungen diskutiert. Eine solche Überlegung kann jedoch nur dann als kritischer Einwand gegen Weber vorgetragen werden, wenn man mit DAHRENDORF (1957) den Entwurf einer Konflikttheorie als »galileische Wende« der Handlungstheorie überschätzt (RITSERT 1968). Es gehört zu den Vorzügen der Weberschen Konzeption, eine einseitige Orientierung der Handlungstheorie an Konflikt oder Integration vermieden zu haben. Denn a) führt die Verfolgung von Interessen gerade nicht zwangsläufig zum Auseinanderbrechen der Gesellschaft, sondern zur Entstehung von – allerdings nicht paktierten – Ordnungen. Weber bezeichnet ja den Markt als den »wichtigsten Typus der gegenseitigen Beeinflussung des Handelns durch nackte Interessenlage« (WG 23); b) ist der gesellschaftlich relevante Ort des Zwangs nicht der Hobbessche Kampf Aller gegen Alle, sondern die Erzwingung einer Ordnung (des Rechts) durch einen eigens hierauf eingestellten Stab von Menschen. Im übrigen versteht Weber unter Zwang nicht nur die Androhung von physischer Gewaltsamkeit (WG 86), sondern auch – vielleicht überraschend – den »Zwang der Verhältnisse« (vgl. u. a. SP 501 f.). An ihm wird sich ein seine Interessen verfolgendes Individuum in jedem Falle orientieren.
7. In der Verfassungsgeschichte wird der Wandel vom mittelalterlichen zum neuzeitlichen Staat häufig als Wandel vom »Personen-Verbandstaat« zum »institutionellen Flächenstaat« beschrieben. Hierzu vgl. statt anderer HASSINGER (1964) S. 64 ff. u. KRÜGER (1966) S. 859 ff.
8. Wenn staatliche Herrschaft sich auf ihre Legitimität stützt, dann ist darin impliziert: sie bricht zusammen oder wird auf nackte Gewalt reduziert, wenn die Legitimitätsgrundlage wegfällt. Zu den Beziehungen zwischen »coercive and consensual aspect« im Macht- und Herrschaftsbegriff (PARSONS) vgl. das nächste Kapitel. Reiches Anschauungsmaterial für den Gewaltbegriff liefert die durch die Studentenbewegung angestoßene Diskussion. Statt vieler anderer Titel: WOLFF, MOORE, MARCUSE (1966).
9. Die Trennung von Staat und Gesellschaft ist von der bürgerlichen Gesellschaftstheorie schon früh als Signum des modernen bürgerlichen Staates angesehen worden. Als erster hat HEGEL in systematischer Form das Auseinandertreten von

Staat und Gesellschaft als den Prozeß begriffen, in dem sich die politisch konstituierte alteuropäische Gesellschaft auflöst (Näheres hierzu oben 31. Kapitel). Zu diesem Vorgang vgl. u. a. RIEDEL (1969) und als Zeugnis für viele RIEHL: »Jedes Zeitalter findet ein paar große Wahrheiten, ein paar allgemeine Sätze mit denen es sich seine Welt erobert. Ein solcher Satz ist für unsere Epoche in der folgenschweren Unterscheidung gefunden, daß die ›bürgerliche Gesellschaft‹ durchaus nicht gleichbedeutend sey mit der ›politischen Gesellschaft‹, daß der Begriff der Gesellschaft im engeren Sinn, so oft er in der Praxis hinüberleiten mag zum Begriff des Staats, doch theoretisch von demselben zu trennen sey. Die Emanzipierung der Gesellschaftsidee von dem Despotismus der Staatsidee ist das eigenste Besitztum der Gegenwart, die Quelle von tausenderlei Kampf und Qual, aber auch die Bürgschaft unserer politischen Zukunft« (1930, S. 4).

10. Daß Macht eine Relation zwischen Individuen ist, soll nicht heißen, daß soziale Beziehungen unvermeidbar Macht- oder Herrschafts-Beziehungen sind, sondern nur, daß sie nach Weber der »Ort« sind, an dem Macht und Herrschaft überhaupt auftreten können. Von der studentischen politischen Linken ist im Rückgriff auf Arbeiten von H. MARCUSE das Programm der Minimierung von Herrschaft vertreten worden (vgl. WG 124, 169, 541 u. ö.). Ob Verbandsbeziehungen als herrschaftsfreie überhaupt vorstellbar sind, lassen wir dahingestellt. Jedenfalls kann zwischen historisch überflüssiger und notwendiger Herrschaft unterschieden werden. Als Anhaltspunkt für eine Diskussion vgl. das Konzept der »Leitung« im Marxismus (39. Kapitel).

11. In den § 4 f. fragten wir nicht: woraus entsteht Macht? Wie ist Macht verteilt? Was sind die Funktionen von Macht (z. B.: Gesamtgesellschaftliches Steuerungsmittel), sondern wir fragten ganz abstrakt: was ist Macht? Wodurch unterscheidet sie sich von Herrschaft? Mit dieser Ausrichtung unseres Interesses auf Begriffsklärungen soll nicht suggeriert werden, diese seien die in jeder Hinsicht wichtigsten Fragen bei machttheoretischen Untersuchungen. Sie sind nur die unverzichtbaren Präliminarien einer solchen. Neben der schon in (10) angesprochenen Frage: lassen sich soziale Beziehungen so einrichten, daß sie herrschaftsfrei sind oder Herrschaft zumindest auf ein unverzichtbares Minimum reduzieren, gilt als zweiter großer Fragenkomplex der Machttheorie die asymmetrische Verteilung von Macht in Klassengesellschaften. Letztere Frage wird in der Regel unter dem Titel: »Pluralismus oder Herrschaft des Kapitals« diskutiert. Vgl. zu diesem Thema den gleichnamigen Aufsatz von ADAM (1973); dort ist die wichtige Literatur verzeichnet.

Schließlich läßt sich Macht noch unter dem Aspekt ihrer Entstehung und Vermehrung thematisieren (welches sind die Quellen der Macht; kann das Machtpotential einer Gesellschaft gesteigert oder nur anders verteilt werden?) – Daß Besitz Macht verleiht, hat Weber durchaus reflektiert (z. B. WG 58, 123, 531 ff., 542). Jedoch läßt sich die Trennung von Macht und Herrschaft und damit die Konzentration der Herrschaftssoziologie auf die in und durch Verwaltung ausgeübte Macht eventuell unter dem Aspekt problematisieren, daß damit ökonomische Macht aus dem Zentrum der soziologischen Analyse herausrückt.

Fragen zur Diskussion

1. Was unterscheidet soziales Handeln von einer sozialen Beziehung?
2. Können Sie Gründe angeben, warum Weber bei der Bestimmung soziologischer Grundbegriffe auf den Begriff der Chance zurückgreift?
3. Was verstehen sie unter »Ordnung einer sozialen Beziehung?«
4. Worin besteht der Unterschied zwischen empirischem und normativem Gelten einer Ordnung?
5. Was sind gesatzte Ordnungen?
6. Wodurch entsteht Macht?
7. Wodurch entsteht Herrschaft?
8. Sind die sozialen Beziehungen eines Verbandes als herrschaftsfreie überhaupt denkbar?
9. Worin besteht Ihrer Meinung nach das wesentliche Merkmal des modernen Staats?
10. Versuchen Sie anzugeben, worin die methodische Eigenart der Analyse sozialer Gebilde (z. B. des Staats) in der Soziologie Max Webers besteht.

41. Kapitel
Die Legitimitätsgründe der Herrschaft

Lernziele

Ziel des Kapitels ist zu zeigen,
- daß und wie zum Begriff der Herrschaft deren Anspruch auf Legitimität gehört;
- daß die verstehende Soziologie die Formen der Herrschaft nach den Gründen, die einen Anspruch auf Legitimität verleihen, klassifiziert. Die nach Legitimitätstypen eingeteilten Herrschaftsformen werden in den Grundzügen dargelegt.

Darüber hinaus gilt es, Ansätze einer Kritik an der »Legitimitätstheorie der Herrschaft« zu entwickeln.

Textgrundlage

WG Teil I, Kap. 1, §§ 5, 6, 7, S. 16–20.
WG Teil I, Kap. 3, §§ 1–3, 6–10, S. 122–126, S. 130–142.
WG Teil II, Kap. IX, Abschn. 1, § 3, S. 548–550.
WG Teil II, Kap. IX, Abschn. 3, S. 580–582.
WG Teil II, Kap. IX, Abschn. 5, § 1, S. 654–656.
WL S. 475–488.

§ 1. Wir haben im letzten Kapitel Herrschaft als einen »Sonderfall von Macht« von dem allgemeineren und umfassenderen, für Weber aber gerade deswegen »soziologisch amorphen« Machtphänomen unterschieden. Auch wissen wir bereits aus der Einleitung, daß Herrschaft keineswegs nur im politischen »Subsystem« der Gesellschaft vorkommt, sondern in allen gesellschaftlichen Funktionsbereichen auftauchen kann. Daß soziale Beziehungen durch Herrschaftsverhältnisse geprägt sind, gilt insbesondere für die ökonomisch relevanten sozialen Gebilde. So weiß sich Weber mit Marx darin einig, daß für den kapitalistischen Betrieb Herrschaftsbeziehungen im strengen Sinn des Worts charakteristisch sind.

Um Mißverständnisse zu vermeiden, erinnern wir daher nochmals daran, daß, obwohl Herrschaft ein breites, in allen gesellschaftlichen Funktionsbereichen auftretendes Phänomen ist, und demnach Webers Einteilung der Herrschaft nach Gründen ihrer Legitimität über die politische Sphäre hinaus Geltung beansprucht, wir an Webers Herrschaftssoziologie nur insoweit interessiert sind, als sie eine Theorie der *politischen* Herrschaft enthält.

Herrschaft, so haben wir gesehen, ist eine »legitime« Ordnung von Befehl und Gehorsam. Unter Legitimität versteht Weber keine dingliche Eigenschaft. Eine Herrschaftsbeziehung ist nicht legitim, wie ein Ding farbig ist; sie hat vielmehr den Status einer sinnhaften Intention. Einmal darf Legitimität der Herrschaft im kategorialen Bezugsrahmen der »subjektiven« Soziologie »auch nur als *Chance*, dafür in einem relevanten Maße gehalten und praktisch behandelt zu werden, angesehen werden« (WG 123). Sodann aber besteht Herrschaft nach der Seite des oder der Herren im *Anspruch* auf Legitimität, den sie erhebt. Einen Anspruch auf Legitimität erheben heißt, Geltungs- oder Rechtmäßigkeitsanspruch erheben. An der Stelle, an der Weber den Begriff der Legitimität erstmals benutzt, übersetzt er ihn mit dem »Prestige der Vorbildlichkeit oder Verbindlichkeit« (WG 16), das eine Ordnung besitzt. Nach der Seite der Beherrschten entspricht dem Legitimitätsanspruch der Legitimitäts*glaube:* die Anerkennung der Herrschaft im Bewußtsein der ihr Unterworfenen. Seit Weber gehört die theoretische und empirische Analyse des Zusammenhangs von Legitimität und Konsensus zum Kernbestand der Politischen Soziologie. In beiden Formulierungen: (a) Grundlage jeder Herrschaft ist ein »Glauben« zugunsten des oder der Herrschenden (vgl. WG 153); (b) jede Herrschaft ist bestrebt, sich als legitime darzustellen, kommt der gleiche Sachverhalt zum Ausdruck, daß Legitimität für die Existenz einer Herrschaftsbeziehung wesentlich ist. Legitimität ist somit weit mehr als ein beliebiges, austauschbares Einteilungskriterium von Herrschaftsformen. Sie ist von Weber als zentraler Gesichtspunkt der Herrschaftsanalyse in die Politische Soziologie eingeführt worden. Einmal ist die Struktur der Herrschaft von der Art der Legitimitätsbegründung bedingt; sodann hängt ihr Bestand weitgehend davon ab, ob ihr die Selbstrechtfertigung gelingt, ihr Legitimitätsanspruch also Anerkennung findet. Weber bestreitet nicht, daß die Formen der Herrschaft auch nach anderen Gesichtspunkten sich klassifizieren lassen (vgl. WG 29, 123, 549). Ebenso hebt er wiederholt hervor, daß faktisch die Fügsamkeit in Befehle aus den verschiedensten Motiven: aus Furcht, Schwäche, Zwang, Gewöhnung, Interesse, affektuellen und wertrationalen Motiven, also aus allen Gründen, die Individuen Macht über andere verleihen können, stattfindet. Jedoch können die eingeschliffenen Muster einer vorgegebenen Machtverteilung zerfallen. Vor allem aber ist Macht, solange sie bezweifelt wird, in ihrem Bestand gefährdet. Daher tendiert jedes soziale System dahin, die in ihm gegebene Machtverteilung aus einem Bestand faktischer Machtverhältnisse in einen, wie Weber sagt, Kosmos erworbener Rechte zu verwandeln (vgl. WG 679). Jede Herrschaft sucht den »Glauben an ihre ›Legitimität‹ zu erwecken und zu pflegen. Je nach *Art* der beanspruchten Legitimität aber ist auch der Typus des Gehorchens, des zu dessen Garantie bestimmten Verwaltungsstabes und der Charakter der Herrschaft grundverschieden. Damit aber auch ihre Wirkung. Mithin ist es zweckmäßig«, schließt Weber, »die Arten der Herrschaft je nach dem ihnen typischen *Legitimitätsanspruch* zu unterscheiden« (WG 122)[1].

§ 2. Nach Weber gibt es drei reine Typen legitimer Herrschaft:
1. legale Herrschaft
2. traditionale Herrschaft
3. charismatische Herrschaft.

Legale Herrschaft ist Herrschaft kraft *Satzung*. Ihr reinster Typus ist die bürokratische Herrschaft. Sie beruht auf »dem Glauben« (!) an »die Legitimität gesatzter Ordnungen und des Anweisungsrechts der durch sie zur Ausübung der Herrschaft Berufenen«. Traditionale Herrschaft ist Herrschaft kraft *Tradition*. Sie beruht auf dem »Alltagsglauben an die Heiligkeit der von jeher geltenden Traditionen und die Legitimität der durch sie zur Autorität Berufenen«. Charismatische Herrschaft ist Herrschaft kraft der individuellen Eigenschaften der Herren. Sie beruht auf »der außeralltäglichen Hingabe an die Heiligkeit oder die Heldenkraft oder die Vorbildlichkeit einer Person« (WG 124).

Jede Form der Herrschaft ist mit »einer verschiedenen soziologischen Struktur des Verwaltungsstabs und der Verwaltungsmittel verknüpft« (WL 475, vgl. WG 549). Die ›soziologische‹ Struktur der legalen Herrschaft mit bürokratischem Verwaltungsstab besprechen wir *im einzelnen* erst im nächsten Kapitel. Die Typen der traditionalen und charismatischen Herrschaft ziehen wir nur heran, weil ohne sie die geschichtliche Stellung und ›soziologische‹ Struktur der legalen Herrschaft unverständlich bleiben müssen.

ad 1) Legale Herrschaft. Die für die legale Herrschaft konstitutive Vorstellung ist: gehorcht wird dem Gesetz oder Reglement (Verwaltungsanordnung), in jedem Fall also einer formal abstrakten Norm (WL 476). Die Bindung an abstrakte Normen ist das alles entscheidende Charakteristikum der legalen Herrschaft[2]. In diesem Grundgedanken, daß das Prinzip der Herrschaftsausübung die abstrakte Regelhaftigkeit sei, sind die folgenden, analytisch unterscheidbaren Momente enthalten:

a) Der Idee nach wird der Gehorsam nicht der Person, sondern Regeln geleistet (vgl. WG 550). Ebenso gehorcht der Vorgesetzte, »indem er ... befiehlt, seinerseits der unpersönlichen Ordnung, ... an welcher er seine Anordnung orientiert« (WG 125). Die unpersönliche Ordnung, der gehorcht wird, ist im Normalfall ein *System* abstrakter, absichtsvoll gesatzter Regeln. Die Herrschaft von Menschen über Menschen verschwindet hinter der Herrschaft des Gesetzes[3]. b) Der typisch legale »Herr« ist der »Vorgesetzte«; die Mitglieder des Verwaltungsstabes sind »Beamte«; ihre Amtsführung erfolgt »nach generellen, mehr oder minder festen, und mehr oder minder erschöpfenden erlernbaren Regeln« (WG 552). Die der Herrschaft unterworfenen Verbandsmitglieder sind im Staat: Bürger. c) Durch »formal korrekt gewillkürte Satzung« (WL 475) kann *beliebiges* Recht geschaffen werden (vgl. WG 122, 125). Damit wird die juristische Geltung eines Gesetzes von seinem Inhalt unabhängig; sie ist allein an die Rechtsförmlichkeit seines Zustandekommens gebunden. Die Verbandsmitglieder glauben an die Legitimität der Herrschaft, weil sie an die Legalität des Verfahrens glauben. Gehorcht wird kraft Legalität (WG 124). Der Legitimitätsglaube schrumpft somit auf den Legalitätsglauben zusammen: »die Fügsamkeit gegenüber formal korrekt und in der üblichen Form zustandekommenden Satzungen« (WG 19)[4].

ad 2) Geltungsgrund der traditionalen Herrschaft ist die »Heiligkeit« altüberkommener, von je her bestehender Ordnungen. Einerseits wird nicht Satzungen, sondern Personen gehorcht (WG 130); Oboedienz wird dem Herrn, nicht der gesatzten Regel geschuldet[5]. Der Herrschende ist nicht Vorgesetzter, sondern persönlicher Herr, sein Verwaltungsstab besteht aus Dienern und die Mitglieder des Staatsverbandes sind die Untertanen. Andererseits beruht die persönliche Autorität des Herrn nicht auf seinen individuellen Qualitäten, sondern auf dem Ansehen des »Immer so Gewesenen« (vgl. WG 596). An diese Tradition ist der durch sie berufene »Herr« selbst gebunden. Daher teilt die traditionale Herrschaft mit der bürokratischen, daß beide »ihre innere Stütze letztlich in der Fügsamkeit der Gewaltunterworfenen gegenüber Normen« finden. Diese »sind aber bei der bürokratischen Herrschaft rational geschaffen, appellieren an den Sinn für abstrakte Legalität, ruhen auf technischer Einschulung«. Bei der traditionalen Herrschaft dagegen »ruhen sie auf der ›Tradition‹: dem Glauben an die Unverbrüchlichkeit des Immer so Gewesenen als solchen« (WG 580). Tradition zu überschreiten, wird für den Herrn selbst gefährlich (WG 130). Während nun der bürokratische Beamte bei seinen Entscheidungen an Regeln gebunden ist, enscheidet der »persönliche Herr« in einem durch Tradition bestimmten Spielraum regelfrei. »Soweit ... der Verwaltung und Streitschlichtung Prinzipien zugrunde gelegt werden, sind es solche der materialen, ethischen Billigkeit, Gerechtigkeit oder utilitaristischen

Zweckmäßigkeit, nicht solche formaler Art wie bei der legalen Herrschaft« (WL 478). Der für die traditionale Herrschaft so spezifischen Verquickung von Traditionsgebundenheit und Willkür fehlt vor allem die Berechenbarkeit der Ordnung, eine, wie Weber hinzufügt, für die Entstehung der kapitalistischen Produktionsweise unentbehrliche Voraussetzung, welche erst die rationalen Regeln der modernen bürokratischen Verwaltung ihr bieten.

Der durch Tradition berufene Herr herrscht entweder mit oder ohne Verwaltungsstab. Die Züge der traditionalen Herrschaft mit Verwaltungsstab entwirft Weber ganz eindeutig als Gegenbild zur bürokratischen Herrschaft. So fehlen dem Verwaltungsstab der traditionalen Herrschaft im reinen Typus die feste Kompetenz nach sachlicher Regel, die Amtshierarchie, die geregelte Anstellung durch freien Kontrakt und das geregelte Aufrücken, die Fachgeschultheit und (oft) das feste in Geld gezahlte Gehalt (WG 131). Keim und primärer Typ der traditionalen Herrschaft ist die Autorität des Hausvaters innerhalb einer häuslichen Gemeinschaft. Mit Entstehung eines Verwaltungsstabes geht die traditionale Herrschaft über in den *Patrimonialismus*. Dessen bedeutendste Form wiederum ist die ständische Herrschaft[6].

ad 3) Charismatische Herrschaft. Grundlage der charismatischen Herrschaft bilden die als übernatürlich (im Sinne von: nicht jedermann zugänglich) gedachten physischen und geistigen Qualitäten des Herrn (vgl. WG 654). Wie bei der traditionalen Herrschaft wird der Gehorsam der Person geschuldet. Während jedoch letztere immerhin an von alters her geltende normative Ordnungen gebunden ist, wird dem charismatischen Führer einzig kraft persönlichen Vertrauens an sein Charisma gehorcht. Unter Charisma versteht Weber eine als »außeralltäglich ... geltende Qualität einer Persönlichkeit« (WG 140). Dieses muß sich situativ, d. h. in den Situationen, in die der Führer gerät, bewähren. Legitim ist die charismatische Herrschaft »nur soweit und lange, als das persönliche Charisma kraft Bewährung ›gilt‹, d. h. Anerkennung findet ...« (WG 141). Bleibt die Bewährung aus, so schwindet die Chance des Herrn, daß seine Herrschaft auch weiterhin Anerkennung findet. Dementsprechend fehlt der Verwaltung »jede Orientierung an Regeln, sei es gesatzten, sei es traditionalen« (WL 482). Weber erblickt daher in der charismatischen Herrschaftsform den schärfsten Gegensatz zur bürokratischen. Charismatische Formen der Herrschaft können in allen Epochen auftreten[7]. In traditional gebundenen Epochen ist die charismatische Herrschaft *die* große revolutionäre Macht (vgl. WG 141 f., 473).

Im Falle der charismatischen Herrschaft heißt der Herrschaftsverband: »Gemeinde«. Der Verwaltungsstab ist »weder nach ständischen noch nach Gesichtspunkten der Haus- oder persönlichen Abhängigkeit, sondern er ist seinerseits nach charismatischen Qualitäten ausgelesen: dem ›Propheten‹ entsprechen die ›Jünger‹, dem ›Kriegsfürsten‹ die ›Gefolgschaft‹, dem ›Führer‹ überhaupt: ›Vertrauensmänner‹. Es gibt keine ›Anstellung‹ oder ›Absetzung‹, keine ›Laufbahn‹ und kein ›Aufrücken‹.« (WG 141). Wegen dieser ihrer ganz auf die Qualität des Führers abgestellten sozialen Beziehungen und der gänzlichen Abwesenheit jeglicher Orientierung an Regeln, seien es rational geschaffene oder auf Tradition beruhende, eignet der charismatische Herrschaft eine hohe Instabilität, die aus der Identität von Legitimitätsgrund und konkreter Person, die die Herrschaft ausübt, herrührt. Durch diese Instabilität unterscheidet sich die charismatische Herrschaft von der traditionalen und der bürokratischen. In reiner Form existiert sie nur »in statu nascendi«. Jenen Prozeß nun, in dem die charismatische Herrschaft ihre ephemere Gestalt abzustreifen und ein stetiges Gebilde zu werden versucht, nennt Weber: Veralltäglichung des Charismas. Treibende Motive dieses Übergangs sind: materielle und ideelle Interessen von Gefolgschaft und Anhängerschaft des Herrn[8].

§ 3. Für die Existenz dauerhafter Herrschaftsbeziehungen ist, wie wir gesehen haben, der Dualismus von ›Macht und Anerkennung‹ konstitutiv. Herrschaft war uns die legitime, im Schema im Befehl und Gehorsam ablaufende Ausübung von Macht. Macht ist dann in Herrschaft transponiert, wenn die Chance, seinen Willen auch gegen Widerstrebende durchzusetzen, in einem sozialen System institutionalisiert, also normativ abgesichert ist. Maßgebend für die Klassifizierung einer Herrschaft ist: »daß ihr eigener Legitimitätsanspruch der Art nach in einem relevanten Maß ›gilt‹« (WG 123). Die Relevanz sowohl der Unterscheidung zwischen Macht- und Konsensusaspekt im Begriff der Herrschaft als auch die Analyse von Herrschaftsformen unter dem leitenden Gesichtspunkt der Gründe ihrer Legitimitätsgeltung sind in der akademischen Soziologie weithin anerkannt.

Nunmehr möchten wir Gesichtspunkte einer Kritik an der »Legitimitätstheorie der Herrschaft« skizzieren. Wir fragen *erstens* nach dem Prinzip, das der Gliederung von Herrschaftstypen zugrunde liegt; *zweitens* nach der Vollständigkeit und inneren Konsistenz der Klassifikation; *drittens* nach der Möglichkeit, Legitimität durch Rechtsförmlichkeit des Verfahrens zu erzeugen. Den von Weber selbst reflektierten Zusammenhang von rationaler Form der Herrschaftsausübung und kapitalistischer Produktionsweise behandeln wir im 44. Kapitel.[9]

ad 1) a) Bürokratische und traditionale Struktur der Herrschaft sind Alltagsgebilde. Sie existieren zum Zweck der Lösung von alltäglichen, d. h. Dauerproblemen. *Das* Dauerproblem, das sich den vergesellschafteten Individuen stellt, ist »die Deckung des stets wiederkehrenden, normalen Alltagsbedarfs.« Die z. B. des Hausvaters Herrschaftsgewalt hat daher »ihre urwüchsige Stätte in der *Wirtschaft.*«. Ebenso ist die bürokratische Struktur ein »auf Befriedigung berechenbarer Dauerbedürfnisse« zugeschnittenes Dauergebilde. Weber nennt sie daher, das »ins Rationale transportierte Gegenbild« der traditionalen Herrschaft (WG 654). Beiden Strukturtypen ist die charismatische Herrschaft als spezifisch *außeralltägliche* Herrschaftsform schroff entgegengesetzt (WG 141, vgl. 142). Traditionale und bürokratische Herrschaft sind »unspezifische *Alltags*formen der Herrschaft – die (genuin) charismatische ist spezifisch das Gegenteil« (WG 141).

b) Mit a) hängt zusammen: die drei reinen Typen legitimer Herrschaft lassen sich unter dem Gesichtsunkt der Rationalisierung der Herrschaft ordnen. Die charismatische Herrschaft ist »spezifisch irrational im Sinne der Regelfremdheit« (WG 141). Sie besitzt einen rein persönlichen Charakter. Dagegen bildet die bürokratische Struktur das gerade Gegenteil der charismatischen. Sie ist »spezifisch rational im Sinne der Bindung an diskursiv analysierbare Regeln« (WG 141). Weber hat den Prozeß zunehmender Ersetzung persönlicher Herrschaft durch die Herrschaft von Regeln auch als Prozeß der Versachlichung und Entindividualisierung beschrieben. Das Schicksal des Charisma ist es, »durchweg mit dem Einströmen in die Dauergebilde des Gemeinschaftshandelns zurückzuebben zugunsten der Mächte entweder der Tradition oder der rationalen Vergesellschaftung. Sein Schwinden bedeutet, im Ganzen betrachtet, eine Zurückdrängung der Tragweite individuellen Handelns« (WG 681).

Wenn sich im Umkreis der charismatischen Herrschaft überhaupt Regeln herausbilden, so sind sie an den Träger des Chairsmas geknüpft. Anders bei der traditionalen Herrschaft: die Legitimität des Herrn leitet sich bereits aus der Legitimität von Regeln ab. Während jedoch im patrimonialen und ständischen Herrschaftsverhältnis persönliche Beziehungen zwischen Herren und Verwaltungsstab »nach Art der Vasallen- oder Jüngertreue« (WG 553) bestehen, treten im Falle der bürokratischen Herrschaft die Personen hinter den Regeln zurück. Ihre Tätigkeit ist nur noch die Personifikation von Regeln. Das persönliche Verhalten aller dieser Herrschaftsform Unterworfenen besitzt den Charakter des Dienstes an einem unpersönlichen, sachlichen Zweck (vgl. WG 709). Auf »Rationalisierung« als den leitenden Gesichtspunkt von Webers soziologischen Analysen kommen wir nochmals im 44. Kapitel zurück.

ad 2) a) Weber führt mit § 7, Kap. 1, unter den Gründen, die einer normativen Ordnung legitime Geltung verschaffen können, den »wertrationalen Glauben« an die »Geltung des absolut gültig Erschlossenen« auf. Zur Erläuterung verweist er auf das »Naturrecht« als den »reinsten Typus« eines solch wertrationalen Glaubens (vgl. WG 501). Unter Naturrecht verstehen wir mit Weber den Inbegriff der »unabhängig von allem positiven Recht und ihm gegenüber präeminent geltenden Normen, welche ihre Dignität nicht von willkürlicher Satzung zu Lehen tragen, sondern umgekehrt deren Verpflichtungsgewalt erst legitimieren« (WG 497). Dessen »logisch erschlossene Sätze« sind von den offenbarten (= charismatischen) wie vom gesatzten und traditionalen Recht zu unterscheiden (WG 19). Mit den Andeutungen über das Naturrecht als Geltungsgrund legitimer Ordnungen ist die geläufige Dreiteilung der Herrschaftstypen eigentlich durchbrochen, da es sich bei ihm weder um charismatische Offenbarung neuen Rechts, noch um traditionales oder positiv gesatztes Recht handelt. In der Systematik der Herrschaftstypologie (WG Teil I, Kap. 3) expliziert Weber die Möglichkeit einer naturrechtlichen Geltungsbegründung nicht weiter. Wir haben nach den Gründen hierfür zu fragen. Zwei Argumentationslinien lassen sich skizzieren. Weber kann darauf verweisen, daß das Naturrecht unbestreitbar in »tiefen Mißkredit geraten« ist. Es »hat jedenfalls die Tragfähigkeit als Fundament eines Rechts verloren. Verglichen mit dem handfesten Glauben an die positive religiöse Offenbartheit einer Rechtsnorm oder an die unverbrüchliche Heiligkeit einer uralten Tradition sind auch die überzeugendsten, durch Abstraktion gewonnenen Normen für diese Leistung zu subtil geartet. Der Rechtspositivismus ist infolgedessen in vorläufig unaufhaltsamem Vordringen« (WG 502). Jedoch ist der Verweis auf das Vordringen des »Rechtspositivismus« so lange unbefriedigend, als nicht der Grund für diesen Vorgang angegeben wird. Auf der Linie der Weberschen Soziologie dürfte die folgende Antwort liegen: das Naturrecht ist nicht eigentlich wegen seiner »Subtilität« desavouiert. Vielmehr ist hierfür die Entwicklung, welche die Wissenschaften seit der Neuzeit genommen haben, verantwortlich zu machen[10]. Durch sie ist insgesamt die Wahrheitsfähigkeit von Werten und Zwecken bestritten worden. David Hume hat als erster klar zwischen präskriptiven Urteilen (Werturteilen) und deskriptiven Urteilen (Aussagen und Gesetzen) unterschieden. Seit Hume gelten nur noch deskriptive Sätze, aus denen präskriptive sich nicht ableiten lassen, als wahrheitsfähig. Allein die deskriptiven Sätze sind sprachliche Gebilde, die wahr oder falsch sein können. Dagegen sind Wunschvorstellungen (»das soll sein«) und Befehle weder wahr noch falsch. Das läßt sich in jedem Taschenbuch über formale Logik nachlesen. Mit dem Zerfall der Wahrheitsfähigkeit von Werten zerfällt auch das Naturrecht als Grundlage einer Einigung der vergesellschafteten Individuen über die Organisationsformen der politischen Herrschaft[11].

b) Webers Klassifizierung von Herrschaftstypen nach Gründen ihrer Geltung ist nicht nur unvollständig, sie ist auch inkonsistent. In Webers Herrschaftssoziologie sind alle Formen normativer Herrschaft dadurch ausgezeichnet, daß die Normen, auf die Herrschaft sich gründet, einer rationalen Diskussion sich entziehen; nicht nur, daß sie ihre normative Kraft aus anderen Quellen als solchen Diskussionen gewinnen – ein genereller

Begründungszwang würde gerade ihre normative Kraft gefährden. Dies gilt auch und gerade für die abstrakten Regeln der legalen Herrschaft. Weber führt die Legitimität bürokratischer Herrschaft auf Legalität, die pure Übereinstimmung des Herrschaftsvollzugs mit Gesetzen und Anordnungen, zurück. Nun gibt es aber Stellen, an denen Weber sieht, daß der Legalitätsglaube als »heute geläufigste Legitimitätsform« seinerseits erklärungsbedürftig ist (WG 19). Es ist nämlich ohne Rückführung der Legalität auf eine Art höherstufiger Legitimität nicht einzusehen, warum Menschen sich in Ordnungen fügen, nur weil sie »formal korrekt und in der üblichen Form« zustande gekommen sind. GOULDNER (1954) hat in Berufung auf Parsons gemeint, Weber »habe zwei unterschiedliche Autoritätstypen miteinander vermischt: a) Autorität, die sich auf das Innehaben eines legal bestimmten *Amtes* stützt und b) Autorität, die auf *Sachverständigkeit* beruht« (S. 431). U. E. handelt es sich aber weniger darum, daß Weber zwei Herrschaftstypen, autoritäre und »vernünftige« Herrschaft miteinander vermengt habe, als darum, daß an den Randzonen der Analyse der autoritären Herrschaft die Alternative einer Herrschaft, die auf vernünftiger Zustimmung basiert, erkennbar wird. Die Ausarbeitung eines solchen Herrschaftsbegriffes hätte u. E. Webers Typenlehre der Herrschaft gesprengt.

ad 3) Kann ein Verfahren als solches Legitimität erzeugen? Es bedarf zusätzlicher Annahmen, um die Erzeugung von Legitimität aus Legalität plausibel zu machen. Legalität kann den Beteiligten als legitim gelten entweder kraft Vereinbarung der Interessenten oder kraft »Oktrois« der Satzungen durch eine bereits als legitim geltende Herrschaft (WG 19). Das führt Weber im § 13 weiter aus. Oktroyiert ist ihm zufolge »jede nicht durch persönliche freie Vereinbarung aller Beteiligten zustandegekommene Ordnung« (WG 24), also auch jene Ordnungen, die durch Mehrheitsbeschlüsse zustande kommen. In dieser Perspektive ist eine Verfassung nichts als die Einräumung einer Chance für die Regierung, Fügsamkeit für die von ihr oktroyierten Ordnungen zu erhalten. Aber, warum hat die Verfassung diese mystische Kraft, solche Chancen der Regierung zuzuspielen? Gerade wenn die »soziologische Frage« lediglich die ist: »Wann, für welche Gegenstände und innerhalb welcher Grenzen und ... unter welchen besonderen Voraussetzungen ... fügen sich dem Leiter die Verbandsbeteiligten und steht ihm der Verwaltungsstab und das Verbandshandeln zu Gebote, wenn er ›Anordnungen trifft‹, insbesondere Ordnungen oktroyiert« (WG 27), dann ist in dieser Wendung zugestanden, daß der Anerkennung legaler Herrschaft Grenzen gesetzt sind; nicht alle Schritte der Verwaltung werden motivlos akzeptiert, nur weil sie sich im Rahmen geltender Gesetze und Anordnungen bewegen. Vielmehr ist die Fügsamkeit gegenüber oktroyierten Ordnungen an Voraussetzungen geknüpft. Eine solche von Weber selbst benannte Voraussetzung ist z. B. die Zustimmung von Wahlkörperschaften, allgemeiner: daß die Aufstellung von Satzungen innerhalb eines parlamentarischen Systems geschieht (vgl. WG 158 ff.). Damit ist weder gesagt, daß das parlamentarische System die einzig denkbare politische Ordnungsform ist, welche die Wirksamkeit des Legalitätsglaubens erklären könnte; noch gar daß es diejenige Ordnung ist, in der Herrschaft minimiert und ein Höchstmaß individueller Entfaltungschancen garantiert ist, sondern nur, daß es eines grundsätzlicheren »Glaubens« (z. B. Parlamentarismus als »Ideologie«) bedarf, damit der Legalitätsglaube als Legitimitätsquelle auch wirklich fungieren kann[12, 13].

Erläuterungen und Zusätze

1. Marx hat einerseits den Herrschaftsbegriff nirgends systematisch expliziert; andererseits kennzeichnet er das kapitalistische Produktionsverhältnis ausdrücklich als Herrschaftsverhältnis. Auch das Moment des Befehls in der Herrschaft hat Marx gesehen. Das Kapital bezeichnet er geradezu als »Kommando über die Arbeit« (MEW 23/325, MEW 25/888 u. ö.). Ausgeübt wird dieses Kommando durch den Kapitalisten als »personifiziertes Kapital«, oder als Rollenträger. (Rolle und Personifikation sind zwar keine deckungsgleichen Begriffe. Aber mit ihnen ist, wenn auch von verschiedenen theoretischen Ausgangspunkten, das gleiche Phänomen angesprochen: die Unterordnung der Individuen unter verselbständigte Beziehungen). Der Grund der Befehlsgewalt liegt im Kapital als Produktionsverhältnis beschlossen. Auch dem würde Weber zustimmen, daß der Grund der faktischen Fügsamkeit der Arbeiter unter die Befehle des Kapitals im Zwang der Verhältnisse liegt, die durch die Expropriation der Arbeiter von den sachlichen Beschaffungsmitteln ihrer Arbeit und deren Apropriation an Besitzer (WG 74) charakterisiert sind. Nur, würde er hinzufügen, können solche Herrschaftsverhältnisse ihre Stabilität steigern, wenn sie mit der »Aura« der Legitimität auftreten. Marx seinerseits hat diese »Aura« aus dem Institut des formell freien, zwischen rechtlich gleichen Personen abgeschlossenen Arbeitsvertrages abgeleitet (vgl. oben 35. Kapitel).
2. Über den Zusammenhang von Legitimität und Legalität hat es im Zeichen des heraufkommenden Faschismus eine wichtige Diskussion gegeben. Vgl. SCHMITT (1932) und die gleichnamige Arbeit von KIRCHHEIMER (1967).
3. Weber weiß sehr wohl, daß im Typus der legalen Herrschaft die Herrschaft von Menschen über Menschen keineswegs in die Herrschaft des Gesetzes aufgelöst ist. Die Stabilität legaler Herrschaft ist weitgehend davon abhängig, daß die Vorstellung: gehorcht werde der unpersönlichen Ordnung abstrakter Regeln, in Kraft ist. Jedoch liegt die formale Rationalität abstrakter Rechtsregeln quer zur »materialen« Rationalität. Einmal können durch abstrakte, alle Verbandsmitglieder bindende Gesetze partikulare, nur bestimmten Gruppen dienliche Interessen durchgesetzt werden. Sodann aber sind an der formalen Rationalität abstrakter Regeln in erster Linie die besitzenden Klassen interessiert. »Die einer formalen Rechtsgleichheit entsprechende allgemeine ›Ermächtigung‹, daß jedermann ohne Ansehen der Person beispielsweise eine Aktiengesellschaft gründen

... dürfe, bedeutet natürlich in Wahrheit die Schaffung einer Art von faktischer ›Autonomie‹ der besitzenden Klassen als solcher, die ja allein davon Gebrauch machen können« (WG 419). Darauf kommen wir im nächsten Kapitel zurück.
4. Den Gesichtspunkt der Beliebigkeit der Rechtsinhalte beim Typus der legalen Herrschaft hat u. a. LUHMANN (1970a, S. 167) betont: »Das Recht einer Gesellschaft ist positiviert, wenn die Legitimität reiner Legalität Anerkennung findet, wenn also Recht deswegen beachtet wird, weil es nach bestimmten Regeln durch zuständige Entscheidung gesetzt ist. Damit wird in einer zentralen Frage menschlichen Zusammenlebens Beliebigkeit Institution«. In der damit gegebenen »Pauschalakzeptierung« des gesetzmäßigen Regierungshandelns durch die Verbandsmitglieder hat LUHMANN unter systemtheoretischen Prämissen den entscheidenden Machtvorteil der legalen Herrschaftsform gesehen.
5. Über den personalen Charakter der Herrschaft in vorbürgerlichen Gesellschaften äußert sich MARX z. B. GR 75, 81 und MEW 25/839. Die Bedeutung der Tradition bringt Marx in Zusammenhang mit dem Entwicklungsstand der Produktivkräfte: »Es ist indes klar, daß ... in unterentwickelten Zuständen ... die Tradition eine übermächtige Rolle spielen muß« (MEW 25/801, vgl. den Fortgang des Textes ebd.).
6. Man muß beachten, daß Weber den Feudalismus nicht einfach unter ständisch-patrimonialer Herrschaft einreiht, sondern als eine Struktur des Herrschaftsverbands interpretiert, welche vom Patrimonialismus ebenso wie vom genuinen Charismatismus verschieden ist (WG 148).
7. Weber behandelt die plebiszitäre Demokratie als eine Art charismatischer Herrschaft. Damit hat er ausdrücken wollen, daß die Wahl zu einer »äußerlichen Form« absinkt, in der sich die Zustimmung zum »Führer« vollzieht. Webers Demokratietheorie behandeln wir im 43. Kapitel.
8. Insoweit Weber die Veralltäglichung des Charismas aus Veralltäglichungs*interessen* erklärt (WG 144), läge hier ein eindeutiger Fall motivationaler Erklärungen vor. Diese Motive sind jedoch *typische* Motive, nicht Motive von einzelnen. Und die Motive motivieren nicht aufgrund individueller Bedürfnislagen, sondern aufgrund gesellschaftlicher Problemlagen. Z. B. spricht Weber von dem treibenden Motiv der objektiven Notwendigkeit der Anpassung der Ordnungen und des Verwaltungsstabes an die normalen Alltagserfordernisse einer Verwaltung (vgl. WG 147). Man sieht: Weber übersetzt die Ursachen für gesellschaftlichen Wandel in einen handlungstheoretischen Bezugsrahmen.
9. Der naheliegende Kritik-Ansatz, Weber habe es versäumt, die legale Herrschaft als typische Form bürgerlicher Herrschaft aus den Verhältnissen der ihr zugehörigen Basis »abzuleiten«, würde es sich dem Gehalt der Weberschen Soziologie gegenüber zu leicht machen. Weber hat den Zusammenhang zwischen legaler Herrschaft und kapitalistischer Produktionsweise durchaus gesehen. Er bringt ebenso die Vertragsfreiheit und Gleichheit der Vertragsschliessenden in Verbindung mit der Ausdehnung des Markts, als er auch den Zusammenhang von Klassenlage und nach formalem Recht arbeitender bürokratischer Herrschaft sieht. Vgl. hierzu Kapitel 44.
10. Vgl. hierzu L. STRAUSS (1956).
11. Zu den Gründen, die Weber veranlaßt haben, die auf ein Normensystem wertra-

tionaler Art gegründete Herrschaftsform in seine Typologie nicht mit aufzunehmen, vgl. MOMMSEN (1959). Demokratische Legitimität, die Ableitung der Legitimität aus der Zustimmung des als souverän gedachten Volkes, behandelt Weber lediglich als »herrschaftsfremde Umdeutung« des Charismas (WG 156, 665–667). Daran ist soviel richtig, daß in der vernünftigen Übereinkunft Aller autoritäre Herrschaft tatsächlich in vernünftige aufgelöst wäre.

12. Daß »ein Verfahren ... stets nur indirekt, durch Verweisung auf Instanzen, die ihrerseits anerkannt sein müssen«, legitimieren kann, hat HABERMAS in einer Auseinandersetzung mit LUHMANN hervorgehoben (1971, S. 244). LUHMANN hat ebenfalls die zentrale Schwäche von Webers Begriff der rationalen Legitimität aufgrund des Glaubens an die Legalität gesatzter Ordnungen gesehen: er »läßt nicht ausreichend erkennen, wie solche Legitimität der Legalität soziologisch möglich ist« (LUHMANN 1969, S. 28). »Obwohl dieser Begriff im Zentrum des Weberschen Lebenswerkes steht«, fügt Luhmann in der Anmerkung hinzu, »ist er soziologisch der schwächste und läßt weniger noch als die Begriffe der traditionalen und der charismatischen Legitimität erkennen, wie solch ein Glauben zustandekommen kann. Ganz allgemein ist anzumerken, daß Weber seinen Begriff der Legitimität im Hinblick auf die gesellschaftsstrukturellen Bedingungen, die das ermöglichen, nicht hinreichend ausgearbeitet hat« (a.a.O. S. 28). Luhmann meint, die Schwäche der Weberschen Soziologie mit soziologischen Mitteln, nämlich durch Analyse der Verfahren, die Legitimität erzeugen, beheben zu können. Solche Verfahren sind im bürgerlichen Herrschaftssystem politische Wahl, parlamentarische Gesetzgebung und Rechtsfindung vor Gericht. Ihre Funktion ist nicht, Wahrheit und Gerechtigkeit zu verbreiten, sondern die Entscheidungen treffenden Instanzen mit Legitimität zu versehen. – Eine hierzu alternative Position hat HABERMAS (1973) eingenommen. Der Geltungsanspruch von Normen beruht auf der »Unterstellung, daß er diskursiv eingelöst, also in einem argumentativ erzielten Konsensus der Beteiligten begründet werden könnte« (S. 144). Wenn es zutrifft, daß Normen des Zusammenlebens wahrheitsfähig sind, dann »lassen sich rechtfertigungsfähige Normen von solchen Normen unterscheiden, die Gewaltverhältnisse stabilisieren. Soweit Normen verallgemeinerungsfähige Interessen ausdrücken, beruhen sie auf einem vernünftigen Konsensus ... Sofern Normen nicht verallgemeinerungsfähige Interessen regeln, beruhen sie auf Gewalt; wir sprechen dann von normativer Macht« (a.a.O. S. 153). Webers drei Geltungsgründe legitimer Herrschaft wären in dieser Perspektive allesamt solche, die normative Macht (= Herrschaft) ermöglichen, indem sie Legitimationen für solche Normen beschaffen, die einer Überprüfung in rationalen Diskussionen *nicht* standhalten. Die Schwäche der zuletzt skizzierten Position (Habermas) besteht darin, daß ›Vernunft‹ letzten Endes etwas ist, das die argumentierenden Subjekte dem Geschichtsverlauf entgegenhalten. Es ist nicht einzusehen, wie Vernunft in der Geschichte eigentlich befördert werden solle. Der Aufdeckung der im Geschichtsverlauf selbst arbeitenden Vernunft, besser: der durch den Geschichtsverlauf selbst bewirkten Beseitigung der »privaten« Form der Produktion ohne Rekurs auf das, was »immer schon« als »vernünftig« gelten soll, dient die Kritik der Politischen Ökonomie. –

13. GOULDNER (1954) hat Zweideutigkeiten und Unklarheiten in Webers Texten

zum Anlaß genommen, von zwei Bürokratietypen zu sprechen, die Weber beschrieben habe: der repräsentativen und der disziplinären Bürokratie. Erstere beruhe auf vereinbarten und sachlich gerechtfertigten Regeln, letztere auf imponierten Regeln und auf Gehorsam um seiner selbst willen. Andrerseits sieht aber auch und gerade Gouldner (a.a.O. S. 434), daß die »Rolle der Einwilligung und des demokratischen Prozesses« in Webers Herrschaftstheorie »verwischt« ist und daß in Webers Klassifizierung der Herrschaftstypen die demokratische Form »wie durch begriffliche Magie« ganz verschwunden ist.

Fragen zur Diskussion

1. Was heißt: eine Herrschaft ist legitim?
2. Können Sie begründen, warum Legitimität den Bestand einer Herrschaft sichern soll? Ist Gewalt nicht viel wichtiger für die Aufrechterhaltung von Herrschaftsbeziehungen?
3. Kann jede Herrschaft nur eine Legitimitätsquelle für sich in Anspruch nehmen?
4. Ist Ihnen die Einteilung der Herrschaftstypen nach den Legitimitätsgründen plausibel? Gibt es andere mögliche Einteilungen?
5. Reicht Ihrer Meinung nach die Berufung auf Legalität für die Legitimität der politischen Herrschaft in kapitalistischen Staaten aus?
   Diskutieren Sie diese Frage anhand aktueller politischer Reformvorhaben!
6. Weber hat die Rationalisierung der Herrschaftsbeziehungen als Prozeß der Entpersönlichung und Versachlichung beschrieben. Unterscheidet er sich in diesem Punkt von Marx?

42. Kapitel: Die bürokratische Form der politischen Herrschaft.

Lernziele

In diesem Kapitel sollen Sie mit der für die legale Herrschaft typischen »soziologischen Struktur« des Verwaltungsstabes vertraut werden. Gleichzeitig sollen Sie zu einer Kritik an Webers Bürokratie-Modell befähigt werden. Dies soll vor allem dadurch geschehen, daß wir nach den Voraussetzungen für die Gültigkeit von Webers fundamentaler These fragen: Bürokratie ist die rationalste Form der Herrschaftsausübung.

Textgrundlage

WG Teil I, Kap. 3, §§ 3–7a, § 15, S. 125–135, S. 58–165.
WG Teil II, Kap. IX, Abschn. 2, S. 551–579.
WG Teil II, Kap. IX, Abschn. 8, § 3, S. 825–837.

§ 1. Wir haben den soziologischen Begriff der Herrschaft geklärt und gesehen, wie die auf Weber fußende soziologische Theorie die Formen der Herrschaft je nach dem ihnen typischen Legitimitätsanspruch unterscheidet. Nun bedarf jede politische Herrschaft eines *Verwaltungsstabes*, d. h.

eines »eigens auf die Durchführung ihrer generellen Anordnungen und konkreten Befehle eingestellten Handels angebbarer zuverlässig gehorchender Menschen« (WG 122, vgl. WG Teil I, Kap. 1, § 12, 16, 17). Die ›soziologische‹ Struktur des Verwaltungsstabes[1] wechselt mit dem Herrschaftstypus, dem er zugeordnet ist (vgl. WL 475). Im folgenden haben wir nunmehr Webers Analyse der herrschaftlichen Struktur des bürokratischen als des für die legale Herrschaft typischen Verwaltungsstabes zu betrachten[2].

Die Beschäftigung mit dem Phänomen bürokratischer Herrschaft und eine aus Erfahrung im Umgang mit Bürokratien erwachsende Kritik ihrer sozialen Implikationen und Folgen sind so alt wie das Phänomen selbst[3]. Gleichwohl ist sich die Soziologie von Profession darin einig, daß erst seit Weber von einer Bürokratietheorie im eigentlichen Sinne gesprochen werden könne. Daran ist soviel richtig, daß erst seit Weber das Phänomen bürokratischer Herrschaft in den Mittelpunkt sozialwissenschaftlichen Interesses gerückt ist und ebenfalls erst seit Weber von einer relativ eigenständigen Theorie der Bürokratie gesprochen werden kann. Seitdem knüpfen nahezu alle einschlägigen Arbeiten entweder affirmativ oder kritisch an das von Weber entwickelte Modell bürokratischer Herrschaft an. Obwohl an der bürokratischen Verwaltung moderner Staaten abgelesen, beansprucht es universelle Geltung für alle modernen Herrschaftsverbände (Industriebetriebe, Parteiorganisationen etc.). SCHLUCHTER (1972, S. 18) spricht von einer geradezu »zwangshaften Orientierung« der Organisationssoziologie am Werk Max Webers; »die Häufigkeit der Bezugnahme auf Max Weber ... ist ... zwangsläufige Folge der Rolle, die Max Webers Idealtypus der Bürokratie in der Entwicklung der Organisationssoziologie gespielt hat« (MAYNTZ 1968, S. 14). Wir sind aber an Webers Bürokratiemodell nicht nur wegen seines Einflusses auf die Organisationssoziologie interessiert; vielmehr ist die theoretische Erfassung des bürokratischen Phänomens auch »objektiv« erforderlich. Bereits ein oberflächlicher Blick lehrt, daß die soziale Existenz der Mitglieder industriell entwickelter Gesellschaften trotz unterschiedlicher ökonomischer Struktur durchgängig vom Funktionieren bürokratischer Organisationen faktisch abhängig ist. »Die Bedeutung bürokratischer Organisationen in einer ... zunehmend von Großorganisationen als wesentlichen Strukturelementen und Aktionszentren bestimmten Gesellschaft«, schreibt z. B. MAYNTZ (1968) »ist offensichtlich. Wieviel Zeit der Einzelne auch immer in solchen Organisationen verbringen mag, ihre Eigenart und ihre Funktionen sind schicksalhaft für ihn, auch dann, wenn er mehr als Klient, Konsument, Bürger usw., mit ihnen in Kontakt kommt als unmittelbar als Mitglied in ihnen handelt« (S. 13)[4]. Webers Entwurf eines Bürokratie-Modells reflektiert nur den objektiven Funktionszuwachs bürokratischer Organisationen in den fortgeschrittenen kapitalistischen Industriegesellschaften. Damit ist aber über die praktische Irreversibilität des Prozesses und die theoretische Richtigkeit des Modells noch nichts gesagt[5].

§ 2. Im folgenden heben wir die Grundzüge des von Weber entwickelten Bürokratie-Modells hervor. Die Einzelheiten können in den §§ 3–7 WG (Teil I, Kap. 3 und im Teil II, Kap. IX, 2. Abschnitt) nachgelesen werden. Die »bürokratische Struktur«[6] zeichnet sich aus durch:
1. Regelgebundenheit der Amtsführung
2. Feste Kompetenzverteilung
3. das Prinzip der Amtshierarchie
4. Aktenmäßigkeit der Verwaltung
5. Trennung des Verwaltungsstabs von den Verwaltungsmitteln.

Bezüglich der »inneren und äußeren Stellung des Beamten« (WG 552) führt die bürokratische Struktur zu folgenden Konsequenzen:
1. Unpersönlichkeit der Amtsführung
2. Fachqualifikation des Beamten
3. Kontraktliche Anstellung und Laufbahnprinzip.

Die angegebene Gliederung hält sich nicht streng an den übrigens nicht immer eindeutigen Text; insoweit stellt sie bereits eine Interpretation dar. Dadurch sollen die idealtypischen Züge des Weberschen Bürokratiebegriffs klarer hervortreten[8], ohne daß damit Anspruch auf ein vollständiges Verzeichnis aller distinkten Merkmale bürokratischer Organisationen erhoben ist. Wir geben kurze Erläuterungen zu den einzelnen Punkten.

Regelgebundenheit. Das bürokratische Handeln ist unter allgemeine Regeln (Gesetze und Verwaltungsreglements) subsumiert. Im Idealfall ist das Handeln des Verwaltungsstabs durch abstrakte Regeln nahezu vollständig festgelegt; die Spielräume persönlichen Beliebens sind auf ein Minimum eingeengt (»völlige Entpersönlichung der Amtsführung«, WG 576). Der Verwaltungsvollzug besteht in der Anwendung abstrakter Regeln auf den Einzelfall. Anwendung abstrakter Regeln auf die zu bearbeitende Verwaltungsmaterie (z. B. Zuteilung von Wohngeld etc.) ist »der äußerste Gegensatz« zu einer Regelung durch »individuelle Privilegien und Gnadenverleihungen« (WG 552). Die Anwendung von Regeln verleiht der Verwaltung Einheitlichkeit und Bestand auch dann, wenn die Personen, die den Verwaltungsstab bilden, wechseln. Auf dieser vollständigen und lückenlosen Regelbestimmtheit des Verhaltens, derart, daß alle Verwaltungsvollzüge eindeutig vorher bestimmt sind durch diese Regeln und diese sich ohne Rest im Handeln niederschlagen, beruht die für den Kapitalismus so wesentliche Kalkulierbarkeit der staatlichen Ordnungen. Wer die Regeln kennt, weiß und kann vorher sagen, was die Verwaltung »tut«. – Auf die dysfunktionalen Folgen einer lückenlosen Normierung des Verwaltungshandelns (die Regeln werden so umfangreich wie die Situationen, die sie normieren; mangelnde Angepaßtheit an unvorhersehbare Aufgaben; Verkehrung der Regeln aus Mitteln, Organisationsziele zu erreichen, in Ziele selbst) kommen wir in § 4 zurück.

Kompetenzverteilung. Es steht zu jedem Zeitpunkt eindeutig fest, welche Behörde für welche Aufgaben zuständig ist. Ebenso sind die Zuständigkeiten innerhalb der Behörden nach generellen Regeln geordnet; die Kompetenzverteilung bedingt klar umgrenzte Arbeitsteilungen zwischen den Inhabern der verschiedenen Positionen. Die Kompetenz selbst leitet sich nicht aus Personen ab, vielmehr sind Personen kompetent, weil sie Inhaber von Positionen sind. Dadurch entsteht die Möglichkeit, zwischen Herrschaftspositionen und ihren Inhabern zu unterscheiden (vgl. WG 125, 551).

»Es besteht das Prinzip der *Amtshierarchie* und des Instanzenzuges, d. h. ein fest geordnetes System von Über- und Unterordnung der Behörden unter Beaufsichtigung der Unteren durch die Oberen – ein System, welches zugleich den Beherrschten die festgeregelte Möglichkeit bietet, von einer anteren Behörde an die Oberinstanz zu appellieren« (WG 551).

Zur Amtshierarchie gehört demnach die gestufte Befehlsgewalt und Gehorsamspflicht. »Bei »voller Entwicklung des Typus ist diese Amtshierarchie monokratisch geordnet« (ebd). In ihrer reinsten Ausprägung ist die bürokratische Herrschaft immer monokratische Herrschaft. Unter Monokratie versteht Weber den Gegensatz zur »Kollegialität«. Eine Herrschaft ist monokratisch, wenn sie an *eine* Person gebunden ist; d. h., es muß nicht »eine Mehrheit von Einzelnen« zusammenwirken, sondern es bedarf nur eines Einzelnen, damit »eine bindende Verfügung zustandekommt« (WG 159 vgl. 548). Zwar leistet die Kollegialität »größere Gründlichkeit der Erwägungen«; jedoch bedeutet sie »fast unvermeidlich eine Hemmung präziser und eindeutiger, vor allem schneller Entschließungen« (WG 162f.). In der Einführung der Kollegialität erblickt Weber eine Schwächung oder Beschränkung bürokratischer Herrschaft. Kollegiale Behörden sind nach Weber »in schneller Abnahme« begriffen. »Das Interesse an schneller, eindeutiger, daher von Meinungskompromissen und Meinungsumschlägen der Mehrheit freier Verwaltung ist dafür entscheidend« (WG 128).

»Es gilt das Prinzip der *Aktenmäßigkeit* der Verwaltung . . . mindestens die Vorerörterungen und Anträge und die abschließenden Entscheidungen, Verfügungen und Anordnungen sind schriftlich fixiert« (WG 126). Die moderne Amtsführung beruht ganz und gar auf Schriftstücken. Damit sinken alle aus anderen Quellen stammenden Informationen tendenziell zur Bedeutungslosigkeit ab. »Nicht, was er vom Hörensagen kennt, kraft eigener Vermutung oder selbständiger Erkundigung weiß, ist für das Handeln des Beamten von Bedeutung, sondern allein das, was in Schriftform vorliegt« (OFFE 1974, S. 333).

»Es gilt (im Rationalitätsfall) das Prinzip der vollen Trennung des Verwaltungsstabs von den Verwaltungs- und Beschaffungsmitteln (Herv. d. Verf.). Die Beamten sind nicht im Eigenbesitz der sachlichen Verwaltungs- und Beschaffungsmittel, sondern erhalten diese in Natural- oder Geldform geliefert und sind rechenschaftspflichtig« (WG 126). In dieser Trennung der Verwaltungsmittel von den Beamten erblickt Weber einen unverzichtbaren Bestandteil bürokratischer Organisation. Was die Trennung des Beamten von den Verwaltungsmitteln jedoch mit Rationalität zu tun haben soll, ist unmittelbar nicht einsichtig. Rationalität der Verwaltung heißt ja:

1. lückenlose Bindung der Verwaltung an Rechtsregeln – 2. Herrschaft kraft Wissen (WG 129). Eine mögliche Erklärung für die von Weber hergestellte Verbindung von Rationalität und Trennung der Beamten von den Verwaltungsmitteln liegt darin, daß Weber eine Aufhebung dieser Trennung sich nur in der Form eines Rückgangs auf vorkapitalistische Formen des Privateigentums der Arbeiter an ihren Produktionsmitteln und, analog hierzu, der staatlichen Beamten an den Verwaltungsmitteln, denken kann, nicht aber in der Form einer gemeinschaftlichen Verwaltung der Produktionsmittel durch die assoziierten Individuen. Auch im Sozialismus, so Weber, würde ja die genannte Trennung bestehen bleiben.

Unpersönlichkeit der Amtsführung heißt: »sine ira et studio, ohne Haß und Leidenschaft ... ohne Ansehen der Person, formal gleich für jedermann, d. h. jeden in gleicher faktischer Lage befindlichen Interessenten, waltet der ideale Beamte seines Amtes« (WG 129). Nicht nur, daß der ideale Beamte seines Amtes ohne Ansehen der Person waltet, er selbst schuldet seinerseits Gehorsam auch nur Regeln und nicht Personen. – Mit dieser Unpersönlichkeit ist nur ein idealtypischer Grundzug bürokratischer Verwaltung genannt, aber nicht behauptet, in ihr gäbe es faktisch keine oder auch nur weniger Korruption als in anderen Organisationsformen.

Fachqualifikation. Die Anwendung von Regeln verlangt den fachgeschulten, regelkundigen Beamten. »Die bürokratische Verwaltung bedeutet: *Herrschaft kraft Wissen* (Herv. d. Verf.): dies ist ihr spezifisch rationaler Grundcharakter« (WG 129). Die sozialen Folgen der notwendigen Fachqualifikaion hat Weber in organisationsinterner und gesamtgesellschaftlicher Perspektive thematisiert. Organisationsintern führt die Monopolisierung des Fachwissens zur Verselbständigung des Verwaltungsstabs gegenüber dem fachunkundigen Herrn; gesamtgesellschaftlich führt das in der Fachqualifikation inkorporierte überlegene Wissen des Beamten zur Beherrschung aller Verbandsmitglieder durch die Bürokratie. Zugleich bedingt die Herrschaft der Bürokratie und ihr Bedarf an fachlich qualifiziertem Personal eine zunehmende Ersetzung des, in Webers Sprache, »Kulturmenschen« durch den »Fachmenschen«. Letztere werden durch ein in seinen Funktionen gewandeltes Bildungssystem bereitgestellt. Weber hat den Funktionswandel des Bildungssystems an dem Prozeß der zunehmenden Rationalisierung aller Sektoren des gesellschaftlichen Lebensprozesses festgemacht. Die Erziehungsanstalten geraten unter den »beherrschenden Einfluß des Bedürfnisses nach jener Art von ›Bildung‹, welche das für den modernen Bürokratismus zunehmend unentbehrliche Fachprüfungswesen züchet: der Fachschulung« (WG 576, vgl. 833).

Kontraktliche Anstellung heißt:

a) die Anstellung ist formal »frei«; geschieht also in der Rechtsform des Arbeitsvertrages;

b) der Beamte wird von einer übergeordneten Instanz ernannt, nicht gewählt (WG 554). Das Prinzip der Ernennung des Beamten und das *Laufbahnprinzip* gehören zusammen. »Der Beamte ist entsprechend der hierarchischen Ordnung der Behörden, auf eine ›Laufbahn‹ von den unteren, minder wichtigen und minderbezahlten Stellen zu den oberen eingestellt« (WG 556). Besonders das zuletzt genannte Merkmal zeigt: obwohl Weber wiederholt die universelle Geltung des von ihm entwickelten Bürokratiebegriffs für alle Teilsysteme der Gesellschaft behauptet, ist sein Bürokratiebegriff gleichwohl an der Praxis staatlicher Verwaltung orientiert.

Läßt sich unter den aufgeführten Eigenschaften der bürokratischen Herrschaft eine Grundeigenschaft herausheben? Die gesuchte Grundeigenschaft, die aus dem Bürokratiebegriff mehr als eine beliebig verlängerbare Liste von Eigenschaften macht und einen systematischen Zusammenhang zwischen den aufgeführten Eigenschaften herstellt, ist das für die bürokratische Herrschaft charakteristische Prinzip der »abstrakten Regelhaftigkeit der Herrschaftsausübung« (WG 567). Daß für das Handeln des Verwaltungsstabes die »Unterwerfung unter rational gesatzte Normen (Gesetze, Verordnungen, Reglements)« (RS 272) charakteristisch ist, heißt: die Regeln, nach denen die Beamten arbeiten, sind ihnen als Handlungsprämissen vorgegeben und stehen nicht zur Disposition. Zum Kern der bürokratischen Herrschaft gehört somit die strenge Trennung zwischen Regelgebung und Vollzug nach Regeln, die Trennung also von Politik und Verwaltung (vgl. PS 308 ff.).

§ 3. Die zentrale These der Weberschen Bürokratietheorie lautet: »Die rein bürokratische, also die: bürokratisch-monokratische aktenmäßige Verwaltung« ist allen anderen Organisationsformen technisch überlegen; sie ist »nach allen Erfahrungen die an Präzision, Stetigkeit, Disziplin, Straffheit und Verläßlichkeit, also: Berechenbarkeit für den Herrn wie für die Interessenten, Intensität und Extensität der Leistung, formal universeller Anwendbarkeit auf alle Aufgaben, rein *technisch* im Höchstmaß der Leistung vervollkommenbare, in all diesen Bedeutungen: formal *rationalste* Form der Herrschaftsausübung« (WG 128). Weber gewinnt die These der

Leistungsüberlegenheit der bürokratisch-monokratischen Verwaltung durch einen doppelten Vergleich:

a) den universal-historischen Vergleich mit vorbürokratischen, traditionalen Formen der Herrschaft;

b) den Vergleich mit der »Honoratioren-Verwaltung« einerseits, demokratischen Organisationsformen andererseits (WG 562, vgl. 171). Die technische Überlegenheit der bürokratischen Organisation gegenüber allen anderen Organisationsformen steht für ihn »felsenfest, so gut wie die technische Überlegenheit der Arbeitsmaschinen gegenüber der Handarbeit« (SP 413, vgl. WG 561). Aber, ist die bürokratische Verwaltung tatsächlich »nach allen Erfahrungen« leistungsfähiger und technisch überlegen? Kann ihr Effizienzvorteil wirklich universell behauptet werden oder ist er nicht vielmehr an bestimmte Voraussetzungen geknüpft? Wird ihr Rationlitätsvorsprung, was die Bindung an abstrakte Regeln betrifft, nicht durch Rationalitätsdefizite in anderer Hinsicht zunichte gemacht? Und, gibt es eine für die formal-rationale Verwaltung charakteristische Verknüpfung mit materiellen Interessen? Einer Kritik des Modells der bürokratischen Herrschaft anhand der Diskussion dieser Fragen wenden wir uns im nächsten Paragraphen zu.

§ 4. Weber zufolge ist die bürokratisch-monokratische Verwaltung – also die nach berechenbaren Regeln arbeitende und in ein fest geordnetes System von Über- und Unterordnung der Behörden eingefügte Verwaltung durch Einzelbeamte statt durch Kollegien – grundsätzlich die »beste Strategie und das beste Mittel zur Übersetzung beliebiger Organisationsziele in den Alltag« (SCHLUCHTER 1972, S. 138). Gegen die These der eindeutigen Überlegenheit der bürokratischen Organisationen gegenüber allen anderen Organisationen sind in der neueren organisationssoziologischen Literatur eine Reihe von Argumenten entwickelt worden. Einmal vermißt man bei Weber die Untersuchung von Dysfunktionalitäten, von Konflikten zwischen strukturellen Merkmalen, die ein bürokratisches System ausmachen (z. B. zwischen Fachwissen und Rang in der Amtshierarchie) und von nicht-intendierten Folgen. Sodann wird eingewandt, daß Weber über der Beschäftigung mit der Bürokratie als formaler Organisation die informellen Beziehungen (z. B. Freundschaftsbeziehungen), die in formalen Organisationen entstehen und dort wichtige Funktionen erfüllen, unzureichend berücksichtigt habe. Die formale Organisation ist ja nur *ein* Aspekt der Sozialstruktur bürokratischer Systeme (BARNARD 1938, SELZNICK 1948 u. a.).

Wir beschränken unser Referat auf die erste Linie der Kritik (die Untersuchung von Dysfunktionalitäten) und skizzieren zunächst *stichwortartig* deren – in Bezug auf Webers zentrale These – wichtigste Ergebnisse. –

a) Nach MERTON (1968) führt die von Weber beschriebene Organisationsstruktur zur Ritualisierung des Verhaltens der Organisationsmitglieder. Darunter versteht MERTON die Verkehrung abstrakter Regelungen aus Mitteln der Zielverwirklichung zum Organisationszweck. Gerade der Nachdruck, der auf die Einhaltung der Regel gelegt wird, »führt zu einer Verschiebung der Gefühle von den Zielen der Organisation weg auf die Details des von den Normen geforderten Verhaltens. Die Befolgung der Regeln, ursprünglich ein Mittel, wird zum Selbstzweck. Es kommt zu dem wohlbekannten Prozeß der Verschiebung von Zielen, wodurch ein ›instrumenteller Wert zum Endwert‹ wird« (268 f.). Wichtig ist, daß die Unangemessenheit der Orientierungen auf *strukturelle* Ursachen zurückgeführt wird. MERTON rekapituliert den Zusammenhang beider so: 1. »Eine effektive Bürokratie erfordert Verläßlichkeit in der Reaktion und strikte Befolgung des Reglements. 2. Solche Treue den Regeln gegenüber führt zu ihrer Umformung in absolute Werte; sie werden nicht mehr bezogen auf vorgegebene Zielsetzungen. 3. Dies stört eine rasche Anpassung unter besonderen Bedingungen, die z. Zt. der Formulierung der allgemeinen Regeln nicht klar vorausgehen werden. 4. So erzeugen gerade jene Elemente, die im allgemeinen zur Effektivität führen, in spezifischen Fällen Ineffektivität« (a.a.O. S. 269).

b) LITWAK (1968) hat die Gültigkeit von Webers Behauptung überlegener Effizienz bürokratischer Organisationen von der Art der Aufgaben, die ihnen gestellt werden, abhängig gemacht. »Webers theoretisches Modell geht davon aus, daß die Organisation es mit gleichförmigen Situationen zu tun hat« (S. 118). Bürokratische Organisationen des Weberschen Typs sind nur für die Bearbeitung von Standardproblemen geeignet; für die Bewältigung rasch wechselnder Problemstellungen und unvorhersehbarer Ereignisse sind sie kaum adäquat. Generelle Regeln werden »komplex bis zur Unbrauchbarkeit, wenn die Organisation mit ungleichförmigen Situationen zu tun hat« (S. 119). Damit ist die Paradoxie der Beherrschung individuell mannigfaltiger Situationen durch generelle Regeln angesprochen: um für alle denkbaren Fälle gerüstet zu sein, müßten die Regelungen bis ins Einzelne gehen. Damit werden sie so komplex wie die Situationen, die mittels ihrer beherrscht werden sollen. »Im Dienst nach Vorschrift« machen die Verbandsmitglieder sich diese Paradoxie der bürokratischen Struktur nur zu eigen.

c) In einer empirischen Studie über bürokratische Organisationen kommt CROZIER (1968) zu Folgerungen, die Webers zentraler These direkt zuwiderlaufen. CROZIER beschreibt das bürokratische Modell als eine Reihe relativ stabiler »circuli vitiosi . . . die von Zentralisierung und Unpersönlichkeit herrühren« (S. 283). Hauptcharakteristikum bürokratischer Systeme ist ihre Rigidität; solche Systeme sind unfähig, ihre eigenen Fehler zu korrigieren. »Die Rigidität bei der Aufgabendefinition, Aufgabenanordnung und im Netz der zwischenmenschlichen Beziehungen bedingt eine mangelhafte Kommunikation mit der Umwelt ebenso wie unter den verschiedenen Gruppen selber. Die sich ergebenden Schwierigkeiten führen nicht zu einer Anpassung des Organisationsmodells, sondern werden von einzelnen und Gruppen dazu benutzt, ihre Positionen im Machtkampf innerhalb der Organisation zu verbessern«. Die Ergebnisse von CROZIERS Studie hat SCHLUCHTER (1972) so zusammengefaßt: »Die Formalisierung der Autoritätsbeziehung mindert unter bestimmten Bedingungen rationales und effizientes Zusammenhandeln in einer Organisation« (S. 133). Einmal mindert der »starre Kompetenzrahmen und die Formalisierung der Befehls- und Kommunikationswege« (S. 138) die Flexibilität und Anpassungsfähigkeit des Systems. Sodann aber verhindern gruppenspezifische Interessen die Verwirklichung der Organisationsziele. Unter bestimmten Bedingungen transformieren sich bürokratische Organisationen in ein »Interessen- und Machtgefüge konkurrierender Systeme«, denen die Bewältigung der von ihnen selbst produzierten internen Probleme wichtiger ist als die Verwirklichung der Organisationsziele selbst. – Ein System unpersönlicher Regeln, die alle Funktionen jedes Einzelnen innerhalb der Organisation beherrschen und die Zentralisierung der Entscheidungen (Amtshierarchie) waren schon bei Weber Konstruktionselemente des *Idealtypus* bürokratischer Verwaltungen. Das Neue bei CROZIER aber ist, daß er eben diese Grundzüge benutzt, um den Nachweis zu erbringen, daß bürokratische Organisationen die angestrebte Verwaltungseffizienz gar nicht erreichen können.

Alle bisher referierten Einwände und Kritiken, sofern sie auf die Negation von Webers zentraler These der Leistungsüberlegenheit bürokratischer Systeme zielen, ließen sich im wesentlichen noch dadurch entkräften, daß Weber der bürokratischen Verwaltung ja gar nicht *absolute* Effizienz und Rationalität zuspricht, sondern ihr nur einen Rationalitäts*vorsprung* gegenüber allen anderen Organisationsformen in der Regulierung von *Alltagsaufgaben* einräumt. Insofern können die vorgetragenen Einwände als Ergänzungen, Verbesserungen, Spezifizierung der Anwendungsbedingungen ihren Platz noch innerhalb von Webers Modell finden. Eine tiefer ansetzende Kritik an Webers Analyse des Verwaltungsvollzuges moderner bürgerlicher Staaten, die den Funktionswandel staatlicher Verwaltung im Übergang des Gesellschaftssystems zum »Spätkapitalismus« berücksichtigen will, hat OFFE (1974) vorgetragen. Offe knüpft zunächst an das bekannte Argument an, daß das Handeln der Verwaltungsstäbe in »entwickelten kapitalistischen Wohlfahrtsstaaten« unter dem Gesichtspunkt der unverfälschten Anwendung abstrakter Regeln nicht zureichend erfaßt werden kann. In Webers Modell würden der bürokratischen Verwaltung ihre eigenen Prämissen – die Regeln, nach denen sie verwaltet – nicht zum

»Thema«. Die Rationalität der bürokratischen Verwaltung besteht in der Subsumtion bürokratischen Handelns unter allgemeine Regeln; »dieser Rationalitätstypus unverfälschter Normanwendung kommt durch die vollkommene Disjunktion zwischen den Handlungsprämissen einerseits und dem Apparat, der sie vollzieht, andererseits, zustande« (S. 334). Eine in diesem Sinne rationale Verwaltung muß jedoch nicht in dem Sinne rational sein, daß sie »den funktionalen Erfordernissen und Bedürfnissen einer Gesellschaft, insofern sie durch staatliche Verwaltung erfüllt werden müssen, Genüge tut.« (ebd.) Offe hält nun Weber vor, daß er beide Rationalitätskriterien (Rationalität als unverfälschte Normanwendung und als Funktionsadäquanz) nicht ausreichend unterschieden habe. Rationalität im Sinne der Subsumtion bürokratischen Handelns unter allgemeine Regeln und die Rationalität des politisch administrativen Systems im Sinne der Angepaßtheit an funktionale Erfordernisse der gesellschaftlichen Umwelt stimmen nicht ohne weiteres überein. »Bürokratische Rationalität verbürgt nicht, sondern konterkariert unter Bedingungen wie denen des entwickelten kapitalistischen Wohlfahrtsstaates politische Systemrationalität ... Kongruent sind beide Rationalitätskriterien nur unter gesellschaftlichen Bedingungen, unter denen die im höchsten Maße unverfälschte Anwendung abstrakter Regeln ausreicht, zugleich die an das Subsystem der staatlichen Verwaltung gerichteten gesellschaftlichen Forderungen zu erfüllen« (S. 334f.). Die geschilderte Trennung von Politik und Verwaltung trifft nun, so Offe, für die Ordnungsaufgaben, die eine sozialstaatliche Verwaltungspolitik zu bewältigen hat, nicht mehr zu. Genau umgekehrt wie in Webers Modell, wo Entscheidungen der Behörde durch Regeln als Prämissen eindeutig festgelegt sind, beschaffen sich jetzt die Behörden die Ressourcen, zu denen auch Rechtsregeln gehören, die für die Erreichung ganz bestimmter und konkreter, von der Verwaltung projektierter Ergebnisse erforderlich sind. Damit werden die Rechtsnormen, bisher unangetastete Voraussetzung für das Verwaltungshandeln, unter dem Gesichtspunkt ihrer Eignung für konkrete Aufgaben disponibel. Die Konjunkturabhängigkeit des Steuerrechts ist für das auf den Kopf gestellte Verhältnis von Regel und Verwaltungsvollzug nur ein drastisches Beispiel.

Wir können an dieser Stelle den neuen Problemen, die auf die »sozialstaatliche Verwaltungspolitik« zukommen, nicht nachgehen. Für unsere Zwecke ist die Frage wichtiger, ob Webers Bürokratiemodell durch den vermuteten neuen Typus staatlichen Handelns völlig aus dem Sattel geworfen ist. Zunächst einmal ließe sich die Frage stellen, wie neu eigentlich der neue Typus staatlichen Handelns tatsächlich ist; Weber selbst war er nicht fremd: in die Schilderung des bürokratischen Modells schließt Weber die Tendenzen ein, die – in seiner Sprache – in Richtung einer Aufhebung der Trennung von formaler und materialer Rationalität der bürokratischen

Verwaltung wirken. Thema der »Rechtssoziologie« ist ja gerade die Auflösung des Rechtsformalismus (vgl. WG 130). Sodann bleiben weite Bereiche traditioneller Verwaltungstätigkeit bestehen. Und schließlich ist die Gesetzmäßigkeit der Verwaltungsvollzüge in einem formalen Sinne auch dort nicht aufgehoben, wo die Verwaltung ihrerseits sich die für sie erforderlichen Regeln erst beschaffen muß. Webers prinzipielle, universalhistorisch gemeinte Alternative: entweder persönliche Herrrschaft, sei es, daß sie auf außergewöhnlichen persönlichen Qualitäten des Führers oder auf geltenden Traditionen beruht, oder Herrschaft des Gesetzes, ist mit der Konstatierung eines Typus staatlichen Handelns, für den die angenommene Trennung von Politik und Verwaltung nicht mehr gelten soll, noch nicht prinzipiell bestritten.

§ 5. Webers These des Rationalitätsvorsprungs der bürokratischen Verwaltung kann man dadurch in Frage stellen, daß man die sachlichen, sozialen und historischen Voraussetzungen präzisiert, unter denen sie Gültigkeit beansprucht (§ 4). Ein anderer, von Weber selbst beschrittener Weg, bürokratische Herrschaft zu kritisieren, ist, nach der Verbindung abstrakter Regelhaftigkeit der Amtsführung mit materiellen Interessen zu fragen. Die bürokratische Verwaltung arbeitet zwar »ohne Ansehen der Person«, wenn das heißt, ohne Ansehen der Einzelpersonen; aber sie arbeitet durchaus nicht »ohne Ansehen« sozialer Klassen. Entscheidend ist dabei, daß die Ungleichheit der Amtsführung gegenüber sozialen Klassen nicht erst dadurch zustande kommt, daß es bestimmten Gruppen gelingt, auf die Akte bürokratischer Verwaltung Einfluß zu nehmen oder sie als ganze in die Hand zu bekommen. Entscheidend ist vielmehr, daß *in* der Abstraktion von materialen Prinzipien der »ethischen Billigkeit, Gerechtigkeit oder utilitarischen Zweckmäßigkeit« (WG 130) die Beförderung bestimmter materieller Interessen beschlossen liegt. Eine solche Argumentation würde zwar nicht die These der Leistungsüberlegenheit der bürokratischen Verwaltung erschüttern können, sondern die Kritik an ihr so führen, daß die sozialen Implikationen und Folgen bürokratischer Verwaltung reflektiert werden. Als Einwand gegen die Webersche Soziologie insgesamt läßt sich eine solche Argumentation nur bedingt gebrauchen, da Weber selbst den Sachverhalt der Selektion bestimmter Interessen durch die formale Rationalität der Amtsführung hervorgehoben hat. An einer formalen Rechtsordnung, so Weber, sind vor allem die »Marktmacht-Interessenten« interessiert. »In ihrem Interesse vornehmlich liegt insbesondere die Schaffung von ›Ermächtigungsrechtssätzen‹, welche Schemata von gültigen Vereinbarungen schaffen, die bei formaler Freiheit der Benutzung durch alle doch tatsächlich nur den Besitzenden zugänglich sind und also im Erfolg *deren und nur deren* (Herv. d. Verf.) Autonomie und Machtstellung stützen« (WG 439). Dagegen ist »den besitzlosen Massen mit einer formalen ›Rechtsgleichheit‹ und einer ›kalkulierbaren‹ Rechtsfindung und Verwaltung, wie sie die ›bürgerlichen‹ Interessen fordern, nicht gedient. Für sie haben naturgemäß Recht und Verwaltung im Dienst des Ausgleichs der ökonomischen und sozialen Lebenschancen gegenüber den Besitzenden zu stehen, und diese Funktion können sie allerdings nur dann versehen, wenn sie weitgehend einen unformalen, weil inhaltlich ›ethischen‹ . . . Charakter annehmen« (WG 565). Zum Nachweis des »Klassencharakters« der bürokratischen Verwaltung bedarf es also keiner eigens zu diesem Zweck aufgebauten Einflußtheoreme; vielmehr läßt sich dieser Charakter bereits auf der Ebene der Struktur festmachen. Bis zu diesem Punkt würde die Webersche Soziologie mit einer gerade im Horizont der marxistischen Theorie führbaren Kritik an einer bestimmte Klasseninteressen bevorzugenden bürokratischen Verwaltung konform gehen. Eine andere Frage ist, ob eine Kritik an der »Bürgerlichkeit« der bürokratischen Verwaltung noch eine Stufe prinzipieller geführt werden kann; so nämlich, daß die Existenz bürokratischer Verwaltung auf den Kapitalismus als letzte Ursache zurückgeführt wird und demnach mit dem Verschwinden des Kapitalismus auch der Boden für das Entstehen des bürokratischen Phänomens verschwinden würde. Weber hat die Letztursachlichkeit des Kapitalismus für das Entstehen bürokratischer Verwaltung bestritten. Zwar entsteht bürokratische Herrschaft zusammen mit dem Kapitalismus, aber sie vergeht nicht mit ihm. Wir kommen auf diese Frage der Abkünftigkeit des bürokratischen Phänomens aus der kapitalistischen Produktionsweise im letzten Kapitel nochmals zurück.

Erläuterungen und Zusätze

1. In der Soziologie wird gewöhnlich zwischen Bürokratie als Struktur und Bürokratisierung als Prozeß unterschieden. Auf Bürokratisierung als Prozeß gehen wir im 44. Kap. näher ein.
2. An die Eigenschaft des Verwaltungsstabs, *Mittel* der Herrschaft zu sein (vgl. u. a. WG 822f.) können sich zwei mögliche Entwicklungen anknüpfen:
   a) der Verwaltungsstab ist bereit, »für jeden zu arbeiten, der sich der Herrschaft über ihn einmal zu bemächtigen gewußt hat« (WG 570);
   b) die Verkehrung des Mittels zum Zweck oder die Verselbständigung des Verwaltungsstabs sowohl gegenüber dem Herrn wie den Beherrschten; sie ist z. B. von Engels wiederholt als Argument im Rahmen einer »Staatsableitung« benutzt worden. Da in diesem Abschnitt nur die »rein herrschaftliche Struktur des Verwaltungsstabes . . . idealtypisch analysiert werden soll« (WG 126) gehen wir auf die unter (a) und (b) genannten Entwicklungsmöglichkeiten nicht näher ein.
3. Eine frühe Arbeit über das Phänomen bürokratischer Herrschaft bildet der Aufsatz Mohls (1846). Die bekanntesten Stellen über bürokratische Herrschaft aus Marx Werk finden sich: MEW 1/242 ff., MEW 17/538 ff., 591 ff. Marx/Engels limitieren den Bürokratiebegriff auf die staatliche Verwaltung. Die Bürokratie entsteht mit der Trennung von Staat und Gesellschaft. In ihr werden die gemeinsamen Interessen der Individuen ihrer Selbsttätigkeit entrissen und als allgemeines Inter-

esse, getrennt von den besonderen Interessen, im Staat als einer der Gesellschaft entfremdeten Instanz organisiert. Die Grundzüge der in Webers Bürokratiemodell zusammengefaßten bürokratischen Struktur: Formalismus der bürokratischen Herrschaft, Zentralisierung der Entscheidungsgewalt, hierarchischer Aufbau der Behörden, feste Anstellung der Beamten etc. sind Marx und Engels bekannt. Ebenso können die wesentlichen Merkmale der bürokratischen Struktur in der von Marx kritisierten Hegelschen Rechtsphilosophie aufgefunden werden. Vgl. HEGEL (1970) bes. §§ 287–297.

4. Daß sich die gesellschaftliche Entwicklung durch die zunehmende Rolle, die formalen Organisationen zukommt, beschreiben läßt, soll als Faktum nicht bestritten werden. Anders steht es aber mit den Interpretationen, die sich auf dieses Faktum stützen, seien es nun Modernisierungstheoreme oder Konvergenztheorien. Mit der Behauptung eines objektiven Funktionszuwachses formaler Organisationen pflichten wir weder dem einen noch dem anderen Theorem bei. Weber selbst hat in der Tat eine solche Konvergenztheorie bezüglich der Identität bürokratischer Herrschaft im Kapitalismus und Sozialismus vertreten (vgl. WG 129). Auf den Zusammenhang von kapitalistischer Produktionsweise und bürokratischer Herrschaft und den möglichen Funktionswandel der letzteren in einer sozialistischen Gesellschaftsformation kommen wir im 44. Kapitel zu sprechen.

5. Einen ersten Überblick über die Thematik der Bürokratieforschung bietet der schmale Band von BLAU (1956, 17. Auflage 1968). Wichtige *Sammelbände* zum Thema sind: MERTON, GRAY, HOCKEY (eds.) (1952), MAYNTZ (1968). SCHLUCHTER (1972) versucht, aus Schriften von Marx, Engels und Lenin eine marxistische Theorie bürokratischer Herrschaft herauszulesen und vergleicht sie anschließend (Kap. 3) mit dem Ansatz Max Webers. Für die Organisationssoziologie vgl. die Arbeiten von MAYNTZ (1963), LUHMANN (1964), ETZIONI (1967).

6. Um Mißverständnissen, die zu einer fehlerhaften Kritik am handlungstheoretischen Ansatz führen können, den Weg zu verlegen, sei nachdrücklich daran erinnert, daß die Rede von Strukturen keineswegs jenseits der Möglichkeit der Handlungstheorie liegt. Unter Struktur kann sie z. B. in Anklang an systemtheoretische Vorstellungen einfach die Elemente eines Systems (Handlungen) und die Art und Weise wie sie zusammenhängen, oder das Wertesystem einer Gesellschaft verstehen.

7. »Es gibt, so groß die Vielzahl struktureller Formen großer und zweckgerichteter Sozialgebilde auch sein mag, letztlich nur eine kleine Zahl von organisatorischen Grundmodellen, wobei der Gegensatz zwischen dem genossenschaftlich-demokratischen und dem hierarchisch-monokratischen besonders augenfällig ist. Das hierarchisch-monokratische Modell wurde als Bürokratie historische Wirklichkeit« (MAYNTZ 1968, S. 13).

8. Webers Bürokratiebegriff ist seinem logischen Charakter nach keine *Beschreibung* der Organisationswirklichkeit, sondern eine idealtypische Konstruktion. »Das reale Handeln verläuft nur in seltenen Fällen ... so, wie im Idealtypus konstruiert« (WG 4). Den logischen Charakter des Idealtypus: Bürokratie kann man sich am einfachsten durch einen Vergleich mit den idealtypischen Konstruktionen der ökonomischen Theorie verdeutlichen. Deren Annahmen z. B. über das ökonomisch-rationale Verhalten von Unternehmungen wollen ebenfalls nicht faktisches Verhalten beschreiben. Vielmehr stellen sie dar, »wie ein bestimmt geartetes

menschliches Handeln ablaufen *würde, wenn* es streng zweckrational, durch Irrtum und Affekt ungestört, und *wenn* es ferner ganz eindeutig nur an einem Zweck (Wirtschaft) orientiert wäre« (WG 4). Ebenso geben die einzelnen Merkmale des Weberschen Bürokratiebegriffs Antwort auf die Frage, »wie der Herrschaftsstaat im Falle legaler Herrschaft beschaffen sein müsse, um die wirksamste Herrschaftsausübung zu gewährleisten« (MAYNTZ 1968, S. 28). Allerdings ist der logische Status des Weberschen Bürokratiemodells umstritten. Die Auslegungen schwanken zwischen reinem Idealtypus und empirischer Generalisierung. BLAU (1962) bezeichnet ihn als Mischung von »conceptual scheme« und »set of hypotheses« (S. 27); vgl. HEMPEL (1965), JANOSKA-BENDL (1965).
9. N. LUHMANN hat die organisationssoziologische Kritik an Weber ins Grundsätzliche gewendet. Luhmann stellt die maßgebenden Prämissen des Weberschen Modells heraus: 1. das Zweck-Mittel Schema und 2. der Gedanke der »Befehlsautorität« (LUHMANN 1964, S. 132). Beide Prämissen sind über die Vorstellung der Herrschaft als generalisiertem Mittel der Willensübertragung verknüpft. »Sicher ist eines«, resümiert Luhmann, »daß die Begriffe Zweck und Mittel und die Begriffe Befehl und Gehorsam ihre axiomatische Stellung als definierende Grundbegriffe verloren haben (S. 133)«. Das soll nicht heißen, daß ihre Bedeutung theoretisch geleugnet würde; die »Bedenken richten sich vielmehr gegen die Überschätzung der Zweck/Mittel-Orientierung als Strukturgesetz sozialer Systeme« (S. 134) und dagegen, daß der Befehl als »Strukturkategorie viel zu einfach (ist), um den komplexen Voraussetzungen der Erhaltung und Rationalisierung eines sozialen Systems genügen zu können.« (S. 146). Sowohl in dem Begriffspaar: Zweck-Mittel wie in dem Paar: Befehl-Gehorsam erblickt LUHMANN die Vorstellung »einfacher, linearer Kausalität von der Art: A bewirkt B. Sie reichen als Denkmittel zur Erfassung hochkomplexer Vorgänge wie der Bedingungen faktischen menschlichen Verhaltens in großen Organisationen nicht aus« (S. 147). Die Unzulänglichkeit einfacher Kausalbeziehungen zur Erfassung komplexer Systeme motiviert dazu, die am Kausalbegriff orientierte klassische Organisationslehre Webers in eine »komplexer angelegte funktionale Theorie umweltoffener Systeme« (S. 158) zu überführen.

Fragen zur Diskussion:
1. Bedarf jede Herrschaft eines Verwaltungsstabs? (vgl. WG 29, 123)
2. Ist die legale Herrschaft mit bürokratischem Verwaltungsstab die einzige Form legaler Herrschaft? (vgl. WG 126, WL 477)
3. Was verstehen Sie unter »soziologischer Struktur« des Verwaltungsstabs?
4. Was kennzeichnet die ›soziologische‹ Struktur des bürokratischen Verwaltungsstabs?
5. Welche Einwände gibt es gegen Webers These der eindeutigen Leistungsüberlegenheit bürokratischer Verwaltungen?
6. Sind nach Ihrer Auffassung kollegiale Organe weniger effizient als eine monokratische Verwaltung?
7. Diskutieren Sie die These: Weber analysiert die bürokratische Struktur nur »organisationsintern« und abstrahiert von dem Verhältnis des Herrn und seines Verwaltungsstabs zu den Beherrschten.

43. Kapitel: Bürokratische Herrschaft und demokratische Regierungsform

Lernziele

In diesem Kapitel sollen Sie die verschiedenen Bedeutungen des Demokratiebegriffes kennenlernen und mit den organisatorischen Möglichkeiten und sozialen Implikationen, eine Minimierung der Herrschaft zu erreichen, vertraut werden. Sodann soll gezeigt werden, daß und wie Weber nicht unter Berufung auf »demokratische Grundwerte«, sondern in Bezug auf die Existenz bürokratischer Herrschaft Möglichkeit und Funktionen bestimmter Formen demokratischer Willensbildung (parlamentarisches Regierungssystem und Wahl) erörtert. Nicht nur die Mängel von Webers Demokratietheorie (Reduktion des Demokratiebegriffs auf ein Ausleseverfahren der Führer), sondern auch ihre im Vergleich zu apologetischer Schriftstellerei unleugbar vorhandenen Vorteile (Nüchternheitspathos, Realitätsnähe) sollen dabei zur Sprache kommen.

Textgrundlage

WG Teil I, Kap. 3, §§ 14–17, 19–22.
WG Teil II, Kap. IX, Abschnitt 1, § 2.
WG Teil II, Kap. IX, Abschnitt 8, §§ 3, 5, u. 6.

§ 1. Wir haben im letzten Kapitel die Grundzüge der bürokratischen Struktur skizziert und Webers These diskutiert, daß im Blick auf die »Präzision des Funktionierens« (WG 166) die bürokratisch-monokratische Verwaltung allen anderen Organisationsformen der politischen Herrschaft eindeutig überlegen sei. Die Diskussion dieser These haben wir nicht auf eine Überprüfung ihrer organisationsinternen Stimmigkeit beschränkt, sondern haben ihre gesamtgesellschaftlichen Implikationen in die Erörterungen miteinbezogen (42. Kap., § 5). An dieses Vorgehen können wir in diesem Kapitel anknüpfen. Wir verständigen uns zunächst über den Inhalt des Demokratiebegriffs und fragen

a) nach der Organisationsform von politischen Verbänden, in denen Herrschaft soweit wie möglich abgebaut ist;

b) nach den sozialen Voraussetzungen der Verwirklichung solcher Organisationsformen. Sodann müssen wir zeigen, wie die Existenz bürokratischer Herrschaft den neuen Bezugsrahmen für die Funktionsbestimmung demokratischer Formen der Willensbildung (parlamentarisches Regierungssystem und plebiszitäre Führerdemokratie) abgibt[1].

Der Demokratiebegriff besitzt eine große Variationsbreite (vgl. SP 494f.). Gleichwohl lassen sich zwei Kernbestandteile des Begriffs identifizieren:

1. »Herrschaftsminimierung«
2. »Gleichheit« der Beherrschten (vgl. WG 546).

ad 1) Demokratie im Wortsinne heißt: Herrschaft des Volkes. In der Idee der Volksherrschaft (Selbstbestimmung) liegt einerseits eine Kritik an Zuständen beschlossen, in denen offensichtlich immer andere als das Volk geherrscht haben. Andererseits ist die Verwirklichung dieser Idee mit einer Schwierigkeit behaftet: wie kann das Volk sich selbst regieren? Offensichtlich ist eine »direkte« Herrschaft, d. h. eine Herrschaft ohne Vermittlung eines gesonderten Verbandes, der die Herrschaft ausübt, ab einer bestimmten Größe der Vergesellschaftung nur schwer vorstellbar. Dieser Schwierigkeit kann theoretisch dadurch begegnet werden, daß unter Volksherrschaft eine Herrschaft entsprechend dem Willen der Masse des Volkes verstanden wird[2]. Wenn schon nicht das Volk direkt herrscht, soll doch die Ausübung der Herrschaft an die Zustimmung der Beherrschten gebunden werden (Identität von Volkswille und Regierungswille). Einerseits scheint eine unmittelbare Identität von Herrschenden und Beherrschten in sozialen Gebilden ausgeschlossen. Die Herrschaftsfunktionen werden von einem von den Beherrschten unterscheidbaren Personenkreis ausgeübt. Andererseits gehört zum Kernbestand des Demokratiebegriffs gerade die »Identität« der Herrschaft mit den Beherrschten. Die aufbrechende Antinomie wird in der Demokratietheorie überbrückt mit dem Konzept der Herrschaftsminimierung durch »Beteiligung« (Partizipation)[3]. Wenn Demokratie auch nicht die direkte Volksherrschaft im Wortsinne zum Inhalt haben kann, dann doch die möglichst direkte Herrschaft durch »Zunahme des aktiven Anteils der Beherrschten an der Herrschaft innerhalb des betreffenden Sozialgebildes« (WG 568). Demokratisierung im Sinne der Herrschaftsminimierung durch Beteiligung ist keineswegs auf das politische System beschränkt, sondern bezeichnet eine universale, d. h. für alle gesellschaftlichen Lebensbereiche denkbare Organisationsform sozialer Beziehungen. Allerdings hat Weber selbst den Gedanken, »durch noch so ausgetüftelte Formen der Demokratie die Herrschaft des Menschen über den Menschen zu beseitigen« (Brief an MICHELS, zitiert nach MOMMSEN 1959, S. 392) als »Utopie« attackiert. Das Konzept der Herrschaftsminimierung durch Beteiligung hat er allenfalls in kleinen Verbänden für realisierbar gehalten. Darauf kommen wir im nächsten Paragraphen zurück.

ad 2) Der unverzichtbare Kern des im Demokratiebegriff enthaltenen Gleichheitspostulats ist die »Rechtsgleichheit der Beherrschten« (WG 568). Diese Rechtsgleichheit besagt an sich nur, daß »keine formelle Ungleichheit der politischen Rechte zwischen den einzelnen Klassen der Bevölkerung besteht« (SP 493). Über den Umfang der politischen Rechte ist damit noch nichts gesagt. Der Minimalbestand in »modernen Gesellschaften« ist das an die Stelle des ständisch gegliederten Wahlrechts getretene allgemeine Wahlrecht. »Das gleiche Wahlrecht bedeutet zunächst schlechterdings nichts anderes als: daß an diesem Punkt des sozialen Lebens der Einzelne einmal *nicht*, wie sonst überall, nach seiner Besonderung in beruflichen und familienhaften Stellungen und nach den Verschiedenheiten seiner materiallen oder sozialen Lage in Betracht kommt, sondern eben nur: als Staatsbürger« (PS 254; vgl. oben Kap. 33 u. 34). Weber grenzt politische Gleichheit pointert gegen den Gedanken einer natürlichen oder sozialen Gleichheit der Menschen ab: das allgemeine Wahlrecht hat mit »einer Theorie von irgendeiner natürlichen Gleichheit der Menschen ... nicht das Geringste zu schaffen. Seinem Sinne nach ist es ... ein gewisses Gegengewicht gegen die in keinerlei natürlichen Unterschieden begründeten sozialen Ungleichheiten« (ebd., vgl. 176 f.). Gleichwohl weiß Weber, daß mit demokratischen Forderungen auch der Gedanke der Einebnung von durch ständische Privilegierung geschaffenen sozialen Ungleichheiten und die Beseitigung der aus der Verschiedenheit der »Klassenlage«[4] resultierenden Ungleichheit der »Lebenschancen« verknüpft ist (vgl. WG 129 f., 567 ff.).

§ 2. a) Politische Verbände sind nach Weber unvermeidlich Herrschaftsverbände (vgl. oben Kap. 40 dieses Teils und WG 29). Insofern ist die restlose Abschaffung der Herrschaft von Menschen über Menschen eine widersprüchliche Forderung. Zur Führung einer Verwaltung müssen immer »irgendwelche Befehlsgewalten in irgendjemandes Hand gelegt sein« (WG 546). Weil politische Verbände u. a. durch die Existenz einer Verbandsordnung, eines Leiters (gleich ob Einzelpersonen oder Kollegium) und eines Verwaltungsstabs gekennzeichnet sind, und daher ein Minimum maßgeblicher Befehlsgewalt, also Herrschaft, dem Leiter und seinem Verwaltungsstab eingeräumt werden muß (vgl. WG 124), kann nur die Reduzierung der Herrschaft auf dieses Minimum, nicht ihre Abschaffung, Gegenstand organisatorischer Regelungen werden. Jenen Organisationstypus von Verwaltungen, in denen die mit »Vollzugsfunktionen verbundenen Herrschaftsgewalten« (WG 169) auf ein Minimum reduziert sind, nennt Weber »unmittelbare Demokratie« (WG 170). Herrschaft enthält sie »nur im Keime« (WG 548). Ihr fundamentales Organisationsprinzip ist die »effektive Genossenversammlung« (WG 170); d. h., der Verwaltungsstab fungiert nur »nach Maßgabe des Willens, im ›Dienst‹ und kraft Vollmacht der Verbandsgenossen« (WG 169). Die »üblichen technischen Mittel«, den gewünschten Effekt der Herrschaftsminimierung durch Bindung des Verwaltungsstabs an die Genossenversammlung zu erreichen sind laut Weber: Kurze Amtsfristen, jederzeitiges Abberufungsrecht, Turnus- oder Losprinzip bei der Besetzung der Ämter, streng imperatives Mandat, Beschränkung auf Routineaufgaben und Nebenberufscharakter des Amtes (WG 169). Eine Erörterung der Wirksamkeit dieser Mittel ersparen wir uns an dieser Stelle. Auch übergehen wir ihre geschichtliche und politiktheoretische Einordnung, so wichtig und bedeutsam beides gerade auch im Blick auf aktuelle Diskussionen wäre. Wir streifen nur zwei Punkte:

1. Ob Wahl *sämtlicher* Mitglieder des Verwaltungsstabs für eine effektive Kontrolle erforderlich ist, kann bezweifelt werden. Wahl sämtlicher »Beamten« und Wahl allein des »Führers« sind die Extreme, zwischen denen eine Kontrolle angesiedelt sein wird, die sowohl wirksam als auch realisierbar erscheint. Wahl aller Beamten als »unfehlbares Mittel«, die Verwandlung der Staatsorgane »aus Dienern der Gesellschaft in Herren der Gesellschaft« zu verhindern, empfehlen auch Marx und Engels (vgl. oben 39. Kap.).

2. Weber unterscheidet streng zwischen der in Rätedemokratien (u. a.) geltenden »gebundenen Repräsentation« (= imperativen Mandat) und der für parlamentarische Systeme typischen »freien Repräsentation« (vgl. oben Kapitel 36, Zusatz 1). Bei letzterer ist der Repräsentant an »keine Instruktion gebunden, sondern Eigenherr über sein Verhalten«. Dieser »sinngemäße Inhalt der Wahl« führt bezeichnenderweise dazu, daß der Repräsentant »der von den Wählern erkorene Herr derselben, nicht: ihr ›Diener‹ ist« (WG 172).

b) Weber zufolge ist das System der unmittelbaren Demokratie schon aus *technischen* Gründen nur in »kleinen Verbänden« oder in »einem Kleinstaat« möglich (vgl. WG 169f., PS 277 u. ö.). Als Beispiel für kleine politische Verbände erwähnt Weber kommunale Verbände oder die Schweizer Kantone[5]. Den Gegensatz zu den Kleinstaaten bilden der »Massenstaat« oder die »Massendemokratien«. Die Kleinheit der Verbände, in denen allein unmittelbare Demokratie möglich sein soll, besteht in lokaler und persönlicher Hinsicht: sowohl von der örtlichen Erstreckung wie von der Anzahl der Verbandsmitglieder her sind einer »effektiven« Genossenversammlung Grenzen gesetzt. Weitere Voraussetzungen für die Durchführung demokratischer Verwaltung sind u. a. die geringe soziale Differenzierung der Verbandsmitglieder sowie »relativ einfache und stabile Aufgaben« (WG 546). Geringe soziale Differenzierung ist hauptsächlich deswegen erforderlich, weil ansonsten die Besitzenden aufgrund ihrer »Abkömmlichkeit« die »Verwaltungsfunktionen in die Hände bekommen« (WG 546); ferner aber, weil eine unmittelbar demokratische Verwaltung auf der »Voraussetzung prinzipiell gleicher Qualifikationen aller zur Führung der gemeinsamen Geschäfte beruht« (WG 546), eine Differenzierung der sozialen Lage aber eine Differenzierung in der Eignung befördert.

Webers Argumente betreffend die technischen und sozialen Voraussetzungen der Einführung einer unmittelbar demokratischen Verwaltung leuchten ein, wenn man als unverzichtbaren Kern der unmittelbaren Demokratie die Versammlung aller Genossen als Entscheidungsinstanz ansieht. Technische oder ›funktionale‹ Argumente (Größe der Versammlung, Komplexität der zur Entscheidung stehenden Fragen) sprechen eindeutig gegen die Verwaltung von »Großflächenstaaten« durch die Versammlung aller Genossen. Anders steht es jedoch bereits bei dem aus dem Erfordernis geringer sozialer Differenzierung abgeleiteten Argument gegen die Einführung unmittelbarer Demokratie: große Verbände besitzen keineswegs zwangsläufig auch eine große soziale Differenzierung. Vor allem ist Webers These kritisierbar, die Bürokratisierung sei der »unentrinnbare Schatten der Massendemokratie« (WG 130) derart, daß große politische Verbände nur die Wahl hätten zwischen einer reinen oder einer durch Parlamente kontrollierten Beamtenherrschaft. Die Rätedemokratie als Alternative, die ebenfalls wie das parlamentarische System ein Repräsentativsystem ist, jedoch im Unterschied zu letzterer mit »gebundener«, nicht »freier« Repräsentation, erwähnt Weber nur en passant. Die gebundene Repräsentation (das imperative Mandat also) bilde in ihr ein »Surrogat« (WG 172) für die in »Massenverbänden unmögliche unmittelbare Demokratie.«

§ 3. Wir wir gesehen haben, bildet die Theorie der bürokratischen Herrschaft das Zentrum der Weberschen »Staatssoziologie«. Die Unvermeidlichkeit einer »rationalen, arbeitsteiligen, fachgemäßen bürokratischen Organisation aller menschlichen Herrschaftsverbände« (WG 834) bildet zugleich den Bezugspunkt, auf den hin Weber die Möglichkeiten demokratischer Formen der Willensbildung diskutiert. Mit der Wahl der bürokratischen Struktur als Bezugspunkt einer Demokratie-Theorie[6] ist zugleich ein negatives Urteil über die normative Begründung demokratischer Formen der Willensbildung aus sog. »demokratischen Grundwerten« gefällt. Die klassische oder naturrrechtliche Demokratie-Theorie hat in der Demokratie die Verwirklichung der Selbstbestimmung (Selbstherrschaft) des Volkes erblickt. Dies sollte der Theorie zufolge dadurch geschehen, daß gewählte Vertreter in freier Diskussion den vernünftigen Volkswillen in allen politischen Fragen zur Geltung bringen. Diese »naturrechtliche« Begründung der Demokratie hielt Weber für »altes Eisen, das keine tragfähige Basis für eine moderne Staatslehre mehr abgeben könne« (MOMMSEN 1959, S. 390). Nicht, daß Weber die in den bürgerlichen Revolutionen des 18. Jahrhunderts formulierten Menschen- und Bürgerrechte umstandslos preisgegeben hätte: er ist jedoch der Auffassung, daß die Möglichkeiten der demokratischen Willensbildung von sozialen Gegebenheiten und Prozessen – wie der Existenz von Großflächenstaaten und dem fortschreitenden Bürokratisierungsprozeß – und nicht von Idealen abhängen. Weber sieht sehr genau, daß kontrafaktische demokratische Ideale wie die Selbstherrschaft des Volkes angesichts der bestehenden Verhältnisse leicht in Ideologie umschlagen, die die Funktion besitzt, die Zustimmung der Beherrschten zur Herrschaft zu erzeugen. Daher zieht er es vor, die »klassische« demokratische Lehre durch eine Konstruktion zu ersetzen, die den Vorteil besitzt, faktische Abläufe der politischen Willensbildung in »Massendemokratien« besser erklären zu können.

Im Ausgang von der Theorie bürokratischer Herrschaft als neuem Bezugsrahmen für die Analyse und Funktionsbestimmung demokratischer Willensbildungsprozesse lassen sich die Grundlinien der Weberschen Demokratietheorie leicht nachzeichnen. Die Einzelheiten können in den für dieses Kapitel angegebenen Texten (bes. WG Teil II, Kap. IX, Abschnitt 8, § 5) nachgelesen werden. Wir geben hier nur knappe Andeutungen[7].

a) Weber erblickt im Parlament eine die Verwaltung kontrollierende und zugleich als Auslesestätte für politische Führer fungierende Körperschaft. In beiden Funktionen: als »Sozialisationsinstanz« der Führer und als Kontrollorgan der Beamtenherrschaft übernimmt das Parlament Aufgaben der Eindämmung der Bürokratie. Weber denkt das Parlament als eine zweckhaft eingerichtete Organisation, deren Ziel es ist, die bei Lage der Dinge optimale Auslesestätte für Führer zu gewährleisten (WG 856) und, mittels des Enquetenrechts, die Bürokratie wirksam zu kontrollieren. In dieser Funktionsbestimmung folgt Weber einem klassischen liberalen Denkmuster, eine Chance für die Freiheit des Individuums nur in dem Maße gegeben zu sehen, als jeder sozialen Macht eine Gegenmacht entgegengestellt wird. »Angesichts der Grundtatsachen des unaufhaltsamen Vormarsches der Bürokratisierung kann die Frage nach den künftigen politischen Organisationsformen überhaupt nur so gestellt werden: ... wie kann ... irgendwelche Gewähr dafür geboten werden, daß Mächte vorhanden sind, welche die ungeheure Übermacht dieser an Bedeutung stets wachsenden Schicht in Schranken halten und sie wirksam kontrollieren? Wie wird Demokratie auch nur in diesem beschränkten Sinn überhaupt möglich sein?« (WG 836). Eine ausufernde Bürokratie kann nur dadurch in Schranken gehalten werden, daß einmal eine Kontrollinstanz als Gegengewicht geschaffen wird, zum anderen aber an der Spitze der Verwaltung »nichtbürokratische Elemente« (vgl. WG 127) stehen, die die Befehlsgewalt über den bürokratischen Apparat besitzen. Beide Aufgaben kann Weber zufolge optimal nur das parlamentarische System (worunter im engeren Sinn ein System verstanden wird, in dem die Verwaltungsleiter aus der Mitte des Parlaments entnommen werden, vgl. WG 851) leisten. Allerdings diskutiert Weber den Funktionsvorteil des Parlamentarismus nur im Vergleich zu bürokratischen Systemen ohne Parlamentskontrolle einerseits und zu Präsidialsystemen (Hauptbeispiel die USA) andererseits. Um ein Überwuchern aller sozialen Beziehungen mit bürokratischen Organisationsformen zu verhindern, bedarf es natürlich auch organisatorischer Vorkehrungen; auf dem Gebiet des staatlich politischen Betriebes vor allem: der strikten Trennung von Politik und Verwaltung. Aber diese organisatorischen Vorkehrungen dienen nur dazu, charismatischen Personen die Chance zur Leitung der Politik offenzuhalten. Auf ihrem Wirken beruhen Webers Hoffnungen, jene drohende Gefahr der Einrichtung eines lückenlosen »Gehäuses der

Hörigkeit« nocht entgehen zu können. Auch hierin – der Gegenüberstellung von Apparat und Person – bleibt Weber ebenso wie bei dem Postulat einer Trennung von Politik und Verwaltung in dem liberalen Denkmuster befangen, daß die eigentlichen Gegengewichte zur Herrschaft der Bürokratie nicht geänderte Organisationsstrukturen – da es auf der Ebene der Organisation keine Alternative zur Bürokratie gibt –, sondern große Individuen, seien es leitende Politiker oder kapitalistische Unternehmer (vgl. WG 129) bilden sollen.

b) In Massendemokratien mit allgemeinem Wahlrecht verwandelt sich zwangsläufig der Charakter der Wahl: sie nimmt den Charakter einer »bloßen Form« (WG 667) an – bei Verlust ihrer ursprünglichen Bedeutung, daß die Legitimität der Herrschaft auf der Zustimmung der Beherrschten beruhen müsse (demokratische Legitimität, WG 156) – und wird ihrem Sinn nach zu einer plebiszitären Führerbestellung durch das Volk. Was das Verhältnis des Volks zu seinen Repräsentanten betrifft, so läßt sich nur bei »rücksichtsloser Durchführung der Prinzipien der unmittelbaren Demokratie verhindern, daß aus dem Abgeordneten als »Diener« seiner Wähler der »gekürte Herr« wird (WG 666, vgl. 172). Gegenüber dem Volk rücken die »Repräsentanten« in die Position des »Herren« ein; dagegen bilden sie im Verhältnis zum Führer dessen Gefolgschaft. Aber nicht nur, daß sich das Parlament gegenüber dem »Volk« verselbständigt; auch das Verhältnis von Parlament und aus diesem hervorgehender Spitze der Exekutive verkehrt sich: »Die ganze breite Masse der Deputierten fungiert nur als Gefolgschaft für den oder die wenigen ›leader‹, welche das Kabinett bilden und gehorcht ihnen blind solange sie Erfolg haben« (WG 853, vgl. WG 856 u. PS 532 u. ö.). Als Gründe für diesen »cäsaristischen Einschlag in Massenstaaten« (WG 853) führt Weber an:

1. »das Prinzip der kleinen Zahl, d. h. die überlegene Manövrierfähigkeit kleiner führender Gruppen« (ebd.) und 2. den Sachverhalt, daß sich gerade bei steigender Komplexität der Gesellschaft niemand über alle Fragen eine relevante Meinung bilden könne. Daher liegen in Massenstaaten die Entscheidungskompetenzen nicht bei der »effektiven Genossenversammlung« und auch nicht bei dem Parlament als Vertretungskörperschaft, sondern die Befugnis zur Entscheidung konzentriert sich im politischen Führer, der auf dem »Wahlschlachtfeld« um eben diese Befugnis zur Entscheidung nachsucht (vgl. PS 518). Wahlen haben lediglich noch die Funktion, zwischen konkurrierenden Führungsgarnituren eine Auswahl zu treffen; die politische Beteiligung der Masse schrumpft auf periodische Akklamation der Führer zusammen. Die »Bedeutung der aktiven *Massendemokratisierung* ist, daß der politische Führer ... das Vertrauen und den Glauben der Massen an sich und also seine Macht mit massendemagogischen Mitteln gewinnt. Dem Wesen der Sache nach bedeutet dies eine *cäsaristische* Führer-

auslese. Und in der Tat neigt jede Demokratie dazu.« (WG 862). Der skizzierte Funktionswandel der Wahl und die Ausbildung der plebiszitären Führerdemokratie ist schließlich unabhängig davon, ob das Volk die Verwaltungsleiter direkt bestellt (Präsidialsystem nach amerikanischem Vorbild), oder ob parlamentarische Instanzen dazwischen geschaltet sind[8].

Erläuterungen und Zusätze
1. Das Thema Bürokratie und Demokratie ist in der organisationssoziologischen Literatur bezeichnenderweise stiefmütterlich behandelt worden. Nach MAYNTZ (1968) existiert kein Beitrag, der »die verschiedenen Aspekte des Themas Bürokratie und Demokratie zusammenfaßt und dabei die gesamtgesellschaftliche mit der organisationsinternen Perspektive kombiniert. Das Fehlen eines solchen Beitrags, in dem nach den Möglichkeiten, gesellschaftlichen und organisatorischen Voraussetzungen und den Konsequenzen einer Abwandlung bürokratischer Strukturen in demokratische Richtung gefragt wird, bildet nach Ansicht von MAYNTZ eine »empfindliche Lücke« (S. 23). – Demokratische Strukturen bewirken nicht nur »unter Umständen sehr fühlbare Durchbrechungen und Hemmungen der bürokratischen Organisation« (WG 572). Sofern unter Demokratisierung die zumindest relative Einebnung ökonomischer und sozialer Unterschiede verstanden wird, befördert sie den Prozeß der Bürokratisierung. Die abstrakte Regelhaftigkeit der Herrschaftsausübung als »charakteristisches Prinzip der Bürokratie« folgt, so Weber, schon aus dem »Verlangen nach ›Rechtsgleichheit‹ im persönlichen und sachlichen Sinn, also: aus der Perhorreszierung des ›Privilegs‹ . . .« (vgl. insgesamt WG 567–572).
2. Zur Formel: Demokratie ist »Herrschaft durch das Volk und für das Volk« vgl. auch MARX unter Berufung auf Lincoln (MEW 17/347).
3. Zum Begriff der »Beteiligung« vgl. HABERMAS (1961). Reiches Material über Möglichkeiten und Formen der Demokratisierung im Sinne von Beteiligung bietet die inzwischen durch das Hochschulrahmengesetz beendete Demokratisierungsdebatte an den Hochschulen und der Streit um die von den Gewerkschaften erstrebte Mitbestimmung der Arbeitnehmer in den Aufsichtsräten von Unternehmungen.
4. Zu Webers Klassenbegriff vgl. WG 177f. – Im Kern der Kritik der sozialistischen Theorie an der bürgerlichen Demokratie steht die Aufdeckung der für diese fundamentalen Differenz zwischen politischer und sozialer Gleichheit. Vgl. hierzu oben 35. Kapitel.
5. Über den Zusammenhang von Regierungsform und Staatsgröße handelt bereits ROUSSEAU (1971) bes. 3. Buch, Kap. 1.
6. Als brauchbare Einführung in das Gebiet der Demokratietheorie empfehlen wir: NARR, NASCHOLD (1971). Zu dem von Weber erstmals umfassend analysierten Funktionswandel demokratischer Institutionen vgl. LEIBHOLZ (1967) und AGNOLI (1968).
7. Eine ausführlichere Analyse von Webers Begriff der plebiszitären Führerdemokratie findet sich in dem Aufsatz von MOMMSEN (1963).
8. Webers Demokratietheorie ist von SCHUMPETER aufgegriffen und in Richtung ei-

ner Reduktion des Demokratiebegriffes zu einem bloßen Verfahren fortgebildet worden. (1950, bes. S. 397ff.). Nicht dadurch ist ein politisches System demokratisch, daß es eine Herrschaft durch und für das Volk darstellt; der »modus procedendi« allein ermöglicht eine Entscheidung darüber, ob eine Regierungsform demokratisch genannt werden darf: »die demokratische Methode ist diejenige Ordnung der Institutionen zur Erreichung politischer Entscheidungen, bei welcher einzelne die Entscheidungsbefugnis vermittels eines Konkurrenzkampfes um die Stimmen des Volkes erwerben« (a.a.O. 428). Über SCHUMPETER hat Webers Theorie Eingang in die moderne Forschungsrichtung der New Political Economy of Democracy gefunden. Vgl. vor allem DOWNS (1957, deutsch 1968), der das demokratische Moment der Regierungssysteme der ›westlichen‹ Demokratien unfreiwillig auf den Begriff gebracht hat: eine Regierung ist dann demokratisch, wenn sie in periodischen Zeitabständen durch allgemeine Wahlen bestellt wird, bei denen zwei oder mehrere Parteien um die Stimmen aller Erwachsenen konkurrieren (vgl. S. 33). Die Regierung ist eine Partei, die mit anderen Parteien um die Beherrschung des Staatsapparates in Wettbewerb steht. Das Ziel der Partei ist nicht die Maximierung der Wohlfahrt, sondern die Maximierung der Stimmen (S. 50). Die skizzierte Rückbildung der Demokratietheorie ist von HABERMAS (1973) so zusammengefaßt worden: »Demokratie wird nicht länger durch den Inhalt einer Lebensform bestimmt, welche die verallgemeinerungsfähigen Interessen aller einzelnen zur Geltung bringt; sie gilt nur noch als Methode der Auswahl von Führern und Führungsgarnituren« (S. 169).

Fragen zur Diskussion:
1. Welche Mittel gibt es für eine effektive Kontrolle des Verwaltungsstabs durch die »Genossenversammlung«?
2. Wodurch unterscheiden sich freie und gebundene Repräsentation?
3. Warum bilden demokratische und bürokratische Organisationsstrukturen einen Gegensatz?
4. Die Momente der Gleichheit und Beteiligung machen den Kern des Demokratiebegriffs aus. Können Sie begründen, warum Gleichheit für demokratische Organisationen konstitutiv sein soll?
5. Läßt sich Herrschaft von Menschen über Menschen restlos beseitigen? Könnten Ihrer Meinung nach die für Organisationen notwendigen Vollzugsfunktionen noch als Herrschaft angesprochen werden?
6. Entspricht Webers Hypothese, daß in »Massendemokratien« Wahlen den Charakter von Führerakklamationen angenommen haben, Ihren Beobachtungen?

44. Kapitel: Bürokratische Herrschaft und kapitalistische Produktionsweise

Lernziele

In diesem Kapitel sollen die Beziehungen zwischen bürokratischer Herrschaft und kapitalistischer Produktionsweise untersucht werden. Zunächst wird an den Sachverhalt erinnert, daß die bürokratische Form der politischen Herrschaft den Zwek-

ken der kapitalistischen Produktion »dienlich« ist (§ 1). Sodann soll deutlich werden, daß
a) die bürokratische Herrschaft funktionales Erfordernis der kapitalistischen Produktion ist (§ 2), und daß
b) strukturelle Gleichheiten zwischen beiden bestehen (§ 3).

Abschließend (§ 4) soll Webers Annahme diskutiert werden, daß die bürokratische Herrschaft in ihrer modernen Form zwar einerseits ein Entwicklungsprodukt und keine »natürliche« Ausstattung von Gesellschaften ist, andererseits aber, einmal entstanden, eine extreme Stabilität besitzt, ihr Absterben also relativ unwahrscheinlich ist.

Textgrundlage
WG Teil II, Kap. IX, 2. Abschnitt, bes. S. 556 ff.
WG Teil II, Kap. IX, 8. Abschnitt, § 3, S. 825–837 (vgl. PS S. 308–323).
RS S. 2–16.

§ 1. In den Mittelpunkt der Untersuchungen dieses Teils haben wir die bürokratische Struktur der politischen Herrschaft gestellt. »Vorbürokratische Strukturprinzipien« (WG 580) interessierten uns nur als Folie für eine schärfere Fassung des bürokratischen Strukturprinzips. Dessen Geltung ist keineswegs, wie wir schon betonten, auf politische Herrschaftsverbände beschränkt; vielmehr lassen sich auch andere Verbände, z. B. Krankenhäuser, Fabriken, Heere, Parteien etc. bürokratisch organisieren. Allerdings galt unser Interesse in erster Linie dem politischen Herrschaftsverband in seiner modernen Form, dem »modernen« Staat. In der Absicht einer Diskussion von Webers soziologischer Theorie des modernen Staats gingen wir aus von dem Begriff der Herrschaft in der präzisierten Fassung, die ihm Max Weber gegeben hat. Seine Analyse führte uns auf den Begriff der Legitimität. »Unsere heutigen Verbände«, vor allem die politischen, so Weber (RS 267) haben den Legitimitäts-»Typus ›legaler‹ Herrschaften. D. h. die Legitimität zu befehlen ruht für den Inhaber der Befehlsgewalt auf rational gesatzter ... Regel«. Mit ›bürokratischer Struktur‹ bezeichnet Weber jenen Organisationstypus von Herrschaftsverbänden, für den die Bindung des Verbandshandelns an Regeln konstitutiv ist. Diese Regeln werden vollzogen oder angewandt von einem Korpus fachlich geschulter, spezialisierter, hierarchisch gegliederter Berufsbeamter mit genau abgegrenzten und zugeteilten Kompetenzen. Hinzu kommt die Zweck-Mittel-Orientierung als Strukturprinzip bürokratischer Systeme. Versteht man mit Weber unter Organisationen »im gewöhnlichen Sinn« eine »Ordnung von Menschen und Dingen nach dem Prinzip von Zweck und Mittel« (WG 659), dann sind bürokratische Organisationen solche, in denen alle Beziehungen streng nach dem Zweck-Mittel-Schema ausgerichtet sind. Eine derartige Organisation nach dem Zweck-Mittel-Schema verlangt gleichzeitig, daß eine strikte Trennung zwischen Mittel und Zweck besteht. Dementsprechend bezeichnet Weber die bürokratische Organisation als »Präzisionsinstrument« (WG 571); dessen Eigenschaft ist es, von den verschiedensten »Herren« für die verschiedensten Zwecke, politische, ökonomische etc. eingesetzt werden zu können.

In diesem letzten Kapitel fragen wir nach den Beziehungen zwischen einer als Präzisionsinstrument charakterisierten bürokratischen Struktur und der kapitalistischen Produktionsweise. Auf Beziehungen zwischen beiden sind wir im Verlauf unserer Untersuchungen wiederholt gestoßen. Wir haben gesehen, daß die bürokratische Form der politischen Herrschaft und die kapitalistische Organisation des gesellschaftlichen Reproduktionsprozesses derart miteinander verbunden sind, daß an einer Organisation der Herrschaft nach bürokratischen Prinzipien in erster Linie die Klasse der Kapitalisten interessiert ist. Dahingegen ist Weber zufolge den »besitzlosen Massen mit einer formalen Rechtsgleichheit und einer ›kalkulierbaren‹ Rechtsfindung und Verwaltung, wie sie die ›bürgerlichen‹ Interessen fordern, nicht gedient« (WG 565).[1] Aufbauend auf dieser Einsicht können wir uns nunmehr die Gründe für die klassenspezifische Verteilung des Interesses an bürokratischen Formen der politischen Herrschaft verdeutlichen. Die nach Klassenlage unterschiedliche Interessiertheit an Institutionalisierungen bürokratischen Verhaltens läßt sich bereits mit dem formalen Charakter bürokratischer Organisationen begründen. Der Formalismus des Rechts, nach dem bürokratische Verwaltungen arbeiten, besagt zwar: a) Das Recht differenziert nicht nach Gruppen oder Personen. Soweit also die Privilegienstruktur des ständischen Rechts abgebaut ist, soweit können sich im Recht keine sozialen Unterschiede abbilden. b) Der abstrakte Rechtsformalismus bildet den extremen Gegensatz zum »Bedürfnis nach Erfüllung materialer Postulate durch das Recht« (WG 469). Das formale Recht befördert keine materialen Zwecke, sondern liefert nur die Spielregeln für die Individuen und Gruppen überlassene Verfolgung solcher Zwecke. Das Recht ist, so Weber, ein Mittel des »befriedeten Interessenkampfes« (WG 470, 512). Jedoch darf bei dieser Kennzeichnung des Formalismus der abstrakten Rechtsregeln nicht aus dem Auge verloren werden, daß sie anhand des bürgerlichen Privatrechts (vgl. Kap. 32 und 33) gewonnen ist und im strengen Sinn auch nur für dieses Rechtsgebiet zutrifft. Sodann aber: Im Zentrum der modernen Rechtsvorstellung liegt der Gedanke der Ersetzung der auf individuellen Qualitäten von Personen beruhenden Sonderrechte durch die Herrschaft abstrakt geltender Normen. Diese Normen beanspruchen Geltung »ohne Ansehen der Person«. Unterschiede der Personen, seien es angeborene oder erworbene (Bildung und Besitz vor allem) sind der Idee nach ohne Einfluß auf die Anwendung des Rechts. Abstrahiert wird jedoch nicht eigentlich von Personen, sondern von den unterschiedlichen individuellen Qualitäten von Personen und vor allem von *Besitzunterschieden*. Von Unterschieden des Besitzes zu abstrahieren heißt gerade, daß vom Besitz selbst nicht abstrahiert wird. Als Warenbesitzer sind die Rechtspersonen im formalen Recht vielmehr vorausgesetzt. Der selektive, Interessen unterschiedlich befördernde Charakter des formalen Rechts und der an seinen Normen orientierten bürokratischen Verwaltung kommt nun gerade dadurch zustande, daß die formale Gleichheit hergestellt wird, ohne die fortbestehende, aus der unterschiedlichen Klassenlage entspringende materiale Ungleichheit zu berühren. Gerade indem das Recht von Unterschieden der Besitzverteilung abstrahiert, wirkt es als zusätzliche Garantie dieser Unterschiede (vgl. WG 34). Rechtsgleichheit verbindet sich so mit unbegrenzter Ungleichheit der Vermögenslagen. Weber hat die Eigentümlichkeit des Rechtsformalismus, daß die formale Gleichheit in der sie kennzeichnenden Verknüpfung mit materialer Ungleichheit die Funktion einer Stabilisierung der letzteren übernimmt und auf diesem Wege ein sich nach Klassenlage differenzierendes Interesse an dieser Rechtsordnung begründet, am Beispiel des Arbeitsvertrags verdeutlicht: »das formale Recht eines Arbeiters, einen Arbeitsvertrag jeden beliebigen Inhalts mit jedem beliebigen Unternehmer einzugehen, bedeutet für den Arbeitssuchenden praktisch nicht die mindeste Freiheit in der eigenen Gestaltung der Arbeitsbedingungen und garantiert ihm an sich auch keinerlei Einfluß darauf. Sondern mindestens zunächst folgt daraus lediglich die Möglichkeit, für den auf dem Markt Mächtigeren, in diesem Fall normalerweise den Unternehmer, diese Bedingungen nach seinem Ermessen festzusetzen, sie dem Arbeitssuchenden zur Annahme oder Ablehnung anzubieten, und – bei der durchschnittlich stärkeren ökonomischen Dringlichkeit seines Arbeitsangebots für den Arbeitssuchenden – diesem zu oktroyieren. Das Resultat der Vertragsfreiheit ist also in erster Linie: die Eröffnung der Chance, durch kluge Verwendung von Güterbesitz auf dem Markt diesen ungehindert durch Rechtsschranken als Mittel der Erlangung von Macht über andere zu nutzen« (WG 439).

§ 2. Bürokratische Herrschaft und kapitalistische Produktionsweise sind nicht nur durch das Interesse an bürokratischer Verwaltung zusammengeschlossen. In dem für die bürokratische Herrschaft »entscheidenden Merkmal«, daß »Amtspflicht« und »Herrenrecht« durch »rational gesatzte Normen« bestimmt sind (RS 272) ist noch ein weiteres Moment enthalten, das eine bürokratische Verwaltung zum funktionalen Erfordernis der kapitalistischen Produktion macht: die Berechenbarkeit oder Kalkulierbarkeit der nach abstrakten Regeln arbeitenden Bürokratie. Obwohl Kapitalismus und Bürokratie »aus verschiedenen geschichtlichen Wurzeln gewachsen sind«, fordert der »Kapitalismus in seinem heutigen Entwicklungsstadium« die Bürokratie (WG 129). Der Grund hierfür liegt darin, daß der kapitalistische Produktionsprozeß sich durch den »Bedarf nach stetiger, straffer, intensiver und kalkulierbarer Verwaltung« (WG 129) kennzeichnen läßt. Wir haben in Teil D gesehen, daß nach Weber formale Rationalität für den modernen Kapitalismus konstitutiv ist. Vormoderne Herrschaftsformen sind mit den funktionalen Erfordernissen der kapitalistischen Produktion inkompatibel, weil die »sichere Kalkulierbarkeit der Belastung« (WG 138) durch staatliche Maßnahmen fehlt (vgl. WG 139). Im Blick auf die Bedürfnisse der kapitalistischen Produktionsweise sieht Weber den Hauptmangel vorbürgerlicher Herrschaftsformen darin, daß dort die »für die Entwicklung des Kapitalismus unentbehrliche *Berechenbarkeit* des Funktionierens der staatlichen Ordnung, welche die rationalen Regeln der modernen bürokratischen Verwaltung ... darbieten« (WG 643), fehlt. Der auf der Kalkulation beruhende kapitalistische Betrieb »braucht für seine Existenz eine Justiz und Verwaltung, deren Funktionieren wenigstens im Prinzip ebenso an festen generellen Normen rational kalkuliert werden kann, wie man die voraussichtliche Leistung einer Maschine kalkuliert« (WG 826). Die Parallelität, die Weber zwischen der leblosen Maschine und der Bürokratie als »lebender Maschine« (WG 835) sieht, hat ihren Grund darin, daß der ›output‹ beider, abstrakt formuliert, die Verringerung von Zufälligkeiten, das Abarbeiten von »Kontingenzen« oder die Ausdehnung einer Sphäre von Sicherheit, in der sich stabile Erwartungen über längere Zeiträume erstrecken können, ist. Insofern ist die bürokratische Herrschaft bereits durch die Art und Weise, wie Verwaltungsakte zustande kommen und unter Abstraktion von deren Inhalten, den Erfordernissen der kapitalistischen Produktion funktional adäquat.

§ 3. Wie wir gesehen haben, wirkt die Abstraktheit der Regeln, nach denen die bürokratische Verwaltung arbeitet, interessenselektiv und garantiert Berechenbarkeit. Jedoch sind Kapitalismus und bürokratische Struktur nicht nur »funktional« zusammengeschlossen; vielmehr besteht eine »soziologische Verwandtschaft« (WL 477) beider auf der Ebene der ›Struktur‹. »Fabrik« und »Staat« sind für Weber »im Grundwesen ganz gleichartig« (WG 825).

Weber begründet die strukturelle Gleichheit beider in erster Linie mit der Trennung des Arbeiters, Angestellten und Beamten von den Produktions- und Verwaltungsmitteln, die im staatlichen Bereich ebenso ausgebildet sei wie im Bereich der privaten Wirtschaft. »Die rechtliche Trennung des Beamten von den Verwaltungsmitteln ... ist in der Sphäre der politischen ... Verbände genau so durchgeführt wie die Trennung des Arbeiters von den Produktionsmitteln in der kapitalistischen Wirtschaft, sie ist deren völlige Parallele« (RS 268, vgl. u. a. WG 126, 566, SP 498 ff., 825). Diese Trennung des ›Arbeiters‹ (im weiten, Angestellte und Beamte einschließenden) Sinne von den ›Produktionsmitteln‹ (im weiten, auch die staatlichen Verwaltungsmittel umfassenden Sinn), die im modernen Staat wie im kapitalistischen Betrieb in gleicher Weise ausgebildet ist, kennzeichnet – darauf haben wir schon im 42. Kapitel verwiesen – die bürokratische Struktur insgesamt. Weber erblickt in dieser Trennung einen Rationalitätsfortschritt; warum, macht er nicht hinreichend klar. Daß die mit der Konzentration der Produktionsmittel einhergehende »kombinierte Produktionsweise« und die Produktion auf großer Stufenleiter ebenso wie die Zentralisation der Herrengewalt im staatlichen Bereich gegenüber der isolierten Produktion und der Zersplitterung des mittelaltrigen Staatswesens auch als Rationalitätsfortschritt bezeichnet werden kann, mag noch unmittelbar einsichtig sein. Zwar sieht Weber, daß historisch die Vergesellschaftung der Produktion und die Ausbildung der modernen staatlichen Zentralgewalt an den Prozeß der Trennung des Arbeiters (Beamten) von den Produktionsmitteln (Verwaltungsmitteln) gebunden ist, aber er reflektiert nicht in zureichender Weise, daß diese Trennung keineswegs eine unabdingbare Voraussetzung vergesellschafteter Produktion und staatlicher Einheit bildet, also Formen der Vergesellschaftung möglich sind, in denen »die Trennung« aufgehoben ist, ohne deswegen eine Rückkehr zu vorkapitalistischen Formen des Eigentums der einzelnen Arbeiter an ihren Produktionsmitteln darzustellen. Weber weiß sehr wohl, daß die privatkapitalistischen Großbetriebe ihr wesentliches Merkmal in der Konzentration der sachlichen Betriebsmittel in der Hand des Herrn finden. Aber weil er diese für die kapitalistische Organisation der Wirtschaft typische Entwicklung als Ausprägung einer allgemeineren, auch das Heereswesen, Staat, Wissenschaft und Erziehung etc. umfassenden Entwicklung bürokratischer Organisationsformen interpretiert, und weil er in der Herausbildung solcher durch die Trennung von Betriebsmitteln und Personen definierten bürokratischen Strukturen eine unumkehrbare Entwicklung erblickt, muß er zu der Folgerung gelangen – und nur auf dem Hintergrund solcher Annahmen wird diese Folgerung verständlich – daß die Trennung des ›Arbeiters von den Produktionsmitteln‹ nicht als in dieser oder jener Hinsicht, sondern als schlechthin rational anzusehen ist.

§ 4. Weber zufolge ist die bürokratische Herrschaft keine naturgegebene Organisationsform der staatlichen Sphäre oder anderer Bereiche des gesellschaftlichen Reproduktionsprozesses, sondern ein »relativ spätes Entwicklungsprodukt« (WG 567). Die sozialen und ökonomischen Voraussetzungen ihrer Entstehung sind:

1. Entwicklung der Geldwirtschaft; »ein gewisser Grad geldwirtschaftlicher Entwicklung ist normale Voraussetzung, wenn nicht für die Schaffung, dann für den unveränderten Fortbestand bürokratischer Verwaltungen« (WG 566).

2. Quantitative Ausdehnung der Verwaltungsaufgaben in einem Um-

fang, die einen modernen Großstaat ohne bürokratische Verwaltung gar nicht denkbar erscheinen lassen; (vgl. WG 560: der »moderne Großstaat ist ... technisch auf eine bürokratische Basis schlechthin angewiesen«).

3. Die qualitative Erweiterung des Aufgabenkreises der Verwaltung. Vor allem die »durch steigende Kompliziertheit der Kultur bedingten wachsenden Ansprüche an die Verwaltung« (WG 560) sind es, die in Richtung einer Bürokratisierung der Verwaltung drängen.

4. Die technische Überlegenheit der bürokratischen Organisation über jede andere Organisationsform sozialer Beziehungen (WG 561 f.). In dieser ihrer Überlegenheit erblickt Weber den entscheidenden Grund für das Vordringen bürokratischer Organisationen.

5. Konzentration der sachlichen Betriebsmittel in der Hand des Herrn, also Enteignung aller »ursprünglichen Besitzer« sei es des sich selbst versorgenden und ausrüstenden Ritters im feudalen Heereswesen, sei es des mit einem Verwaltungsgebiet belehnten Beamten oder sei es des zünftigen Handwerkers.

6. Die Nivellierung der ökonomischen und sozialen Unterschiede der Beherrschten.

Die Frage der technischen Überlegenheit der bürokratischen Organisation haben wir im 3. Kapitel behandelt; auf eine ausführlichere Diskussion aller anderen Voraussetzungen verzichten wir an dieser Stelle, so wichtig sie sowohl in theoretischer Hinsicht (denkt man z. B. nur an den von Weber konstatierten Zusammenhang zwischen Geldwirtschaft und bürokratischer Herrschaft) als in methodischer Hinsicht auch wäre: so handelt es sich bei der ersten Voraussetzung offensichtlich nicht um eine Ursache der Bürokratisierung im Sinne einer notwendigen und hinreichenden Bedingung, da ja bürokratische Großorganisationen auch auf naturalwirtschaftlichem Boden vorkommen können (Beispiel: Ägypten). Bei (2) und (3) handelt es sich um »klassische Argumente« des funktionalistischen Typs für eine Bürokratisierung (Bürokratie als funktionales Erfordernis). Unter (4) wird die Durchsetzung bürokratischer Organisationsformen mit deren spezifischem »output« oder Leistungen begründet; die Trennung von sachlichem Apparat und Personal (5) ist erst recht keine Ursache der Bürokratisierung, sondern eine parallele Erscheinung oder ein Definitionselement; bei (6) schließlich handelt es sich um eine Ursache lediglich im Sinne der Beseitigung eines Hemmnisses. Auch diese, gerade im Blick auf den logischen Status der Handlungstheorie bedeutsamen Fragen und Probleme behandeln wir nicht weiter; wir haben abschließend nurmehr auf Webers Annahme der Unentrinnbarkeit bürokratischer Herrschaft einzugehen.

Weber sieht die moderne kapitalistische Gesellschaft in einem Prozeß unaufhaltsamer Bürokratisierung begriffen (WG 570, 578, 834 ff., RS 3 ff., PS 274 ff.). In das Gehäuse einer fachgeschulten Beamtenorganisation ist die gesamte Existenz des Mitglieds moderner Gesellschaften unentrinnbar gebannt (RS 3). Der bürokratische Apparat, wo er einmal besteht, ist »objektiv unentbehrlich« und als Herrschaftsform praktisch »unzerbrechlich« (WG 570). Zwar ist die bürokratische Herrschaft eine historische Errungenschaft; andererseits läßt sie sich, wenn sie sich einmal durchgesetzt hat, nur schwerlich wieder beseitigen. Dabei ist die »Grundtatsache des unaufhaltsamen Vormarsches der Bürokratisierung« keineswegs auf das *staatliche* Beamtentum beschränkt, vielmehr läßt sich dieser Vorgang in allen Bereichen der kapitalistischen Gesellschaftsformation beobachten. Die Pointe dieser Annahme eines eindeutig gerichteten, nicht oder sehr schwer umkehrbaren, historischen Entwicklungsprozesses wird ersichtlich, wenn man sie mit der von Marx aus den Entwicklungsgesetzen der kapitalistischen Produktion abgeleiteten Annahme vergleicht, daß diese Produktionsweise historisch beschränkt und der Übergang in eine »höhere Form der Produktion« unvermeidlich sei. »Die Diktatur des Beamten, nicht die des Arbeiters –« so Weber sarkastisch, »ist es, die – vorläufig jedenfalls – im Vormarsch begriffen ist« (SP 508).

Bezüglich des Sinns des Bürokratisierungsprozesses lassen sich u. E. zwei Komponenten unterscheiden, wovon die eine insofern unproblematisch ist, als sie nur einen Vorgang in Ausdrücken beschreibt, die unabhängig vom gewählten Theorieansatz auf breite Zustimmung stoßen dürften, wohingegen die andere Komponente im Zusammenhang mit jener »geheimen Geschichtsphilosophie« zu sehen ist, aus deren »Blickwinkel Weber die gesamtgesellschaftliche Entwicklung interpretiert« (HABERMAS 1965, S. 77). Bürokratisierung bedeutet zunächst nur: daß der »Fachbeamte« im Sprachgebrauch Webers zum Träger der wichtigsten Alltagsfunktionen wird und daß dementsprechend an die Stelle der Selbstverwaltung durch Honoratioren die in diesem Sinne bürokratische Verwaltung tritt (vgl. WG 835). In dieser Ersetzung des Dilettanten durch den Fachmann und der Honoratiorenverwaltung durch den »bezahlten Berufsbeamten« in allen wichtigen Bereichen der Gesellschaft erblicken wir die »unproblematische« oder weniger problematische Komponente des Bürokratiebegriffs. In Übereinstimmung mit ihr hält Weber die Sachkunde, welche die Leitung der Produktion verlangt, für die eigentlich kritische Frage einer sozialistischen Umwälzung. – Die kritische Komponente des Bürokratiebegriffs ist in der Formel vom »Gehäuse der Hörigkeit« zusammengefaßt, in das sich zu fügen die Individuen ohnmächtig gezwungen sind[2]. Mit dieser Formel expliziert Weber den sozialstrukturellen Sachverhalt des Auseinandertretens von Individuum und »Apparat«, der »Verkehrung« als Herrschaft eigentümlich subjektlos fungierender Organisationsformen über Individuen, Prozesse der »Entpersönlichung« und »Versachlichung«, oder in welchen Worten auch immer jener Grundtatbestand bezeichnet werden mag, der seit dem Aufkommen des Kapitalismus die sozialen Beziehungen der Individuen geprägt hat. Das Kritische oder Fragwürdige dieser Komponente liegt eigentlich auch nicht in ihrem abstrakten Inhalt, sondern darin, daß Webers Soziologie zwar ein tiefes Verständnis dieser Struktur dokumentiert, aber die angebotenen Erklärungen der Bürokratisierungstendenz doch eigentümlich unbefriedigend bleiben.

In der Begründung dieser Annahme einer historischen Tendenz zur universalen Bürokratisierung aller gesellschaftlichen Lebensbereiche lassen sich im wesentlichen drei Argumente unterscheiden:

a) die Komplexität moderner Gesellschaften macht bürokratische Organisationen unentbehrlich. Die Versorgung großer Menschenmassen mit dem zur Reproduktion ihres Lebens erforderlichen individuellen und kollektiven Gütern verlangt unabdingbar eine von »Fachbeamten« getragene Verwaltung. Aber, folgt aus dem Sachverhalt, daß »alle kontinuierliche Arbeit durch Beamte in Bureaus« geleistet wird, daß man nur die Wahl hat zwischen »Bürokratisierung« und »Dilettantisierung der Verwaltung«? (WG 128). Zwar mag in der Perspektive der Ersetzung der Honoratiorenverwaltung durch ein fachlich gebildetes Berufsbeamtentum der Prozeß zunehmender Bürokratisierung irreversibel sein. Jedoch liegt die über die Frage der Unausweichlichkeit der Bürokratisierung entscheidende Alternative gar nicht in der Rückkehr zu einer Verwaltung durch Dilettanten, sondern, in Webers eigener Terminologie, in Prozessen der Demokratisierung, also in gemeinsamer Beratung und Beschlußfassung der Beteiligten über Angelegenheiten, in die sie direkt involviert sind. Dilettantismus ist mit dieser Organisationsform nicht notwendig verbunden. Die kontinuierliche Arbeit durch Beamte in Bureaus würde durch Demokratisierung ja nicht einfach abgeschafft, sondern in einen gewandelten sozialen Bezugsrahmen eingebettet.

b) Die Ausbreitung der bürokratischen Struktur ist eine Folge der mit der Konzentration der sachlichen Betriebsmittel in der Hand des Herren gegebene Trennung des Arbeiters, Angestellten, Beamten von diesen Mitteln. Weber zufolge wäre es ein schwerer Irrtum, sie für etwas »nur der Wirtschaft, und vollends der *privaten* Wirtschaft Eigentümliches« (SP 499) zu halten. Die Trennung des »Arbeiters« von den »Arbeitsmitteln« ist eine Struktur, die sich in allen Zweigen der gesellschaftlichen Arbeit durchgesetzt hat. Das gilt auch und gerade für die staatliche Sphäre. »Der moderne Staat entsteht, indem der Fürst ... besoldete Beamte anstellt und damit die ›Trennung der Beamten von den Betriebsmitteln‹ vollzieht« (ebd.). Weber sieht richtig, daß eine Rückkehr zu vorkapitalistischen Formen des Privateigentums der »unmittelbaren Produzenten« an den sachlichen Bedingungen ihrer Arbeit schon durch den Stand der Technik ausgeschlossen ist (vgl. SP 499f.); jedoch basiert seine Annahme, daß die Trennung des »Verwaltungsstabs« von den sachlichen Betriebsmitteln »in jedem Falle«, also auch im Falle einer sozialistischen Planwirtschaft, weiter bestehen wird, darauf, daß er die Trennung des Arbeiters von den Produktionsmitteln nur in der Perspektive der Enteignung des »unmittelbaren Produzenten« von seinen Produktionsmitteln thematisiert und nicht in der weitergehenden Perspektive der Enteignung des Herren, in dessen Hand sich die Produktionsmittel konzentrieren (vgl. SP 499, WG 824f., 834f.). In letzterer Hinsicht hat Weber nur die Auswechselung der Personen, die die Herrenrolle wahrnehmen, im Blick, aber nicht die Beseitigung dieser Rolle durch Beseitigung der gesellschaftlichen Voraussetzungen, auf deren Boden sie immer wieder sich bilden kann.

In der am Verhältnis des Kapitalismus zu vorkapitalistischen Zuständen ausgerichteten Alternative: entweder sind die einzelnen Mitglieder des Verwaltungsstabs im Eigenbesitz der für die Durchführung der Verwaltungsaufgaben erforderlichen sachlichen Betriebsmittel, oder sie sind es nicht, hat ein auf Gemeineigentum aufbauendes Organisationsmuster sozialer Beziehungen keinen rechten Platz. In der Verstaatlichung sieht Weber keine über den Kapitalismus hinausführende Form der gesellschaftlichen Produktion, sondern die Aufrechterhaltung und Fortsetzung der durch den Kapitalismus herbeigeführten »Trennung«. (Zur Differenzierung zwischen Verstaatlichung und Vergesellschaftung bei Marx vgl. oben Kapitel 39). Insofern gerät ihm der Prozeß fortschreitender Enteignung noch über eigene Verwaltungsstäbe verfügenden Herren und die Zusammenfassung aller Beschaffungsmittel in der staatlichen Bürokratie zum Angstbild eines stählernen Gehäuses, dem der enteignete Einzelne ohnmächtig ausgeliefert ist.

Die Annahme der Unausweichlichkeit der Bürokratisierung – auch im Sozialismus bleibt ja Weber zufolge die Trennung des Arbeiters von den Produktionsmitteln aufrecht erhalten – liefert Weber das zentrale Argument gegen die Möglichkeit sozialistischer Demokratie (vgl. HEYMANN 1973, S. 103). Gegenüber der von Weber aufgestellten Zukunftperspektive wäre geltend zu machen, daß mit der durch das Gemeineigentum an den Produktionsmitteln (generell: den Verwaltungsmitteln) eingeräumten *Möglichkeit* der Verfügung über die eigenen Lebensbedingungen auch der Sinn »bürokratischer« Strukturen einem Wandel unterliegt, der sie nicht mehr als »stählernes Gehäuse«, in das der Einzelne eingeschlossen ist, erscheinen läßt, sondern als rationelle Form der Produktion und Verteilung von Gütern individuellen und kollektiven Bedarfs.

c) Die Bürokratisierung breitet sich unaufhaltsam aus, weil sie Teil eines welthistorischen Rationalisierungsprozesses ist. Träger dieses Rationalisierungsprozesses sind nach Weber der moderne Kapitalismus, die bürokratische Verwaltung und der wissenschaftlich-technische Fortschritt. In allen dreien formt sich Rationalität als übergreifende Struktur ›gleich-ursprünglich‹ aus. Im Vorwort zu den beiden ersten, von ihm herausgegebenen Bänden des »Grundrisses der Sozialökonomik« gibt Weber den systematischen Charakter des Werks so an: »Es wurde von der Anschauung ausgegangen, daß die Entfaltung der Wirtschaft vor allem als eine besondere Teilerscheinung der allgemeinen Rationalisierung des Lebens untersucht werden müsse.« Ebenso ist die Entfaltung der bürokratischen Struktur eine Teilerscheinung dieser allgemeinen Rationalisierung oder der geschichtliche *Träger* der modernen rationalen Lebensordnung. Diese Rationalisierung aller Lebensbereiche ist ein ursprüngliches, nicht weiter reduzierbares Ganzes. Wissenschaftlich-technischer Fortschritt, die moderne gewerbliche Produktion und die bürokratische Organisation sind Teile und Stufen jenes Rationalisierungsprozesses, dem wir »seit Jahrtausenden unterliegen« (WL 593). Wenn in irgendeinem Gedanken die Einheit des Werks Max Webers sich festmachen läßt, dann liegt sie in der Idee der fortschreitenden Rationalisierung, welche die aus der alteuropäischen Tradition stammenden Gesellschaften ergriffen hat[3]. Die Idee der Rationalisierung ist die große Leitlinie des ganzen Systems (vgl. FREYER 1930). Der Übergang zum Kapitalismus, die Entstehung des modernen Staats und die Entfaltung der neuzeitlichen Wissenschaft und Technik bezeichnen eine welthistorische Stufe dieses Rationalisierungsprozesses.

Eine Kritik an diesem Gedanken kann nun nicht so verlaufen, daß der »Vormarsch des Rationalismus« (WG 579) schlicht in Abrede gestellt wird. Vielmehr wird die Kritik so vorgehen müssen, daß 1) auf innere Unklarheiten des Konzepts abgehoben wird, und daß 2) nach den gesellschaftlichen Voraussetzungen gefragt wird, die der Rationalisierung zugrunde liegen.

ad 1) Bezogen auf die bürokratische Struktur hat Rationalität, wie gezeigt, in erster Linie den Sinn: Regelhaftigkeit der Verwaltungsakte. Daneben bezieht sich aber der Begriff auch auf die Zweckrationalität des Verwaltungsaufbaus und das Fachwissen der Beamten. Den Kern des Rationalitätsbegriffs wird man jedoch in der formalen Rationalität oder Rechenhaftigkeit erblicken müssen. Unter Rationalisierung versteht Weber dementsprechend die Verwissenschaftlichung oder genauer: die steigende Berechenbarkeit des gesellschaftlichen Lebensprozesses. »Die zunehmende Intellektualisierung und Rationalisierung bedeutet..., daß es ... prinzipiell keine geheimnisvollen, unberechenbaren Mächte gebe ... daß man vielmehr alle Dinge – im Prinzip – durch *Berechnen* beherrschen könne. Das bedeutet aber: die Entzauberung der Welt« (WL 594). Alles Handeln vollzieht sich zunehmend in der Form von Rechnungen – es rechnet und wird selbst berechenbar. Bezogen auf vorausliegende Gesellschaftsformen begreift Weber diesen Vorgang der Rationalisierung als »Entzauberung der Welt«. Abgesehen davon, daß nicht eindeutig festgelegt wird, ob von

Handlungsrationalität« oder »Systemrationalität« die Rede ist, laufen im Rationalitätskonzept, wie man sieht, verschiedene Elemente zusammen (Zweckrationalität, Regelhaftigkeit, Mathematisierung), deren innere Einheit Weber nicht hinreichend offenlegt.

ad 2) Der Gedanke, daß der Rationalisierungsprozeß den Kern und »die wesentlichste Triebkraft« (WG 196) der sozialen Evolution zumindest ab einer bestimmten Schwelle, die mit dem Auftreten des Kapitalismus, des modernen Staats und der neuzeitlichen Wissenschaft bezeichnet ist, ausmacht, könnte durch den Nachweis sozialer Voraussetzungen, auf denen er selbst aufruht, erschüttert werden. Für ein solches Verfahren liefert Webers Werk selbst Anhaltspunkte. Einerseits faßt Weber den modernen Kapitalismus als Ausprägung des Rationalismus der okzidentalen Kultur (vgl. RS 2ff.); andererseits gibt es Stellen, an denen Weber die sozialen Voraussetzungen des okzidentalen Rationalismus reflektiert und erkenntlich wird, daß der Inhalt des Rationalitätsbegriffs durch gesellschaftliche Bedingungen, von denen er abgezogen ist, geprägt wird (vgl. oben Kapitel 28). Einerseits begreift Weber die Bürokratisierung wiederholt als Emanation des Rationalisierungsprozesses, andererseits aber ist, wie schon LANDSHUT (1969) gemeint hat, der Kapitalismus das verschwiegene Original, an dem Weber den Begriff der Rationalität gewonnen hat.

Wenn dies stimmt, ließe sich der Rationalitätsbegriff als »abgeleitetes« oder »uneigentliches« Wissen um tieferliegende Veränderungen der Sozialstruktur interpretieren. Diese sozialstrukturellen Voraussetzungen oder Bedingungen sind im Bereich des Wirtschaftens: a) das »innere Verhältnis« von Lohnarbeit und Kapital oder, in Webers Ausdrucksweise: die rational-kapitalistische Organisation von formell freier Arbeit und b) das äußere Verhältnis der Konkurrenz der Kapitalisten untereinander (WG 58 u. ö.). Rational ist das gewinnberechnende Verhalten des Unternehmers in der Konkurrenz; ein solches Verhalten ist dann erst möglich, wenn alle zur Produktion benötigten »Faktorleistungen« in Geld berechenbar sind, also auch die Arbeitskraft zur Ware geworden ist. –

§ 5. Offene Fragen. Am Beginn unserer Beschäftigung mit der Soziologie Max Webers stand der Begriff des sozialen Handelns und der ihm zugeordnete methodische Grundbegriff des Verstehens. Die verstehende Soziologie schließt, so zeigt sich jetzt, mit der Behauptung einer unaufhaltsamen Bürokratisierung, die, als Teil eines welthistorischen Rationalisierungsprozesses, unabhängig vom sinnhaften Handeln der Individuen sich mit der Gewalt eines Naturereignisses durchsetzt. Damit ist nicht nur die Frage nach dem Verhältnis des Handelns Einzelner zu den objektiven Zusammenhängen, in die es verflochten ist, aufgeworfen; das infragestehende Verhältnis impliziert auch das methodologische Problem, wie ein handlungstheoretischer Bezugsrahmen sich mit quasigeschichtsphilosophischen

Annahmen über einen welthistorischen Rationalisierungsprozeß und dessen Beschreibung in Ausdrücken der Verkehrung von Individuum und Gesellschaft verträgt. Weber versucht gar nicht erst die motivationale Erklärung jenes Prozesses der Ablösung und Verselbständigung des gesellschaftlichen Zusammenhangs vom Handeln, den er in Ausdrücken des Selbstverständnisses der Beteiligten beschreibt. Der zentrale Erklärungsversuch Webers besteht in der Zuordnung der Bürokratisierung zu einem Rationalisierungsprozeß, der seinerseits ›Schicksal‹ ist. Auch und gerade wenn man diesen Erklärungsversuch akzeptiert, bleibt doch die Frage offen, wie auf dem Boden einer den Sinn von Handlungen auslegenden Soziologie die Gesetzmäßigkeit einer historischen Entwicklung erklärt werden könne, wenn doch offensichtlich ist, daß diese Entwicklung nicht als gewollte Folge des sozialen Handelns angesehen werden kann.

Erläuterungen und Zusätze

1. Daß den »besitzlosen Massen« mit einer formalen Rechtsgleichheit nicht gedient sei, heißt Weber zufolge keinesfalls, daß ihnen der Übergang von einer patrimonalen, allenfalls durch Tradition gebundenen Willkürherrschaft zur legalen Herrschaft gleichgültig wäre, und sie keinerlei Interesse an einer geregelten, präzise arbeitenden Verwaltung hätten. Die Differenzierung des Interesses an Bürokratie besteht nicht in Bezug auf die Überwindung vergangener Herrschaftsformen, sondern in Bezug auf erst noch zu verwirklichende Formen politischer Herrschaft, deren Zweck in der Aufhebung der in der Klassenlage verwurzelten sozialen Ungleichheit liegt.
2. Seit Weber gehören Ausführungen über die »Ohnmacht des Individuums« und eine als »stählernes Gehäuse« erfahrene soziale Wirklichkeit zum sozusagen »eisernen Bestand« der Kultur- und Gesellschaftskritik. Das Thema ist auch von ›der kritischen Theorie« (HORKHEIMER, ADORNO, MARCUSE) aufgegriffen worden. Vgl. statt anderer Titel: MARCUSE (1967).
3. Zur fundamentalen Rolle des Rationalitätsbegriffs in der Soziologie Max Webers vgl. LÖWITH (1960), ABRAMOWSKI (1966). Die Idee der Rationalisierung steht im schroffen Gegensatz zu dem methodologischen Postulat der Beliebigkeit der Gesichtspunkte, unter denen die soziale Wirklichkeit erforscht werden kann. Vgl. hierzu LANDSHUT (1969), S. 34 ff. –
Den Rationalitätsbegriff zum Leitfaden einer Interpretation der sozialen Entwicklung zu nehmen, ist in der bürgerlichen Geschichtsphilosophie und Gesellschaftstheorie des 20. Jahrhunderts weit verbreitet. Vgl. HUSSERL (1954), HEIDEGGER (1963), ADORNO/HORKHEIMER (1947) und HORKHEIMER (1967).

Fragen zur Diskussion

1. Welche Beziehungen bestehen in Webers Soziologie zwischen kapitalistischer Produktion und bürokratischer Herrschaft?
2. Hindert eine nach abstrakten Regeln verfahrende bürokratische Verwaltung ihrer

Auffassung nach die besitzlosen Klassen an der Verfolgung ihrer materiellen Interessen?
3. Wie begründet Weber seine Annahme der Unaufhaltsamkeit der Bürokratisierung? Kennen Sie Gegenargumente?

Vergleichende Diskussion III: ›Gehäuse der Hörigkeit‹ oder ›sozialistische Demokratie‹?

§ 1. Wir haben nunmehr die Marxsche und Webersche Analyse der kapitalistischen Wirtschaft und des bürgerlichen Staats soweit verfolgt, daß wir versuchen können, die darin enthaltenen gegensätzlichen Aussagen über die weitere gesellschaftliche Entwicklung zu verfolgen und nach deren innerem Zusammenhang mit den divergierenden gesellschaftstheoretischen Grundlagen von Marx und Weber zu fragen. Wir haben dargestellt, wie Marx die Herrschaft der versachlichten gesellschaftlichen Verhältnisse über die Menschen aus der historisch-spezifischen, gesellschaftlichen Form des Handelns der Individuen im Kapitalismus zu erklären versucht und wie gerade jener Zusammenhang in die Begründung seines gesellschaftstheoretischen Ansatzes eingeht (vgl. Kap 5, 6 und 9). Die Analyse der ökonomischen Bewegungsgesetze dieser Produktionsweise führt Marx zur Erkenntnis ihrer historischen Beschränktheit: die durch den Kapitalismus entwickelten gesellschaftlichen Produktivkräfte drängen zur Vergesellschaftung auch der Produktionsmittel und damit über den Kapitalismus hinaus zum Sozialismus und Kommunismus, die auf dem Gemeineigentum an den objektiven Produktionsbedingungen gegründet sind. Wissenschaftliche Analyse der weiteren gesellschaftlichen Entwicklung und die Perspektiven individueller und gesellschaftlicher Emanzipation stehen in der Marxschen Theorie nicht notwendig gegeneinander: sie konvergieren im Ziel der freien Assoziation allseitig entwickelter Individuen. Max Weber sieht dagegen die weitere Entwicklung der wichtigsten gesellschaftlichen Bereiche Wirtschaft, Recht und Staat und darüberhinaus der ganzen okzidentalen Kultur durch einen eigentümlichen Widerspruch charakterisiert: Einerseits wächst mit der zunehmenden formalen Rationalität die Effizienz menschlichen Handelns und die Berechenbarkeit und Entzauberung der Welt, andrerseits erweist sich eben diese Zunahme formaler Rationalität, die wissenschaftliche Erkenntnis überall konstatiert, als Abbau individueller Freiheit, da im Verlauf dieser Entwicklung die Gesellschaft mit schicksalhafter Unentrinnbarkeit in ein »stahlhartes Gehäuse der Hörigkeit« (RS 203)[1] sich verwandelt, welches »heute den Lebensstil aller einzelnen, die in dieses Triebwerk hineingeboren werden ... mit überwältigendem

Zwange bestimmt«. Wissenschaftliche Erkenntnis dieser Entwicklung und die unter Gesichtspunkten materialer Rationalität zu fordernde individuelle Emanzipation fallen prinzipiell auseinander. Will man sich nicht mit Phrasen über den Optimismus des einen, den Pessimismus des andren oder mit wissenschaftspluralistischem Gerede über die Wahrheit beider begnügen (womit der Wahrheitsanspruch beider Theorien negiert wäre); will man nicht einfach vorschnell den einen als Theoretiker der aufsteigenden Klasse des Proletariats, den andern als Theoretiker der untergehenden Bourgeoisie klassifizieren; will man schließlich nicht einfach von Webers Position aus die Marxsche Theorie – entgegen ihrem expliziten Anspruch – als Utopismus abfertigen, dann müssen jene divergierenden Positionen in ihren Begründungen miteinander verglichen werden.

Wir haben zu zeigen versucht, daß Marx und Weber hinsichtlich der Begründung jener Herrschaft der gesellschaftlichen Verhältnisse über die Menschen in zwei wichtigen Punkten übereinstimmen: 1. Es handelt sich um kein ›natürliches‹ oder ›göttliches‹ Schicksal, sondern um ein spezifisch gesellschaftliches Phänomen. 2. Es besteht – zumindest hinsichtlich der Entstehung – ein spezifischer Zusammenhang zwischen ›gesellschaftlicher Hörigkeit‹ und modernem Kapitalismus. Wenn somit auch für Weber die Herrschaft der gesellschaftlichen Objektivität über die sie doch hervorbringenden Individuen soziale Gründe hat und mit dem modernen Kapitalismus verflochten ist, so unterscheidet er sich von Marx wesentlich darin, daß er jene Verselbständigung der gesellschaftlichen Verhältnisse gegen die Handelnden zwar als Produkt einer historischen Entwicklung begreift, sie jedoch für irreversibel hält. Jene Unumkehrbarkeit liegt offenbar darin begründet, daß Weber im modernen Kapitalismus nicht eigentlich den Grund für die *Existenz* jener Abhängigkeit der Handelnden von ihren selbsterzeugten gesellschaftlichen Verhältnissen, sondern eher den Grund für ihre *historische Herausbildung* und Befestigung sieht (vgl. RS 36f., 46 u. ö.). Rationalisierung wird vielmehr von Weber als universaler historischer Prozeß begriffen, der sich in der formalen Rationalisierung der Wirtschaft im modernen Kapitalismus (und der ihr spezifischen ›Verkehrung von Zweck und Mittel‹), in der formalen Rationalisierung des modernen Rechts und der Verwaltung (und der ihr spezifischen Herrschaft bürokratischer Großorganisationen oder ›Apparate‹ über die einzelnen Individuen) und in der formalen Rationalisierung der modernen Wissenschaft nur manifestiert (vgl. 44. Kap.). Der moderne Kapitalismus verhilft jenem Rationalisierungsprozeß nur zu seinem endgültigen historischen Durchbruch. Die spezifische Antinomie zwischen formaler und materialer Rationalität ist für Weber in allen genannten Bereichen nicht beschränkt auf den Kapitalismus, sondern *prinzipiell*; sie gälte daher genauso oder erst recht für den modernen Sozialismus. Wenn es demgegenüber gelänge, die Behauptung von einer prinzipiellen Antinomie zwischen formaler und materialer Rationalität und damit den unauflöslichen Zusammenhang von überlegener Effizienz und je spezifischer Abhängigkeit der Handelnden in den genannten Bereichen zu widerlegen, wäre weiter zu fragen, ob – und wenn wie – für Weber die spezifisch gesellschaftlichen Bestimmungen des modernen Kapitalismus einfach als Bestimmungen formaler Rationalität überhaupt erscheinen. Warum ist der moderne Kapitalismus für Weber der Gipfelpunkt der formalen Rationalität des Wirtschaftens und die monokratisch-bürokratische Verwaltung der Gipfelpunkt der formalen Rationalität der Verwaltung? Warum verbindet sich also das Optimum formaler Rationalität mit ohnmächtiger Abhängigkeit der handelnden Individuen vom Zwang des Markts und von bürokratischen Apparaten? Wir versuchen zunächst am Leitfaden der bereits bekannten Argumente Webers gegen den Sozialismus jenen Fragen nachzugehen, um unseren Zugang zum Verständnis und zur Kritik der Rationalisierungsthese Webers nochmals zu verdeutlichen.

§ 2. Wir haben bisher die wirtschaftssoziologischen und herrschaftssoziologischen Argumente Webers gegen den Sozialismus diskutiert (vgl. 29., 43. und 44. Kap.): Vollsozialisierung führe – ökonomisch betrachtet – zu einer Herabminderung der formalen Rationalität des Wirtschaftens und die Ersetzung des Markts durch den Plan führe nicht zur gewünschten Befreiung von sachlicher und persönlicher Abhängigkeit, sondern notwendig zu einer unerträglichen Diktatur der Bürokratie.

Die beiden wesentlichen ökonomischen Einwände gegen optimale formale Rationalität im Sozialismus waren das Verschwinden der Geldrechnung und das Verschwinden ›objektiver‹, durch den Marktmechanismus festgesetzter ›effektiver Preise‹. Wir haben zu zeigen versucht, daß die Schranken der Naturalrechnung nicht nur durch ›exakte‹ Geldrechnung, sondern ebenso durch ›exakte‹ Ökonomie der Arbeitszeit überwunden werden können und daß Weber die Möglichkeit jener ›exakten‹ Rechnung mit Geld nur dadurch gewinnt, daß er implizit die Erklärungsbasis subjektivistischer Theorien verläßt. Wir haben weiter gesehen, daß Weber die Rationalität der marktwirtschaftlichen Allokation der Resourcen postuliert, aber nicht ausreichend begründet. Methodisch wäre der – von Weber vermiedene – Schluß von (im Modell unterstellbarer) formaler Rationalität der wirtschaftlichen Handlungen aller Einzelnen auf die formale Rationalität des kapitalistischen Wirtschaftssystem unzulässig; sachlich hat jene angebliche Rationalität des Markts in den ökonomischen Krisen ihre praktische und in der Marxschen Kritik der Politischen Ökonomie ihre wissenschaftliche Kritik längst erfahren. Der Preis dieser ›Rationalität des Markts‹ – und in der Erkenntnis dieses Zusammemhangs liegt der kritische Gehalt von Webers wirtschaftssoziologischer Darstellung des modernen Kapitalismus gegenüber aller Apologetik – ist die totale materiale Heteronomie aller

Wirtschaftenden, die formale »persönliche Unabhängigkeit auf sachliche Abhängigkeit begründet« (GR 75), und eine auf die Spitze getriebene Verkehrung von Zweck und Mittel (vgl. Kap. 27–29). Mit unseren Einwänden gegen Webers These notwendiger Herabminderung der formalen Rationalität des Wirtschaftens im Sozialismus haben wir zugleich Einwände gegen die Behauptung formuliert, in *jeder* Wirtschaftsordnung bestehe eine prinzipielle Antinomie zwischen formaler und materialer Rationalität[2]. Der Grund dafür, daß Weber den Sozialismus ökonomisch gar nicht in der Perspektive einer möglichen Herrschaft der Menschen über ihre selbstgeschaffenen sozialökonomischen Verhältnisse thematisiert, lag nun nicht nur (und nicht eigentlich) in der behaupteten Herabminderung der formalen Rationalität des Wirtschaftens, sondern darin, daß ›der Sache‹ jene gesellschaftliche Macht zu rauben bedeutet, ›sie Personen über Personen zu geben‹ (vgl. GR 75)[3]. Bei entwickelter industrieller Produktion führe dies unausweichlich zu ungeheurer Bürokratisierung der Verwaltung. Jener zu erwartenden persönlichen Diktatur der Beamten gegenüber sei der sachliche, von einem anonymen Markt ausgehende Zwang gerade in der Perspektive menschlicher Emanzipation allemal vorzuziehen.

Für Weber lag – wie wir gesehen haben (vgl. 42. Kap.) – ein entscheidender Grund für das unaufhaltsame Vordringen bürokratischer Herrschaft in der technischen Überlegenheit der bürokratisch-monokratischen Organisation gegenüber allen anderen Organisationsformen. Jene technische Überlegenheit der Bürokratie aber ist – wie schon das Optimum formaler Rationalität des Wirtschaftens im modernen Kapitalismus – wieder untrennbar verbunden mit unaufhebbarer Abhängigkeit der Handelnden von ihren selbstgeschaffenen gesellschaftlichen Verhältnissen, hier: der Unterjochung aller Einzelnen unter bürokratische Großorganisationen. Dieser Widerspruch gilt nach Weber wiederum nicht nur für die kapitalistische, sondern ebenso für die sozialistische Gesellschaft: »Die Frage wäre, ob . . . (eine sozialistische Ordnung – d. Verf.) in der *Lage* wäre, ähnliche Bedingungen für eine *rationale*, und das hieße *gerade* für sie: straff bürokratische Verwaltung nach noch festeren formalen *Regeln* zu schaffen, wie die kapitalistische Ordnung. Wenn nicht, – so läge hier wiederum eine jener großen Irrationalitäten: Antinomie der formalen und materialen Rationalität, vor, deren die Soziologie so viele zu konstatieren hat« (WG 129, vgl. 157f., 166f. u. ö.). Zwar hätte also der Sozialismus in dieser Hinsicht – im Unterschied zum Bereich des Wirtschaftens – keine Herabminderung der formalen Rationalität der Verwaltung zur notwendigen Folge, aber dies wäre unter Gesichtspunkten materialer Rationalität oder individueller Emanzipation umso schlimmer, denn die Steigerung der formalen Rationalität der Verwaltung würde zugleich Zunahme der Bürokratisierung bedeuten, und damit jene ohnmächtige Abhängigkeit der Handelnden von selbstgeschaffenen gesellschaftlichen Strukturen verstärken, welche die Sozialisten ja gerade bekämpfen wollen. Im Zentrum der Auseinandersetzung mit jener organisationssoziologischen Sozialismuskritik Webers muß daher einerseits die Diskussion der Argumente stehen, die die Überlegenheit der bürokratischen Organisation der Herrschaft beweisen sollen. Nur so könnte es auch für diesen Bereich gelingen, die behauptete prinzipielle Antinomie zwischen formaler und materialer Rationalität aufzubrechen. Andererseits müssen jene spezifisch sozialen Voraussetzungen der Trennung der Arbeiter wie der Beamten von den Produktions- und Verwaltungsmitteln diskutiert werden, deren Verkennung als technische Erfordernisse in der Weberschen Theorie den eigentlichen Grund abgibt für die These zunehmender Hörigkeit in ›Fabrik‹ wie ›Staat‹.

Wir haben (im 42. Kap.) Webers These diskutiert, daß »die bürokratisch-monokratische aktenmäßige Verwaltung ... nach allen Erfahrungen die an Präzision, Stetigkeit, Disziplin, Straffheit und Verläßlichkeit, also: Berechenbarkeit für den Herrn wie für die Interessenten, Intensität und Extensität der Leistung, formal universeller Anwendbarkeit auf alle Aufgaben, rein *technisch* zum Höchstmaß der Leistung vervollkommenbare, in all diesen Bedeutungen: formal *rationalste*, Form der Herrschaftsausübung« (WG 128) sei. Unser Überblick über die organisationssoziologische Kritik an der behaupteten Überlegenheit bürokratisch-monokratischer Organisationen hat Argumente vermittelt, die dazu zwingen, jenes generelle Urteil Webers zu revidieren. Es wurde gezeigt, daß Weber in der Struktur formaler bürokratischer Organisationen angelegte Widersprüche und ›nichtintendierte‹, dysfunktionale Folgen nicht berücksichtigt: Die strenge Gebundenheit der Amtsführung an feste, allgemeine, formale Regeln bei starrer Kompetenzverteilung und monokratischer Amtshierarchie bedingt wohl Präzision, Stetigkeit, Disziplin, Straffheit, Verläßlichkeit und unpersönliche Amtsführung, aber auch Ritualisierung und Stereotypisierung des Verhaltens der Mitglieder bürokratischer Organisationen (Merton), mangelnde Anpassungsfähigkeit an sich verändernde Situationen, unterentwickelte Lernfähigkeit und Innovationsfeindlichkeit (Crozier), weshalb die Brauchbarkeit bürokratischer Organisationsformen vom möglichen Grad der Formalisierung (MAYNTZ, 1963, S. 86 ff.) und von stabilen internen und externen Rahmenbedingungen (Litwak) abhängig ist. Sodann kann bezweifelt werden, daß die Erklärung der Subsumtion individuellen Verwaltungshandelns unter allgemeine Regeln überhaupt, speziell für besondere Situationen oder Perioden Gültigkeit beanspruchen könne (Offe). Schließlich sieht Weber offenbar nicht den »Zerfall der Einheit von Amts- und Sachautorität ... als strukturelles Problem bürokratischer Organisationen« (SCHLUCHTER, 1972, S. 149), da er keinen Unterschied macht zwischen Amts- und Sachautorität. Vielleicht kann man die organisationssoziologischen Einwände gegen Webers These dahingehend zusammenfassen, daß 1. die Behauptung von der technischen Überlegenheit bezogen auf ›alle Aufgaben‹ widerlegt ist und überhaupt die formal universale Anwendbarkeit bürokratischer Organisationsformen zu bezweifeln ist, 2. die Behauptung, daß in monokratisch-bürokratischen Organisationen Herrschaft nur ›kraft Wissens‹ ausgeübt werde, mit guten Gründen bestritten werden muß, und 3. die Behauptung überlegener Intensität und Extensität der Leistung gegenüber anderen Organisationsformen in dieser Allgemeinheit nicht haltbar ist. Wir haben gesehen (vgl. 42. Kap.), daß Weber selber jene Überlegenheit nur gegenüber ›dilettantischer‹ Honoratiorenverwaltung, nicht aber gegenüber demokratisierten ›fachmännischen‹ Verwaltungsformen begründet. Daß Fachwissen »durch die moderne Technik und Ökonomik der Güterbeschaffung« in der Verwaltung völlig unentbehrlich ist (WG 128 u. ö.), kann sinnvollerweise nicht bestritten werden. Sowenig aber ›Fachverwaltung‹ – trotz wiederholter Weberscher Behauptungen (WG 128 u. ö., SP 498) – mit bürokratischer Verwaltung identisch sein muß, sowenig führt auch ›Industrialisierung‹ notwendigerweise zu ›Bürokratisierung‹. Man hat demnach nicht nur die Wahl zwischen Bürokratisierung und Dilettantisierung der Verwaltung, sondern zwischen Bürokratisierung und Demokratisierung, und diese Wahl wird nicht vorab durch formal rationale Überlegenheit bürokratischer Organisationen illusorisch. Für die Entscheidung dieser Frage jedoch – so ist im Gegensatz zu Weber die These – ist es keineswegs einerlei, sondern entscheidend, »ob . . . (die Güterbeschaffung – d. Verf.) kapitalistisch oder . . . sozialistisch organisiert ist« (WG 128). Wenn diese kurze Erinnerung an die organisationssoziologischen Einwände gegen Webers Behauptung genereller Überlegenheit der bürokratisch-monokratischen Organisationsform dazu beitragen kann, Webers Hauptargument für die Schicksalshaftigkeit der Bürokratisierung in jeder modernen ›Massengesellschaft‹ zu erschüttern, dann werden die sozialökonomischen Gründe und Bedingungen der Bürokratisierung als solche erkennbar. Sie liegen in der Trennung der ›Arbeiter, Angestellten und Beamten von den Produktions- und Verwaltungsmitteln‹. In dieser Trennung sieht Weber die prinzipielle Antinomie zwischen formaler und materialer Rationalität in ›Fabrik‹ wie ›Staat‹ letztlich begründet. Sie bedingt die Unumkehrbarkeit der Entwicklung bürokratischer Großorganisationen oder Herrschaftsapparate, in die sich die Individuen entweder nur ohnmächtig einfügen, oder gegen die sie nur durch Schaffung ebenso bürokratischer Gegenapparate – also letztlich überhaupt nicht – sich zur Wehr setzen können. Diese Trennung ist für Weber »durch die Natur der heutigen Technik« (SP 499) oder »rein technisch« (ebd.) bedingt. Weil Weber jene Trennung für technisch bedingt und damit für irreversibel hält, weil er nicht genau genug zwischen technisch bedingter und sozialökonomisch bedingter Trennung der Produzenten von den objektiven Produktionsbedingungen unterscheidet, erscheinen ihm sozialökonomisch bedingte Herrschafts- und Abhängigkeitsverhältnisse als technische Bedingungen optimaler formaler Rationalität. Wir haben demgegenüber zu zeigen versucht (44. Kap., §§ 3 und 4), daß Webers Behauptung, jene Trennung sei Vorbedingung optimaler formaler Rationalität, zwar im Vergleich zwischen industriellem Kapitalismus und modernem bürgerlichem Staat und isolierter Produktion und vorbürgerlicher Zersplitterung der Verwaltung einsichtig ist, nicht jedoch gegenüber sozialistischen Formen des Gemeineigentums an Produktions- und Verwaltungsmitteln, in denen – nach Marx – jene die Klassengesellschaften charakterisierende Trennung der unmittelbaren Produzenten von den objektiven Produktionsbedingungen aufgehoben ist, ohne daß dies eine Rückkehr zu vorkapitalistischen Formen des Eigentums »eines einzelnen oder mehrerer einzelner Arbeiter« (SP 499) an ihren Produktionsmitteln bedeuten würde (vgl. 38. Kap.). Wir haben gesehen, daß für Marx die Verselbständigung arbeitsteilig durchgeführter Leitungsfunktionen (ob ›betrieblich‹ oder ›staatlich‹) und damit die Genesis einer betrieblichen oder staatlichen Bürokratie im strengen Sinne mit der Genesis fundamentaler gesellschaftlicher Klassengegensätze verknüpft ist (vgl. 33. und 35. Kap.). Demzufolge sieht Marx in der Aufhebung jener sozialen Trennung (als Grundlage der Aufhebung der Klassendifferenzierung) auch die Voraussetzung dafür, jene für bürokratische Verwaltung in ›Fabrik‹ wie ›Staat‹ charakteristische Verselbständigung, jene Verwandlung aus dem ›Diener‹ in den ›Herren‹ rückgängig zu machen (vgl. 39. Kap. §§ 2 und 3: Differenz zwischen ›staatlichen‹ und ›gesellschaftlichen‹ Funktionen). Verselbständigung bürokratischer Verwaltung erscheint dann nicht mehr als Ausdruck der Entwicklung moderner Technik oder zunehmender Vergesellschaftung der Produktion, sondern als Auswirkung des Widerspruchs zwischen Vergesellschaftung der Produktion und privater Aneignung der objektiven Produktionsbedingungen. Die Frage: privates oder gesellschaftliches Eigentum an den Produktionsbedingungen? steht nicht mehr hinter der Frage: wer kontrolliert die Bürokratie?, weil der Grund jener Bürokratisierung gerade im Privateigentum an den Produktionsbedingungen angelegt ist.

Warum – so wäre zu fragen – teilt Weber jene Marxsche Konzeption nicht, oder genauer, warum entwickelt er nicht selbst eine Konzeption, in der die *technisch* bedingte Trennung des einzelnen Arbeiters von den Produktionsmitteln in einer sozial-ökonomischen Organisation *gesellschaftlichen* Eigentums aufgehoben wird und damit ein wesentlicher Grund für jene Verselbständigung des Verwaltungsapparats gegen die Mitglieder des Gemeinwesens beseitigt wäre? Mit Weber wäre folgendermaßen zu antworten: Wenn auch für Marx das wesentliche Folgeproblem von ›Verstaatlichung‹ oder ›Vergesellschaftung‹ das der ›Leitung‹ oder ›Verfügung‹ ist, ist die Frage ›staatlichen‹ oder ›gesellschaftlichen Eigentums‹ *dann* sekundär gegenüber dem Zentralproblem: »*Wer* ... soll kommandieren?« (SP 511), *wenn* keine wirkungsvolle formale wie materiale Kontrolle des ›Kommandos‹ durch die ›Kommandierten‹ bestünde. Gegenüber naiven Illusionen über die Möglichkeit einer angeblichen Reduktion auf ausschließliche ›Verwaltung von Sachen‹ bliebe daran festzuhalten, daß diese Verwaltung als Leitung von Produktions- und Verwaltungsprozessen immer zugleich Herrschaft über Personen beinhaltet. Wir haben gesehen (im 39. Kap.), daß betriebliche und gesellschaftliche Leitungsfunktionen auch im entwickelten Kommunismus unabdingbar sind. Webers Skepsis markiert demnach in der Tat einen in der Marxschen Theorie und für die reale Entwicklung des Sozialismus wesentlichen Punkt: Gelingt – angesichts bestehender fachspezifischer Überlegenheit der Leiter – eine zureichende materiale Kontrolle, die verhindert, daß sich deren ›Sachautorität‹ in nicht legitimierte ›Amtsautorität‹ oder persönliche Herrschaft verwandelt?[4]

Marx und Engels schlagen als Mittel zur Kontrolle der ›Leiter‹ die in der politischen Sphäre entwickelten Methoden der unmittelbaren Demokratie vor: Wahl aller Leiter nach allgemeinem Stimmrecht, Sicherung voller Verantwortlichkeit durch imperative Mandate, Bezahlung nach Arbeiterlohn (vgl. 39. Kap. § 2). Wir können die Weberschen Bedenken gegen die Wirksamkeit jener Methoden wie gegenüber allen Konzeptionen zur Minimierung von nichtlegitimierter Herrschaft zunächst unabhängig diskutieren von der marxistischen These, daß alle Regierungsfunktionen absterben und damit auch jene Kontrollmethoden ihren Charakter verändern: die Methoden der unmittelbaren Demokratie seien aus technischen (lokale und personale Kleinheit der Verbände) und sozialen (relativ einfache und stabile Aufgaben) Gründen für moderne ›Massengesellschaften‹ unanwendbar oder völlig untauglich (vgl. 43. Kap. § 2). Wir haben versucht, jene Einwände nicht einfach zu ignorieren (sie treffen vielmehr Kernprobleme sozialistischer Demokratie!), aber auch zu zeigen, daß diese Einwände nicht gleichermaßen gelten gegen ein rätedemokratisches Repräsentativsystem als ›Surrogat‹ einer aus technischen Gründen für alle gesellschaftlichen Leitungsfunktionen in der Tat unmöglichen direkten oder unmittelbaren Demokratie. Schließlich haben wir eingewandt, daß ›große soziale Differenzierung‹ (zumal Klassendifferenzierung) keineswegs notwendig allen industriell entwickelten Gesellschaften unabhängig von deren besonderer ökonomischer Struktur zukommt. Marx und Engels haben vielmehr ihre These vom Absterben aller Regierungsfunktionen (vgl. 39. Kap. §§ 2 und 3) gerade mit dem Verschwinden jener Klassendifferenzierung zu begründen versucht.

Sobald aber mit der Aufhebung der Klassen auch keine politische Herrschaft im strengen Sinn (vgl. 39. Kap. § 3) ausgeübt würde, verlören jene Kontrollmethoden ebenso ihren politischen Charakter wie die Ausübung betrieblicher oder gesellschaftlicher Leitungsfunktionen keine politische Herrschaft im Sinne von Klassenherrschaft zu begründen vermöchte. Daß diese Entwicklung sich nicht im Selbstlauf vollzieht, daß vielmehr mit der Ausübung von Leitungstätigkeiten über längere Zeiten hinweg auch die Möglichkeit der Befestigung nicht legitimierter sozialer Herrschaft verbunden ist, auf diese Gefahr wird man gerade durch die Weberschen Argumente mit hinreichender Deutlichkeit verwiesen.

Neben diesen von uns problematisierten wirtschafts- und herrschaftssoziologischen Einwänden greift Weber in seiner Auseinandersetzung mit dem Sozialismus auf das – aus der Tradition des utilitaristischen Individualismus stammende und inzwischen in platteste Apologetik abgesackte – Argument zurück, daß die Interessengegensätze zwischen »Verbandsleitung« (WG 119) und Verbandsmitgliedern (bei diktatorischer und autokratischer Verwaltung) oder zwischen den verschiedenen Verbandsmitgliedern (bei demokratischer Verwaltung) ›nach aller Erfahrung‹ prinzipiell unausrottbar und antagonistisch seien. Die ›Triebfedern‹ alles Wirtschaftens sind die »›Interessen‹ der Einzelnen«, die »künftig wie heute die Welt beherrschen werden« (WG 109). Nicht nur in der Verkehrswirtschaft, sondern auch in einer sozialistisch organisierten Wirtschaft »stände dies Interesse des *Einzelnen* – eventuell: die gleichartigen, aber gegen andere antagonistischen Interessen *vieler* Einzelner hinter allem Handeln. Die Interessenkonstellationen wären abgeändert, die Mittel der Interessenwahrnehmung andere, aber jenes Moment würde ganz ebenso zutreffen. So sicher es ist, daß rein ideologisch an *fremden* Interessen orientiertes wirtschaftliches Handeln vorkommt, so sicher ist auch: daß die Masse der Menschen nicht so handelt und nach aller Erfahrung nicht so handeln kann und also: wird« (WG 119). Dieser nur anthropologisch begründbare, und nicht nur gesellschaftlich tiefsitzende Gegensatz zwischen ›eigenen‹ und ›fremden‹ Interessen läßt für Weber, zumindest in seiner Auseinandersetzung mit dem Sozialismus, gemeinschaftliche, gesellschaftliche Interessen nicht nur als ideologieverdächtig, sondern eigentlich als per se ideologische, »vorgetäuschte« (WG 61) erscheinen. Weber ist darum geneigt, die Marxsche Konzeption des entwickelten gesellschaftlichen Individuums, das seine ›eigenen‹ Interessen nicht im Gegensatz gegen ›fremde‹ Interessen anderer ›Einzelner‹, sondern solidarisch vertritt, als idealistischen Altruismus (vgl. WG 60 u. ö.) oder Utopismus zu denunzieren: sie stehe – so sehr sie vielleicht unter Gesichtspunkten materialer Rationalität zu wünschen sei – jedenfalls im Gegensatz zu aller Erfahrung. Von Marx her wäre Weber zu fragen, ob er nicht, soweit er einer derartigen Konzeption eines nicht sozial begründeten Eigennutzes und Interessenantagonismus folgt, die ›Natur‹

des Menschen in Klassengesellschaften zur ›Natur des Menschen überhaupt‹ macht.[5]

§ 3. Wir haben mit den beiden sozialwissenschaftlichen Hauptargumenten Webers gegen den modernen Sozialismus: der prinzipiellen Antinomie zwischen formaler und materialer Rationalität im Bereich von Wirtschaft wie Verwaltung, zugleich die für ihn untrennbare Verbindung zwischen geschichtlicher Entwicklung im Zeichen zunehmender formaler Rationalität und zunehmender Abhängigkeit der sozial handelnden Individuen von ihren selbsterzeugten gesellschaftlichen Verhältnissen und Strukturen zu kritisieren versucht. Wir wollen nun abschließend den schon mehrfach angedeuteten Zusammenhang zwischen handlungstheoretischem Ansatz der Weberschen Soziologie und der Diagnose jener schicksalhaften Entwicklung gesellschaftlicher Verhältnisse umreißen, denen die Handelnden, die sie doch hervorbringen, ohnmächtig ausgeliefert bleiben.

Webers verstehende Soziologie reflektierte mit ihrer Unterscheidung von Verhalten und menschlichem Handeln das mit diesem – wie begrenzt auch immer – sich entwickelnde Moment von Freiheit. Ihr Kerngedanke war, nicht nur das Handeln von Individuen, sondern alle ›sozialen Gebilde‹ im Ausgang vom subjektiv gemeinten Sinn zu thematisieren und in diesem Bezugsrahmen zu erklären (vgl. Teil B). Wir haben zu zeigen versucht, daß das mit ihrer individualistischen Methode verbundene Programm einer universellen Reduktion sozialer Phänomene auf verstehbares Handeln undurchführbar ist in all jenen Fällen, in denen in die Situationsdeutungen der Handelnden sozialstrukturelle Voraussetzungen einfließen, die sich nicht in Handlungsbegriffe übersetzen lassen (vgl. Teil D über Tausch, Geld, Markt, Kapital, vgl. Teil F über Bürokratie). Die Grenzen dieser Methode liegen in der Erklärung des Phänomens der ›nichtintendierten Handlungsfolgen‹ und des Phänomens ›verdinglichter‹ gesellschaftlicher Beziehungen: Soziale Gebilde wie Geld, Markt, Bürokratie lassen sich zwar im handlungstheoretischen Bezugsrahmen thematisieren, jedoch nicht ursächlich erklären in dem Sinne, daß sie als gewollte Folgen von Handlungen anzusehen wären. Insofern ließe sich fragen, ob dem handlungstheoretischen Ansatz nicht eine Tendenz innewohnt, derartige soziale Gebilde als Gegebene hinzunehmen, da er als solcher noch keine Antwort auf die Frage nach ihrem Zustandekommen und ihrem Fortbestand bietet.

Der Historische Materialismus teilt mit dem handlungstheoretischen Ansatz die Erkenntnis des Aufbaus der sozialen Welt aus Handlungen und die Einsicht in das mit menschlichem Handeln sich entwickelnde Moment von Freiheit. Weil Marx aber bereits in der theoretischen Grundlegung aus dem Sachverhalt der ›nichtintendierten Handlungsfolgen‹ oder der ›Versachlichung und Verselbständigung‹ Konsequenzen zieht für die Methode der Erkenntnis des Sozialen, bleibt er nicht ausschließlich auf die jeweilige

Sichtweise der Handelnden verwiesen und kann daher die damit verbundenen Erkenntnisschranken vermeiden. Indem Marx jene nichtintendierten sozialen Gebilde wie Geld, Markt etc. als Resultat sozialen Handelns unter gesellschaftlichen Bedingungen aufschlüsselt, die im handlungstheoretischen Bezugsrahmen nicht zu erklären sind, leistet er einen wesentlichen Beitrag dazu, eben diese Bedingungen in die Perspektive ihrer Veränderbarkeit durch die handelnden Individuen zu rücken. Die Menschen, die bisher durch die Natur oder durch ihre selbstgeschaffenen geschichtlichen und gesellschaftlichen Verhältnisse beherrscht wurden, sollen und können endlich zu Herren ihrer eigenen Geschichte und Vergesellschaftung werden. Sie können dies nur durch ihr eigenes, bewußtes Handeln.

»Der gesellschaftliche Charakter der Tätigkeit, wie die gesellschaftliche Form des Produkts, wie der Anteil des Individuums an der Produktion erscheint (im Kapitalismus – d. Verf.)... als den Individuen gegenüber Fremdes, Sachliches; nicht als das Verhalten ihrer gegeneinander, sondern als ihr Unterordnen unter Verhältnisse, die unabhängig von ihnen bestehen und aus dem Anstoß der gleichgültigen Individuen miteinander entstehn... Raubt der Sache diese gesellschaftliche Macht und ihr müßt sie Personen über Personen geben. Persönliche Abhängigkeitsverhältnisse (zuerst ganz naturwüchsig) sind die ersten Gesellschaftsformen, in denen sich die menschliche Produktivität nur in geringem Umfang und auf isolierten Punkten entwickelt. Persönliche Unabhängigkeit auf *sachlicher* Abhängigkeit begründet ist die zweite große Form, worin sich erst ein System des allgemeinen gesellschaftlichen Stoffwechsels, der universalen Beziehungen, allseitiger Bedürfnisse, und universeller Vermögen bildet. Freie Individualität, gegründet auf die universale Entwicklung der Individuen und die Unterordnung ihrer gemeinschaftlichen, gesellschaftlichen Produktivität, als ihres gesellschaftlichen Vermögens, ist die dritte Stufe« (GR 75).

Erläuterungen und Zusätze

1. Wir verwenden hier den Ausdruck ›Gehäuse der Hörigkeit‹ mit Weber (in seinen religionssoziologischen Schriften), um den allgemeinen Sachverhalt der Herrschaft gesellschaftlicher Verhältnisse oder Strukturen über die sie hervorbringenden Handelnden zu bezeichnen. Weber unterscheidet, wie wir wissen, zwischen jener Herrschaft der sozialen Gebilde über die handelnden Individuen, die für die moderne kapitalistische Erwerbswirtschaft charakteristisch ist: diese faßt er (im Anschluß an die Darstellung des nackten Geldgewinnstrebens) als ›Verkehrung von Zweck und Mittel‹ (vgl. 27. Kap.); und jener Herrschaft, der die einzelnen Individuen in bürokratischen Großorganisationen unterliegen. Letztere haben wir in Teil F im Anschluß an Webers herrschaftssoziologische Schriften als ›Gehäuse der Hörigkeit‹ im speziellen oder genauen Sinn benannt. Eine ähnliche Unterscheidung (auch hinsichtlich der Gründe der Herrschaft der Produkte über ihre Produzenten) kennen wir bei Marx: Der ›Verkehrung von Zweck und Mittel‹ entspricht dort der ›Fetischismus‹ oder die die Warenproduktion auszeichnende ›Versachlichung‹, dem ›Gehäuse der Hörigkeit‹ im engen Sinn das Phänomen der ›Verselbständigung‹ der gesellschaftlichen Verhältnisse gegen die Handelnden,

soweit deren Gründe nicht im Fetischcharakter der Warenproduktion liegen. (Vgl. 5. Kap. § 3)
2. Im Gegensatz zu den verschiedensten Varianten von ›Industriegesellschaftstheorien‹ sieht Weber sehr genau die gesellschaftliche Determination der Entwicklung der modernen Technik (vgl. PE II, S. 323 f., WG 33 u. ö.). Weber ist daher nicht umstandslos als Zeuge für jene Theorien heranzuziehen, in denen eine quasi-autonome Entwicklung der Technik oder der ›instrumentellen Vernunft‹ angenommen wird, die sich jeweils die gesellschaftlichen Verhältnisse unterordnet. Ebenso verfehlt ist auch der Versuch von SCHLUCHTER (1972, S. 9 ff.), analog zur Herrschaft des bürokratischen Apparats – als eines Herrschaftsmittels – über die Zwecke, die Herrschaft der Technik über die Menschen Weber als angeblich »unüberholbare Dialektik« (S. 177) in die Schuhe zu schieben. Wir haben vielmehr in unserer Diskussion der Weberschen Wirtschaftssoziologie gezeigt, daß die prinzipielle Antinomie zwischen formaler und materialer Rationalität des Wirtschaftens im modernen Kapitalismus für Weber eindeutig gesellschaftliche Gründe (Geldrechnung, Trennung von Haushalt und Betrieb, Trennung des Arbeiters von den Beschaffungsmitteln, kapitalrechnungsmäßiges Erwerben) hat. Schluchter unterliegt in seiner Interpretation Webers jener der Kritischen Theorie der Frankfurter Schule eigenen Dämonisierung der Technik, die sich allenfalls darin auf Weber beziehen könnte, daß es jenem nicht gelingt, technisch bedingte Trennung des Arbeiters und Beamten von den Arbeits- und Verwaltungsmitteln von sozialer Trennung klar zu unterscheiden, was dann zur angeblich technisch bedingten Unausweichlichkeit der Herrschaft des bürokratischen Apparats in ›Fabrik‹ wie ›Staat‹ führt.
Von Webers Position aus sind Einwände zu formulieren gegen ›positive‹ wie ›negative‹ Varianten von Technokratietheorien: Gegen jene Theorien ›technologischer Gesellschaft‹ (vgl. Ellul, Schelsky u. a., einen guten Überblick vermittelt SCHLUCHTER, 1972, S. 177–235), in welchen die dem Kapitalismus spezifische Herrschaft der toten über die lebendige Arbeit als harmloser Ausfluß der Entwicklung moderner Technik betrachtet wird. Man müsse einen neuen, ›radikalen‹ Begriff von Technik formulieren, damit diese endlich zu ihrem Eigenrecht komme, als System in sich und nicht mehr einfach als Mittel zur Verwirklichung vorgegebener Zwecke aufgefaßt werde. Technik wird dann als automatischer Prozeß und herrschende strukturbildende Kraft verstanden, welche die ›technologische Gesellschaft‹ und den ›technischen Staat‹ samt deren spezifischen Herrschaftsverhältnissen erzeuge. Die handelnden Subjekte müssen sich jenen technischen Zwängen ohnmächtig fügen. Jener theoretischen Verherrlichung des Fetischcharakters, jener stromlinienförmigen Anpassung an die dem Kapitalismus spezifische ›Verkehrung von Zweck und Mittel‹ gegenüber behält Weber aufgrund seiner handlungstheoretischen Orientierung jene notwendige kritische Distanz, das Phänomen auch bei seinem Namen zu benennen. Gegenüber der Kritischen Theorie, die in der ›Dialektik der Aufklärung‹ Webers These vom prinzipiellen Antagonismus zwischen formaler und materialer Rationalität übernimmt und – wie Weber – jene theoretische wie praktische Verherrlichung der Verkehrung kritisiert, behielte er genug wissenschaftliche Strenge, die von ihr entwickelten abstrakten, utopisch-anarchischen Gegenbilder ›neuer‹, herrschaftsloser Technik,

›neuer‹ Menschen und ›neuer‹ herrschaftloser Vernunft nicht als geschichtsmächtig zu verkennen.
3. Indem Weber das Problem der ›Verfügung‹ und der Kontrolle der Leiter vor die Frage: privates oder gesellschaftliches Eigentum an den Produktionsmitteln? stellt, begünstigt er eine in der nachfolgenden Auseinandersetzung mit dem Sozialismus (von Seiten politischer Soziologie und Politologie) folgenschwere Verschiebung der Argumentationsrichtung: Fragen der Ökonomie rücken hinter organisations- und herrschaftssoziologischen Problemen aus dem Zentrum der Debatte. Auch der Weber (im Programm der Sozialökonomie) immer bewußte Zusammenhang wirtschafts-, rechts- und staatssoziologischer Probleme geht mit der weiteren Isolierung und Spezialisierung dieser Disziplinen für lange Zeit verloren.
4. Wir müssen hier daran erinnern, daß Marx und Engels im Unterschied zu den von ihnen stets bekämpften ›Antiautoritariern‹ (vgl. MEW 18) jene ›Sachautorität‹ ebenso anerkennen wie die durch die Engelssche Formulierung berühmte ›Autorität des Dampfs‹. Richtig verstanden bedeutet daher das Ziel, »*aller* Herrschaft des Menschen über den Menschen ein Ende zu machen« (SP 505), aller *politischen* und aller nicht sachlich legitimierten Herrschaft ein Ende zu machen.
5. In gewisser Weise wäre hier tatsächlich ein – von der gängigen positivistischen Verkürzung von ›Erfahrung‹ aus gesehen – ›utopisches‹ Moment im Marxismus festzumachen, indem darauf insistiert wird, die ›Natur‹ des Menschen nicht nur nach aller bisherigen Erfahrung, speziell aller bisherigen Erfahrung in Klassengesellschaften, zu beurteilen und ihm damit schon methodisch alle Entwicklungsmöglichkeiten abzuschneiden, die mit dem Übergang zum Sozialismus gegeben sind (vgl. 39. Kap., Zusatz 6). Über diese Entwicklung jetzt schon definitive Aussagen zu machen, ohne die Probe auf den Pudding zu wagen, widerspräche nicht bloß ernstgenommenen erfahrungswissenschaftlichen Grundregeln, sondern hieße zugleich auf individuelle und gesellschaftliche Emanzipation insgesamt vorab Verzicht zu leisten. Denn es dürfte – in Umkehrung des Utopismusvorwurfes gegen Weber – klar sein, daß sein Versuch einer Antwort auf die für ihn zentrale Frage, wer die Bürokratie beherrschen könne (vgl. WG 128f.; oben, 43. Kap., § 3; vgl. SCHLUCHTER, 1972, S. 105, 116, 141), – nämlich: der kapitalistische Unternehmer (unter den Bedingungen freier Konkurrenz) im Verein mit dem charismatischen Führer bei Trennung von Politik und Verwaltung, – nicht bloß ›gegen alle Erfahrung‹ seit Webers Tod verstößt, sondern bereits von ihm wider besseres Wissen um die zunehmende Monopolisierung und Durchstaatlichung der Wirtschaft (vgl. SP 501 ff.; WG öfters) und zunehmende Bürokratisierung im Kapitalismus formuliert ist.

Letztlich weiß somit Weber selber, daß jene angebliche ›Alternative‹ zwischen ›sachlichem Zwang des Markts‹ bei formeller persönlicher Unabhängigkeit einerseits und sozialistischer ›Diktatur der Bürokratie‹ gar keine sein kann, weil auch im Kapitalismus der ›sachlichen‹ die ›persönliche‹ Abhängigkeit folgt.

Literaturverzeichnis

Abendroth, Wolfgang, 1968, *Gesellschaft und politische Demokratie*. Neuwied
Abramowski, Günter, 1966, *Das Gesellschaftsbild Max Webers. Universalgeschichte am Leitfaden des okzidentalen Rationalisierungsprozesses*. Stuttgart
Adam, Hermann, 1973, »Pluralismus oder Herrschaft des Kapitals«, in: *WSI-Mitteilungen* 26. Jg, Heft 11, S. 432 ff.
Adler, Max, 1922, *Die Staatsauffassung des Marxismus*. Wien
Adorno, Theodor W., 1969, »Soziologie und empirische Forschung«, in: Adorno, Th. W.; Albert, H.; Dahrendorf, R.; Habermas, H.; Pilot, H.; Popper, K., *Der Positivismusstreit in der deutschen Soziologie*. Neuwied und Berlin, S. 81–101
Adorno, Th. W. u. a., 1969, *Der Positivismusstreit in der deutschen Soziologie*. Neuwied und Berlin
Adorno, Theodor W., 1970, »Notiz über sozialwissenschaftliche Objektivität«, in: ders., *Aufsätze zur Gesellschaftstheorie und Methodologie*. Frankfurt, S. 129–136
Adorno, Theodor W.; Horkheimer, Max, 1947, *Dialektik der Aufklärung*. Amsterdam
Agnoli, J., 1968, *Die Transformation der Demokratie*, Frankfurt
Albert, Hans, 1963, »Modell-Platonismus: Der neoklassische Stil des ökonomischen Denkens in kritischer Beleuchtung«, in: *Sozialwissenschaft und Gesellschaftsgestaltung*. Berlin
–, (Hrsg.), 1964, *Theorie und Realität*. Tübingen
–, 1967, »Nationalökonomie als Soziologie: Zur sozialwissenschaftlichen Integrationsproblematik«, in: *Marktsoziologie und Entscheidungslogik*. Neuwied und Berlin, S. 470–508
–, 1967, »Macht und Zurechnung: Von der funktionellen zur institutionellen Verteilungstheorie«, in: ders., *Marktsoziologie und Entscheidungslogik*. Neuwied und Berlin, S. 729–461
Arbeitsgruppe Bielefelder Soziologen (Hrsg.) *Alltagswissen, Interaktion und gesellschaftliche Wirklichkeit*. Bd. 1, *Symbolischer Interaktionismus und Ethnomethodologie*. Reinbek
Arndt, Helmut, 1966, *Mikroökonomische Theorie*. 1. Bd.: *Marktgleichgewicht*. Tübingen
Autorenkollektiv, 1974, *Marxistisch-leninistische allgemeine Theorie des Staates und des Rechts. Band I: Grundlegende Institute und Begriffe*. Band II: *Historische Typen des Staates und des Rechts*. Berlin (DDR)
Bachrach, Peter; Baratz, Morton S., 1970, *Power and Poverty. Theory and Practice*. New York
Backhaus, Hans Georg, 1969, »Zur Dialektik der Wertform«, in: Schmidt, A. (Hrsg.), *Beiträge zur marxistischen Erkenntnistheorie*. Frankfurt a. M.

Bader, Veit-Michael, 1971, *Ansätze zur Kritik des Theorieverständnisses der kritischen Theorie Max Horkheimers*. Magisterarbeit, FU Berlin, Fachbereich Philosophie und Sozialwissenschaft

Bader, Veit-Michael; Berger, Johannes; Ganssmann, Heiner et. al. 1975, *Krise und Kapitalismus bei Marx*. Frankfurt a. M.

Barnard, Chester, 1938, *The Functions of the Executive*. Cambridge Mass. (Dt.: *Die Führung großer Organisationen*. Essen, 1970)

Barth, Hans, 1974, *Wahrheit und Ideologie*. (2. Aufl.) Frankfurt a. M.

Bauer, Otto, 1924, »Das Gleichgewicht der Klassenkräfte«, in: *Der Kampf*, Jg. 17, Jänner 1924, Nr. 2

–, 1936, *Zwischen zwei Weltkriegen*. Prag

–, 1965, *Die österreichische Revolution*. (Neue Aufl.), Wien

Bendix, Reinhard; Lipset, Seymour M., 1966, The Field of Political Sociology«, in: L. A. Coser (ed.) *Political Sociology. Selected Essays*. New York

Bendix, Reinhard, 1972, »Max Webers Soziologie heute«, in: Käsler, Dirk (Hrsg.), *Max Weber – Sein Werk und seine Wirkung*. München

Blanke; Jürgens; Kastendiek, 1975, *Kritik der Politischen Wissenschaft. Analysen von Politik und Ökonomie in der bürgerlichen Gesellschaft*. Frankfurt, 2 Bände

Blau, Peter M.; Scott, Alter W., 1962, *Formal Organizations. A Comparative Approach*. San Francisco

Blau, Peter M., 1956, *Bureaucracy in Modern Society*. New York, 17. Aufl. 1968

Bloch, Ernst, 1959, *Das Prinzip Hoffnung*. Frankfurt a. M.

–, 1961, *Naturrecht und menschliche Würde*. Frankfurt a. M.

–, 1964, *Geist der Utopie*. Bearbeitete Neuauflage der 2. Fassung von 1923, Frankfurt a. M.

Bluntschli, J. 1859, – *Deutsches Staats-Wörterbuch*, Bd. IV, Stuttgart; zit. nach: Institut für Sozialforschung, *Soziologische Exkurse*, Frankfurt a. M., 1956

Böhm-Bawerk, Eugen v., 1896, »Zum Abschluß des Marxschen Systems«, in: *Staatswissenschaftliche Arbeiten. Festgaben für Karl Knies*, Sonderabzug, Berlin

–, 1921, *Positive Theorie des Kapitals*. Bd. 1, (4. Aufl.) Jena

Bollhagen, Peter, 1966, *Soziologie und Geschichte*. Berlin (DDR)

Bracher, Karl Dietrich, 1971, *Die Auflösung der Weimarer Republik*. (5. Aufl.), Villingen

Braithwaite, Richard, B., 1953, *Scientific Explanation*. Cambridge

Burghardt, Adolf, 1974, *Allgemeine Wirtschaftssoziologie*. Pullach

Cairns, H., 1945, »Sociology and the social sciences«, in: Gurvitch, G.; Moore, W. L. (Hrsg.), *Twentieth Century Sociology*. New York, S. 3–19

Cerroni, Umberto, 1974, *Marx und das moderne Recht*. Frankfurt/Main

Clower, R. W., 1967, »Foundations of Monetary Theory«, in: ders. (Hrsg.), *Monetary Theory*. Harmondsworth, 1969, S. 202–211

Coletti, Lucio, 1973, *Marxismus als Soziologie*. Berlin

Cornu, August und Mönke, Wolfgang, 1961, »Vorwort« in: *Moses Hess. Philosophische und sozialistische Schriften 1837–1850*, Berlin

Cornu, August, 1962–68, *Karl Marx und Friedrich Engels. Leben und Werk*. Bd. 1–3, Berlin (DDR)

Crozier, Michel, 1963, *Le Phénomène Bureaucratique*. Paris
–, »Der bürokratische Circulus Vitiosus und das Problem des Wandels«, in: Mayntz, R. (Hrsg.), 1968, *Bürokratische Organisation*. Köln.
Cunow, Heinrich, 1920, *Die Marxsche Geschichts-, Gesellschafts- und Staatstheorie*. Berlin
Dahl, Robert A., 1957, »The Concept of Power«, in: *Behavioral Science*, Jg. 2, S. 201–215
–, 1968, »Power«, in: *International Encyclopedia of the Social Sciences*, Bd. 12, S. 405–415
Dahrendorf, Ralf, 1957, *Soziale Klassen und Klassenkonflikt in der industriellen Gesellschaft*. Stuttgart
Danto, Arthur C., 1974, *Analytische Philosophie der Geschichte*. Frankfurt
Downs, Anthony, 1957, *An Economic Theory of Democracy*. New York (dt.: *Ökonomische Theorie der Demokratie*. Tübingen 1968)
Drath, Martin, 1968, Artikel »Staat«, in: *Evangelisches Staatslexikon*, Stuttgart, Berlin
Durkheim, Emile, 1965, *Regeln der soziologischen Methode*. Neuwied
Esser, Josef, 1975, *Einführung in die materialistische Staatsanalyse*. Frankfurt
Etzioni, Amitai, 1967, *Soziologie der Organisationen*. München
Fischoff, Ephraim, 1972, »Die protestantische Ethik und der Geist des Kapitalismus; Die Geschichte einer Kontroverse«, in: Wickelmann, Johannes (Hrsg.), *Die protestantische Ethik II. Kritiken und Antikritiken*. Hamburg, S. 346–379
Flechtheim, Ossip, 1963, *Von Hegel zu Kelsen*. Berlin (West)
Forsthoff, Ernst, 1973, *Lehrbuch des Verwaltungsrechts*. (10. Aufl.) München
Freyer, Hans, 1930, *Soziologie als Wirklichkeitswissenschaft*. Leipzig
Gäfgen, Gérard, 1963, *Theorie der wirtschaftlichen Entscheidung*. Tübingen
Galtung, Johan, 1975, *Strukturelle Gewalt. Beiträge zur Friedens- und Konfliktforschung*, Reinbek
Gehlen, Arnold, 1949, *Sozialpsychologische Probleme der industriellen Gesellschaft*. Tübingen
Geiger, Theodor, 1953, *Ideologie und Wahrheit*. Stuttgart-Wien
Girndt, Helmut, 1967, *Das soziale Handeln als Grundkategorie erfahrungswissenschaftlicher Soziologie*. Tübingen
Gossen, Hermann Heinrich, 1854, *Entwicklung der Gesetze des menschlichen Verkehrs und der daraus fließenden Regeln für menschliches Handeln*. Braunschweig
Gossweiler, Kurt, 1971, *Großbanken, Industriemonopole, Staat*. Berlin (DDR)
Gouldner, Alvin W., 1954, »›Disziplinäre‹ und ›Repräsentative Bürokratie«, in: Mayntz, R., 1968, *Bürokratische Organisation*. Köln
–, 1974, *Die Krise der westlichen Soziologie*. 2 Bde., Reinbek
Habermas, Jürgen; Friedeburg, Ludwig v.; Oehler, Christoph; Weltz, Friedrich, 1961, *Student und Politik*. Neuwied
Habermas, Jürgen, 1962, *Strukturwandel der Öffentlichkeit*. Neuwied, Berlin
–, 1965, »Diskussionsbeitrag«, in: *Verhandlungen des 15. deutschen Soziologentages*. (Hrsg. Stammer, O.) Tübingen, S. 74–81
–, 1967, *Zur Logik der Sozialwissenschaften*. Sonderheft der *Philosophischen Rundschau*, Tübingen

–, 1968, *Technik und Wissenschaft als ›Ideologie‹*. Frankfurt a. M.
–, 1971, »Theorie der Gesellschaft oder Sozialtechnologie? Eine Auseinandersetzung mit Niklas Luhmann«, in: Habermas, Jürgen; Luhmann, Niklas, *Theorie der Gesellschaft oder Sozialtechnologie – was leistet die Systemforschung?* Frankfurt, S. 142–290
–, 1973, *Legitimitationsprobleme im Spätkapitalismus*. Frankfurt
Haney, Gerhard, 1971, *Die Demokratie – Wahrheit, Illusion und Verfälschungen*. Frankfurt/Main
Hartung, Fritz, 1972, *Die Entwicklung der Menschen- und Bürgerrechte von 1776 bis zur Gegenwart*. Göttingen, Berlin, Frankfurt
Hassinger, Erich, 1964, *Das Werden des neuzeitlichen Europa*. 1300–1600. Braunschweig
Hegel, Georg Friedrich Wilhelm, 1952, *Phänomenologie des Geistes*. Ed. Hoffmeister, J., Hamburg
–, 1969, *Wissenschaft der Logik*. 1. Bd., *Werke* in zwanzig Bänden, Bd. 5, Frankfurt a. M.
–, 1970, *Grundlinien der Philosophie des Rechts. Werke . . .*, Bd. 7, Frankfurt a. M.
Heidegger, Martin, 1963, *Holzwege*. Frankfurt
Heinemann, Klaus, 1969, *Grundzüge einer Soziologie des Geldes*. Stuttgart
Heller, Hermann, 1971, *Gesammelte Schriften. Bd. II, Recht, Staat, Macht*. Leiden
Hempel, Carl G., 1965, *Aspects of Scientific Explanation*. New York, London
Henrich, Dieter, 1952, *Die Einheit der Wissenschaftslehre Max Webers*. Tübingen
–, 1965, Diskussionsbeitrag auf dem 15. deutschen Soziologentag, in: Stammer, O. (Hrsg.), *Max Weber und die Soziologie heute*, Tübingen, S. 81–87
Herzog, Roman, 1971, *Allgemeine Staatslehre*. Frankfurt
Heymann, Kajo, 1973, »Bürokratisierung der Klassenverhältnisse im Spätkapitalismus«, in: Meschkat, Klaus; Negt, Oskar (Hrsg.), *Gesellschaftsstrukturen*. Frankfurt, S. 92–129
Hilferding, Rudolf, 1904, »Böhm-Bawerks Marx-Kritik«, in: *Marx-Studien*, Bd. 1, Wien
Hobbes, Thomas, 1962, *Leviathan*. Ed. Oakeshot, M., New York
–, 1970, *Leviathan*. Stuttgart
Hofmann, Werner, 1968, »Die Krise des Staats und das Recht«, in: *Kritische Justiz*, Heft 1
Horkheimer, Max, 1930, »Ein neuer Ideologiebegriff«, in: *Archiv f. d. Geschichte des Sozialismus u. d. Arbeiterbewegung*, Jg. XV, S. 33–56
–, 1942, »Autoritärer Staat«, in: *Walter Benjamin zum Gedächtnis*, Sonderband der *Zeitschrift für Sozialforschung*, Los Angeles
–, 1967, *Zur Kritik der instrumentellen Vernunft*. Frankfurt
Hume, David, 1910, »Vom Gelde«, in: Diehl, Karl und Mombert, Paul (Hrsg.), *Ausgewählte Lesestücke zum Studium der politischen Ökonomie*, 1. Bd. *Zur Lehre vom Geld*, Karlsruhe, S. 66–83
Husserl, Edmund, 1950, *Ideen zu einer reinen Phänomenologie und phänomenologischen Philosophie*. Den Haag
–, 1954, *Die Krisis der europäischen Wissenschaften und die transzendentale Phänomenologie*. Den Haag

Janoska-Bendl, Judith, 1965, *Methodologische Aspekte des Idealtypus. Max Weber und die Soziologie der Geschichte*. Berlin
Jellinek, Georg, 1904, *Die Erklärung der Menschen- und Bürgerrechte* (2. erw. Aufl.), Leipzig
–, 1905, *System der subjektiven öffentlichen Rechte*. (2. Aufl.)
–, 1966, *Allgemine Staatslehre*. (3. Aufl.), Bad Homburg, Berlin, Zürich
Jevons, William Stanley, 1871, *The Theory of Political Economy*. London
Joas, Hans, 1973, *Die gegenwärtige Lage der soziologischen Rollentheorie*. Frankfurt a. M.
Johnson, Harry M., 1960, *Sociology*. New York
Kade, Gerhard, 1962, *Die Grundannahmen der Preistheorie. Eine Kritik an den Ausgangssätzen der mikroökonomischen Modellbildung*, Berlin und Frankfurt a. M.
Kautsky, Karl, 1918, *Die Diktatur des Proletariats*. Wien
–, 1922, *Die proletarische Revolution und ihr Programm*. Berlin und Stuttgart
Kelsen, Hans, 1923, *Sozialismus und Staat*. (2. Aufl.), Leipzig
–, 1928, *Der soziologische und der juristische Staatsbegriff*. (2. Aufl.), Tübingen
–, 1966, *Allgemeine Staatslehre*. (1. Aufl., unveränderter Nachdruck), Bad Homburg, Berlin, Zürich
–, 1967, *Demokratie und Sozialismus*. Wien
Keynes, John Maynard, 1936, *Allgemeine Theorie der Beschäftigung, des Zinses und des Geldes*. München
Klenner, Hermann, 1953, *Der Marxismus-Leninismus über das Wesen des Rechts*. Berlin (DDR)
–, 1964, *Studien über die Grundrechte*. Berlin (DDR)
–, 1972, *Rechtslehre. Verurteilung der Reinen Rechtslehre*. Frankfurt/Main
Kirchheimer, Otto, 1967, *Politische Herrschaft*. Frankfurt
Kon, I. S., 1973, *Der Positivismus in der Soziologie. Geschichtlicher Abriß*. Berlin (West)
Korsch, Karl, 1967, *Karl Marx*, Frankfurt
Krause, Dieter, 1971, »Was ist Ideologie?« in: *Das Argument* 66, 13. Jg., S. 523 ff.
Krüger, Herbert, 1966, *Allgemeine Staatslehre*. (2. durchgesehene Aufl.), Stuttgart
Kuhn, Thomas S., 1967, *Die Struktur wissenschaftlicher Revolutionen*. Frankfurt
Landshut, Siegfried, 1969, *Kritik der Soziologie und andere Schriften zur Politik*. Neuwied
Lange, Oskar, 1936/37, »On the Economic Theory of Socialism«, in: *Review of Economic Studies*, Vol. IV, (1. Teil: S. 53–71; 2. Teil: S. 123–142)
–, 1969, *Politische Ökonomie. Bd. 1, Allgemeine Probleme* (2. Aufl.), Berlin
Leibholz, Gerhard, 1967, *Strukturprobleme der modernen Demokratie*. (3. erw. Aufl.), Karlsruhe
Lenin, W. I., 1955, Aus dem Heft: »Der Marxismus über den Staat«, in: Karl Marx: *Kritik des Gothaer Programms*. Berlin (DDR)
–, 1960, *Staat und Revolution*. In: Lenin, *Werke* Bd. 25, Berlin (DDR)
–, 1971, »Was sind die ›Volksfreunde‹ und wie kämpfen sie gegen die Sozialdemokraten?« in: *Werke* Bd. 1, (6. Aufl), Berlin (DDR), S. 119–338
Lenk, Kurt, 1964, »Problemgeschichtliche Einleitung«, in: ders. (Hrsg.), *Ideologie*, (2. Aufl.), Neuwied-Berlin

Lieber, Hans Joachim; Furth, Peter, 1965, »Wissenssoziologie«, in: Beckerath, E. v. et. al. (Hrsg.), *Handwörterbuch der Sozialwissenschaften*, Bd. 12, Stuttgart, S. 337–346

Lipset, Seymour M., 1959, »Political Sociology«, in: R. K. Merton (ed.) *Sociology Today*

Litwak, Eugene, 1961/62, »Drei Alternative Bürokratiemodelle«, (Im Original: »Models of Bureaucracy which Permit Conflict«, *American Journal of Sociology*, Abgedruckt in: Mayntz, R. 1968, *Bürokratische Organisation*, Köln

Locke, John 1967, *Zwei Abhandlungen über die Regierung*. Frankfurt a. M.

Löwith, Karl, 1960, »Max Weber und Karl Marx«, in: ders, *Gesammelte Abhandlungen*. Tübingen

–, (Hrsg.), 1962, *Die Hegelsche Linke*. Stuttgart

–, 1964, *Von Hegel zu Nietzsche*. (5. Aufl.), Stuttgart

Ludwig, U.; Maier, H.; Wahse, J., 1972, *Bildung als ökonomische Potenz im Sozialismus*. Berlin

Luhmann, Niklas, 1964, »Zweck – Herrschaft – System. Grundbegriffe und Prämissen Max Webers«, in: *Der Staat*. Jg. 2, S. 129–158

–, 1965, *Grundrechte als Institution*. Berlin (West)

–, 1969a, »Klassische Theorie der Macht«, in: *Zeitschrift für Politik*, Jg. 16 (Neue Folge), S. 149–170

–, 1969b, *Legitimation durch Verfahren*. Neuwied

–, 1970a, *Soziologische Aufklärung* I. Köln/Opladen

–, 1970b, »Positivität des Rechts als Voraussetzung einer modernen Gesellschaft«, in: *Die Funktion des Rechts in der modernen Gesellschaft. Jahrbuch für Rechtssoziologie und Rechtstheorie*, Bd. 1 (Hrsg. Lautmann, Maihofer, Schelsky), Bielefeld

–, 1971a, »Sinn als Grundbegriff der Soziologie«, in: Habermas, J.; Luhmann, N., *Theorie der Gesellschaft oder Sozialtechnologie*, Frankfurt a. M.

–, 1971b, *Politische Planung. Aufsätze zur Soziologie von Politik und Verwaltung*. Opladen

–, 1972a, »Knappheit, Geld und die bürgerliche Gesellschaft«, in: *Jahrbuch für Sozialwissenschaft*, Bd. 23, H. 2, S. 186–210

–, 1972b, *Rechtssoziologie*. Bd. 1–2, Reinbek

–, 1973, *Zweckbegriff und Systemrationalität*. Frankfurt a. M.

Maihofer, Werner, 1968, *Demokratie im Sozialismus. Recht und Staat im Denken des jungen Marx*. Frankfurt a. M.

Mandelbaum, Maurice, 1975, »Gesellschaftliche Tatsachen«, In: Ritsert, Jürgen (Hrsg.), *Gründe und Ursachen gesellschaftlichen Handelns*. Frankfurt/New York, S. 196–214

Mannheim, Karl, 1925, »Das Problem einer Soziologie des Wissens«, in: *Archiv für Sozialwissenschaft und Sozialpolitik*, Bd. 53

–, 1952, *Ideologie und Utopie*. (3. Aufl.), Frankfurt a. M.

Maier, Hans, 1966, »Staatswissenschaften«, in: *Evangelisches Staatslexikon*, S. 2211–2213

Malewski, Andrzei, 1964, »Two Models of Sociology«, in: Albert, H. (Hrsg.), *Theorie und Realität*. Tübingen, S. 103–115

Marcuse, Herbert, 1965, »Industrialisierung und Kapitalismus«, in: Stammer, O. (Hrsg.), *Max Weber und die Soziologie heute*. Tübingen, S. 161–180
–, 1967, *Der eindimensionale Mensch*. Neuwied
Marshall, Alfred, 1966, *Principles of Economics*. (8. Aufl.), London
Marx, Karl und Engels, Friedrich, 1956ff., *Werke*. Hrsg. vom Institut für Marxismus-Leninismus beim ZK der SED, Berlin (DDR), Zit.: MEW, Bde. 1–39 und 2 Ergänzungsbände. Aufgeschlüsselt:

MEW 1 Marx, K., *Zur Kritik der Hegelschen Rechtsphilosophie. Kritik des Hegelschen Staatsrechts (§§ 261–313)* S. 201–333
ders., *Zur Judenfrage*, S. 347–377
ders., *Zur Kritik der Hegelschen Rechtsphilosophie. Einleitung* S. 378–391
ders., *Kritische Randglossen zu dem Artikel »Der König von Preußen und die Sozialreform. Von einem Preußen«*, S. 392–409

MEW 2 Marx, Karl und Engels, Friedrich. *Die heilige Familie oder Kritik der kritischen Kritik*, S. 3–223

MEW 3 dies., *Die Deutsche Ideologie*, S. 9–530
Marx, Karl, *Die Bürgerliche Gesellschaft und die kommunistische Revolution*, S. 537

MEW 4 ders., *Das Elend der Philosophie. Antwort auf Proudhons »Philosophie des Elends«*. Deutsch von E. Bernstein und K. Kautsky, S. 63–182
Engels, Friedrich, *Die Kommunisten und Karl Heinzen*, S. 309–324
Marx, Karl, *Die moralisierende Kritik und die kritisierende Moral*, S. 331–359
Engels, Friedrich, *Grundsätze des Kommunismus*, S. 361–380
Engels, Friedrich, *Frankreich. Politische Vorgänge*, S. 432–438
Marx, Karl und Engels, Friedrich, *Manifest der Kommunistischen Partei*, S. 459–493

MEW 7 Marx, Karl, *Die Klassenkämpfe in Frankreich 1848 bis 1850*, S. 9–107
ders., *Die Konstitution der Französischen Republik, angenommen am 4. November 1848*, S. 494–506
Engels, Friedrich, *Einleitung zu »Die Klassenkämpfe in Frankreich 1848–1850«* von Karl Marx (Ausgabe 1895), S. 511–527

MEW 8 ders., *Revolution und Konterrevolution in Deutschland*, S. 3–79
Marx, Karl, *Der 18. Brumaire des Louis Bonaparte*, S. 111–207
ders., *Vorwort* (zur 2. Ausg. (1869) »Der 18. Brumaire des Louis Bonaparte«, S. 559–560
Engels, Friedrich, *Vorrede* (zur dritten Auflage (1885) »Der 18 Brumaire des Louis Bonaparte« von Karl Marx), S. 561–562

MEW 11 Marx, Karl, *Die Administrativreform-Assoziation (Die Charte)*, S. 266–269

MEW 13 ders., *Zur Kritik der politischen Ökonomie*, S. 7–160
Engels, Friedrich, *Karl, Marx, Zur Kritik der Politischen Ökonomie*, S. 468–477

MEW 16 Marx, Karl, *Lohn, Preis und Profit*, S. 103–152

MEW 17 ders., *Der Bürgerkrieg in Frankreich*, S. 313–365

ders., *Entwürfe* zum »Bürgerkrieg in Frankreich«, S.491–610
Engels, Friedrich, *Einleitung* zu »Der Bürgerkrieg in Frankreich« von Karl Marx (Ausgabe 1891), S. 615–625
Aufzeichnungen eines Interviews, das Karl Marx einem Korrespondenten der Zeitung »The World« gewährte, S. 639–643

MEW 18 Marx, Karl und Engels, Friedrich, *Die angeblichen Spaltungen in der Internationale*, S. 3–51
dies., *Resolutionen des allgemeinen Kongresses zu Haag vom 2.–7. Sept. 1872*, S. 149–158
Marx, Karl, *Rede über den Haager Kongress*, S. 159–161
Engels, Friedrich, *Zur Wohnungsfrage*, S. 209–287
ders., *Von der Autorität*, S. 305–308

MEW 18 Marx, Karl, *Konspekt von Bakunins Buch »Staatlichkeit und Anarchie«*, S. 597–642
Engels, Friedrich, *Vorwort* (zur 2. durchgesehenen Auflage »Zur Wohnungsfrage«), S. 647–655

MEW 19 ders., *Brief an Bebel vom 18./28. März 1875*, S. 3–9
Marx, Karl, *Kritik des Goethaer Programms*, S. 11–32
ders., *Brief an die Redaktion der »Otetschestwennyje Sapiski«*, S. 107–112
Engels, Friedrich, *Das Ausnahmegesetz gegen die Sozialisten in Deutschland – Die Lage in Rußland*, S. 148–149
ders., *Zum Tode von Karl Marx*, S. 340–347
Marx, Karl, *Randglossen zu Adolph Wagners »Lehrbuch der Politischen Ökonomie«*, S. 355–383

MEW 20 Engels, Friedrich, *Herrn Eugen Dührings Umwälzung der Wissenschaft (Anti-Dühring)*, S. 1–303
ders., *Materialien zum »Anti-Dühring«*, S. 571–620

MEW 21 ders., *Der Ursprung der Familie, des Privateigentums und des Staats*, S. 25–173
ders., *Juristen-Sozialismus*, S. 491–509

MEW 22 ders., *Zur Kritik des sozialdemokratischen Programmentwurfs 1891*, S. 225–240
ders., *Antwort an den ehrenwerten Giovanni Bovio*, S. 279–281

MEW 23 Marx, Karl, *Das Kapital, Kritik der Politischen Ökonomie*, I. Bd.

MEW 25 ders., *Das Kapital, Kritik der Politischen Ökonomie*, III. Bd.

MEW 26.1–3 ders., *Theorien über den Mehrwert*, Bd. I–III

MEW 27 bis MEW 39, Briefe von Karl Marx und Friedrich Engels

Marx, Karl, 1953, *Grundrisse der Kritik der politischen Ökonomie.* (Rohentwurf), Berlin (DDR)

Marx, Karl, 1867, *Das Kapital*, 1. Bd. (1. Aufl), repr. Tokio 1959

Marx, Karl, 1966, *Das Kapital*, 1. Bd., 1. Kap., (1. Aufl.), repr, in: Fetscher, I., (Hrsg.), Marx-Engels-Studienausgabe, Bd. II, Frankfurt a. M.

–, 1970, *Resultate des unmittelbaren Produktionsprozesses.* Frankfurt a. M.

Mayer, Hans, 1925, »Produktion«, in: *Handwörterbuch der Staatswissenschaften.* (4. Aufl.), Bd. VI, S. 1108–1122

–, 1928, »Zurechnung«, in: Handwörterbuch der Staatswissenschaften. (4. Aufl.), Bd. VIII, S. 1206–1228

Mayntz, Renate, 1963, *Soziologie der Organisation*. Reinbek

–, 1968, (Hrsg.), *Bürokratische Organisation*. Köln

Melden, A. I., 1971, *Free Action*, London

Menger, Anton, 1903, *Neue Staatslehre*. Jena

–, 1904, *Das Recht auf den vollen Arbeitsertrag*. (3. Aufl.), Stuttgart und Berlin

Menger, Carl, 1968, *Grundsätze der Volkswirtschaftslehre*. (2. Aufl.), Tübingen

Merton, R. K.; Gray, A. P.; Hockey, B., (eds.), 1952, *Reader in Bureaucracy*. Glencoe, Ill.

Merton, Robert K., 1968, »Bürokratische Struktur und Persönlichkeit«, in: Mayntz, 1968

Meurer, Bärbel, 1974, *Mensch und Kapitalismus bei Max Weber. Zum Verhältnis von Soziologie und Wirklichkeit*. Berlin

Miliband, Ralph, 1972, *Der Staat in der kapitalistischen Gesellschaft. Eine Analyse des westlichen Machtsystems*. Frankfurt

Mill, John Stuart, 1910, *Principles of Political Economy*, Buch III, Kap. 7–9, in: Diehl, Karl und Mombert, Paul (Hrsg.), Ausgewählte Lesestücke zum Studium der politischen Ökonomie. 1. Bd., Zur Lehre vom Geld, Karlsruhe

Mises, Ludwig, 1920/21, »Die Wirtschaftsordnung im sozialistischen Gemeinwesen«, in: *Archiv für Sozialwissenschaft und Sozialpolitik, 47. Bd., S. 86–121*

Mitchell, W. C., 1969, *The Shape of Political Theory to Come. From Political Sociology to Political Economy*, in: S. M. Lipset (ed.) Politics and Social Sciences, New York, S. 101–136

Mohl, Robert, 1846, »Über Bürokratie«, in: ders., *Staatsrecht, Völkerrecht und Politik*, Bd. 2, 1862

Mommsen, Wolfgang, 1959, *Max Weber und die deutsche Politik* 1890–1920. Tübingen

–, 1963, »Zum Begriff der ›plebiszitären Führerdemokratie‹ bei Max Weber«, in: *Kölner Zeitschrift für Soziologie und Sozialpsychologie*, 15. Jg., S. 295–322

–, 1965, Diskussionsbeitrag auf dem 15. deutschen Soziologentag. in: Stammer, O. (Hrsg.), *Max Weber und die Soziologie heute*. Tübingen, S. 130–138

Morff, Otto, 1970, *Geschichte und Dialektik in der politischen Ökonomie*. Frankfurt

Morgenstern, Oskar, 1931, »Die drei Grundtypen der Theorie des subjektiven Werts«, in: *Probleme der Wertlehre, Schriften des Vereins für Sozialpolitik*, 183/1, München und Leipzig

Myrdal, Gunnar, 1963, *Das politische Element in der nationalökonomischen Doktrinbildung*. (2. Aufl.), Hannover

Nagel, Ernest, 1961, The Structure of Science. London

Narr, Wolf Dieter; Naschold, Frieder, 1971, *Theorie der Demokratie (Einführung in die moderne politische Theorie*, Bd. III) Stuttgart

Naschold, Frieder, 1972, *Systemsteuerung. (Einführung in die moderne politische Theorie*, Bd. II) (3. Aufl.) Stuttgart

Negt, Oskar, 1968, Korreferat in: Euchner, W., Schmidt, A., (Hrsg.), *Kritik der politischen Ökonomie heute*. Frankfurt a. M.

Offe, Claus, 1972, *Strukturprobleme des kapitalistischen Staates*. Frankfurt a. M.

–, 1974, »Rationalitätskriterien und Funktionsprobleme politisch-administrativen Handelns«, in: *Leviathan* 3, S. 333–345
Opp, Karl-Dieter, 1970, *Methodologie der Sozialwissenschaften. Einführung in Probleme ihrer Theoriebildung.* Reinbek
Pareto, Vilfredo, 1966, *Manuel d'Economie Politique.* Genf
Parsons, Talcott, 1948, »Max Webers Sociological Analysis of Capitalism and Modern Institutions«, in: Barnes, H. E. (ed.) *An Introduction to the History of Sociology,* Chicago, S. 287 ff.
–, 1964, *The Social System.* New York/London
–, 1967, »On the Concept of Political Power«, in: *Sociological Theory and Modern Society.* New York, S. 297–354
Parsons, Talcott und Smelser, Neil J., 1972, *Economy and Society.* (5. Aufl.), London
Paschukanis, Eugen, 1966, *Allgemeine Rechtslehre und Marxismus.* (Unveränderter Nachdruck), Frankfurt a. M.
Pigou, A., 1969, »The Veil of Money«, in: Clower, R. W. (ed.) *Monetary Theory.* Harmondsworth, S. 30–36
Pilot, Harald, 1969, »Jürgen Habermas' empirisch falsifizierbare Geschichtsphilosophie«, in: *Der Positivismusstreit in der deutschen Soziologie.* Neuwied und Berlin
Polak, Karl, 1968, *Reden und Schriften.* Berlin (DDR)
Popper, Karl R., 1965, *Das Elend des Historismus.* Tübingen
–, 1966, *Logik der Forschung.* (2. Aufl.), Tübingen
Poulantzas, Nicos, 1972, »Aus Anlaß der marxistischen Rechtstheorie«, in: Marxistische und sozialistische Rechtstheorie (Hrsg. Reich, N.), Frankfurt a. M.
Projekt Klassenanalyse, 1972, *Zur Taktik der proletarischen Partei – Marxsche Klassenanalyse Frankreichs von 1848–1871.* Westberlin
–, 1973, *Materialien zur Klassenstruktur der BRD. Erster Teil: Theoretische Grundlagen und Kritiken,* Berlin (West)
Radbruch, Gustav, 1971, *Der Mensch im Recht.* (2. Aufl.), Göttingen
–, 1973, *Rechtsphilosophie.* (8. Aufl), Stuttgart
Rauh, Hans-Christoph, 1970, »Zur Herkunft, Vorgeschichte und ersten Verwendungsweise des Ideologiebegriffs bei Marx und Engels bis 1844«, in: *Deutsche Zeitschrift für Philosophie,* Jg. 16, H. 6., S. 689–715
Reich, Norbert, 1969, »Einleitung« zu Stučka, P. I., *Die revolutionäre Rolle von Recht und Staat.* Frankfurt a. M.
–, 1971, »Oktoberrevolution und Recht«, in: *Kritische Justiz.* Heft 2
–, 1972, »Marxistische Rechtstheorie zwischen Revolution und Stalinismus«, in: *Kritische Justiz.* Heft 2
Reichelt, Helmut, 1974, »Zur Staatstheorie im Frühwerk von Marx und Engels«, in: *Materialien zur Rekonstruktion der marxistischen Staatstheorie.* Frankfurt a. M., Berlin, Wien
Renner, Karl, 1965, *Die Rechtsinstitute des Privatrechts und ihre soziale Funktion.* (Wiederabdruck der 2. Aufl. von 1929), Stuttgart
Ricardo, David, 1887, *Letters of David Ricardo to T. R. Malthus 1810–1823.* Ed. Bonar, Oxford

–, 1905, *Principles of Political Economy and Taxation*. Deutsch: Jena
Ridder, Helmut, 1962, »Staat« in: *Staatslexikon* (7. Bd.), hrsg. von der Görres-Gesellschaft, (6. erw. Aufl), Freiburg
Riedel, Manfred, 1969, »Der Begriff der Bürgerlichen Gesellschaft und das Problem seines geschichtlichen Ursprungs«, in: ders., *Studien zu Hegels Rechtsphilosophie*. Frankfurt a. M. S. 135–166
Riehl, Wilhelm Heinrich von, *Die bürgerliche Gesellschaft*, Stuttgart, 11. Auflage 1930
Riker, William H., 1964, »Some Ambiguities in the Notion of Power«, in: *American Political Science Review*. Jg. 58
Ritsert, Jürgen, 1968, »Substratbegriffe in der Theorie des sozialen Handelns. Über das Interaktionsschema bei Parsons und in der Parsonskritik«, in: *Soziale Welt*, Jg. 19 (überarbeitet unter dem Titel: »Handlungstheorie und Grundannahmen des Liberalismus – über das Interaktionsschema bei Talcott Parsons.« In: Ders., *Wissenschaftsanalyse als Ideologiekritik*, Frankfurt a. M. 1975)
Robbins, Lionel, 1969, *An Essay on the Nature and Significance of Economic Science*. (Nachdruck der 2. Aufl. von 1935), London
Robinson, Joan, 1972, *Doktrinen der Wirtschaftswissenschaft*. (5. Aufl.) München
Rosenbaum, Wolf, 1971, »Zum Rechtsbegriff bei Stučka und Paschukanis« in: *Kritische Justiz*, Heft 2
Rousseau, Jean-Jacques, 1971, *Der Gesellschaftsvertrag*. Stuttgart
Sass, H. M., 1969, Nachwort zu: *Bauer: Feldzüge der reinen Kritik*. Frankfurt a. M.
Say, Jean Baptiste, 1803, *Traité d'économie politique*. Bd. 1, Paris
Scheler, Max, 1926, *Die Wissensformen und die Gesellschaft*. Leipzig
Schluchter, Wolfgang, 1972, *Aspekte bürokratischer Herrschaft*. München
Schmidt, Alfred, 1967, *Der Begriff der Natur in der Lehre von Karl Marx*. (2. Aufl.)., Frankfurt a. M.
Schmitt, Carl, 1932, *Legalität und Legitimität*. München
–, 1970, *Verfassungslehre*. (5. erw. Aufl.), Darmstadt
Schnädelbach, Herbert, 1969, »Was ist Ideologie?« in: *Argument* 50, Sonderband, Berlin, S. 71–92
Schneider, Erich, 1965, *Einführung in die Wirtschaftstheorie. 1. Teil: Theorie des Wirtschaftskreislaufs*. (12. Aufl), Tübingen
Schütz, Alfred, 1974, *Der sinnhafte Aufbau der sozialen Welt. Eine Einleitung in die verstehende Soziologie*. Frankfurt a. M.
Schumpeter, Joseph A., 1950, *Kapitalismus, Sozialismus und Demokratie*. (Zweite erweiterte Auflage), Bern
Selznick, Philip, 1948, »Foundations of the Theory of Organization«, in: *American Sociological Review*, Jg. 13, S. 25–35
Seyfarth, Constans und Sprondel, Walter M., 1973, (Hrsg.) *Seminar: Religion und gesellschaftliche Entwicklung. Studien zur Protestantismus-Kapitalismus-These Max Webers*. Frankfurt a. M.
Simmel, Georg, 1908, *Soziologie*. Leipzig
Sinzheimer, Hugo, 1923, »Arbeitsrecht« in: Handwörterbuch der Staatswissenschaften (4. Aufl.), 1. Band, S. 844–72
Smelser, Neil J., 1968, *Soziologie der Wirtschaft*. München

Smith, Adam, 1937, *An Inquiry into the Nature and Causes of the Wealth of Nations*. Ed. Cannan, E., New York

Sombart, Werner, 1921, *Der moderne Kapitalismus*. Bd. 1, 1. Hälfte, (4. Aufl), München

Stegmüller, Wolfgang, 1969, *Probleme und Resultate der Wissenschaftstheorie. Bd. 1: Wissenschaftliche Erklärung und Begründung*. Berlin, Heidelberg, New York

–, 1970, *Probleme und Resultate der Wissenschaftstheorie. Bd. 2: Theorie und Erfahrung*. Berlin, Heidelberg, New York

Stein, Ekkehart, 1973, *Staatsrecht*. (3. Aufl), Tübingen

Strauss, Anselm L., 1959, *Mirrors and Masks. The Search for Identity*. Glencoe/Ill.

Strauss, Leo, 1956, *Naturrecht und Geschichte*. Stuttgart

Stucka, Petr I., 1969, *Die revolutionäre Rolle von Recht und Staat*. Frankfurt a. M.

Thalheimer, August, 1973, *Der Faschismus in Deutschland*. Frankfurt a. M.

Thomas, William I., 1966, »The Relations of Research to the Social Process«, in: ders., *On Social Organization and Social Personality*. Hg. v. Janowitz, M., Chicago

Tomberg, Friedrich, 1969, »Basis und Überbau im historischen Materialismus«, in: ders., *Basis und Überbau*. Neuwied

Thome, Helmut, 1973, *Der Versuch, die »Welt« zu begreifen. Fragezeichen zur Systemtheorie von Niklas Luhmann*. Frankfurt a. M.

Tönnies, Ferdinand, 1922, *Gemeinschaft und Gesellschaft*. (4. und 5. Aufl), Berlin

Topitsch, Ernst (Hrsg.), 1965, *Logik der Sozialwissenschaften*. Köln und Berlin

Troeltsch, Ernst, 1919, *Die Soziallehren der christlichen Kirchen und Gruppen. Gesammelte Schriften*, Bd. 1, Tübingen

Trotzki, Leo, 1971, *Wie wird der Nationalsozialismus geschlagen?* Frankfurt a. M.

Walras, Léon, 1874–1877, *Eléments d'économie politique pure*. Lausanne, Paris und Basel

–, 1881, *Mathematische Theorie der Preisbestimmung der wirtschaftlichen Güter*. Stuttgart

Watkins, J. W. N., 1968, »Historical Explanation in the Social Sciences«, in: Gardiner, Patrick (Ed.), *Theory of History*. New York.

Weber, Werner, 1966, »Gewaltenteilung«, in: *Handwörterbuch der Sozialwissenschaften*. (9. Aufl.), Bd. 4, Stuttgart, Tübingen, Göttingen

Wieacker, Franz, 1952, *Privatrechtsgeschichte der Neuzeit*. Göttingen

Wieser, Friedrich v., 1924, *Theorie der gesellschaftlichen Wirtschaft. (Grundriß der Sozialökonomie, 1. Abt., 2. T.)*, Tübingen

–, 1927, »Geld« in: *Handwörterbuch der Staatswissenschaften*, IV. Band, (4. Aufl.), S. 681–717

Winch, Peter, 1966, *Die Idee der Sozialwissenschaft und ihr Verhältnis zur Philosophie*. Frankfurt a. M.

Winckelmann, Johannes (Hrsg.), 1972, *Max Weber: Die protestantische Ethik II; Kritiken und Antikritiken*. (2. Aufl.), Hamburg

Wöhe, Günter, 1973, *Einführung in die Allgemeine Betriebswirtschaftslehre*. (11. Aufl)., München

Wolff, Robert; Moore Jr., Barrington; Marcuse, Herbert, 1966, *Kritik der reinen Toleranz*. Frankfurt a. M.
Wright, Georg Henrik v., 1974, *Erklären und Verstehen*. Frankfurt a. M.
Wygodski, Witali Solomonowitsch, 1967, *Die Geschichte einer großen Entdeckung*. Berlin
Wyschinski, A. I., 1953, »Fragen des Rechts und des Staates bei Marx«, in: *Sowjetische Beiträge zur Staats- und Rechtsgeschichte*. Berlin (DDR)
Zeisl, Hans, 1931, »Marxismus und subjektive Theorie«, in: Mises, L.; Spiethoff, A. (Hrsg.), *Probleme der Wertlehre, Schriften des Vereins für Sozialpolitik*, 183/1, S. 177–200

Sachregister

Äquivalent, allgemeines 138, 141, 144, 149, 151, 155
Äquivalententausch 133, 163, 182–185, 188, 189, 191
Äquivalentform 140f., 146, 154
Akkumulation des Kapitals 179, 180, 182, 184, 186, 188
Akkumulation, sog. ursprüngliche 166f.
Anarchismus 405f., 415
Aneignungsgesetz, Umschlag des 182–184, 368–371
Anstalt 422, 425
Arbeit 38f., 62, 100, 127, 128–133, 168, 183, 199, 290, 297
– abstrakt menschliche 53, 123f., 128, 129, 130–133, 138, 144, 170, 300, 301, 302, 310, 312
– freie 164, 166, 274, 277, 278–280, 303, 372f.
– gesellschaftliche 39, 131, 137, 138, 144, 249, 301, 302, 309f., 311, 312, 315, 373, 400
– Intensität der 173
– konkret nützliche 123, 124, 129, 130–133, 138, 144, 168, 170, 298, 302, 312
– materielle und geistige 52, 56f., 63, 412
Arbeiterklasse 61, 116, 174, 181, 186, 188, 190, 192, 371f.
Arbeiterpopulation 172, 174, 182, 184f.
Arbeitsgegenstand 168
Arbeitserwerb 264
Arbeitskraft 164f., 169, 175, 180, 181, 188, 189, 279
Arbeitsmittel 168, 188
Arbeitsproduktivität 132, 172, 173, 175, 176, 177, 188, 190
Arbeitsprozeß 167f., 306
Arbeitstag, Grenzen des 173f., 178f.
Arbeitsteilung 47f., 52f., 130, 137, 144, 212, 227, 230, 231, 338f., 410, 412
Arbeitszeit, gesellschaftlich notwendige 131, 176, 177, 178
Austausch 121, 130, 140, 147–151, 153, 411

Basis – Überbau 19, 27, 29, 30f., 32, 37, 58, 101, 114–117
Beamter 450ff.
– Trennung des Beamten von den Verwaltungsmitteln 452, 474f., 478, 488f.
Bedarfsdeckungswirtschaft 262
Betrieb 269f., 274, 278, 279, 280, 282f., 287f., 289f., 291, 296
Bewußtsein 26, 29, 35, 36, 37, 38, 40, 41, 42, 43, 44
– ideologisches 42–45, 46, 50, 51, 53, 55, 56, 57, 58, 60, 61, 63, 64, 145, 184
Beziehung, soziale 66, 69, 72, 78, 80f., 212f., 217, 422
Buchführung 274, 277, 280, 303
Bürokratie 305, 414, 450ff., 459, 471, 486ff.
– Leistungsüberlegenheit der Bürokratie 453ff., 487f.
– siehe auch bürokratische Herrschaft!
Bürokratisierung 112, 420, 467, 476ff., 488

Charaktermaske, ökonomische 150
Citoyen 333, 336, 362, 384, 413

Demokratie 352, 358ff., 394f., 414, 415, 462ff.
– bürgerliche 383f., 385, 391, 394, 403
– Führerdemokratie 467f.
– Massendemokratie 466, 468
– sozialistische 390f., 394, 403, 405, 483, 490f.
– unmittelbare 366, 408f., 413f., 464ff., 490f.

- Widerspruch zwischen Demokratie und Klassenherrschaft 365, 375, 379–381, 382, 385, 388f., 391ff.
Demokratisierung 394, 405, 463, 478, 488
Diktatur des Proletariats 390, 397, 402f.
Doppelcharakter der warenproduzierenden Arbeit 128–133, 144, 170, 312

Eigentum 48, 182, 183
Einkommensverteilung 289f.
Entfremdung 52, 61
Entwicklung, begriffliche und historische 116, 138, 141f., 152, 184, 321ff., 385–387
Entwicklungstendenzen, ökonomische und politische 385–388, 404
Erklärung; Erklären 77, 83–99, 103, 104, 105, 107, 108ff., 193, 221, 298f., 308f., 313, 314f.
Erwartung 80f., 110, 221
Erwerben 261–270, 275
Erwerben, kapitalrechnungsmäßiges 264–270, 271f., 276, 282f., 286, 287f., 291
Erwerbsbetrieb s. Betrieb
Erwerbstausch 263
Erwerbswirtschaft 197, 201, 262, 299, 300, 303
Experiment 92, 93

Form – Inhalt (bzw. Stoff) 123, 127, 128, 129, 130, 167, 183, 187
Fortschritt, technischer 177, 295, 298
Freiheit 342f., 349f., 360, 362f., 375, 413, 415

Gebrauchswert 120, 121, 122, 123, 125, 128, 161f., 167f., 199, 204, 298, 302, 312
Gehäuse der Hörigkeit 467f., 477f., 482, 483f., 493
Geld 50, 121, 125, 141, 149f., 151–160, 161, 187, 201f., 217, 219–250, 263, 282, 285f., 298f., 310f., 339
- Geldform 125, 135, 136, 138, 141, 144, 180

- formale Geltung des G.s 223ff.
- Kreditgeld 157, 159
- materiale Geltung des G.s 223ff., 298
- Geldrechnung 219, 225, 231ff., 239, 240–250, 285f., 288, 289, 291, 294, 296, 298ff., 301, 304, 485
- Geldschleier 121, 135, 140
- Geldtheorie 151, 152, 157, 158, 194, 210f., 220, 223f., 226, 227
- Weltgeld 152, 157
- Geldwert, subjektiver und objektiver 228

Geschichte (als Wissenschaft) 85, 95f., 206, 385f.
Geschichtsauffassung, materialistische 26, 28, 29, 31, 32, 36, 37, 38, 47, 52, 60, 119, 385f.
Gesellschaft, bürgerliche 27, 28, 29, 30, 31, 108, 111, 152, 184, 185, 186, 190, 311, 312, 314
- Trennung von bürgerlicher Ges. u. Staat 328ff., 355ff., 374, 393, 395, 406ff.
Gesellschaftsformation, ökonomische 29, 115f.
Gesetze, juristische 349ff., 354
-, ökonomische 206f., 210
Gewalt 414f., 426f., 434
Gewaltenteilung 355, 414
Gewinn 263–269, 271, 282f., 284
Gleichgewichtsökonomie 237
Gleichheit 341f., 349f., 361, 362f., 375, 411f.
Grenznutzen 204f., 211, 215, 224, 265, 267f., 289, 296
Grenznutzentheorie 203ff., 287
Greshamsches Gesetz 85, 87ff., 93, 96
Grundwiderspruch der kapitalistischen Produktionsweise 177, 178, 311
Grundrente 127, 181, 189

Handeln
- Einverständnishandeln 110f.
- rationales 199, 201, 206f.
- soziales 19, 66, 78ff., 102, 105, 201, 206, 212, 419
- zweckrationales 70

Handlungsrationalität 245, 249
Handlungstheorie 16, 52, 54, 65, 66, 76f., 99–113, 193, 206, 281f., 313, 314, 492
Haushalten (Haushalt) 211, 261–270, 274, 278, 279, 280, 282, 283, 287, 289f., 291, 296
Haushaltsrechnung 211, 278
Herrschaft 419f., 422, 427, 429ff., 437, 441, 445
- bürokratische Herrschaft 449ff.
- bürokratische Herrschaft und demokratische Regierungsform 462ff.
- bürokratische Herrschaft u. soziale Klassen 458f., 472f., 488f.
- bürokratische Herrschaft; Gründe ihrer Entstehung 475f.
- bürokratische Herrschaft und kapitalistische Produktionsweise 470ff., 488f.
- charismatische Herrschaft 440, 442
- legale Herrschaft 438, 441f., 444, 445f., 447
- legale Herrschaft und kapitalistische Produktionsweise 347ff., 446
- Minimierung der Herrschaft 463, 490f.
- monokratische Herrschaft 451, 460
- traditionale Herrschaft 439, 441f.
- Typen legitimer Herrschaft 436ff.
Herrschaftsverhältnis 48f., 50, 126f., 280, 304

Idealtypus 74, 94ff., 98f., 206ff., 210, 460f.
Ideologie 19, 24–26, 34, 46, 47, 50, 51, 53, 54, 55–60, 63, 145, 175, 183f., 187, 191
- Ideologiebegriff, totaler 24, 25
- Ideologiekritik 24, 25, 26, 32, 33, 38, 42, 43, 63, 183f., 185, 367
Individualismus, methodologischer 77, 82, 105, 106, 108, 111, 112, 313, 315, 423
Interesse 424, 430, 433, 434, 446
Irrationalität 246ff., 280, 307

Kampf 213ff., 235f., 290, 304, 317
Kapital 82f., 152, 161, 162, 177, 179, 183, 184, 188–190, 261, 264–269, 282f., 311
- als »automatisches Subjekt« 162, 180, 188, 311
- konstantes 170, 171, 173, 184
- variables 170, 181, 184
- Verwandlung von Geld in K. 152, 161–167, 181, 311
Kapitalismus 17f., 113, 193ff., 212, 242, 246, 247, 261–320
Kapitalist, Kapitalistenklasse 162, 168, 175, 181, 184, 186, 188, 190f.
Kapitalrechnung 211, 242, 248, 249, 265, 277, 278, 280, 285f., 288, 289, 291, 294, 296
Kapitalzins 266–269, 282f.
Klasse, soziale 62, 75f., 100, 181, 182, 186, 187, 188, 190f., 369
Klassenbewußtsein 61, 186–190, 372f., 375f., 381f., 383f., 387, 389, 394, 397f.
Knappheit 126, 196ff., 204ff., 242f., 262
Kommensurabilität 126, 317
Kommunismus 59, 60, 406ff.
Konkurrenz 176, 201, 216, 230, 237f., 239, 303f., 307, 318
Krise, ökonomische 140, 157, 160, 190, 302, 307, 311

Lebensmittel, notwendige 165, 172, 173, 174, 175, 177
Legitimität 430, 434, 437f., 441, 444, 447, 471
Lohnarbeit 115, 179, 181, 184, 189, 190f.
Lohnform 188–190

Macht 429ff., 435
- ökonomische 218, 237, 268f., 289, 290, 293
Markt 109, 110, 215ff., 219, 233–240, 278, 282, 290, 292, 296, 299, 304f., 485
- Marktgängigkeit 233f., 265
- Marktlage 232, 234f., 302, 304
- Marktmechanismus 110, 245, 248, 288, 290, 292, 299

511

Materialismus (s. auch Geschichtsauffassung, materialistische) 16f., 28, 33, 34, 36, 37, 39, 66, 99ff., 103, 104, 105, 314
Maximum, wirtschaftliches 237, 239
Mehrwert 162, 166, 169, 170, 171, 178, 180, 181, 182, 189
– Produktion des absoluten 171, 172, 173–175
– Produktion des relativen 172, 173, 175–178, 188
Mehrwertrate 171, 173, 176, 177, 178, 179, 185
Methode, dialektische 117, 118, 119
Mystifikation der gesellschaftlichen Verhältnisse 187–190

Natur, zweite 44, 45, 52, 53
Naturalrechnung 219, 242ff., 290, 294, 296, 297f., 304, 306
Naturrecht 352, 354, 357, 442f., 466
Naturwissenschaft 75, 88, 102, 112
Naturwüchsigkeit der gesellschaftlichen Entwicklung 49, 50, 62, 401
Neoklassik s. Ökonomie, neoklassische
Normen 69, 71, 72, 103, 424, 433, 443, 447, 450, 457
Nützlichkeit 122, 125, 126
Nutzleistung 196, 198ff.

Objektivität, gesellschaftliche 145, 159, 245, 247, 299, 304, 312, 316, 318f.
Öffentlichkeit 328f., 349f., 353, 355, 366, 407
Ökonomie, Kritik der politischen 26, 27, 111, 117, 127, 159, 300, 301, 302, 308
– neoklassische 158, 209
– politische 27, 117, 123, 127, 135, 136, 145, 146, 151, 204, 316, 319
Ordnung 104, 109, 236
Ordnung, geltende 424, 426
Ordnungsverband 296

Planwirtschaft 212, 248, 294–308
Preis 214, 216, 218, 232–236, 277, 290, 296, 298

Preis (-form) 140, 152
Preiskampf 213ff.
Preistheorie 194, 210f., 217
Privatarbeit 130, 137, 138, 144, 249, 309, 310, 311, 338
Privateigentum 49, 52f., 62, 144, 212, 227, 268, 269, 344, 349, 360f., 373f., 376, 489, 495
Produktentausch, unmittelbarer 142
Produktenwert 169, 170
Produktion 27, 28, 35, 36, 37, 38, 39, 40, 48, 167, 177, 211f., 289, 297
Produktionsfaktoren 189
Produktionsmittel 165, 169, 180, 182
Produktionsverhältnis 27, 28, 40, 58, 101, 116, 181, 186, 190
Produktivkraft 27, 28, 40, 41, 58, 61, 100f., 178, 230, 297
Produktivkraft der Arbeit s. Arbeitsproduktivität
Profit 166, 172, 189
Profitrate 171, 172, 173, 184
– tendenzieller Fall der 132, 172, 179, 311
Proletariat s. Arbeiterklasse
Psychologie 110, 111, 206

Rationalität 452, 480, 481f.
– formale Rationalität 194f., 219, 225f., 239, 240–250, 261, 280, 283, 285–293, 294, 298ff., 301, 303, 304, 305, 306, 307, 315–318
– materiale Rationalität 194f., 226, 240f., 246–250, 261, 283, 285, 288–293, 306, 316
– Trennung von formaler u. materialer Rationalität 457f., 483ff., 488f., 492
– Zweckrationalität 95, 249
Rationalisierung 442, 475, 479ff., 484
Realisation 148f., 153, 170, 180, 301
Recht 69, 82, 278, 284, 321ff., 425
– Bürgerrechte 359, 362f., 365f., 413
– Klassenrecht 376
– Menschenrechte 359–362, 413
– modernes 327, 337, 341f., 411ff., 416
– Rechtsform 337, 344, 346, 412
– Rechtsformalismus 354, 357

- Rechtsgleichheit 348, 472f.
- Rechtsperson 340ff., 345
- Rechtsverhältnis 337ff., 348f., 354
Reduktion von komplizierter auf einfache Arbeit 131f., 301
Reichtum 117, 119f., 123, 127, 177, 190, 199, 316
Rentabilität 265–269, 278, 286, 288
Reproduktion, einfache 181
- erweiterte 182f.
Reservearmee, industrielle 185

Schein, notwendiger (objektiver, bloßer usw.) 133, 146, 183, 184, 185, 191, 369ff.
Sein, gesellschaftliches und Bewußtsein 27, 32–36, 40–44, 57, 58, 60, 145
Sinn 65–75, 78ff., 87f., 196f.
- Sinnadäquanz 74, 82
- Funktionssinn 69, 72
- idealtypischer 74, 89, 94f.
- metaphysischer 68f., 72
- objektiver 72f., 91
- objektiv gültiger 68, 69, 72
- subjektiver (= gemeinter Sinn) 68, 71ff.
- als Ziel od. Zweck 70
Sozialismus 279, 292, 294–308, 318, 397ff., 485ff.
Staat 30, 53, 155, 178, 191, 222f., 296, 305, 321ff., 422ff.
- Absterben des Staates 403f., 406ff.
- als Klassenstaat 324, 335, 352f., 366, 370, 373–375, 376f., 402
- moderner 325f., 328, 419
- als Rechtsstaat 303, 327, 335, 347ff., 363f., 368, 376f.
- als Staat 329–332, 356f., 378, 403, 406, 409ff., 414f.
Staatsinterventionismus 418
Staatslehre 325
Staatssoziologie 419f.
Staatstheorie, marxistische 324ff., 355, 374, 378
Statistik 79, 93, 98
Struktur, ökonomische 27, 28, 29, 114, 115, 116, 127, 271f., 276, 277, 280ff.

- politische 321–325
Subjekt – Objekt 16, 21, 44, 45, 46f., 51, 136, 143, 159, 190
Subjekt und Objekt, Verkehrung von 50, 143, 145, 146, 162, 309, 312, 316
System, soziales 19, 115, 118, 154, 159, 186, 230
Systemrationalität 245, 249
Systemtheorie 52, 65, 66, 76f., 82

Tausch 195, 211ff., 220f., 295
- bei Konkurrenz 214, 216f., 233
- haushaltsmäßiger 263
- indirekter 230, 232
- isolierter 213ff., 233
- Tauschmittel 220ff.
- Tauschwert 121–125, 128, 204, 298, 311
Technik 197, 200f., 242, 284, 488f., 494
Theorie – Empirie 11f., 117f., 157, 158f.
ökonomische Theorie s. Wirtschaftstheorie
Totalität, gesellschaftliche 159
Tradition 439f., 446
Traditionalismus, ökonomischer 272, 284

Utilitarismus 316, 319f., 421
Utopie, Utopismus 45, 185, 404, 416, 491, 495

Verband 212, 296
- politischer 425ff., 464
- Wirtschaftsverband 296
Verdinglichung der gesellschaftlichen Verhältnisse s. Versachlichung
Verdopplung der Ware in Ware und Geld 148, 149, 150
Vergemeinschaftung 213
Verhaltenstheorie 66
Verkehrswirtschaft 212, 242, 246, 248, 295f., 304, 316
Versachlichung 50, 108, 136, 143, 145, 238f., 247, 283, 287, 292, 309, 312, 318, 339, 493
Verselbständigung 46–54, 55, 57, 59, 61f., 108, 111, 136, 143, 145, 309, 315,

513

351, 356f., 377f., 390ff., 406, 484, 489, 493f.
Verstaatlichung 400, 489f.
Verstehen 66, 73, 83f., 86–99
- aktuelles 89–92
- erklärendes (motivationsmäßiges) 89–92
Verwaltung
- Eingriffsverwaltung – Leistungsverwaltung 326, 355f., 357f., 377, 407, 408ff.
- Honoratiorenverwaltung 477, 488
- Kalkulierbarkeit der Verwaltung 474, 480
- Verwaltungsstab 69, 425, 459
- Trennung von Politik und Verwaltung 416, 457, 467
Verwertungsprozeß des Kapitals 168, 169, 170, 306

Wahl 411, 468
Wahlrecht, allgemeines 363, 365f., 379f., 389, 390ff., 463f.
Wahlhandlungslehre 205
Ware 119–126, 134, 184
- Fetischcharakter der 143–146, 183
Warenform der Arbeitsprodukte 52, 128, 130, 134–138, 146, 150, 187, 310
Warenproduktion 50, 126, 130, 133, 137f., 183, 187, 310
Wert 123, 124, 126, 127, 128, 129, 138, 139, 140, 203–205, 210f., 215, 217, 298f., 301f., 412
- Wertform 126, 134–142, 144, 145, 151, 152, 187f., 310, 312

- Wertform, relative 140f.
- Wertgegenständlichkeit 134–138, 140, 144f.
- Wertgröße 125, 131f., 150, 151, 220
- Wertparadoxon 126, 132, 204
- Wertprodukt 169, 170
- Wertsubstanz 123, 124, 128f., 131
Wertfreiheit 246
Werttheorie, subjektivistische 126, 146, 195, 203–210, 217, 300f., 316
Wesen – Erscheinung 123, 135, 175f.
Wirtschaftsethik 272–275
Wirtschaftsordnung 212, 280, 294, 295, 296, 304, 315
Wirtschaftssoziologie 111, 158, 194, 195, 206ff., 219, 226, 301, 313
Wirtschaftssystem 271–276, 279, 283, 300
Wirtschaftstheorie 194f., 203ff., 220, 267, 289, 300, 306
Wirtschaften, rationales 199
Wissenssoziologie 25, 26

Zahlungsmittel 152, 156f., 220ff.
Zins 266–269
Zirkulation, einfache 133, 153f., 159, 163, 165, 182–184, 185, 191, 327, 337f., 352f.
Zirkulationsform 263, 264, 265, 267
Zirkulationsmittel 153–155
Zweck-Mittel-Relation 200, 433, 461, 471f.
Zweck-Mittel-Verkehrung 271, 283, 493

Personenregister

(mit Ausnahme von Engels, F., Marx, K. und Weber, M.)

Abendroth, W. 357
Abramowski, G. 482
Adam, H. 435
Adorno, Th. W. 96, 106, 185, 482
Agnoli, Joh. 469
Albert, H. 96, 207, 210
Annenkow, P. W. 40
Arndt, H. 204

Bachrach, P. 432
Backhaus, H. G. 157
Bakunin, M. 404, 405
Baratz, M. 432
Barnard, Ch. 454
Barth, H. 26, 52, 64
Bauer, B. 33, 38, 56
Bauer, O. 378, 395
Bendix, R. 293, 421
Bentham, J. 319, 320
Blau, P. M. 109, 460, 461
Bloch, E. 45, 413
Bluntschli, J. 30
Böhm-Bawerk, E. v. 125–127, 132, 209, 217f., 298, 300
Bollhagen, P. 385
Bracher, K. D. 395
Braithwaite, R. B. 109
Burghardt, A. 158

Cairns, H. 25
Cerroni, V. 325, 344, 354
Clark, J. M. 209
Clower, R. W. 158
Coletti, L. 113
Cornu, A. 38, 336
Crozier, M. 455, 456, 487
Cunow, H. 357, 416

Dahl, R. 431
Dahrendorf, R. 96, 434
Danto, A. C. 77, 82, 103, 106, 270

Downs, A. 470
Drath, M. 357
Durkheim, E. 210

Ellul, J. 494
Etzioni, A. 460

Feuerbach, L. 39, 52
Fischoff, E. 273
Flechtheim, O. 345
Forsthoff, E. 326
Fourier, Ch. 416
Freyer, H. 480
Furth, P. 25

Gäfgen, G. 200, 207
Galtung, J. 432
Gehlen, A. 51, 82
Geiger, T. 26, 38, 63
Girndt, H. 83
Gossen, H. H. 204, 205, 209, 218
Gossweiler, K. 395
Gouldner, A. W. 83, 444, 447
Gray, A. P. 460
Gresham, Th. 96

Habermas, J. 39, 54, 66, 69, 75, 82, 83, 96, 102, 191, 292, 365, 366, 418, 447, 469, 470, 477
Haney, G. 413
Hartung, F. 365
Hassinger, E. 434
Hegel, G. F. W. 27, 29, 38, 45, 52, 64, 107, 117, 126, 319, 328–336, 352, 354, 385, 386, 434, 460
Heidegger, M. 482
Heinemann, K. 158
Helvétius, C. A. 63
Hempel, C. G. 461
Henrich, D. 99, 293
Herzog, R. 421

Hess, M. 52
Heymann, K. 479
Hilferding, R. 126, 132
Hobbes, T. 160, 335, 348, 352, 355, 357
Hockey, B. 460
Hoffmann, W. 357
Holbach, P. H. D. 63
Horkheimer, M. 25, 185, 191, 482
Hume, D. 140, 227
Husserl, E. 70, 482

Janoska-Bendl, J. 99, 461
Jellinek, G. 325, 326, 354, 355, 365, 384, 421
Jevons, W. St. 200, 209
Joas, H. 150

Kade, G. 239
Kant, I. 352
Kautsky, K. 378, 385, 404, 414
Kelsen, H. 325, 344, 345, 354, 355, 357, 384, 405, 413–416, 421, 434
Keynes, J. M. 158
Kirchheimer, O. 445
Klenner, H. 325, 345, 346, 365, 376
Knapp, G. F. 222
Knies, K. 96
Kon, I. S. 63
Korsch, K. 100
Krause, D. 63
Krüger, H. 421, 434
Kuhn, Th. S. 65, 111

Landshut, S. 481
Lange, O. 209, 306, 308
Leibholz, G. 469
Lenin, W. I. 63, 374, 377, 388
Lenk, K. 26
Lieber, H. J. 25
Lipset, S. 418, 421
Litwak, E. 455, 487
Locke, J. 335, 345, 352, 355, 357
Lockwood, D. 112
Löwith, K. 38, 112, 293, 336, 482
Ludwig, U. 132
Luhmann, N. 25, 52, 65, 66, 68, 69, 76, 81–83, 158, 200, 249, 300, 354, 357, 365, 385, 431–433, 446, 447, 460, 461

Maier, H. 132
Maier, H. 421
Maihofer, W. 415
Malewski, A. 112
Malthus, T. R. 127
Mandelbaum, M. 105, 270
Mannheim, K. 25, 26, 45
Marcuse, H. 54, 185, 292, 293, 434, 435, 482
Marshall, A. 209, 227, 239
Mayer, H. 217, 300, 303, 305, 306
Mayntz, R. 109, 449, 460, 461, 487
Mead, G. H. 66, 83
Melden, A. J. 112
Menger, A. 376
Menger, C. 200, 209, 227, 320
Merton, R. K. 454, 460, 487
Meurer, B. 113
Miliband, R. 419
Mill, J. St. 227
Mises, L. 294, 297–301, 305, 306, 308
Mitchell, W. C. 421, 463
Mönke, W. 336
Mohl, R. 459
Mommsen, W. 75, 447, 463, 466, 469
Moore, B. 434
Morff, O. 385
Morgenstern, O. 209, 217, 218
Myrdal, G. 307

Nagel, E. 96
Narr, W. D. 469
Naschold, F. 432, 469
Negt, O. 159

Offe, C. 191, 418, 451, 456, 487
Opp, K. D. 86, 96

Pareto, V. 207, 209, 210
Parsons, T. 52, 65, 106, 111, 112, 158, 218, 239, 433

Paschukanis, E. 345–347, 350, 367
Pigou, A. C. 140
Pilot, H. 385
Polak, K. 413
Popper, K. R. 31, 85, 86, 96
Poulantzas, N. 345
Proudhon, J. 404

Radbruch, G. 345, 376, 415
Rauh, H. G. 26
Reich, N. 345
Reichelt, H. 336, 357
Renner, K. 354, 376
Ricardo, D. 127, 133, 140
Ridder, H. 357
Riedel, M. 435
Riehl, W. H. 435
Riker, W. H. v. 431
Ritsert, J. 97, 434
Robbins, L. 203
Robinson, J. 139, 140
Roscher, W. 96
Rose, A. 66
Rosenbaum, W. 345, 346
Rousseau, J. J. 52, 345, 352, 357, 414, 469

Sass, H. M. 336
Saint-Simon, C. H. de 415, 416
Savigny, C. v. 227
Say, J. B. 140
Scheler, M. 25
Schelsky, H. 494
Schiller, F. W. 45
Schluchter, W. 388, 415, 449, 454, 456, 460, 487, 494, 495
Schmidt, A. 39
Schmitt, C. 365, 384, 385, 445
Schnädelbach, H. 63
Schneider, E. 200
Schütz, A. 70, 72–74, 76, 80, 82, 83, 91, 92, 99, 106
Schumpeter, J. 470

Selznick, Ph. 454
Seyfarth, C. 284
Simmel, G. 25
Sinzheimer, H. 376
Smelser, N. J. 158, 218
Smith, A. 45, 117, 133, 140, 160, 204
Sombart, W. 178, 283
Sprondel, W. M. 284
Stegmüller, W. 96, 109, 113
Stein, E. 366
Stirner, M. 33, 38, 56, 405, 406
Strauss, A. L. 112
Strauss, L. 446
Stucka, P. 345

Thalheimer, A. 395
Thomas, W. I. 62, 64
Thomé, R. 76, 77
Tönnies, F. 30
Tomberg, F. 31, 54
Topitsch, E. 96
Troeltsch, E. 29
Trotzki, L. 395

Vico, G. B. 51, 103

Wahse, J. 132
Walras, L. 200, 209, 239, 245
Watkins, J. W. N. 103, 107, 110, 112
Weber, W. 355
Wieacker, F. 354
Wieser, F. v. 159, 209, 218, 227, 228, 298
Winch, P. 71, 74, 97, 98, 102, 103
Winckelmann, J. 284, 421
Wöhe, G. 202
Wolf, F. 434
Wright, G. H. v. 96, 97, 102, 109, 112, 113
Wygodski, W. S. 157
Wyschinski, A. I. 345

Zeisl, H. 320

campus
Studium

Bader u.a.
Einführung in die Gesellschaftstheorie

Blanke, Jürgens, Kastendiek
Kritik der Politischen Wissenschaft

Stanley Diamond
Kritik der Zivilisation

Klaus Dörner
Diagnosen der Psychiatrie

Murray Edelman
Politik als Ritual

Josef Esser
Einführung in die materialistische Staatsanalyse

Klaus Jürgen Gantzel (Hg.)
Herrschaft und Befreiung in der Weltgesellschaft

Geissler, Thoma (Hg.)
Medizinsoziologie

Rolf-Richard Grauhan (Hg.)
Lokale Politikforschung

Niels Kadritzke
Faschismus und Krise

Ekkehart Krippendorff
Internationales System als Geschichte

Christa Rebell
Sozialpsychiatrie in der Industriegesellschaft

Jürgen Ritsert
Wissenschaftsanalyse als Ideologiekritik

Schweitzer, Mühlenbrink, Späth
Über die Schwierigkeit, soziale Institutionen zu verändern

Sozialwissenschaften: Studiensituation, Vermittlungsprobleme, Praxisbezug

Ute Holzkamp-Osterkamp
Grundlagen der psychologischen Motivationsforschung

Volker Schurig
Naturgeschichte des Psychischen

Volker Schurig
Die Entstehung des Bewußtseins

Rainer Seidel
Denken – Psychologische Analyse der Entstehung und Lösung von Problemen

Gisela Ulmann
Sprache und Wahrnehmung

Siegfried Bahne
Die KPD und das Ende von Weimar

Manfred Hahn
Historiker und Klassen

Walter Markov
Volksbewegungen der Französischen Revolution

Prospekte durch Campus Verlag · Oeder Weg 100 · 6000 Frankfurt 18